Terapia Cognitivo-comportamental Para leigos

A Terapia Cognitivo-comportamental (TCC) pode ajudar você a ver e pensar sobre si mesmo e sobre situações em sua vida de perspectivas diferentes e mais produtivas. Isso [inclui] enfrentar o medo e os pensamentos negativos habituais, estabelecen[do] objetivos viáveis, e mantendo o controle sobre si mesmo ao longo do [caminho].

COMBATENDO A DEPRESSÃO

É possível evitar que a depressão assuma o controle de sua vida experi[mentando] [coisas] positivas. Experimente estas técnicas simples e dê o primeiro passo para transformar a depressão em coisa do passado:

- Assuma uma mentalidade compassiva e de autoaceitação para diminuir qualquer vergonha que possa sentir.
- Reduza a ruminação de pensamentos, focando sua atenção no aqui e agora.
- Reconheça seus pensamentos negativos como sintomas da depressão, não fatos.
- Gradualmente reintroduza reforços em sua vida, por meio da programação de suas atividades.

PERCORRA RAPIDAMENTE O CAMINHO ENTRE O MEDO E A LIBERDADE

Enfrentar e superar seus medos pode lhe trazer não apenas alívio, mas também uma sensação surpreendente de liberdade. Com os passos a seguir você pode começar a classificar seus medos para aniquilá-los:

1. Crie uma hierarquia das situações que tem medo. Comece com a situação menos temida e evolua até a que mais teme.
2. Faça uma lista de seus comportamentos de segurança – coisas que lhe fazem se sentir seguro.
3. Trabalhe em toda a hierarquia, livrando-se dos comportamentos de segurança e permanecendo na situação.
4. Permaneça na situação até que pelo menos metade da ansiedade diminua *sem que você faça nada para controlá-la*.
5. Repita sua exposição à situação que mais teme até que o medo diminua.
6. Registre seus resultados.

Terapia Cognitivo-comportamental Para leigos

MANTENDO A SAÚDE IDEAL COM TCC

Fazer algumas simples mudanças de estilo de vida pode lhe ajudar a manter a saúde em sua melhor forma. Veja a seguir uma breve lista de dicas e sugestões simples que podem lhe auxiliar a atingir e manter a saúde ideal. Observe e experimente.

- **Alimente-se bem e com regularidade.** Evite fast foods e "porcarias". Alimente seu corpo com alimentos integrais. Faça um esforço para cozinhar ou aprenda a cozinhar.
- **Faça muito exercício.** Encontre esportes de que goste e frequente uma academia ou grupo de esporte. Exercite-se até transpirar: exercícios liberam em seu organismo substâncias de bem-estar, chamadas *endorfinas*.
- **Estabeleça um bom padrão de sono.** Desenvolva uma rotina para a hora de dormir, de modo que faça seu corpo entrar no modo "dormir". Experimente acordar mais ou menos no mesmo horário todos os dias, para que sua rotina de sono seja bastante consistente.
- **Atinja um equilíbrio entre trabalho/vida.** Reserve um tempo em sua agenda para atividades de lazer.
- **Busque interesses.** Envolva-se em atividades de que goste e que ache gratificantes.
- **Cuide de sua casa.** Faça de sua casa um lugar que goste de estar – redecore ou faça pequenas reformas.
- **Desfrute de seus relacionamentos.** Passe tempo com pessoas e socialize-se regularmente. Preste mais atenção em seu parceiro/a. Se seu círculo social é restrito, faça um esforço para frequentar clubes e conhecer novas pessoas.
- **Tenha uma atitude de autoaceitação.** Permita-se ser humanamente imperfeito e espere o mesmo dos outros. Diminua suas tendências perfeccionistas ou padrões rígidos.
- **Sonhe alto.** Estabeleça para si mesmo objetivos para superar qualquer problema emocional ou para seu desenvolvimento pessoal. Muitas pessoas descobrem que são mais felizes quando trabalham na direção de um resultado desejado.
- **Ria.** O humor pode realmente ser o melhor remédio. Tente não levar a si mesmo e a vida tão a sério: encontre o lado divertido de situações cotidianas.

Terapia
Cognitivo-comportamental

para leigos

Terapia Cognitivo-comportamental

Tradução da 2º Edição

Rhena Branch
Rob Willson

ALTA BOOKS
E D I T O R A
Rio de Janeiro, 2018

Terapia Cognitivo-comportamental Para Leigos® — Tradução da 2ª Edição
Copyright © 2018 da Starlin Alta Editora e Consultoria Eireli. ISBN: 978-85-508-0250-3

Translated from original Cognitive Behavioural Therapy For Dummies,® 2nd Edition. Copyright © 2010 John Wiley & Sons, Ltd. ISBN 978-0-470-66541-1. This translation is published and sold by permission of John Wiley & Sons, Ltd., the owner of all rights to publish and sell the same. PORTUGUESE language edition published by Starlin Alta Editora e Consultoria Eireli, Copyright © 2018 by Starlin Alta Editora e Consultoria Eireli.

Todos os direitos estão reservados e protegidos por Lei. Nenhuma parte deste livro, sem autorização prévia por escrito da editora, poderá ser reproduzida ou transmitida. A violação dos Direitos Autorais é crime estabelecido na Lei nº 9.610/98 e com punição de acordo com o artigo 184 do Código Penal.

A editora não se responsabiliza pelo conteúdo da obra, formulada exclusivamente pelo(s) autor(es).

Marcas Registradas: Todos os termos mencionados e reconhecidos como Marca Registrada e/ou Comercial são de responsabilidade de seus proprietários. A editora informa não estar associada a nenhum produto e/ou fornecedor apresentado no livro.

Impresso no Brasil — 2018 — Edição revisada conforme o Acordo Ortográfico da Língua Portuguesa de 2009.

Publique seu livro com a Alta Books. Para mais informações envie um e-mail para autoria@altabooks.com.br

Obra disponível para venda corporativa e/ou personalizada. Para mais informações, fale com projetos@altabooks.com.br

Produção Editorial Editora Alta Books **Gerência Editorial** Anderson Vieira	**Produtor Editorial** Thiê Alves	**Produtor Editorial (Design)** Aurélio Corrêa	**Marketing Editorial** Silas Amaro marketing@altabooks.com.br **Ouvidoria** ouvidoria@altabooks.com.br	**Vendas Atacado e Varejo** Daniele Fonseca Viviane Paiva comercial@altabooks.com.br
Equipe Editorial	Adriano Barros Aline Vieira Bianca Teodoro	Ian Verçosa Illysabelle Trajano Juliana de Oliveira	Kelry Oliveira Paulo Gomes Thales Silva	Viviane Rodrigues
Tradução Lia Gabriele Magalhães Regius dos Reis	**Copidesque c/ Tradução** Wendy Campos	**Revisão Gramatical** Thamiris Leiroza Thaís Pol	**Revisão Técnica** Daniela Sopezki Psicóloga, instrutora de yoga e mindfulness	**Diagramação** Luisa Maria Gomes

Erratas e arquivos de apoio: No site da editora relatamos, com a devida correção, qualquer erro encontrado em nossos livros, bem como disponibilizamos arquivos de apoio se aplicáveis à obra em questão.

Acesse o site www.altabooks.com.br e procure pelo título do livro desejado para ter acesso às erratas, aos arquivos de apoio e/ou a outros conteúdos aplicáveis à obra.

Suporte Técnico: A obra é comercializada na forma em que está, sem direito a suporte técnico ou orientação pessoal/exclusiva ao leitor.

A editora não se responsabiliza pela manutenção, atualização e idioma dos sites referidos pelos autores nesta obra.

Dados Internacionais de Catalogação na Publicação (CIP) de acordo com ISBD

```
B816t    Branch, Rhena
             Terapia Cognitivo-comportamental / Rhena Branch, Rob Willson ;
         traduzido por Wendy. - 2. ed. - Rio de Janeiro : Alta Books, 2018.
         416 p. ; il. ; 17cm x 24cm.

             Tradução de: Cognitive Behavioural Therapy For Dummies
             Inclui índice e anexo.
             ISBN: 978-85-508-0250-3

             1. Terapia cognitiva. 2. Terapia Cognitivo-Comportamental. I. Willson,
         Rob. II. Wendy. III. Título.
                                                          CDD 616.89142
         2018-1113                                        CDU 615.851
```

Elaborado por Vagner Rodolfo da Silva - CRB-8/9410

Rua Viúva Cláudio, 291 — Bairro Industrial do Jacaré
CEP: 20.970-031 — Rio de Janeiro (RJ)
Tels.: (21) 3278-8069 / 3278-8419
www.altabooks.com.br — altabooks@altabooks.com.br
www.facebook.com/altabooks — www.instagram.com/altabooks

Sobre o Autor

Rhena Branch tem mestrado em Ciências e é diplomada em TCC, é terapeuta especializada em TCC e pós-graduada em Supervisão Clínica. Ela trabalha em consultório particular e atende no Norte e no Centro de Londres. Leciona e coordena o curso de Mestrado em TCC/TREC na Goldsmith College, na Universidade de Londres. Rhena trata de distúrbios psiquiátricos em geral e tem interesse especial por distúrbios alimentares. TCC Para Leigos (segunda edição) é a quinta publicação de Rhena e atualmente ela possui outros dois livros em fase de impressão.

Rob Willson é bacharel em Química, com mestrado em Ciências e graduação pela SBHS, atualmente divide a maior parte do seu trabalho entre o consultório particular e as pesquisas científicas sobre Transtorno Dismórfico Corporal, no Instituto de Psiquiatria de Londres. Anteriormente, trabalhou por 12 anos no Priory Hospital, ao Norte de Londres, como terapeuta e supervisor de serviços terapêuticos. Ele também treinou inúmeros terapeutas em TCC ao longo de sete anos na Goldsmith College, da Universidade de Londres. Os principais interesses clínicos de Rob são distúrbios de ansiedade e obsessão, e a divulgação dos princípios da TCC por meio da autoajuda. Ele já compareceu a diversos programas de televisão, incluindo o documentário da BBC "Too Ugly for Love" (Muito Feio para Amar).

Dedicatória

Para Félix e Atticus (de Rhena).

Para Emma e Lucy (de Rob).

Agradecimentos dos Autores

Da parte de Rhena: É maravilhoso ter a oportunidade de produzir uma segunda edição deste livro. Meus agradecimentos a todos os envolvidos, pelo apoio e orientação ao longo de toda a jornada.

Obrigada a Rob por sua contribuição neste e em outros projetos.

Minha eterna gratidão aos meus meninos, por tudo.

Da parte de Rob: Sou extremamente grato à Wiley por me contactar (e eventualmente me persuadir) a fazer a primeira edição de TCC Para Leigos, sei que isso tornou a TCC mais acessível para muitas pessoas. Eu gostaria de agradecer a inúmeros clientes, clínicos, trainees, pessoas interessadas em TCC e pessoas corajosas o bastante para embarcar em um curso de autoajuda, não apenas por comprar a primeira edição, mas também pelo retorno e comentários positivos sobre o livro.

Obrigado a Rhena por suas revisões e pela condução desta segunda edição.

Da parte de ambos: Muitos pesquisadores, colegas terapeutas e autores influenciaram nossa compreensão e prática da TCC ao longo dos anos e, portanto, o resultado deste livro. Os fundadores Albert Ellis e Aaron T. Beck merecem menção especial, mas há muitos outros, como (sem ordem de importância): Ray DiGiuseppe, Mary-Anne Layden, Jacqueline Persons, David A. Clarke, Adrian Wells, Paul Salkovskis, Christine Padesky, Michael Neenan, David Burns, Kevin Gournay, Stanley Rachman, David Veale, David M. Clarke e muitos outros. Agradecimento especial a Windy Dryden por ter nos ensinado tanto e tão bem.

Finalmente, um agradecimento sincero a todos os nossos clientes, passados e atuais, por nos permitirem conhecê-los e aprender com eles.

Sumário Resumido

Introdução 1

Parte 1: Introduzindo os Fundamentos da TCC 7

CAPÍTULO 1: Você Sente da Forma Como Pensa 9
CAPÍTULO 2: Encontrando Distorções em Seu Pensamento 21
CAPÍTULO 3: Combatendo Pensamentos Nocivos 41
CAPÍTULO 4: Sendo um Cientista: Criando e Conduzindo Experimentos Comportamentais 51
CAPÍTULO 5: Mudando o Foco e Treinando a Sua Atenção 65

Parte 2: Mapeando a Rota: Definindo os Problemas e Estabelecendo Metas 79

CAPÍTULO 6: Explorando as Emoções 81
CAPÍTULO 7: Identificando Soluções que Causam Problemas a Você ... 103
CAPÍTULO 8: Fixando Seu Foco em Suas Metas 117

Parte 3: Colocando a TCC em Prática 127

CAPÍTULO 9: Encarando a Ansiedade e Enfrentando o Medo 129
CAPÍTULO 10: Abolindo Adições 141
CAPÍTULO 11: Vencendo os Transtornos da Imagem Corporal 159
CAPÍTULO 12: Vencendo a Depressão 181
CAPÍTULO 13: Superando as Obsessões 199
CAPÍTULO 14: Superando a Baixa Autoestima e Aceitando a Si Mesmo ... 217
CAPÍTULO 15: Acalmando a Sua Raiva 235

Parte 4: Olhando para Trás e Seguindo Adiante 255

CAPÍTULO 16: Olhe Novamente Seu Passado 257
CAPÍTULO 17: Transferindo as Novas Crenças da Cabeça para o Coração ... 275
CAPÍTULO 18: Em Busca de uma Vida Mais Saudável e Feliz 289
CAPÍTULO 19: Superando os Obstáculos ao Progresso 305
CAPÍTULO 20: Jardinagem Psicológica: Mantendo o que Conquistou com a TCC 315
CAPÍTULO 21: Trabalhando com Profissionais 325

Parte 5: A Parte dos Dez 339

CAPÍTULO 22: Dez Atitudes Saudáveis para Viver 341
CAPÍTULO 23: Dez Intensificadores de Autoestima que Não Funcionam ... 349

CAPÍTULO 24: Dez Formas de Relaxar 355
CAPÍTULO 25: Dez Livros para Ter em Sua Biblioteca 363
APÊNDICE A: Fontes 369
APÊNDICE B: Modelos de Formulários... 373

Índice...385

Sumário

INTRODUÇÃO 1
    Sobre Este Livro 1
    Convenções Utilizadas Neste Livro 2
    Só de Passagem 2
    Penso que... 3
    Como Este Livro Está Organizado 3
        Parte 1: Introduzindo os Fundamentos da TCC 3
        Parte 2: Mapeando a Rota: Definindo os Problemas e Estabelecendo Metas 4
        Parte 3: Colocando a TCC em Prática 4
        Parte 4: Olhando Para Trás e Seguindo Adiante 4
        Parte 5: A Parte dos Dez 4
        Apêndices 5
    Ícones Usados Neste Livro 5
    Além Deste Livro 6
    De Lá para Cá, Daqui para Lá 6

PARTE 1: INTRODUZINDO OS FUNDAMENTOS DA TCC 7

CAPÍTULO 1: Você Sente da Forma Como Pensa 9
    Usando Métodos Cientificamente Comprovados 10
    Entendendo a TCC 11
        Combinando ciência, filosofia e comportamento 12
        Avançando de problemas para as metas 12
    Fazendo a Conexão Entre Pensamento e Sentimento 13
        Enfatizando os significados que você atribui aos eventos 14
        Agindo 16
    Aprendendo o ABC 17
    Características da TCC 18

CAPÍTULO 2: Encontrando Distorções em Seu Pensamento ... 21
    Catastrofização: Não Faça Tempestade em um Copo D'água 22
    Tudo ou Nada: Encontre um Meio-Termo Para Esse Pensamento 24
    Adivinhando o Futuro: Fique Longe da Bola de Cristal 25
    Leitura Mental: Acredite nos Seus Palpites com Moderação ... 27
    Raciocínio Emocional: Lembre-se que Sentimentos Não São Fatos 28
    Hipergeneralização: Evitando o Erro de Aceitar uma Parte Como o Todo 30
    O Hábito de Rotular: Desista do Jogo da Avaliação 31

Cobranças Demais: Pense de Forma Mais Flexível 32
Filtro Mental: Mantenha Sua Mente Aberta 34
Desqualificando o Positivo: Separando o Joio do Trigo 35
Baixa Tolerância à Frustração: Percebendo que Você
  Pode Suportar o "Insuportável" 37
Personalizando: Não Se Coloque Como Centro do Universo 38

CAPÍTULO 3: Combatendo Pensamentos Nocivos 41
Capturando os PANs. 42
  Fazendo a conexão entre pensamento e sentimento 42
  Sendo mais objetivo com seus pensamentos 42
Primeiro Passo do Formulário ABC I 43
Crie Alternativas Construtivas: Preenchendo o
  Formulário ABC II 47

CAPÍTULO 4: Sendo um Cientista: Criando e Conduzindo Experimentos Comportamentais. 51
Vendo Por Si Mesmo: Razões para Fazer Experimentos
  Comportamentais. 52
Testando as Previsões 53
Procurando Evidências para Ver Qual Teoria Melhor
  se Enquadra aos Fatos. 55
Conduzindo Pesquisas. 58
Fazendo Observações 60
Garantindo o Sucesso dos Experimentos Comportamentais. 60
Registrando Seus Experimentos. 61

CAPÍTULO 5: Mudando o Foco e Treinando a Sua Atenção. 65
Treinamento em Tarefa de Concentração 66
  Escolhendo se concentrar. 67
  Sintonizando nas tarefas e no mundo ao seu redor 69
  Preenchendo a planilha de registros de tarefas
    de concentração. 71
Tornando-se Mais Atento. 72
  Estando presente no momento. 72
  Ignorando seus pensamentos 72
  Aprendendo quando não deve ouvir a si mesmo. 73
  Adotando tarefas diárias conscientes. 74
  Tolerando imagens perturbadoras e ideias desagradáveis 74

PARTE 2: MAPEANDO A ROTA: DEFININDO OS PROBLEMAS E ESTABELECENDO METAS. . . . 79

CAPÍTULO 6: Explorando as Emoções 81
Identificando Seus Sentimentos. 82
Pensando em o que Sentir 84
Entendendo a Anatomia das Emoções 84

Comparando Emoções Saudáveis e Nocivas 85
    Identificando a diferença na forma de pensar 94
    Identificando as diferenças de comportamento e as
        formas como você quer se comportar 96
    Identificando a diferença do que você coloca em foco 97
Identificando Semelhanças em Suas Sensações Físicas 98
Identificando os Sentimentos sobre os Sentimentos 99
Definindo Seus Problemas Emocionais 100
    Fazendo um relato 100
    Avaliando seu problema emocional 102

CAPÍTULO 7: Identificando Soluções que Causam Problemas a Você 103

Quando Sentir-se Bem Pode Piorar Seus Problemas 104
Vencendo a Depressão sem Perder a Motivação 105
Abrindo Mão do Controle 106
Sentindo-se Seguro em um Mundo Incerto 107
Superando os Efeitos Colaterais da Busca Excessiva
    Por Segurança 110
Trilhando Seu Caminho para Longe da Preocupação 111
Impedindo a Perpetuação dos Seus Problemas 112
Ajudando a Si Mesmo: Coloque as Pétalas na Sua Flor do Mal ... 113

CAPÍTULO 8: Fixando Seu Foco em Suas Metas 117

Adotando as Iniciais SPORT para Atingir Suas Metas 118
Pensando no Quanto Você Quer Ser Diferente 119
    Estabelecendo metas relacionadas aos seus
        problemas atuais 119
    Fazendo uma declaração 120
Maximizando Sua Motivação 120
    Identificando a inspiração para a mudança 120
    Concentrando-se nos benefícios da mudança 121
    Completando uma análise de custo/benefício 121
    Registrando seu progresso 123

PARTE 3: COLOCANDO A TCC EM PRÁTICA 127

CAPÍTULO 9: Encarando a Ansiedade e Enfrentando o Medo 129

Assumindo Atitudes contra a Ansiedade 130
    Pense de forma realista sobre a probabilidade de
        eventos ruins 130
    Evitando o pensamento radical 130
    O medo gera medo 130
Atacando a Ansiedade 132
    Vencendo sem lutar 132
    Derrotando o medo 132
    Confrontando seus medos repetidamente 133

Mantendo sua exposição desafiadora, mas não
      insuportável... 133
   Livrando-se dos comportamentos de segurança............ 135
   Registrando a sua batalha contra o medo................ 135
Neutralizando os Tipos Comuns de Ansiedade................ 135
   Atacando a ansiedade social............................ 136
   Travando uma guerra contra a preocupação............... 136
   Aniquilando o pânico................................... 136
   Atacando a agorafobia.................................. 137
   Lidando com o Transtorno de Estresse Pós-Traumático.... 137
   Combatendo o medo de altura............................ 139

CAPÍTULO 10: Abolindo Adições 141

Identificando Seu Problema................................ 141
Familiarizando-se com as Muitas Faces das Adições.......... 143
Aceitando a Si Mesmo e a Sua Adição........................ 145
Obtendo Apoio Adequado..................................... 146
Decidindo pela Abstenção................................... 146
   Calculando os custos................................... 147
   Sendo honesto sobre os benefícios...................... 149
Transformando Intenção em Ação............................. 150
   Marcando uma data...................................... 151
   Atravessando os períodos de forte desejo............... 151
   Aumentando o tempo entre a fissura e a ação............ 152
   Lidando com a privação................................. 152
   Estipulando obstáculos positivos....................... 153
   Não deixando nada ao acaso............................. 154
   Criando condições construtivas para uma
      recuperação contínua................................ 155
   Limpando a casa.. 155
   Fazendo socialização de apoio.......................... 156
Planejando para Evitar uma Recaída......................... 156

CAPÍTULO 11: Vencendo os Transtornos da Imagem Corporal 159

Fazendo as Pazes com o Espelho............................. 160
   Eu tenho um problema sério de imagem corporal?......... 161
   Eu tenho um transtorno alimentar?...................... 162
   Analisando casos hipotéticos........................... 163
Assistindo a Propagandas e Mensagens da Mídia
   com Desconfiança.. 165
   Reconhecendo problemas com a sua imagem corporal....... 166
   Aceitando a si mesmo................................... 169
   Vendo a si mesmo como uma pessoa inteira............... 169
Homenageando Seu Corpo pelos Serviços Prestados............ 171
   Desfrutando as sensações............................... 172
   Fazendo suas tarefas diárias........................... 173
   Avaliando seu veículo pela experiência................. 173

Escolhendo Mudar pelos Motivos Certos...................175
    Enfatizando a saúde..177
    Maximizando a satisfação................................178
    Ressaltando o seu melhor.................................178
    Sendo ousado..179

CAPÍTULO 12: Vencendo a Depressão 181

Entendendo a Natureza da Depressão........................182
Analisando o que Alimenta a Depressão.....................183
Indo e Vindo Dentro da Sua Cabeça: Pensamento Ruminante ...184
    Prestando atenção em si mesmo.......................185
    Capturando as ruminações antes que elas capturem você...186
Transformando-se em Antidepressivo.........................187
    Enfrentando a inatividade.................................188
    Lidando com o aqui e o agora: Solucionando
        seus problemas..189
    Cuidando de si mesmo e do seu ambiente................190
Tenha uma Boa Noite de Sono..................................191
    Estabeleça expectativas de sono realistas................192
    Deixe seu quarto aconchegante.........................192
Agindo contra a Depressão.......................................193
    Praticando a aceitação.....................................193
    Tendo compaixão..194
    Obtendo uma nova perspectiva........................196
Lidando com Pensamentos Suicidas...........................196

CAPÍTULO 13: Superando as Obsessões 199

Identificando e Entendendo os Problemas Obsessivos.........200
    Entendendo o Transtorno Obsessivo Compulsivo (TOC).....201
    Reconhecendo a ansiedade em relação à saúde............202
    Entendendo o Transtorno Dismórfico Corporal (TDC)........203
Identificando os Comportamentos Improdutivos.................205
Adotando Atitudes Antiobsessivas................................206
    Tolere a dúvida e a incerteza.............................206
    Confie em seu julgamento................................206
    Trate os seus pensamentos como nada mais do
        que pensamentos.......................................207
    Seja flexível e não insista tanto..........................207
    Use critérios externos e práticos.........................208
    Permita que sua mente e seu corpo ajam naturalmente.....209
    Normalize as sensações físicas e as imperfeições..........209
Enfrente Seus Problemas: Reduzindo (E Parando) os Rituais.....210
    Resista! Resista! Resista!..................................210
    Adiando e modificando os rituais........................211
Sendo Realista sobre a Sua Responsabilidade..................212
    Dividindo sua parcela de responsabilidade...............212
    Treinando sua atenção....................................214

CAPÍTULO 14: **Superando a Baixa Autoestima e Aceitando a Si Mesmo** 217
Identificando Problemas de Autoestima........................218
Desenvolvendo a Autoestima 218
    Entenda que você tem valor porque é humano 219
    Aprecie o fato de ser complexo demais para ser medido ou classificado totalmente.....................220
    Reconheça a sua natureza mutável......................222
    Aceite sua natureza imperfeita.........................223
    Valorize o ser único que você é 224
    Use a autoaceitação para auxiliar no seu aprimoramento....225
    Entenda que aceitação não significa desistência 227
Estando Aberto a Mudanças...................................228
Acionando a Autoaceitação....................................229
    Crie o seu caminho para a autoaceitação 229
    Siga o exemplo do seu melhor amigo...................231
    Lide com dúvidas e reservas............................232
Escolha a Jornada da Autoajuda Rumo à Autoaceitação 232

CAPÍTULO 15: **Acalmando a Sua Raiva**................... 235
Percebendo a Diferença entre a Raiva Saudável e a Raiva Prejudicial 236
    As principais características da raiva prejudicial 236
    Características da raiva saudável........................238
Reunindo Atitudes para Estruturar a Sua Raiva Saudável 238
    Aproximando-se das outras pessoas 239
    Criando preferências flexíveis..........................240
    Aceitando as outras pessoas como seres humanos imperfeitos...241
    Aceitando quem você é................................242
    Desenvolvendo alta tolerância à frustração.............242
    Pesando os prós e os contras do seu temperamento.......244
Expressando a Sua Indignação de uma Forma Saudável 244
    Sendo assertivo.......................................244
    Lidando com a crítica.................................246
    Usando a técnica do desarme 247
Agindo com Assertividade no Ambiente de Trabalho..........247
    Mostrando seu ponto de vista de modo positivo 249
    Mantendo o profissionalismo..........................251
Lidando com as Dificuldades ao Superar a Raiva 251

PARTE 4: OLHANDO PARA TRÁS E SEGUINDO ADIANTE.................................. 255

CAPÍTULO 16: **Olhe Novamente Seu Passado** 257
Explorando Como Seu Passado Pode Influenciar Seu Presente ..258
Identificando Suas Crenças Centrais............................259

Os três campos de crenças centrais 260
Percebendo como suas crenças centrais interagem 261
Detectando Suas Crenças Centrais 262
Seguindo a seta descendente. 262
Reunindo evidências de seus sonhos e pesadelos. 263
Procurando temas 263
Preenchendo as lacunas 264
Compreendendo o Impacto das Crenças Centrais............ 264
Descobrindo quando você está agindo de acordo
 com crenças e regras antigas. 265
Compreendendo que as crenças centrais negativas
 o tornam preconceituoso........................... 265
Desenvolvendo um Modelo com Suas Crenças............. 267
Limitando o Dano: Esteja Consciente das Crenças Centrais...... 270
Desenvolvendo Alternativas para Suas Crenças Centrais 271
Revisitando a história 271
Começando da estaca zero. 273

CAPÍTULO 17: Transferindo as Novas Crenças da Cabeça para o Coração 275

Definindo as Crenças que Deseja Fortalecer 276
Agindo Como Se Você Já Acreditasse 277
Construindo uma Lista de Argumentos 278
Criando argumentos contra uma crença negativa 279
Criando argumentos a favor de sua crença saudável
 alternativa 280
Compreendendo que a Prática Leva à Imperfeição 282
Lidando com suas dúvidas e reservas 282
Indo e vindo com a técnica ziguezague 283
Colocando suas novas crenças à prova 285
Alimentando Suas Novas Crenças 287

CAPÍTULO 18: Em Busca de uma Vida Mais Saudável e Feliz. 289

Planejando para Prevenir Recaídas 290
Preenchendo as Lacunas. 290
Escolhendo as atividades que demandam concentração..... 290
Combinando suas atividades 291
Colocando o cuidado pessoal em prática. 291
Reformando Seu Estilo de Vida. 292
Movimentando-se. 293
Conversando. 295
Ficando íntimo. 297
Alinhando-se com Seus Valores 299
Refletindo seus valores em suas ações. 301
Mantendo o foco no que é mais importante.............. 304
Reorganizando prioridades. 304

CAPÍTULO 19: Superando os Obstáculos ao Progresso 305
    Lidando com as Emoções que Dificultam o Caminho
        da Mudança 306
        Vergonha mutante 306
        Livrando-se da culpa 307
        Abandonando o orgulho 308
        Buscando apoio 308
        Experimentando um pouco de ternura 309
    Adotando Princípios Positivos que Promovam o Progresso 310
        Compreendendo que simples não significa fácil 310
        Sendo otimista em relação a melhorar 310
        Focando seus objetivos 311
        Perseverando e repetindo 311
    Lidando com Pensamentos que Interferem em Suas Tarefas 312

CAPÍTULO 20: Jardinagem Psicológica: Mantendo o que Conquistou com a TCC 315
    Separando Suas Ervas Daninhas de Suas Flores 316
    Lidando com as Ervas Daninhas 317
        Arrancando as ervas daninhas pela raiz 317
        Descobrindo onde as ervas daninhas podem aparecer 318
        Lidando com as ervas daninhas recorrentes 320
    Cuidando de Suas Flores 321
        Plantando novas variedades 322
        Sendo um jardineiro dedicado 324

CAPÍTULO 21: Trabalhando com Profissionais 325
    Procurando Ajuda Profissional 326
        Pensando sobre a terapia certa para você 327
        Conhecendo os especialistas 329
    Buscando o Terapeuta em TCC Certo para Você 330
        Fazendo as perguntas certas para si mesmo 330
        Conversando com os especialistas 333
    Extraindo o Máximo da TCC 334
        Discutindo assuntos durante as sessões 334
        Sendo ativo entre as sessões 337

PARTE 5: A PARTE DOS DEZ 339

CAPÍTULO 22: Dez Atitudes Saudáveis para Viver 341
    Assumindo Responsabilidade Emocional: Você Sente da
        Forma que Pensa 342
    Pensamento Flexível 342
    Dando Valor à Sua Individualidade 343
    Aceitando que a Vida Pode Ser Injusta 343
    Compreendendo que a Aprovação dos Outros Não
        É Necessária 344

    Percebendo que o Amor É Desejável, Não Essencial 345
    Tolerando o Desconforto de Curta Duração 346
    Ativando o Interesse Próprio............................... 346
    Perseguindo Interesses e Agindo de Forma Consistente
       com Seus Valores 347
    Tolerando a Incerteza..................................... 348

CAPÍTULO 23: Dez Intensificadores de Autoestima que Não Funcionam 349

    Colocar os Outros para Baixo 350
    Pensar que Você é Especial................................ 350
    Tentar Fazer com que Todos Gostem de Você 351
    Colocar-se Acima das Críticas 351
    Evitar Falhas, Desaprovação, Rejeição e Outros Bichos.......... 352
    Evitar Suas Emoções..................................... 352
    Tentar se Sentir Mais Importante Controlando os Outros 353
    Defesa Excessiva de Seu Valor Próprio...................... 353
    Sentir-se Superior 353
    Culpar a Natureza ou a Educação Recebida em Casa por
       Seus Problemas 354

CAPÍTULO 24: Dez Formas de Relaxar 355

    Aceite Que Você Pode — e Irá — Cometer Erros 356
    Tente Algo Novo 356
    Preso na Vergonha 357
    Ria de Si Mesmo 358
    Não se Ofenda Tão Facilmente............................. 359
    Faça Bom Uso da Crítica 359
    Acostume-se com Situações Sociais 360
    Encoraje Sua Criatividade a Fluir 361
    Aja de Forma Aventureira 361
    Divirta-se: É mais Tarde do que Você Imagina................ 362

CAPÍTULO 25: Dez Livros para Ter em Sua Biblioteca 363

    Exercícios de Terapia Cognitivo-comportamental Para Leigos.... 364
    Boosting Self-Esteem For Dummies......................... 364
    Cognitive Therapy and Emotional Disorders 364
    Mindfulness Contra a Depressão — Como Libertar-se
       da Infelicidade Crônica................................. 365
    A Descoberta do Fluxo................................... 365
    Overcoming…... 365
    Overcoming Anger 366
    Oxford Guide to Behavioural Experiments in Cognitive Therapy..366
    Reason and Emotion in Psychotherapy...................... 366
    The Cognitive Behaviour Counselling Primer 367

APÊNDICE A: Fontes **369**
    Organizações no Brasil. 369
    Organizações no Reino Unido. 370
    Organizações nos Estados Unidos. 370
    Outras Organizações 371

APÊNDICE B: Modelos de Formulários. **373**
    Formulário "Significado Antigo/Significado Novo" 373
    Formulário da Análise de Custo/Benefício 375
    Formulário Tic-Toc. 377
    Formulário Ziguezague. 378
    A Flor do Mal 380
    Folha de Registro da Prática de Concentração 381
    Formulário ABC I 382
    Formulário ABC II. 382
    O Formulário de Custos do Comportamento Aditivo. 384
    O Formulário de Análise "O que meu comportamento
    aditivo faz por mim?" 384

ÍNDICE 385

Introdução

A Terapia Cognitivo-comportamental, ou TCC, tem se popularizado como um tratamento eficiente e de resultados duradouros para muitos tipos de problemas psicológicos. Se o termo "psicológico" faz você querer sair correndo e gritando da sala, tente considerar este termo como uma referência aos problemas que afetam seu bem-estar emocional e não o bem-estar físico. Em algum momento da sua vida, alguma coisa vai estar errada com o seu corpo. Então, por que as pessoas presumem que suas mentes e emoções estariam imunes a um indesejável soluço, algum tipo de desordem ou mesmo um problema mais sério?

Este livro fornece uma introdução bastante abrangente da teoria e da aplicação das técnicas da TCC. Embora não tenhamos espaço para detalhar de forma mais específica o uso da TCC para superar cada um dos problemas psicológicos, tentaremos guiá-lo para a direção certa. Acreditamos que todos os princípios e estratégias da TCC apresentados neste livro podem melhorar a sua vida e ajudá-lo a permanecer saudável, independentemente de você já ter trabalhado ou estar trabalhando com um psiquiatra ou outro profissional da área de saúde mental.

Além do mais, independentemente de você pensar que seus problemas são muito pequenos; que sua vida é um mar de rosas; de estar um pouco deprimido ou de experimentar há anos desconfortáveis sintomas psicológicos, a TCC pode lhe ajudar. Pedimos que você mantenha sua mente aberta e que use o conteúdo deste livro para tornar sua vida mais feliz e realizada.

Sobre Este Livro

Se você está embarcando em uma jornada de autoajuda e de aperfeiçoamento, esperamos que este livro forneça uma introdução útil às técnicas da TCC e que traga os resultados esperados. Dependendo do grau de angústia ou sofrimento que suas dificuldades pessoais estejam lhe causando, este material pode ou não ser o tratamento suficiente para que você consiga se recuperar. O livro poderá incentivá-lo a procurar ajuda profissional (veja no Capítulo 19 mais informações sobre este assunto) para derrotar seus demônios emocionais. Este livro aborda os seguintes tópicos:

» Os fundamentos do uso da TCC como um método psicoterapêutico cientificamente testado e comprovado para superação de problemas emocionais.

» As formas de identificar seus problemas e estabelecer metas específicas para começar a viver a vida que você deseja.

> » As técnicas para identificar os erros na sua forma de pensar e adotar pensamentos, atitudes, filosofias e crenças mais úteis.
> » Experimentos e estratégias comportamentais que você pode incorporar na sua vida para melhorar seu desempenho no dia a dia.
> » Informações que podem lhe ajudar a entender, classificar e encaminhar alguns problemas humanos bem comuns. Você pode pensar que é a única pessoa que sente e pensa como você. Este livro mostra que muitos dos problemas que você pode estar vivenciando, como depressão, ansiedade, raiva e obsessões são na verdade muito comuns. Você não está sozinho.

Esperamos que toda a sua experiência seja, no mínimo, um pouco divertida ao longo do processo. Então, comece a leitura, acolha positivamente os novos conceitos e tente seguir algumas das ideias propostas neste livro.

Convenções Utilizadas Neste Livro

Para facilitar sua leitura e chamar sua atenção para palavras-chave ou pontos importantes, usamos certas convenções.

O *itálico* introduz novos termos, destaca diferenças importantes de significado entre palavras e realça os aspectos mais importantes de uma frase ou exemplo.

Usamos o termo "ele" em vários capítulos e "ela" em outros tantos capítulos com a intenção de não fazer distinção entre os gêneros masculino e feminino.

Os casos estudados ao longo do livro são ilustrativos de clientes reais tratados por nós e não são representações diretas de nenhum cliente em particular.

Usamos **negrito** para destacar a parte da ação em listas.

Só de Passagem

Este livro foi escrito em uma ordem tradicional para ajudá-lo a progredir dos fundamentos da TCC até as técnicas e ideias mais complexas. Entretanto, você pode ler os capítulos na ordem que desejar ou simplesmente ler os capítulos que tratem de assuntos sobre os quais você quer saber mais.

Para facilitar a sua leitura, identificamos alguns materiais que podem ser "pulados":

> » **Box:** Na maioria dos capítulos, incluímos algumas caixas de texto cinza. Elas contêm informações interessantes ou expansões de tópicos mostrados no

capítulo. Leia este material se ele parecer interessante, caso contrário, siga adiante.

» **Nossas considerações:** Provavelmente, serão enfadonhas para o leitor não leigo.

Penso que...

Ao escrever este livro, fizemos as seguintes suposições sobre você, querido leitor: você é humano.

» Sendo humano, você provavelmente está em uma etapa da sua vida na qual vivencia algum tipo de problema emocional que gostaria de superar.
» Você ouviu falar sobre a TCC, ou está intrigado com a TCC, ou a TCC lhe foi sugerida por um médico, amigo ou profissional da área de saúde mental como um possível tratamento para suas dificuldades específicas.
» Mesmo que você pense que não precisa da TCC agora, você quer saber mais sobre os princípios apresentados neste livro.
» Você acha que a sua vida está absolutamente bem agora, mas quer encontrar informações úteis e interessantes que podem melhorar sua vida no futuro.
» Você quer descobrir se a TCC pode ser útil para alguém próximo.
» Vocês está estudando TCC e quer usar este livro como manual prático em seu treinamento.

Como Este Livro Está Organizado

Este livro está dividido em cinco partes e 25 capítulos. O sumário lista os subtítulos oferecendo mais informações sobre cada capítulo; a seguir descrevemos as seções principais deste livro:

Parte 1: Introduzindo os Fundamentos da TCC

Esta parte dá uma boa ideia sobre em que consiste a TCC e como suas técnicas diferem de outras formas de psicoterapia. "Você pensa como sente" é uma boa maneira de resumir a TCC, e os capítulos nesta parte desenvolvem esta ideia. Explicamos os erros comuns na maneira de pensar, bem como os meios de combater estes pensamentos distorcidos. Você descobrirá o modelo básico da

TCC e como pode fazer mudanças positivas, mesmo quando as circunstâncias ou pessoas em sua vida não pareçam estar dispostas a mudar para melhor.

Parte 2: Mapeando a Rota: Definindo os Problemas e Estabelecendo Metas

Esta parte ajuda você a definir seus problemas de maneira mais minuciosa, a ver de onde surgem seus problemas e a desenvolver metas sólidas para o seu futuro emocional. Algumas das suas corajosas tentativas de lidar com suas preocupações, medos e ideais sobre si mesmo são frequentemente contraproducentes a longo prazo. Estes capítulos exploram esta noção e fornecem ideias sobre estratégias alternativas mais produtivas para trazer benefícios a longo prazo.

Parte 3: Colocando a TCC em Prática

Ações falam mais do que palavras, e acredite quando dizemos que ações também trazem melhores resultados do que apenas palavras. Corrigir a sua forma de pensar é um esforço importante, mas todos os seus esforços para pensar de modo saudável podem ir por água abaixo se você não inserir novas crenças em novas ações. Os capítulos desta parte apresentam algumas maneiras de testar novas formas de pensar, de fortalecer novas crenças saudáveis, e de promover algumas respostas emocionais úteis para a vida. Se você não acredita, experimente estas ideias por você mesmo! Exploramos também algumas dificuldades humanas comuns, como a ansiedade e transtornos obsessivos, adições e baixa autoestima.

Parte 4: Olhando Para Trás e Seguindo Adiante

"Mas a TCC ignora o meu passado!", essa é uma reclamação comum entre indivíduos iniciantes na TCC. Por isso estamos aqui para lhe dizer que a TCC não ignora o seu passado. Sim, a TCC se concentra em como a sua forma de pensar e o seu comportamento *atuais* causam suas *atuais* dificuldades. Esta parte ajuda você a reconhecer experiências do seu passado que podem ter influenciado certos tipos de crenças sobre si mesmo, outras pessoas e o mundo que o cerca. Atribuir significados atualizados, úteis e precisos para os eventos passados pode fazer uma diferença incrível na maneira como você vivencia a vida hoje. Por isso, continue lendo!

Parte 5: A Parte dos Dez

Esta seção do livro é divertida e consistente ao mesmo tempo. Olhar aqui primeiro pode ajudá-lo a conectar as outras partes do livro. Ainda oferece dicas fáceis para ter uma vida mais saudável, estimular sua autoestima de forma correta e aprimorar suas atitudes em relação a você mesmo e à vida em geral.

Apêndices

O Apêndice A fornece uma lista de organizações e sites na internet que podem lhe interessar.

Ao longo do livro, nós citamos e explicamos vários exemplos/exercícios e ferramentas da TCC que podem ser úteis a você. O Apêndice B fornece exercícios em branco para você fazer cópias e usar quando desejar.

Ícones Usados Neste Livro

Usamos os seguintes símbolos para servirem de alerta com relação a certos tipos de informação que você pode escolher ler, decorar (e possivelmente introduzir em uma conversa durante o jantar) ou talvez ignorar completamente.

Este símbolo destaca conselhos de como colocar a TCC em prática.

Este é um símbolo positivo e, por vezes, urgente, para lembrá-lo de pontos importantes que merecem atenção.

Este símbolo chama a atenção para coisas específicas que devem ser evitadas ou possíveis armadilhas para manter seus olhos abertos durante a busca por uma vida emocional melhor.

Este ícone destaca a terminologia usada na TCC que pode parecer formal demais, mas que é usada com frequência pelos praticantes da TCC.

Este símbolo alerta que o assunto tem embasamento filosófico e pode precisar de um pouco mais de reflexão quando você tiver tempo disponível.

Este símbolo indica uma técnica da TCC que você pode tentar para ver quais resultados alcança.

Além Deste Livro

Você pode acessar a Folha de Cola Online, no endereço: www.altabooks.com.br. Procure pelo título do livro/ISBN.

Na página da obra, em nosso site, faça o download completo da Folha de Cola, bem como de erratas e possíveis arquivos de apoio.

De Lá para Cá, Daqui para Lá

Nós realmente gostaríamos que você lesse o livro inteiro e que depois o recomendasse a todos os seus amigos e pessoas que encontrar na rua. Se esse não for o caso, use este livro como fonte de consulta sobre TCC sempre que julgar necessário.

Passeie pelos tópicos do sumário e opte pelos capítulos que pareçam trazer assuntos úteis para você e suas atuais dificuldades.

Após ler o livro, ou as partes que lhe interessaram mais, talvez você decida iniciar o tratamento da TCC com um terapeuta. Para tanto, consulte o Capítulo 19 para mais informações e conselhos sobre como conseguir tratamento.

1
Introduzindo os Fundamentos da TCC

NESTA PARTE...

Compreenda as ideias defendidas pela TCC e porque este tópico é tão comentado entre os profissionais de saúde mental.

Entenda como a sua forma de pensar sobre os acontecimentos se relaciona com o que você sente.

Reconheça e lide com seus padrões negativos de pensamento.

Siga dicas sobre como controlar sua atenção.

NESTE CAPÍTULO

» Definindo a TCC

» Explorando o poder dos significados

» Compreendendo como seus pensamentos influenciam suas emoções e comportamentos

» Conhecendo a fórmula ABC

Capítulo 1
Você Sente da Forma Como Pensa

A Terapia Cognitivo-comportamental — comumente referida como TCC — enfoca a maneira como as pessoas pensam e agem para ajudá-las a superar seus problemas.

Muitas das práticas eficazes de TCC discutidas aqui deveriam fazer parte do senso comum diário. Em nossa opinião, a TCC tem princípios muito diretos e claros, e é uma abordagem bastante lógica e prática para ajudar as pessoas a superarem seus problemas. No entanto, os seres humanos nem sempre agem de acordo com princípios lógicos, e a maioria das pessoas acredita que soluções fáceis às vezes são muito complicadas de serem postas em prática. A TCC pode maximizar o seu senso comum e ajudá-lo a fazer coisas saudáveis, que às vezes fazemos de modo natural e inconsciente, de um jeito consciente e confiante regularmente.

Neste capítulo, mostraremos os princípios básicos da TCC e como usá-los para que você conheça melhor a si mesmo e aos seus problemas.

Usando Métodos Cientificamente Comprovados

A eficácia da TCC para vários problemas psicológicos tem sido mais pesquisada que qualquer outra abordagem psicoterápica. A reputação da TCC como um tratamento altamente eficaz está crescendo. Diversos estudos revelam que esta terapia é mais eficaz que apenas o uso de medicação para os tratamentos da ansiedade e da depressão. Como resultado desta pesquisa, métodos de tratamento mais curtos e mais intensos têm sido desenvolvidos para transtornos específicos, como pânico, ansiedade no convívio social ou preocupação extrema.

As pesquisas científicas sobre TCC continuam. Como resultado, mais descobertas são feitas sobre quais aspectos do tratamento são mais apropriados para diferentes tipos de pessoas, e quais intervenções terapêuticas funcionam melhor para diferentes tipos de problemas.

Pesquisas apontam que as pessoas que usam a TCC para vários tipos de problemas – em particular para ansiedade e depressão — permanecem bem por mais tempo. Isso significa que as pessoas adeptas da TCC têm recaídas com menos frequência do que as que optam por outras formas de psicoterapia, ou apenas fazem uso de medicação. Esse resultado positivo é obtido em parte por conta dos *aspectos educativos* da TCC — as pessoas que fazem esta terapia recebem uma boa quantidade de informações que podem ser usadas a fim de que se tornem seus próprios terapeutas.

A popularidade da TCC está aumentando. Mais e mais médicos e psiquiatras a indicam a seus pacientes no intuito de ajudá-los a superar uma ampla gama de problemas com resultados positivos. Esses problemas incluem:

- Dependência de substâncias.
- Dificuldade no controle da raiva.
- Ansiedade.
- Transtorno Dismórfico Corporal.
- Síndrome da fadiga crônica.
- Dor crônica.
- Depressão.
- Transtornos alimentares.
- Transtorno Obsessivo Compulsivo.
- Síndrome do pânico.

- Transtornos de personalidade.
- Fobias.
- Transtorno de Estresse Pós-Traumático.
- Transtornos psicóticos.
- Problemas de relacionamento.
- Fobia social.

Falaremos dos diversos transtornos citados na lista anterior de maneira mais profunda ao longo do livro, mas é muito difícil nos aprofundarmos em todos eles. Felizmente, as habilidades e técnicas da TCC apresentadas neste livro podem ser aplicadas na maior parte dos problemas psicológicos; então, tente usá-las mesmo que seu problema não seja especificamente abordado.

Entendendo a TCC

A Terapia Cognitivo-comportamental é uma vertente da psicoterapia, cujo objetivo é ajudar pessoas a superar seus problemas emocionais.

- **Cognitivo** significa processos mentais, como o pensamento. A palavra "cognitivo" refere-se a tudo o que se passa na sua mente, como sonhos, lembranças, imagens, pensamentos e atenção.
- **Comportamental** refere-se a tudo o que você faz. Isso inclui o que você diz, como tenta resolver seus problemas, como age, como evita certas situações etc. Comportamental diz respeito tanto à ação quanto à falta dela. Por exemplo, quando você se cala ao invés de dizer o que pensa, isso também é um comportamento, mesmo que você esteja tentando *não* fazer algo.
- **Terapia** é a palavra usada para descrever uma abordagem sistemática para combater um problema, uma doença ou uma condição irregular.

O conceito central na TCC é que *você sente o que você pensa*. Então, a TCC trabalha de acordo com o princípio de que você pode viver mais feliz e produtivamente se pensar de modo saudável. Esse princípio é uma maneira muito simples de resumir a TCC, e temos muitos outros detalhes para compartilhar com você no decorrer do livro.

Combinando ciência, filosofia e comportamento

A TCC é um tratamento poderoso porque combina aspectos científicos, filosóficos e comportamentais em uma abordagem abrangente, a fim de compreender e superar problemas psicológicos comuns.

» **Aspecto científico.** A TCC é científica não apenas no sentido de ter sido testada e desenvolvida por meio de numerosos estudos, mas também no sentido de que encoraja as pessoas a se tornarem uma espécie de cientista. Por exemplo, durante a TCC, você pode desenvolver a habilidade de tratar seus pensamentos como teorias sobre a realidade a serem testadas (o que os cientistas chamam de *hipóteses*), em vez de como fatos.

» **Aspecto filosófico.** A TCC reconhece que as pessoas têm valores e crenças sobre si mesmas, o mundo e as outras pessoas. Uma das metas da TCC é ajudar pessoas a desenvolverem crenças flexíveis, sem extremos e de autoajuda, que as auxiliem a se adaptar à realidade e buscar seus objetivos.

PENSE SOBRE ISTO

Seus problemas não estão todos apenas em sua cabeça. Embora a TCC dê bastante ênfase a pensamentos e comportamentos como áreas poderosas para trazer mudança e desenvolvimento, também coloca seus pensamentos e comportamentos em um determinado *contexto*. A TCC reconhece que você é influenciado por tudo o que está acontecendo ao seu redor e que este *ambiente* contribui para a maneira pela qual você pensa, sente e age. Entretanto, a TCC mantém a ideia de que você pode modificar a maneira como se sente mudando seu modo de pensar e de se comportar — mesmo que você não possa modificar o seu ambiente. O ambiente, no contexto da TCC, inclui outras pessoas e o modo como elas se comportam em relação a você. Seu modo de vida, as dinâmicas do ambiente de trabalho ou preocupações financeiras também são características de seu meio.

» **Aspecto ativo.** Como o nome sugere, a TCC enfatiza o comportamento. Muitas das técnicas da TCC envolvem a mudança na forma como você pensa e age pela modificação do seu comportamento. Os exemplos incluem tornar-se cada vez mais ativo, caso você esteja deprimido ou letárgico; ou enfrentar seus medos um a um quando você está ansioso. A TCC enfatiza também seus comportamentos mentais, como suas preocupações e os focos de sua atenção.

Avançando de problemas para as metas

Um das principais características da TCC é que ela fornece as ferramentas necessárias para você desenvolver uma abordagem *centrada nas suas dificuldades*. O objetivo da TCC é ajudar a se livrar de determinados problemas emocionais e comportamentais e avançar em direção às suas metas, como você gostaria de se sentir e se comportar. Desse modo, a TCC é uma abordagem direcionada, sistemática e eficiente na solução de problemas emocionais.

Fazendo a Conexão Entre Pensamento e Sentimento

Como muitas pessoas, talvez você presuma que, se algo acontece com você, esse evento *faz* você se sentir de determinada maneira. Por exemplo, se a sua parceira o trata sem consideração, talvez você conclua que ela o *deixa* com raiva. Mais tarde, talvez você deduza que o comportamento dela, ao lhe tratar sem consideração, *faz* com que você se comporte de uma forma particular, como ficar de mau humor ou se recusar a falar com ela por horas (provavelmente até dias; as pessoas podem permanecer de mau humor por muito tempo!). Ilustramos essa relação causal comum (mas incorreta) com a fórmula a seguir. Nesta equação, o "A" significa um acontecimento real ou atual — como uma rejeição ou a perda do emprego. Refere-se a um evento de *ativação*, que pode ter ou não acontecido. Pode ser uma previsão do futuro, como "eu vou ser demitido", ou uma memória de uma rejeição passada, como "Hilary vai me deixar, assim como Judith fez dez anos atrás!". O "C" significa *consequência*, que se refere à maneira como você se sente e se comporta em resposta ao evento de ativação.

A (evento atual ou de ativação) = C (consequência emocional e comportamental)

A TCC o encoraja a entender que seus pensamentos e suas *crenças* estão entre o evento ocorrido e seus sentimentos ou ações posteriores. Seus pensamentos, crenças e os significados que você dá a um evento produzem suas respostas emocionais e comportamentais.

Então, nos termos da TCC, sua parceira não *fez* você ficar furioso e mal-humorado. Em vez disso, sua parceira se comporta sem consideração e você atribui um significado ao comportamento dela como "ela faz isso só para me irritar e ela não deveria fazer isso!" e, assim, você acaba ficando furioso e mal-humorado. Na fórmula a seguir, o "B" significa as crenças e os significados que você atribui ao evento.

A (evento de ativação ou atual) + B (crenças e significados sobre o evento) = C (consequências emocionais e comportamentais)

Essa é a fórmula ou equação que a TCC usa para compreender seus problemas emocionais.

Enfatizando os significados que você atribui aos eventos

O *significado* que você atribui a qualquer tipo de acontecimento influencia as respostas emocionais que você tem àquele episódio. Eventos positivos normalmente levam a sentimentos de felicidade e empolgação, enquanto que eventos negativos levam a sentimentos como tristeza e ansiedade.

No entanto, os significados que você atribui a certos tipos de eventos negativos podem não ser totalmente precisos, reais ou úteis. Às vezes, sua forma de pensar o leva a atribuir significados extremos a eventos, fazendo com que você se sinta perturbado.

Tilda conheceu um homem simpático que encontrou em um site de encontros online. Ela gosta dele no primeiro encontro e espera que ele a convide para um segundo encontro. Infelizmente, ele não a convida. Depois de duas semanas de espera ansiosa diante do computador, Tilda desiste e fica deprimida. O fato de o rapaz não ter convidado Tilda para um novo encontro *contribui* para que ela se sinta mal. Mas o que realmente a *leva* a vivenciar sentimentos depressivos é o significado que ela atribui à aparente rejeição, ou seja: "Isto prova que estou velha, feia, passada e indesejável. Eu serei uma solteirona triste para o resto de minha vida".

Como evidencia o exemplo de Tilda, tirar conclusões extremas sobre si mesmo (e sobre os outros e o mundo em geral) baseadas em experiências singulares pode transformar uma situação aflitiva em profundamente perturbadora.

ALERTA DE JARGÃO

Os psicólogos usam o termo "perturbada" para descrever respostas emocionais inúteis e que causam desconforto. Na terminologia da TCC, "perturbada" significa que uma resposta emocional ou comportamental está atrapalhando em vez de ajudar você a se adaptar e lidar com um evento negativo.

Por exemplo, se uma namorada em potencial lhe rejeita após o primeiro encontro (evento), você pode pensar "Isso comprova que não sou desejável e atraente" (significado) e se sentir deprimido (emoção).

A TCC envolve identificação de pensamentos, crenças e significados que são ativados quando você está se sentindo emocionalmente perturbado. Se você atribui significados menos radicais, mais úteis e mais precisos a eventos negativos, provavelmente vivenciará respostas emocionais e comportamentais menos perturbadores.

CONSIDERE AS REAÇÕES DE DEZ PESSOAS

Pessoas diferentes podem atribuir significados distintos a uma situação específica, resultando em uma vasta gama de reações a uma situação. Por exemplo, considere dez pessoas basicamente parecidas que vivenciam o mesmo evento, no qual seu parceiro o trata sem consideração. Potencialmente, elas podem ter dez (ou mais) respostas emocionais diferentes para o mesmo evento, dependendo do que elas pensam sobre ele.

A pessoa 1 atribui o significado: "Aquele idiota não tem o direito de me tratar mal – quem ele pensa que é?" e se sente com raiva.

A pessoa 2 pensa: "Essa falta de consideração significa que meu parceiro não me ama" e se sente deprimida.

A pessoa 3 acredita que: "Essa falta de consideração deve significar que meu parceiro está prestes a me deixar por outra pessoa" e se sente enciumada.

A pessoa 4 pensa: "Eu não mereço ser tratada desse jeito; eu sempre fiz o melhor que pude para ser atenciosa com meu parceiro" e se sente magoada.

A pessoa 5 avalia o episódio como: "Eu devo ter feito algo muito sério para aborrecer tanto meu parceiro a ponto de ele me tratar desse jeito" e se sente culpada.

A pessoa 6 acredita que: "Essa falta de consideração é um sinal de que meu parceiro está perdendo o interesse em mim" e se sente ansiosa.

A pessoa 7 pensa: "Agora tenho uma boa razão para terminar meu relacionamento com meu parceiro; o que eu queria fazer há tempos" e se sente feliz.

A pessoa 8 decide que o evento significa que: "Meu parceiro errou muito ao me tratar dessa maneira e eu não estou preparada para aguentar isso" e se sente irritada.

A pessoa 9 pensa: "Eu realmente queria que meu parceiro tivesse mais consideração, porque sempre tivemos muita consideração um pelo outro" e se sente decepcionada.

A pessoa 10 acredita que: "Meu parceiro deve ter descoberto algo terrível sobre mim para ter me tratado dessa forma" e se sente envergonhada.

Você pode perceber através desse exemplo que significados muito diferentes podem ser atribuídos a um mesmo evento e que geram diferentes respostas emocionais. Algumas respostas emocionais são mais saudáveis do que as outras; discutimos esse assunto mais a fundo no Capítulo 6.

Assim, ao ser rejeitado depois do primeiro encontro (evento), você pode pensar "Eu acho que a pessoa não gostou muito de mim; ora — ela não é a pessoa certa para mim" (significado) e se sentir desapontado (emoção).

Você pode se ajudar a descobrir se os significados que você vem atribuindo a eventos negativos específicos estão lhe causando perturbação, para isso, responda às seguintes perguntas:

> » O significado que estou atribuindo a este evento é injustificadamente extremo? Estou pegando um evento bastante simples e tirando conclusões bastante drásticas sobre mim (ou outras pessoas e/ou o futuro)?
>
> » Estou tirando conclusões generalizadas para este evento singular? Estou decidindo que este único evento me define totalmente? Ou que esta situação específica indica o curso de meu futuro inteiro?
>
> » O significado que estou atribuindo a este evento está sobrecarregado contra mim? Esse significado me leva a sentir melhor ou pior com relação à mim mesmo? Ele está me impulsionando para uma ação orientada a um objetivo ou me levando a desistir e sentir derrotada?

Se a maioria de suas respostas para essas perguntas forem "sim", provavelmente você está se perturbando desnecessariamente sobre um evento negativo. A situação pode até ser negativa — mas seu pensamento o está tornando pior. Nos Capítulos 2 e 3 damos orientações para corrigir pensamentos que criam perturbação e ajudamos você a experimentar sentimentos mais apropriados.

Agindo

As maneiras como você pensa e sente têm grande influência sobre o modo como você *age*. Se está se sentindo deprimido, provavelmente você irá se retrair e se isolar. Se está ansioso, pode evitar situações que acredita serem ameaçadoras ou assustadoras. Seu comportamento pode ser problemático para você mesmo de diversas maneiras, como as apresentadas a seguir:

> » **Comportamentos autodestrutivos**, como beber em excesso ou usar drogas para diminuir a ansiedade, podem causar prejuízos físicos diretos.
>
> » **Comportamentos depressivos e de isolamento**, como ficar na cama o dia inteiro ou se afastar dos amigos, aumentam o seu senso de isolamento e mantêm seu humor para baixo.
>
> » **Comportamentos evasivos**, como evitar situações que você acha serem ameaçadoras (participar do meio social, usar um elevador, falar em público), o priva da oportunidade de confrontar e superar seus medos.

Aprendendo o ABC

Quando você começa a entender suas dificuldades emocionais, a TCC o encoraja a desmembrar um problema específico usando a *fórmula ABC*, em que:

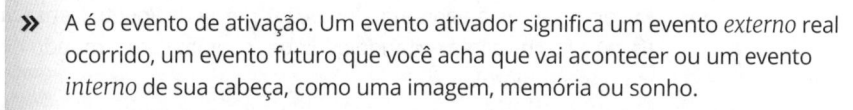

» A é o evento de ativação. Um evento ativador significa um evento *externo* real ocorrido, um evento futuro que você acha que vai acontecer ou um evento *interno* de sua cabeça, como uma imagem, memória ou sonho.

ALERTA DE JARGÃO

O "A" é frequentemente referido como o seu "gatilho".

» B são as suas crenças. Elas incluem seus pensamentos, suas regras pessoais, as cobranças que você faz (sobre si mesmo, o mundo e as outras pessoas) e os significados que você atribui a eventos internos e externos.

» C são as consequências. Elas incluem suas emoções, comportamentos e sensações físicas que acompanham emoções diferentes.

A Figura 1-1 apresenta o ABC de um problema em forma de ilustração.

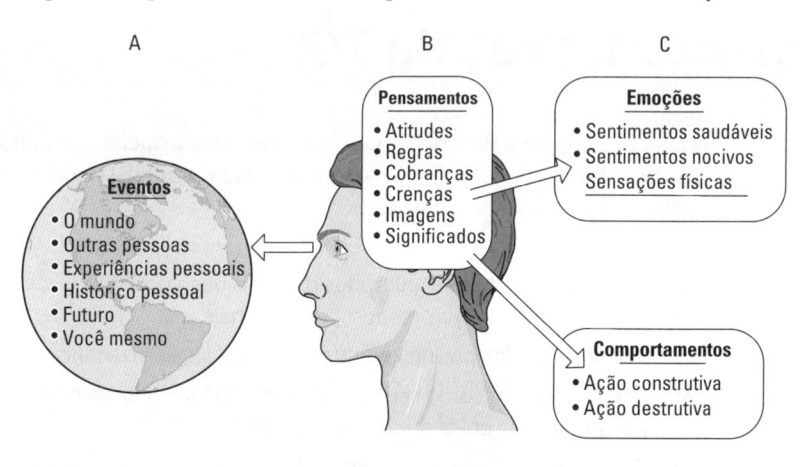

FIGURA 1-1: A é o evento ativador, B são as suas crenças e pensamentos, e C são as consequências, como as emoções que você sente depois do evento e seu comportamento subsequente.

A
Eventos
- O mundo
- Outras pessoas
- Experiências pessoais
- Histórico pessoal
- Futuro
- Você mesmo

B
Pensamentos
- Atitudes
- Regras
- Cobranças
- Crenças
- Imagens
- Significados

C
Emoções
- Sentimentos saudáveis
- Sentimentos nocivos
- Sensações físicas

Comportamentos
- Ação construtiva
- Ação destrutiva

Escrever seu problema em uma fórmula ABC — uma técnica central da TCC — ajuda a diferenciar seus pensamentos, sentimentos e comportamentos e o evento *gatilho*. Trazemos mais informações sobre a fórmula ABC no Capítulo 3 e você encontra fórmulas ABC em branco no final do livro.

Considere as formulações ABC de dois eventos emocionais comuns, ansiedade e depressão. O ABC da ansiedade pode parecer com o seguinte exemplo:

» **A:** Você se imagina falhando em uma entrevista de emprego.

» **B:** Você acredita: "Preciso me assegurar de que não irei mal nesta entrevista; caso contrário, comprovarei que sou um fracasso".

» **C:** Você vivencia ansiedade (emoção), frio na barriga (sensação física) e consome alguma bebida alcoólica para se acalmar (comportamento).

O ABC da depressão pode parecer com o seguinte exemplo:

» **A:** Você falhou na entrevista de emprego.
» **B:** Você acredita: "Eu deveria ter me saído melhor. Isso significa que eu sou um fracasso".
» **C:** Você vivencia a depressão (emoção), perda de apetite (sensação física) e fica na cama evitando qualquer contato com o mundo exterior (comportamento).

Você pode usar estes exemplos como guias quando estiver preenchendo o formulário ABC com os seus problemas. Isso irá auxiliá-lo a ter certeza de que recorda os fatos relacionados ao evento em "A", seus pensamentos em "B" e como você estava se sentindo e agindo em "C". Ao desenvolver um ABC claro do seu problema, será muito mais fácil perceber o quanto seus pensamentos em "B" influenciaram sua resposta emocional e comportamental em "C". (O Capítulo 3 descreve a fórmula ABC mais detalhadamente.)

Características da TCC

Apresentamos uma descrição mais completa dos princípios e aplicações práticas da TCC ao longo do livro. Entretanto, esta é uma lista sucinta das características-chave desta terapia. A TCC:

» Enfatiza o papel dos significados pessoais que você atribui aos eventos na determinação de suas respostas emocionais.
» Foi desenvolvida por meio de uma extensa análise científica.
» Enfoca mais em como seus problemas estão sendo *mantidos,* em vez de pesquisar uma única raiz causando o problema.
» Oferece conselhos e ferramentas práticas para superar problemas emocionais comuns (veja os Capítulos 9, 12 e 13).
» Acredita na possibilidade de mudança e desenvolvimento pensando sobre os acontecimentos e tentando novas ideias e pensamentos (veja o Capítulo 4).
» Pode explorar o passado para ajudá-lo a compreender e mudar a maneira como você está pensando e agindo agora (o Capítulo 16 detalha esse assunto).
» Mostra que algumas das estratégias que você tem adotado para lidar com seus problemas emocionais estão, na verdade, mantendo esses problemas (o Capítulo 7 fala sobre isso).
» Tenta normalizar suas emoções, sensações físicas e pensamentos em vez de convencê-lo de que eles são "pistas" para os seus problemas "ocultos".

» Reconhece que você pode desenvolver problemas emocionais derivados de outros problemas emocionais, como, por exemplo, sentir vergonha por estar em depressão (veja o Capítulo 6 para saber mais sobre este conceito).

» Destaca técnicas de aprendizado e maximiza a autoajuda de forma que finalmente você tenha condições de se tornar seu próprio terapeuta (veja o Capítulo 22).

UM POUCO MAIS COMPLICADO

Ater-se à fórmula ABC, em que A+B=C pode ser o bastante para você. Porém, se isso lhe parece muito simplista, você pode fazer uso da fórmula mais complexa mostrada abaixo

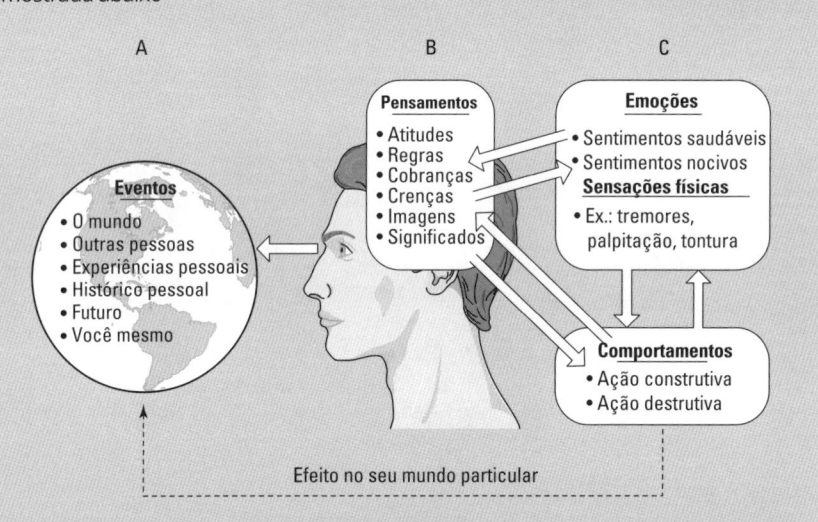

A

Eventos
- O mundo
- Outras pessoas
- Experiências pessoais
- Histórico pessoal
- Futuro
- Você mesmo

B

Pensamentos
- Atitudes
- Regras
- Cobranças
- Crenças
- Imagens
- Significados

C

Emoções
- Sentimentos saudáveis
- Sentimentos nocivos

Sensações físicas
- Ex.: tremores, palpitação, tontura

Comportamentos
- Ação construtiva
- Ação destrutiva

Efeito no seu mundo particular

Este diagrama exibe a complexa interação de seus pensamentos, sentimentos e comportamentos. Embora seus pensamentos afetem o modo como você se sente, suas emoções também afetam sua mente. Então, se você está tendo pensamentos depressivos, provavelmente seu humor vai decair. Quanto mais baixo estiver seu humor, mais provável será que você aja de maneira deprimida e tenha pensamentos pessimistas. A combinação de se sentir deprimido, pensar e agir de forma pessimista e agir de modo depressivo pode, no final das contas, influenciar na maneira como você vê o seu mundo particular. Você estará focando os eventos negativos da sua vida e do mundo em geral, e assim acabará acumulando mais As negativos. Essa interação de A, B e C pode se tornar um círculo vicioso.

A TCC presta muita atenção para mudar os padrões dos pensamentos e comportamentos nocivos.

> **NESTE CAPÍTULO**
>
> » Identificando as principais armadilhas do pensamento
> » Corrigindo seu pensamento
> » Conhecendo as principais distorções que você comete nos pensamentos

Capítulo 2
Encontrando Distorções em Seu Pensamento

Provavelmente você não passa muito tempo refletindo sobre os prós e contras da sua maneira de pensar. Muitas pessoas não fazem isso — mas, francamente, a maioria delas deveria fazer!

Uma das mensagens principais da TCC é de que os pensamentos, as atitudes e as crenças que você guarda têm um enorme efeito na sua forma de interpretar o mundo que o cerca e na maneira como você se sente. Desse modo, se você está se sentindo muito mal, são maiores as chances de você estar pensando de forma negativa – ou, ao menos, de modo prejudicial. Claro que você provavelmente não tem a *intenção* de pensar de nocivamente e, sem dúvida, você não tem noção de que está agindo assim.

Pensamentos disfuncionais são deslizes da mente que todo mundo tem de vez em quando. Assim como um vírus compromete o fluxo de informações no seu computador, os pensamentos distorcidos impedem que você faça uma avaliação exata das suas experiências. Os pensamentos disfuncionais o impelem a tomar caminhos menos adequados, tirar conclusões precipitadas e supor o pior. Os pensamentos disfuncionais atrapalham ou provocam distorções nos fatos. No entanto, você tem a capacidade de parar e reavaliar a maneira como tem pensado, e se realinhar.

PENSE SOBRE ISTO

Meses ou anos após o evento, provavelmente você recorda uma experiência dolorosa ou embaraçosa e fica perplexo com o quanto seus sentimentos sobre o evento mudaram. Talvez você até consiga rir sobre a situação agora. E por que você não riu no passado? Por causa da maneira como você estava pensando naquela época.

Errar é definitivamente humano. Ou, como disse o psicoterapeuta norte-americano Albert Ellis, "se os marcianos descobrissem a maneira de pensar dos seres humanos, eles morreriam de rir". Ao entender as distorções de pensamento que descrevemos neste capítulo, você poderá identificar seus pensamentos nocivos e corrigi-los mais rapidamente. Esteja pronto para identificar e responder de modo mais saudável a algumas formas "defeituosas" comuns e nocivas de pensar, reconhecidas por pesquisadores e clínicos.

Catastrofização: Não Faça Tempestade em um Copo D'água

Catastrofização é fazer um pequeno aspecto negativo assumir proporções bem maiores e imaginar todos os tipos de resultados desastrosos que podem advir deste episódio, como é demonstrado na Figura 2-1.

FIGURA 2-1: Catastrofização.

Considere os seguintes exemplos de catastrofização:

» Você está em uma festa e acidentalmente tromba com um arranjo de flores. Depois de sair do meio da folhagem, você corre para casa e conclui que todo mundo que estava presente na festa testemunhou seu pequeno ato de desatenção e riu às suas custas.

> Você está esperando sua filha adolescente voltar para casa depois de uma ida ao cinema com amigos. O relógio marca 22h e você não ouve o tilintar tranquilizador da chave dela na porta. Às 22h05, começa a imaginar que ela aceitou a carona de um amigo que dirige perigosamente. Às 22h10, você está convencida de que sua filha sofreu um acidente de carro e que está sendo atendida por paramédicos no local do acidente. Às 22h15, já está chorando sobre a sepultura dela.

> Seu novo parceiro recusa um convite para jantar com seus pais. Antes de dar a ele a chance para que explique suas razões, você desliga o telefone e decide que este é o jeito dele de dizer que o relacionamento de vocês está acabado. Além disso, agora você o imagina ligando para os amigos para contar a eles que foi um erro namorar você. Você decide que nunca mais encontrará outra pessoa e que morrerá velha e sozinha.

A catastrofização leva a pessoa a confundir uma gafe com uma tragédia social, ou seja, um pequeno atraso vira um acidente de carro e um pequeno desentendimento transforma-se em uma total rejeição.

Corte o mal da catastrofização pela raiz reconhecendo sua natureza – apenas pensamentos. Quando você se flagrar imaginando o pior cenário possível, tente as seguintes estratégias:

- **Coloque seus pensamentos em perspectiva.** Mesmo que todo mundo tenha visto que você esbarrou no arranjo de flores na festa, tem certeza de que ninguém foi compreensivo? Com certeza você não foi a única pessoa no mundo a esbarrar em um arranjo de flores em público. A verdade é que as pessoas estão bem menos interessadas na sua cena embaraçosa do que você pensa. Passar por tal situação em uma festa não é nada agradável, mas, no final das contas, isso jamais seria digno de nota na coluna social do jornal.

- **Considere explicações menos aterrorizantes.** Que outras razões podem existir para justificar o atraso da sua filha? Chegar um pouco atrasada não faz parte do mundo adolescente? Talvez o filme tenha sido longo demais ou ela tenha perdido a noção do tempo batendo papo. Não se deixe absorver por emoções tão extremas, pois acabará assustando a sua filha, que já está na porta pedindo desculpa por ter perdido o ônibus.

- **Avalie as evidências.** Você tem informações suficientes para concluir que seu parceiro quer deixá-la? Ele já deu alguma razão para que você pense isso? Procure alguma evidência que contradiga a sua suposição catastrófica. Por exemplo, vocês tiveram mais momentos felizes do que o contrário?

- **Mantenha o foco naquilo que você pode fazer para lidar com a situação e nas pessoas e recursos que podem auxiliá-la.** Participar de mais reuniões sociais pode fazer com que você esqueça sua gafe. Você pode revigorar seu relacionamento — ou iniciar um novo. Mesmo um machucado causado por um acidente pode ser curado com tratamento médico.

LEMBRE-SE Por pior que seja o que você criou em sua mente, o mundo não acabará por causa disso, mesmo que tais cenários se concretizem. Você é muito mais capaz de sobreviver a episódios embaraçosos e dolorosos do que imagina — seres humanos podem ser bastante resilientes.

Tudo ou Nada: Encontre um Meio-Termo Para Esse Pensamento

O tipo de distorção cognitiva chamada de polarização ou pensamento dicotômico, também conhecidos como *tudo ou nada* ou *branco ou preto* (veja a Figura 2-2), é um pensamento radical que pode ocasionar emoções e comportamentos extremos. As pessoas podem amá-lo ou odiá-lo, certo? Algo pode ser perfeito ou um desastre. Você só pode ser inocente ou totalmente culpado? Parece lógico? Esperamos que não!

FIGURA 2-2: Pensamento tudo ou nada.

Infelizmente, os seres humanos caem na armadilha do tudo ou nada facilmente:

» Imagine que você está tendo que comer alimentos saudáveis para perder peso, e cai na tentação de comer um doce. O pensamento tudo ou nada fará com que você acredite que seu plano inicial está arruinado, então você acaba resolvendo comer os outros 11 doces da caixa.

» Você está fazendo um curso de extensão e é reprovado em um módulo. O pensamento tudo ou nada faz com que você decida que todo o esforço é sem motivo. Mesmo que você consiga aproveitamento total ou parcial.

DICA Considere um mísero termômetro como sendo o seu guia para superar a tendência de pensar em tudo ou nada. O termômetro faz a leitura de graus de temperatura, e não apenas "quente" e "frio". Pense como um termômetro — em graus, não em extremos. Você pode usar os seguintes indicadores para auxiliá-lo a mudar sua maneira de pensar:

- » **Seja realista**. É impossível passar pela vida sem cometer erros. Um doce não arruinará o seu regime. Lembre-se da sua meta, perdoe a si mesmo pelo pequeno deslize e retome o seu plano.
- » **Desenvolva um pensamento "tanto-quanto".** Uma alternativa para o pensamento tudo ou nada é ter a capacidade de ser razoável. Você precisa mentalmente permitir que duas possibilidades que parecem opostas existam ao mesmo tempo. Você pode ser bem sucedido nas suas metas acadêmicas mesmo que falhe em uma prova ou outra. A vida não pode ser dividida entre sucesso e derrota. Você pode *tanto* pensar ser uma boa pessoa *quanto* pode se esforçar para mudar aquilo que achar necessário.

LEMBRE-SE

O pensamento de tudo ou nada pode sabotar o comportamento focado na meta. É mais provável que haja desistência no primeiro sinal de dificuldade quando você não permite uma mínima margem de erro. Esteja atento a afirmações como "um ou outro/ou" e rótulos gerais como "bom" e "mau" ou "sucesso" ou "derrota". Nem as pessoas e nem a vida são belas e perfeitas o tempo todo.

Adivinhando o Futuro: Fique Longe da Bola de Cristal

Com frequência, nossos clientes contam que um evento que os deixava ansiosos ocorreu muito melhor do que imaginavam. As previsões são o problema aqui. Você provavelmente não possui percepção extrassensorial que permita que veja o futuro. Provavelmente, você não pode ver o futuro nem mesmo com a ajuda de uma bola de cristal, como a ilustrada na Figura 2-3. E, ainda assim, você tenta prever o que acontecerá no futuro. Infelizmente, as previsões que você faz podem ser negativas:

FIGURA 2-3: Adivinhação.

- » Você tem estado um pouco deprimido ultimamente e não se diverte mais como antes. Alguém do seu trabalho o convida para ir a uma festa, mas você decide que, se for, não se divertirá. A comida será ruim, a música será desagradável e os outros convidados acharão você um chato. Então, você opta por não ir e fica decepcionado com sua vida social.
- » Você gosta daquele cara que vende seu café todas as manhãs a caminho do escritório, e gostaria de sair com ele. Você prevê que, se o convidasse para sair, se sentiria tão ansiosa que acabaria dizendo alguma bobagem. De qualquer modo, é provável que ele recuse — alguém interessante como ele já deve estar comprometido com alguém.
- » Você sempre pensou que voar de asa delta seria divertido, mas acaba ficando ansioso demais. Se você tentar o esporte, tem certeza de que não terá coragem na última hora e acabará perdendo tempo e dinheiro.

DICA

É melhor que você deixe o futuro continuar sendo um mistério do que tentar adivinhar o que está por vir. Cubra a bola de cristal, coloque sua tábua ouija à venda, abandone as cartas de tarô e tente as seguintes estratégias:

- » **Teste suas previsões.** Você nunca pode realmente saber o quanto pode ser divertida uma festa até que vá a uma — e a comida pode ser maravilhosa. Talvez o cara da cafeteria tenha uma namorada, mas você não saberá se não perguntar. Para descobrir mais sobre como testar as suas previsões, leia o Capítulo 4.
- » **Esteja preparado para aceitar riscos.** Não vale a pena perder um pouco de dinheiro para experimentar um esporte pelo qual sempre esteve interessado? Você não pode aguentar a sensação de ficar nervoso ao tentar conhecer alguém de quem realmente gosta? Há um ditado que diz: "Um navio está a salvo no porto, mas não foi para isso que ele foi feito". Aprender a experimentar e correr riscos calculados é a receita para manter a vida interessante.
- » **Entenda que suas experiências passadas não determinam suas experiências futuras.** Só porque na última festa à qual você foi tudo deu errado, a pessoa que você convidou para sair acabou lhe deixando na mão, e aquela aventura de mergulhador resultou em um caso grave de dor nas costas, isso não significa que você nunca mais terá sorte na vida.

LEMBRE-SE

Geralmente, a adivinhação o impede de tomar atitudes. Isso pode até se tornar uma profecia autorrealizável. Se você continuar dizendo a si mesmo que não gostará da festa, pode acabar tornando isso realidade. O mesmo acontece com conhecer pessoas novas e tentar atividades diferentes. Portanto, vista sua roupa de festa, convide o cara para ir jantar e reserve um voo de asa delta.

Leitura Mental: Acredite nos Seus Palpites com Moderação

Então, você acha que consegue saber o que as outras pessoas estão pensando? Quando *lemos os pensamentos* alheios (veja a Figura 2-4), a tendência é presumir que elas estão pensando coisas negativas ao nosso respeito, ou que elas têm motivos e intenções ruins.

FIGURA 2-4: Leitura Mental.

Abaixo estão alguns exemplos da nossa tendência ao ler os pensamentos alheios:

» Você está conversando com alguém quando ele olha por cima do seu ombro, desfaz o contato visual e boceja. Você imediatamente conclui que a outra pessoa está achando a conversa enfadonha e que ele preferia estar falando com outra pessoa que não você.

» Seu chefe o aconselha a agendar alguns dias de descanso para que você possa aproveitar as suas férias anuais. Você decide que ele está dizendo isso porque ele acha que o seu trabalho é um lixo e quer entrevistar outras pessoas para substituí-lo enquanto está fora.

» Você passa por um vizinho na rua. Ele o cumprimenta rapidamente e não parece nem um pouco amigável ou feliz por te ver. Você pensa que ele está chateado porque o seu cachorro uivou na última lua cheia e que está planejando chamar a vigilância sanitária.

Você nunca pode saber ao certo o que outra pessoa está pensando, então precisa ser sábio o bastante para ignorar as suposições infundadas. Pare e analise as evidências que existem no momento. Controle a sua tendência de ler a mente alheia seguindo os seguintes conselhos:

- » **Elabore algumas razões alternativas para o que você está vendo.** A pessoa com quem você está falando pode estar cansada ou preocupada com os próprios problemas, ou ainda ter avistado algum conhecido.
- » **Considere que as suas suposições podem estar erradas.** O seu medo realmente se refere aos motivos do seu chefe ou à sua insegurança com relação às suas reais habilidades no trabalho? Você tem informação suficiente ou evidência concreta para concluir que seu chefe pensa que seu trabalho está abaixo do padrão desejado? Parece lógico crer que "tirar uns dias de folga" signifique "você está sendo demitido"?
- » **Informe-se (se for apropriado).** Pergunte ao seu vizinho se os uivos do seu cão atrapalharam o sono dele e pense sobre algumas maneiras de fazer com que seu cão fique quieto na próxima lua cheia.

LEMBRE-SE

Você tende a ler na mente do outro aquilo que mais teme. A leitura mental funciona mais ou menos como colocar um slide em um projetor. O que você *projeta* ou imagina que está acontecendo na mente de outras pessoas baseia-se muito no que já está na sua.

Raciocínio Emocional: Lembre-se que Sentimentos Não São Fatos

Certamente estamos errados sobre isso. Com certeza seus sentimentos são fortes evidências sobre como as coisas são? Na verdade, não! Com frequência, confiar cegamente nos seus sentimentos como guias pode conduzi-lo para fora da realidade. Observe os exemplos abaixo:

- » Sua parceira tem trabalhado até tarde no escritório junto com um colega de trabalho. Você sente ciúmes e suspeita de traição. Com base nestes sentimentos, conclui que sua companheira está tendo um caso com o colega dela.
- » Sem nenhum motivo especial, você se sente culpado. Por isso, conclui que deve ter feito algo de errado; caso contrário, não estaria se sentindo assim.
- » Você acorda se sentindo ansioso, com um sensação de medo incerto. Presume que deve haver algo de muito errado em sua vida e procura em sua mente pela fonte do seu desconforto.

Com frequência, seus sentimentos se devem simplesmente a um pensamento ou memória que você nem sempre tem consciência. Outras vezes, eles podem ser sintomas de outros distúrbios, como depressão ou ansiedade (veja o Capítulo 9 para mais informações sobre transtornos de ansiedade e o Capítulo 12 para saber mais sobre depressão). Algumas das emoções que você vivencia acordado são remanescentes de sonhos que você pode ou não lembrar. Como regra de ouro, vale a pena ser um pouco cético sobre a validade de seus sentimentos à primeira vista. Eles podem ser ilusórios.

Quando você achar que o raciocínio emocional está começando a comandar seus pensamentos, retroceda um pouco e tente as seguintes dicas:

1. **Perceba sua mente. Preste atenção a pensamentos como "Estou me sentindo nervoso, alguma coisa deve estar errada" e "Estou com tanta raiva, e isso só comprova o quanto você andou se comportando mal", e reconheça que os sentimentos nem sempre são a melhor medida para a realidade, especialmente se você não está na sua melhor fase emocional no momento.**

2. **Pergunte-se como você veria tal situação se estivesse mais calmo. Veja se existe alguma evidência concreta que apoie a interpretação que está fazendo dos seus sentimentos. Por exemplo, há de fato qualquer indício certeiro de que algo de errado esteja prestes a acontecer?**

3. **Dê tempo a si mesmo para permitir que suas emoções se acalmem. Quando você estiver mais calmo, reveja suas conclusões e lembre-se de que é mais provável que os seus sentimentos sejam frutos do seu atual estado emocional (ou até mesmo apenas cansaço) do que indicadores da realidade.**

4. **Se você não consegue achar a fonte óbvia e imediata de seus sentimentos desagradáveis, ignore-os. Entre no chuveiro apesar de seu temor, por exemplo. Se existir uma razão concreta para estar ansioso, ela não se dissolverá no chuveiro. Se sua ansiedade é apenas ilusão, você pode perceber que ela escoou ralo abaixo.**

LEMBRE-SE

O problema de ver suas emoções como fatos é que você para de procurar por informações contraditórias — ou por qualquer informação adicional. Equilibre seu raciocínio emocional com um pouco mais de análise sobre os fatos que suportam e contradizem suas percepções, como mostramos na Figura 2-5.

FIGURA 2-5: Leitura Mental.

Hipergeneralização: Evitando o Erro de Aceitar uma Parte Como o Todo

Hipergeneralização é o erro de tirar conclusões generalizadas de um ou mais eventos. Quando você se pega pensando nas palavras "sempre", "nunca", "as pessoas são...", ou "o mundo é...", você está generalizando. Observe a Figura 2-6. Aqui, nosso bonequinho vê uma ovelha preta no rebanho e logo presume que todas as outras ovelhas são pretas também. No entanto, a generalização dele é imprecisa, porque as outras ovelhas do rebanho são brancas.

FIGURA 2-6: Hipergeneralização.

Talvez você consiga reconhecer a generalização nos exemplos abaixo:

» Você está se sentindo triste. Quando você entra no carro para ir ao trabalho, ele não pega. Você pensa: "Coisas deste tipo estão sempre acontecendo comigo. Nada dá certo", o que faz com que fique muito mais deprimido.

» Você facilmente se enfurece. Viajando para ir visitar um amigo, acaba se atrasando por causa de um passageiro que não consegue encontrar o dinheiro para pagar a passagem. Você pensa: "Isso é tão típico! As outras pessoas são tão burras", e fica tenso e furioso.

» Você tem a tendência de se sentir culpado facilmente. Você grita com seu filho porque ele não entende a lição de casa e depois pensa que é um péssimo pai.

As situações raramente são tão definitivas ou extremas para merecer termos como "sempre" e "nunca". Em vez de generalizar, tente fazer o seguinte:

- » **Ganhe mais perspectiva.** Quanto há de verdade no pensamento de que *nada dá* certo para você? Quantas outras pessoas no mundo devem estar tendo problemas com seus carros neste exato momento?
- » **Pare de julgar.** Quando você julga que todo mundo é burro, incluindo a pobre criatura na fila do trem, se torna mais irascível e menos apto a lidar efetivamente com um problema ínfimo.
- » **Seja específico.** Você seria um péssimo pai por completo só por perder a paciência com o seu filho? Você pode concluir legitimamente que um único deslize paternal anula todas as coisas boas que fez para o seu filho? Talvez sua impaciência seja apenas uma área sua a ser considerada como alvo de melhorias.

LEMBRE-SE

Gritar com seu filho em um momento de estresse não fará de você um péssimo pai, assim como cantar para ele uma bela canção de ninar não fará de você um pai perfeito. Condenar a si mesmo por ter errado não soluciona o problema, então seja específico e evite as conclusões generalizadas. Mude o que você pensa que pode ou precisa, mas também aprenda a se perdoar (e aos outros) por erros isolados ou pequenos delitos.

O Hábito de Rotular: Desista do Jogo da Avaliação

Rotulação é o processo de rotular pessoas e eventos e acontece em qualquer lugar. Por exemplo, pessoas que têm baixa autoestima rotulam a si mesmas como "inúteis", "inferiores" ou "inadequadas" (veja Figura 2-7).

FIGURA 2-7: Rotulando.

Se você rotula as outras pessoas como "ruins" ou "inúteis", é provável que acabe se irritando com elas. Ou talvez você rotule o mundo como "inseguro" ou "totalmente injusto"? O erro aqui é que você está rotulando, de maneira generalizada, coisas que são complexas demais para terem um rótulo generalizado. Olhe os exemplos de rótulos:

» Você lê um alarmante artigo no jornal falando sobre o aumento do crime na sua cidade. O artigo ativa sua crença de que você vive em um lugar completamente perigoso, o que contribui para que você se sinta ansioso quando pensa em sair de casa.
» Você recebe uma nota baixa em um trabalho, fica deprimido e rotula a si mesmo como um fracasso.
» Você fica furioso quando alguém corta a sua frente no trânsito. Logo, rotula o outro como perdedor total ou como mau motorista.

Lute para evitar rotular a si mesmo, aos outros e ao mundo que o cerca. Aceite que eles são complexos e que mudam a todo momento (veja o Capítulo 14 para ler mais sobre este assunto). Reconheça as evidências que não se enquadram nos seus rótulos, para ajudar a enfraquecer sua convicção na classificação geral. Por exemplo:

» **Permita-se variar os graus de intensidade.** Pense sobre isso: o mundo não é um lugar perigoso, mas sim um lugar que apresenta muitos aspectos com variados graus de segurança e risco.
» **Comemore a complexidade.** Todos os seres humanos — incluindo você — são únicos, multifacetados e em constante mudança. Rotular a si mesmo como um fracasso por causa de uma única falha é uma maneira extrema de generalizar. Do mesmo modo, as outras pessoas são tão únicas e complexas quanto você. Uma má ação não é a mesma coisa que ser uma pessoa má.

LEMBRE-SE

Quando você rotula uma pessoa ou um aspecto do mundo de forma generalizada, você exclui a chance de mudança e aprimoramento. Aceitar-se é um poderoso passo em direção ao crescimento pessoal.

Cobranças Demais: Pense de Forma Mais Flexível

Albert Ellis, fundador da Terapia Racional-Emotiva Comportamental, um dos primeiros terapeutas cognitivo-comportamentais, cita as cobranças como o centro dos problemas emocionais. Pensamentos e crenças que contêm palavras como "devo", "deveria", "preciso", "é necessário" ou "tenho que" são frequentemente imperativos problemáticos porque são extremos e muito rígidos (veja a Figura 2-8).

FIGURA 2-8: Cobranças.

A inflexibilidade das cobranças que impõe a si, ao mundo que o cerca e às outras pessoas, com frequência significa que você não se adapta à realidade tanto quanto poderia. Observe as seguintes possibilidades:

» Você acredita que *deve* ter a aprovação dos seus amigos e colegas. Isso o leva a se sentir ansioso em diversas situações sociais e faz com que tente obter a aprovação de todos.

» Você pensa que porque tenta ser bom e ter consideração pelos outros, eles *devam* agir da mesma maneira com você. Porque a sua exigência não é realista — infelizmente, as outras pessoas são governadas pelas próprias prioridades — você acaba magoado por seus amigos (e até estranhos) não agirem da mesma forma que você.

» Você acredita que você absolutamente *nunca deveria* decepcionar as pessoas. Então, raramente coloca seu bem-estar em primeiro lugar.
No trabalho, faz muito mais do que a sua parte porque se omite e com frequência acaba se sentindo estressado e deprimido.

Manter *expectativas flexíveis* sobre si mesmo, outras pessoas e o mundo em geral é a alternativa mais saudável para regras rígidas e inflexíveis. Em vez de exigir demais de si mesmo, do mundo e dos outros tente as técnicas a seguir:

» **Preste atenção nas palavras.** Substitua palavras como "devo", "preciso" e "deveria" por "prefiro", "desejo" e "quero".

» **Limite o número de aprovações que você deseja.** Você consegue ter uma vida satisfatória mesmo que não consiga a aprovação de todos que deseja? Especificamente, você se sentirá mais confiante nas situações sociais se nutrir uma *expectativa realista de* aprovação, em vez de ver a aceitação como uma necessidade sufocante.

> - **Entenda que o mundo não joga conforme as suas regras.** Na verdade, as outras pessoas tendem a ter as próprias regras. Então, não importa o quanto você valorize um comportamento, seus amigos talvez não dêem o mesmo valor que você.
> - **Conserve seus padrões, ideais e preferências, e abandone as exigências rígidas sobre como você, os outros e o mundo "devem" ser.** Continue agindo de acordo com o que você *gostaria* que as coisas fossem em vez de ficar deprimido e furioso quando as coisas não são o que você acredita que elas *deveriam* ser.

LEMBRE-SE

Quando você mantém exigências rígidas sobre a maneira como as coisas "devem ser", não tem margem para desvio ou erro. Você se sente vulnerável para vivenciar situações em que as coisas não acontecem do seu jeito.

Filtro Mental: Mantenha Sua Mente Aberta

O *filtro mental*, tecnicamente conhecido como abstração seletiva, é a propensão na forma como você processa a informação, de modo que você aceita apenas a informação que se enquadra em suas expectativas. O processo é bem parecido com o que ocorre em uma máquina fotográfica, quando a lente deixa entrar apenas alguns tipos de luzes. A informação que não se encaixa tende a ser ignorada. Se você age conforme qualquer um dos exemplos abaixo, você está cometendo a distorção de pensamento do filtro mental:

- Acredita que é um fracasso, então tende a focar nos erros no trabalho e menosprezar seu sucesso e suas conquistas. No final da semana, você geralmente se sente desapontado com a falta de realizações — mas isso provavelmente se deve ao fato de não prestar atenção aos seus sucessos.
- Acredita não ser valorizado, e *realmente* percebe isso cada vez que um amigo demora para retornar seu telefonema ou parece ocupado para atendê-lo. Você tende a esquecer a maneira afetuosa com que as pessoas o tratam, o que sustenta a sua ideia de que não está sendo valorizado.

Para combater o filtro mental, observe mais de perto as situações que lhe afligem. Procure evidências que contradizem seus pensamentos negativos e que podem ajudá-lo a corrigir sua propensão de processar informações. Experimente o seguinte:

- **Examine seus filtros de perto.** Por exemplo, você está filtrando suas realizações através do pensamento "Eu sou um fracasso"? Se a resposta é afirmativa, então apenas as informações relacionadas ao fracasso estão passando. Se olhar para as realizações de um amigo ao longo da mesma semana, sem um filtro, você provavelmente verá ele tendo muito mais realizações. Então, deixe o filtro de lado ao avaliar a si mesmo, da mesma maneira que faz quando analisa as realizações de seu amigo.

» **Reúna evidências**. Imagine que está coletando evidências para um julgamento e que deve provar que o seu pensamento negativo não é real. Que evidência você buscará? Por exemplo, será que você consegue convencer o júri de que não é uma pessoa valorizada quando as evidências dizem que seus amigos o tratam de forma afetuosa?

LEMBRE-SE

Se só assimilar a informação que confirma o que pensa, você facilmente continuará pensando da mesma forma. O fato de você não ver as coisas positivas sobre si mesmo não significa que elas não existam (lembre-se da Figura 2-9!).

FIGURA 2-9: Filtro mental.

Desqualificando o Positivo: Separando o Joio do Trigo

A desqualificação do positivo, ou minimização, (veja Figura 2-10) está relacionada à maneira tendenciosa com a qual as pessoas podem processar a informação. Desqualificar o positivo é um mecanismo mental que transforma um evento positivo em neutro ou negativo.

Abaixo estão alguns exemplos de desqualificação do positivo:

» Você acredita que não tem valor algum e que é incapaz de ser apreciado pelos outros. Responde a uma promoção no trabalho pensando "Isso não conta, porque qualquer um poderia conseguir isso". Resultado, ao invés de se sentir feliz, você acaba se sentindo desapontado.

» Você pensa que é patético e se sente deprimido. Uma amiga diz que é um ótimo amigo, mas você desqualifica o elogio pensando "Ela só disse isso porque tem pena de mim. Eu realmente sou patético".

FIGURA 2-10: Desqualificação do positivo.

Aprimore as suas habilidades aceitando elogios e reconhecendo seus pontos fortes. Você pode tentar as seguintes estratégias para aprimorar suas habilidades:

» **Fique atento às suas respostas para as informações positivas.** Pratique o reconhecimento e a aceitação do resultado e veja os pontos positivos sobre si mesmo, os outros e o mundo. Por exemplo, você poderia substituir seu desapontamento com o emprego reconhecendo que *você* é quem foi promovido. Pode até considerar que a promoção é resultado do seu árduo trabalho.

» **Pratique a aceitação de um elogio dizendo um simples obrigado.** Rejeitar um elogio sincero é como jogar fora um presente. Direcione seu pensamento para experiências positivas. Quando outros apontarem para seus atributos, faça uma lista dos pontos positivos. Mesmo que sua tendência de pensamento atual o leve a duvidar da validade de um elogio ou de uma boa experiência, tente lembrar de que não deveria agir assim. Acredite no que os outros dizem, para variar!

LEMBRE-SE

Se você desqualifica ou distorce seus atributos ou experiências positivas com frequência, pode facilmente sustentar uma crença negativa sobre si, até mesmo diante de uma evidência positiva inegável.

Baixa Tolerância à Frustração: Percebendo que Você Pode Suportar o "Insuportável"

A *baixa tolerância à frustração* refere-se ao erro de supor que, quando uma coisa parece difícil de ser tolerada, ela é intolerável. Este modo de pensar significa aumentar o desconforto, e não suportar desconforto temporário em função do seu interesse em algo que almeja, como apresenta a Figura 2-11.

FIGURA 2-11: Baixa tolerância à frustração.

Abaixo há alguns exemplos de baixa tolerância à frustração:

» Com frequência você adia os trabalhos acadêmicos, pensando: "Dará muito trabalho. Farei quando eu estiver com vontade". Tende a deixar para fazer o trabalho quase no fim do prazo, quando não é mais possível adiar. Infelizmente, esperar até o último momento significa que você raramente se esforça tanto quanto poderia no seu curso/trabalho para atingir todo o seu potencial.

» Você quer superar sua ansiedade de viajar para longe de casa enfrentando diretamente seu medo. E ainda assim, cada vez que tenta viajar para longe de trem, você fica ansioso e pensa "Isso é horrível, eu não posso suportar", e rapidamente retorna para casa, o que reforça mais o seu medo, em vez de ajudar a vivenciar uma experiência menos ameaçadora.

A melhor maneira para superar a baixa tolerância à frustração é buscar uma atitude alternativa de *alta tolerância à frustração*. Você pode conquistar este modo de pensar seguindo os seguintes conselhos:

» **Você pode incentivar a si mesmo a fazer coisas desconfortáveis ou desagradáveis.** Por exemplo, pode treinar a si mesmo para fazer trabalhos mesmo quando não está com vontade, porque o resultado de terminar o serviço com antecedência, e cuidado, se sobrepõe ao desinteresse em fazer algo que acha entediante.

» **Mande mensagens a si mesmo para enfatizar a sua habilidade de resistir à dor.** Para combater o medo de viajar, você pode relembrar que o sentimento de ansiedade é realmente desagradável, mas que você *pode* suportá-lo. Pergunte a si mesmo se, no passado, alguma vez resistiu aos sentimentos que está dizendo "não poder suportar".

LEMBRE-SE

Dizer a si mesmo que não pode suportar alguma coisa tem dois efeitos. Primeiro, faz com que você foque mais no desconforto que está vivenciando. Segundo, isso faz com que subestime a sua capacidade de lidar com o desconforto. Muitas coisas podem ser difíceis de se tolerar, mas rotulá-las de intoleráveis, frequentemente, faz com que as situações pareçam muito mais amedrontadoras do que realmente são.

Personalizando: Não Se Coloque Como Centro do Universo

A personalização envolve o ato de interpretar eventos como se estivessem relacionados a você, levando de forma pessoal, sem se ater aos demais fatores. Isso pode causar dificuldades emocionais, como ficar magoado ou se sentir desnecessariamente culpado (veja a Figura 2-12).

FIGURA 2-12: Personalização.

A seguir, alguns exemplos de personalização:

» Tendência a sentir culpa quando um amigo não está bem e você não consegue fazer nada para que ele se sinta melhor. Pensamento: "Se eu fosse realmente um bom amigo, seria capaz de animá-lo. Provavelmente, estou desapontando-o".
» Tendência a sentir mágoa quando um amigo passa por você em uma loja e sai rápido após dizer um breve "oi". Pensamento: "Obviamente ele estava tentando me evitar. Devo tê-lo ofendido de alguma maneira".

Uma possível maneira de combater a personalização é considerar explicações alternativas que não girem em torno de você. Pense nos seguintes exemplos:

» **Imagine o que mais pode ter contribuído para o episódio sobre o qual você imagina ter responsabilidade.** Talvez seu amigo tenha perdido o emprego ou esteja sofrendo de depressão. Apesar dos esforços para animá-lo, estes fatores estão fora do seu controle.
» **Pense sobre o porquê de as pessoas estarem agindo com você de uma certa maneira.** Não se atire na conclusão precipitada de que o comportamento de alguém está relacionado diretamente a você. Por exemplo, seu amigo talvez esteja tendo um dia difícil, ou pode estar muito apressado — talvez até sinta muito por não poder parar e falar com você.

FIQUE ÍNTIMO DO SEU PENSAMENTO

Pensar sobre quais distorções de pensamento você tende a cometer pode ser um jeito útil de fazer sua TCC mais eficiente e eficaz. O modo mais fácil de fazer isso é anotar seus pensamentos sempre que estiver se sentindo triste, para depois perceber o que estava acontecendo neste momento. Lembre da máxima: quando você se sentir mal, anote seus pensamentos no caderno. Veja o Capítulo 3 para saber mais sobre como gerenciar pensamentos por meio de anotações.

Você pode rever seus pensamentos à luz da lista de distorções contidas neste capítulo. Escreva ao lado de cada pensamento nocivo o tipo de deturpação que você pode estar fazendo. Com prática, você estará apto a identificar suas distorções de pensamento e desafiá-las. Certamente, notará que está mais propenso a fazer algumas deturpações do que outras; portanto, saberá quais tipos de alternativas deve desenvolver.

Talvez você até tome consciência de padrões ou temas nos tipos de situações ou eventos que acionam sua mente. Eles também podem ajudá-lo a focar em quais áreas seus pensamentos, crenças e atitudes mais precisam ser modificadas.

LEMBRE-SE Já que você realmente não é o centro do universo, procure explicações para os episódios que tenham pouco ou nada a ver com você.

> **NESTE CAPÍTULO**
>
> » Identificando os pensamentos que servem de base para suas emoções
>
> » Questionando pensamentos negativos e criando alternativas
>
> » Usando o modelo ABC de autoajuda para lidar com suas emoções

Capítulo **3**

Combatendo Pensamentos Nocivos

Na sua jornada para se tornar seu próprio terapeuta de TCC, uma das técnicas-chave usadas é uma ferramenta conhecida como *Modelo ABC*, que fornece uma estrutura para identificar, questionar e substituir pensamentos nocivos usando papel e caneta.

Terapeutas de TCC às vezes usam ferramentas semelhantes ao modelo ABC que apresentamos neste capítulo. Todas estas ferramentas podem auxiliar os pacientes na identificação e substituição de pensamentos negativos. Diferentes terapeutas podem se referir a este modelo como *registros de pensamentos, diário de pensamentos, registros diários de pensamentos disfuncionais* ou *registros de pensamentos disfuncionais (RPD)*. Não tenha medo — em geral, todos esses modelos nada mais são do que modos diferentes de dizer basicamente a mesma coisa: sua forma de pensar causa impacto nos seus sentimentos e ações.

LEMBRE-SE

A maneira como você pensa afeta a maneira como você se sente. Então, modificar pensamentos nocivos é a chave para se sentir melhor.

Neste capítulo, mostramos duas versões do modelo ABC: uma para que você comece a identificar quais são os pensamentos e sentimentos que agem como gatilhos, e outra que o guia em direção ao desenvolvimento de pensamentos alternativos para que você possa agir de modo diferente no futuro.

Capturando os PANs

Utilizar o modelo ABC é relativamente fácil se dividir o processo em dois passos. O primeiro passo é preencher as três primeiras colunas (evento de A= *Ativação*, B= *crenças e pensamentos*, C= *Consequências*) do modelo, que você encontra neste capítulo (Modelo ABC I). Isso dá a chance de você listar seus *Pensamentos Automáticos Negativos* (PANs) no papel e ver qual é a conexão existente entre pensamentos e emoções.

DICA

Usar o modelo ABC é ótimo, mas, se você não tiver um a mão quando estiver se sentindo mal, use qualquer meio para descrever e relatar seus pensamentos e sentimentos. Você pode sempre transferir seus pensamentos para o modelo mais tarde. Como dizem muitos terapeutas de TCC: quando se sentir mal, pegue o caderno!

Fazendo a conexão entre pensamento e sentimento

Um passo crucial da TCC é fazer a conexão entre pensamento e sentimento, ou a conexão B – C; ou seja, tente perceber claramente, por si mesmo, o que se passa na sua mente e quais os pensamentos resultantes. Ver essa conexão o ajudará a entender melhor por que deve desafiar e mudar seus pensamentos.

Sendo mais objetivo com seus pensamentos

Uma das maiores vantagens de anotar seus pensamentos é que o processo pode ajudá-lo a encarar seus pensamentos como simples palpites, teorias e ideias — em vez de considerá-los fatos absolutos.

LEMBRE-SE

Quanto mais negativo for o significado que você dá a um evento, mais negativo será o sentimento, e maior a probabilidade de você acabar agindo de um jeito que alimente esta emoção. Essencialmente, quando você se sente negativo, fica mais propenso a criar pensamentos negativos. Percebe como é fácil entrar em um círculo vicioso? Esta é só uma das razões pelas quais você deve encarar sua mente de maneira mais cética!

Primeiro Passo do Formulário ABC I

Então, é hora de iniciar essa importante técnica de autoajuda da TCC usando a Figura 3-1. O processo básico para completar o modelo ABC é o seguinte:

1. **Na caixa "Consequências", ponto 1, escreva a emoção que você está sentindo.**

    A terapia é sobre como se tornar emocionalmente mais saudável e agir de maneira mais decidida e produtiva. Então, ao preencher o modelo ABC, o lugar mais importante para começar é a emoção que está sentindo.

    No modelo de emoção ABC, as emoções e o comportamento são *consequências* (C) da interação entre o evento de *ativação* ou gatilho (A) e as *crenças ou significados* (B).

    Os exemplos de emoções que você pode escolher listar na caixa das "Consequências" incluem:

    - Raiva.
    - Ansiedade.
    - Depressão.
    - Inveja.
    - Culpa.
    - Mágoa.
    - Ciúme.
    - Vergonha.

    Preencha o modelo ABC quando estiver se sentindo angustiado, quando perceber que tem agido de maneira que não lhe agrada e achar que deve mudar. Você encontra mais informação sobre como entender e identificar as emoções no Capítulo 6.

2. **No quadro "Consequências", ponto 2, anote o modo como você agiu.**

    Descreva como seu comportamento mudou quando experimentou o sentimento desagradável. Abaixo, alguns exemplos dos comportamentos que as pessoas costumam identificar em situações como essa:

    - Evitam alguma coisa.
    - Retraem-se, isolam-se ou ficam inertes.
    - Ficam agressivas.
    - Comem em excesso ou diminuem o consumo de alimentos.
    - Fogem da situação.
    - Desistem e/ou adiam alguma coisa (procrastinação).
    - Procuram autoafirmação.

- Usam álcool ou drogas.
- Usam comportamentos de segurança, como apoiar-se em alguma coisa quando acha que vai desmaiar.

3. Na caixa "Evento de Ativação", escreva o que acionou os seus sentimentos.

Como discutimos no Capítulo 1, o A no ABC significa *evento de ativação* ou *gatilho*, que são fatores que acionam os pensamentos e sentimentos nocivos. Os eventos de ativação ou gatilhos a serem inseridos nesta caixa podem incluir:

- Algo que está acontecendo agora.
- Algo que ocorreu no passado.
- Algo que você está antecipando que acontecerá no futuro.
- Algo do mundo externo (um objeto, um lugar, uma pessoa).
- Alguma coisa na sua mente (uma imagem ou lembrança).
- Uma sensação física (aceleração dos batimentos cardíacos, dor de cabeça, cansaço).
- Suas próprias emoções ou comportamento.

Um evento de ativação pode ser qualquer coisa. Use seus sentimentos — em vez do seu pensamento sobre a importância do evento — como guia para saber quando precisa elaborar um modelo.

DICA

Para manter seu modelo ABC breve e preciso, mantenha o foco no aspecto específico do evento de ativação que está fazendo com que se sinta angustiado. Caso esteja inseguro sobre o que pode estar provocando seus pensamentos e sentimentos, use a lista de emoções oferecida no Capítulo 6 para lhe ajudar a detectar os fatores.

4. Na caixa das "Crenças", escreva seus pensamentos, atitudes e crenças.

Descreva o que o episódio (que você colocou na caixa "Evento de Ativação") significou para você quando sentiu a emoção (que você colocou no item 1 da caixa "Consequências").

Os pensamentos, atitudes e crenças que você coloca na caixa das "Crenças" geralmente surgem por reflexo. Eles podem ser extremados, distorcidos e nocivos — mas podem *parecer* fatos para você. Alguns exemplos desses PANs incluem:

- Lá vou eu de novo provar que sou um inútil!
- Eu deveria ter percebido antes!
- Agora todo mundo sabe o idiota que eu sou!
- Isso comprova que eu não posso superar, como todo mundo faz!

São os pensamentos que contam, então se imagine como um detetive e descubra onde estão os pensamentos suspeitos que devem ser capturados.

Se seus pensamentos tomaram a forma de uma imagem, descreva essa imagem ou o que ela significa para você — escreva isso tudo na caixa das "Crenças".

Não pensamos somente com palavras, mas também com imagens. Pessoas que se sentem ansiosas com frequência dizem ver *imagens catastróficas* em suas mentes. Por exemplo, se você tem medo de desmaiar em um restaurante, projeta a imagem de você mesmo caído no chão do restaurante com diversas pessoas à sua volta.

5. **Na caixa "Erro de Pensamento", considere que erro de pensamento poderia ser.**

Uma das principais maneiras de se tornar mais objetivo sobre os seus pensamentos, é identificando as *distorções cognitivas* que podem estar representadas nos pensamentos que você insere nesta caixa. (Veja o Capítulo 2 para saber mais detalhes sobre as distorções cognitivas mais comuns.)

As perguntas que deve se fazer para identificar distorções cognitivas são as seguintes:

- Estou tirando a pior conclusão possível? (Catastrofização)
- Estou pensando de maneira dicotômica e extrema — tudo ou nada? (Pensamento Preto e Branco ou 8 ou 80)
- Estou usando as palavras "sempre" e "nunca" para generalizar as conclusões sobre um evento específico? (Hipergeneralização)
- Estou prevendo o futuro em vez de esperar para ver o que vai acontecer? (Adivinhação)
- Estou tirando conclusões precipitadas sobre o que os outros estão pensando sobre mim? (Leitura mental)
- Estou focando os aspectos negativos e menosprezando os positivos? (Filtro mental)
- Estou ignorando os aspectos positivos ou transformando os aspectos positivos em negativos? (Desqualificação do positivo)
- Estou rotulando a mim mesmo como fracassado, descartável ou inútil? (Rotulação)
- Estou dando ouvidos demais aos meus sentimentos negativos em vez de analisar os fatos? (Raciocínio emocional)
- Estou encarando um evento ou o comportamento de alguém de forma muito pessoal ou me culpando e menosprezando os fatos? (Personalização)
- Estou usando palavras como "deveria", "devo" ou "preciso" para criar regras rígidas sobre mim mesmo, o mundo e os outros? (Cobranças)
- Estou dizendo a mim mesmo que algo é muito difícil ou insuportável, ou ainda "Eu não posso suportar" quando, na verdade, é difícil de suportar, mas é tolerável e vale a pena ser tolerado? (Baixa tolerância à frustração)

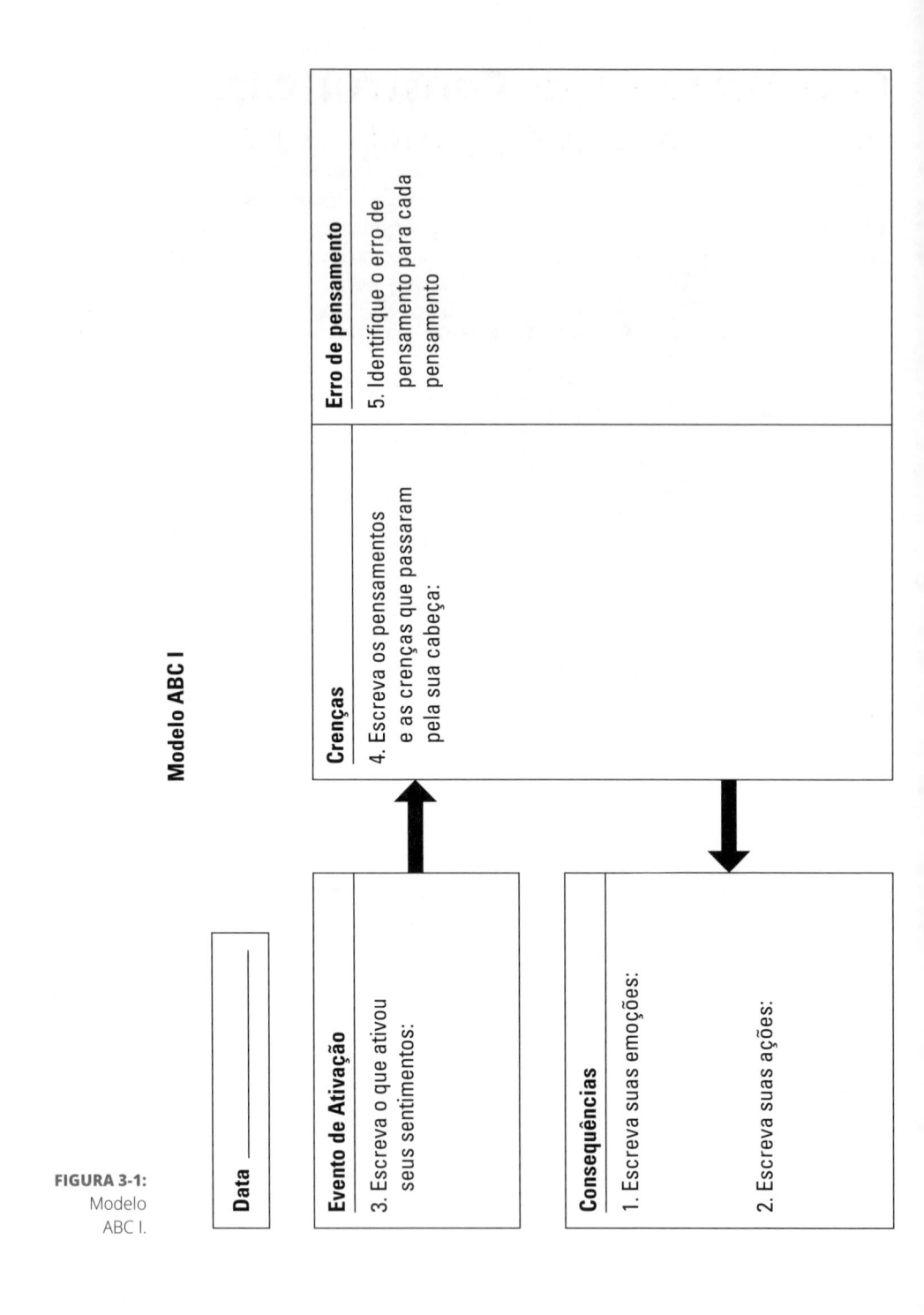

FIGURA 3-1: Modelo ABC I.

Modelo ABC I

Data _____

Evento de Ativação

3. Escreva o que ativou seus sentimentos:

Crenças

4. Escreva os pensamentos e as crenças que passaram pela sua cabeça:

Erro de pensamento

5. Identifique o erro de pensamento para cada pensamento

Consequências

1. Escreva suas emoções:

2. Escreva suas ações:

Crie Alternativas Construtivas: Preenchendo o Formulário ABC II

Quando se sentir mais seguro sobre como identificar os As, Bs, Cs e as distorções cognitivas, você pode seguir para o Modelo ABC II. Este segundo modelo vai ajudá-lo a questionar os pensamentos nocivos com o objetivo de reduzir a intensidade, criar e classificar os efeitos dos pensamentos alternativos e focar em uma forma de agir diferente.

Os cinco primeiros passos para completar o Modelo ABC II (veja a Figura 3-2) são os mesmos que foram usados no Modelo ABC I. Em seguida, há mais cinco passos. Você pode achar uma versão em branco do Modelo ABC II no Apêndice B. No Modelo ABC II, na coluna A está o evento de ativação, na coluna B estão as crenças, na coluna C estão as consequências, na coluna D está a Discussão e na coluna E está o Efeito.

6. Examine seus pensamentos negativos mais de perto.

Faça a si mesmo as seguintes perguntas para examinar e enfraquecer seus pensamentos nocivos:

- Posso provar que meus pensamentos são 100% verdadeiros?
- Quais são os efeitos de pensar dessa maneira?
- Meu pensamento é totalmente lógico ou sensível?
- As pessoas cujas opiniões eu respeito concordariam que meus pensamentos correspondem à realidade?
- Que evidência existe contra este pensamento?
- O meu pensamento é equilibrado ou extremo?
- O meu pensamento é rígido ou flexível?
- Estou pensando de forma objetiva e realista, ou meus pensamentos são afetados pelo modo como me sinto?

DICA Avalie longa e analiticamente seus pensamentos negativos e nocivos à luz das perguntas anteriores. Não responda simplesmente "sim" ou "não". Em vez disso, pondere bastante antes de responder, e talvez seja interessante anotar os seus desafios em relação aos pensamentos nocivos da coluna D. Veja a lista de perguntas e os textos na parte inferior do Modelo ABC II, eles podem auxiliá-lo mais.

7. Crie alternativas para cada um dos pensamentos, atitudes e crenças nocivas.

Este passo é crítico, pois são seus pensamentos alternativos que irão lhe ajudar a se sentir melhor! Na coluna D, escreva uma alternativa flexível, não extremada, realista e útil para cada pensamento, atitude ou crença que aparece na coluna B. As próximas perguntas irão lhe auxiliar a criar algumas alternativas:

- Qual é a melhor maneira de se analisar a situação?
- Eu encorajo meus amigos a pensarem desta forma?
- Quando estou me sentindo bem, penso de modo diferente?
- Há experiências passadas que me indicam que existe um resultado diferente?
- Qual é o jeito mais flexível ou menos extremado de pensar?
- Qual é o modo mais realista ou equilibrado de pensar, que leve em conta uma evidência que não apoia o meu jeito de pensar?
- O que eu preciso pensar para sentir e agir de forma diferente?

Alguns pensamentos são mais persistentes do que outros, e você não vai mudá-los de uma única vez. Brigar um pouquinho com os PANs por um tempo antes que eles cedam é normal e apropriado. Pense que você está *treinando* a sua mente a pensar de modo mais flexível e construtivo durante um tempo.

CUIDADO

Alguns pensamentos, imagens e dúvidas intrusos podem piorar a situação se você der asas a eles. Se você tem Transtorno Obsessivo Compulsivo (TOC), ansiedade, Transtorno Dismórfico Corporal (TDC), problemas de preocupação ou ciúme excessivo, assegure-se de desenvolver a capacidade de viver com a dúvida, e permitir que os pensamentos catastróficos passem bem longe da sua mente, em vez de desafiá-los. Isso é explicado mais profundamente nos Capítulos 5, 9 e 13. Então, se você acha que precisa aprender a viver com dúvidas, a tolerar aborrecimentos, ou pensamentos intrusos em geral, sugerimos ficar longe dos modelos ABC para estes problemas.

8. Na coluna E, classifique os efeitos das suas alternativas com relação aos seus sentimentos.

Classifique, de 0% a 100%, seu pensamento original. Anote também se você vivenciou alguma emoção alternativa mais saudável, como:

- Preocupação.
- Irritação.
- Tristeza.
- Remorso.
- Desapontamento.
- Arrependimento.

LEMBRE-SE

Nem sempre você perceberá uma grande mudança na sua maneira de sentir na primeira vez, por isso, não desista! Mudanças na forma de pensar e se comportar tendem a requerer respostas emocionais mais refinadas. Continue pensando e agindo de acordo com o modo como quer se sentir

9. Desenvolva um plano de ação.

O último passo no Modelo ABC II é desenvolver um plano de ação. Seu plano pode ser conduzir um experimento comportamental para auxiliá-lo a reunir mais informação sobre se os seus pensamentos são realistas ou verdadeiros, ou para se comportar de modo diferente em uma situação específica. Veja os Capítulos 4 e 5 para mais ideias sobre este assunto.

Modelo ABC II

Data: 18 de março

Evento de Ativação (gatilho)	Crenças, pensamentos e atitudes sobre A	Consequências de A + B sobre suas emoções e comportamento.	Discussão (questione e examine) B e crie alternativas. As perguntas na parte inferior do modelo servirão para auxiliá-lo.	Efeito dos pensamentos alternativos e das crenças (D).
2. Escreva resumidamente o que ativou as suas emoções (ex. evento, situação, sensação, lembrança, imagem)	3. Escreva o que passou pela sua cabeça ou o que A significou para você. As crenças podem ser sobre você, os outros, o mundo, o passado ou o futuro.	1. Escreva qual emoção você sentiu e como você agiu após sentir essa emoção.	4. Escreva uma alternativa para cada item no B, usando argumentos e evidências como apoio.	5. Escreva como você se sente e deseja agir em consequência de suas alternativas no D.
Retornar ao trabalho pela primeira vez após ter estado doente.	As coisas estarão mudadas e eu não saberei o que fazer (Adivinhação). As pessoas vão me fazer perguntas estranhas sobre minha doença e não saberei o que dizer (Catastrofização). Eles pensarão que sou louco se souberem que eu estava em depressão (Catastrofização, Leitura de mente).	Emoções. Ex. tristeza, culpa, mágoa, raiva, vergonha, ciúme, inveja, ansiedade. Classifique a intensidade de 0% a 100%

Ansiedade 70%

Comportamento. Ex. afastamento, isolamento, fuga, uso de álcool e drogas, procura por autoafirmação, procrastinação.

Remoendo milhares de vezes o que direi a todo mundo. | Eu não sei se as coisas mudaram. Mesmo que tenham mudado, eu tenho lidado com mudanças muitas outras vezes. Tenho certeza de que meus colegas ajudarão. Possivelmente, uma ou duas pessoas perguntarão e posso dar respostas curtas. A maioria das pessoas ficará feliz com meu retorno.

Eu não tenho razão alguma para achar que eles pensarão que sou louco. Quando Peter se afastou por causa de estresse, muitos foram prestativos e compreensivos.

Quando Helen me ligou semana passada, ela pareceu me tratar da mesma forma como antes. | Emoções 100%. Liste qualquer alternativa de emoção mais saudável. Ex. tristeza, arrependimento, preocupação.

Ansiedade 40%

Comportamento ou experimento alternativo. Ex. Enfrentamento da situação, aumento de atividade, afirmação

Esperar e lidar com as coisas quando elas acontecerem e não tentar antecipar esse processo. |

Discutir (questionar e examinar) e Criar Pensamentos, Atitudes e Crenças Alternativos: 1- Identifique seus 'erros de pensamento' em B (ou seja, Leitura Mental, Catastrofização, Rotulação, Cobranças, etc). Escreva tudo perto do item B apropriado. 2. Examine se a prova de que dispõe suporta seu pensamento no item B como 100% verdade. Pense se a opinião de alguém cuja opinião você respeita concordaria totalmente com suas conclusões. 3. Avalie a utilidade de cada item B. Escreva o que pensa ser uma forma mais útil, equilibrada e flexível de encarar A. Pense no que aconselharia um amigo a pensar, o que seu eu ideal pensaria, ou como você poderia olhar para o item A se estivesse se sentindo bem. 4. Acrescente provas e argumentos que suportem seus pensamentos, atitudes e crenças alternativas. Escreva como se você estivesse tentando convencer alguém de quem gosta.

FIGURA 3-2: Exemplo de um Modelo ABC II preenchido.

10. **Estabeleça lições de casa.**

Depois de completar vários modelos ABC, você começará a perceber temas, pensamentos, atitudes e crenças recorrentes. Tais repetições podem sugerir que você precisa acrescentar outras técnicas da TCC para resolver certas questões emocionais e comportamentais, como, por exemplo:

- Enfrentar o medo até que ele diminua. (Capítulo 9)
- Conduzir um experimento comportamental para testar um pensamento. (Capítulo 4)
- Agir repetidamente "como se" você acreditasse em um pensamento, atitude ou crença alternativa. (Capítulo 17)
- Completar um modelo em ziguezague para reforçar seus pensamentos, atitudes e crenças alternativas. (Capítulo 17)

Leia e estabeleça alguns testes terapêuticos usando os princípios da TCC encontrados neste livro.

DICA

Guardar os seus antigos modelos ABC pode ser uma maneira recompensadora de relembrar seu progresso e um modo eficaz de lembrar como preencher um modelo, caso você precise fazer isso novamente no futuro. Muitos dos nossos clientes reveem seus antigos formulários depois se sentirem melhor e nos dizem: "Eu não acredito que eu costumava pensar assim!".

PRATIQUE O ABC UM POUCO A CADA DIA PARA TER SUCESSO!

Se você quer desenvolver alguma habilidade, lembre-se destas três palavras: pratique, pratique, pratique! Você não precisa preencher um modelo ABC por dia. Em compensação, em outros dias, talvez seja necessário preencher mais de um. O ponto é que praticar o modelo ABC regularmente vale a pena pelos seguintes motivos:

- A prática ajuda a mudar sentimentos incômodos e os pensamentos que os apoiam.
- Inserir um novo pensamento requer repetição.
- Ao completar os modelos, você se torna capaz de desafiar os pensamentos nocivos em sua cabeça — embora você talvez ainda precise colocar tudo no papel às vezes.

Conforme sua capacidade de superar dificuldades e desenvolver habilidades de autoajuda por meio da TCC progride, você ainda poderá achar necessário usar o modelo ABC quando surgir algum problema aparentemente difícil. E lembre-se: se você não consegue eliminar um pensamento mentalmente, sente e tente resolvê-lo no papel.

> **NESTE CAPÍTULO**
>
> » Testando seus pensamentos e suposições como predições
>
> » Explorando teorias e reunindo informação
>
> » Elaborando e registrando seus experimentos

Capítulo **4**

Sendo um Cientista: Criando e Conduzindo Experimentos Comportamentais

Com frequência, a TCC parece senso comum. Os *experimentos comportamentais* são particularmente bons exemplos do lado senso comum da TCC. Se você quer saber se seu palpite sobre a realidade é preciso ou não, ou se o seu jeito de analisar alguma coisa é produtivo, teste isso na realidade.

Este capítulo é uma introdução aos experimentos comportamentais, uma estratégia-chave da TCC. Incluímos aqui uma análise geral dos diversos experimentos comportamentais que você pode tentar. Apresentamos exemplos destes testes na prática. Como em todos os outros exemplos dados ao longo deste livro, tente encontrar *qualquer coisa* útil que você possa extrair deles. Tente não perder tempo demais pensando no quanto alguns exemplos se diferenciam do seu problema específico. Em vez disso, mantenha o foco no que você tem em comum com estes exemplos e trabalhe a partir destas semelhanças para aplicar as técnicas nos seus problemas.

LEMBRE-SE

Mesmo em um tratamento como a TCC, as ações falam mais do que palavras. Aaron Beck, fundador da terapia cognitiva, incentiva o ponto de vista terapêutico em que o cliente e o terapeuta trabalham juntos para "serem cientistas". Beck enfatiza a importância de testar os seus pensamentos na realidade, em vez de simplesmente falar sobre eles, para dar suporte a uma terapia efetiva.

Vendo Por Si Mesmo: Razões para Fazer Experimentos Comportamentais

Para comprovar uma teoria, nada melhor que a prática. O mesmo pode ser dito sobre as suas suposições, comportamentos, crenças e predições sobre si mesmo e sobre o mundo que o cerca. Use os experimentos para testar a veracidade de suas crenças e para avaliar a *utilidade* do seu comportamento.

Você pode usar os experimentos comportamentais das seguintes formas:

» Para testar a validade de um pensamento ou crença que você tem sobre si mesmo, outras pessoas ou o mundo.
» Para testar a validade de uma crença ou pensamento alternativo.
» Para reunir evidências no intuito de esclarecer a natureza de seu problema.

Viver de acordo com um conjunto de crenças que você acredita serem verdadeiras e úteis é muito fácil e comum. É comum reproduzir um comportamento familiar porque você crê que ele possa oferecer proteção contra eventos atemorizantes, ou que ele possa lhe ajudar a alcançar algumas das suas metas. Um exemplo disso é se apegar à crença de que outras pessoas estão tentando encontrar suas falhas — com isso em mente, você se esforça para esconder seus erros e deficiências.

A beleza de um experimento comportamental é que você pode acabar descobrindo que os piores cenários imaginados não acontecem, ou que você lida bem com estas situações quando, ou se, elas efetivamente ocorrem.

DICA

Talvez estejamos falando o óbvio, mas a mudança pode parecer menos intimidante se você mantiver em mente que sempre é possível retornar às suas antigas maneiras de pensar, se as novas não parecem melhores. Caso seu jeito antigo pareça ser a melhor opção, nada o impede de voltar a ele. A parte difícil é se preparar para experimentar novas estratégias e dar uma chance a essa mudança antes de retornar aos seus velhos métodos. Descubra o que funciona melhor para você e sua situação em particular.

Testando as Previsões

ALERTA DE JARGÃO

Quando testar suas previsões, busque obter uma *desconfirmação não ambígua*, que significa descobrir de maneira *conclusiva* que os seus medos não se tornam realidade, você fazendo ou não alguma coisa para evitá-los. Um exemplo de desconfirmação não ambígua pode ser descobrir que a sua tontura é causada pela ansiedade, e que você não terá um colapso mesmo que não se sente ou se apoie em algo.

Siga os quatro passos abaixo para planejar seu experimento comportamental:

1. **Descreva seu problema.**

   Escreva a natureza do seu problema e o comportamento de segurança (coisas que você faz para tentar evitar uma catástrofe temida — veja o Capítulo 7 para mais informações sobre comportamentos de segurança). Explique o problema com as suas próprias palavras e observe como os efeitos negativos do problema afetam sua vida.

2. **Formule sua previsão.**

   Decida o que você pensa que acontecerá se experimentar uma nova maneira de pensar ou de se comportar na vida real.

3. **Execute um experimento.**

   Pense em um modo de testar a nova crença ou comportamento em uma situação real. Tente elaborar mais de uma maneira de testar a sua previsão.

4. **Examine os resultados.**

   Veja se sua previsão se tornou verdade. Caso contrário, verifique o que você aprendeu com os resultados de seu teste.

Você pode classificar o grau de convicção de que sua previsão ocorrerá, um percentual entre 0% e 100%, no início de sua experiência. Depois de concluir e processar seus resultados, reclassifique sua convicção na previsão original.

DICA

Tenha o cuidado de não usar formas sutis para afastar a catástrofe temida, como fazer os experimentos apenas quando se sentir "bem"; quando está com pessoas "seguras"; quando tem *sinais de segurança para se apoiar* (como um telefone celular ou uma garrafa de água) ou quando está usando comportamentos de segurança (como tentar controlar sua ansiedade com alguma distração ou agarrando com força no volante do carro). Usar estas medidas de segurança sutis ao enfrentar seu medo pode deixá-lo com a impressão de que você escapou por pouco em vez de ressaltar que o medo previsto não se concretizou.

Por exemplo, considere o seguinte experimento, no qual Nadine começa a examinar seu medo de rejeição e sua ansiedade social:

» **Descreva o problema.** Nadine teme que as pessoas pensem coisas negativas sobre ela e teme ser rejeitada pelos amigos. Em situações sociais, ela monitora sua linguagem corporal e censura o que diz, tomando um enorme cuidado para não ofender alguém. Ela sempre planeja com antecedência o que dirá.

» **Formule uma previsão.** Nadine prevê: "Se eu expressar uma opinião ou discordar deles, eles gostarão menos de mim". Ela classifica sua convicção nesta ideia em 90%.

» **Execute um experimento.** Nas próximas seis reuniões sociais às quais Nadine irá, ela decide que falará e tentará expor sua opinião. Se for possível, encontrará uma maneira de discordar de alguém.

» **Examine os resultados.** Nadine descobre que ninguém se opôs a ouvi-la falar mais. Na verdade, dois amigos comentaram que foi muito legal saber mais sobre a opinião dela a respeito das coisas. Nadine reavalia a convicção de sua previsão original em 40%.

Ao conduzir um experimento comportamental, Nadine observou que sua temida previsão — "Os outros gostarão menos de mim se eu expressar a minha opinião" — não aconteceu. Este resultado proporciona a Nadine a oportunidade de mudar seu comportamento de acordo com os resultados de seu experimento, ou seja, de se expressar mais vezes. Isso também ajuda a reduzir o quanto ela acredita em sua previsão original. Agora Nadine pode ajustar seu modo de pensar com base nas evidências reunidas a partir de seu teste.

Nigel usou o experimento comportamental para testar sua previsão de que não gostaria de participar de atividades sociais. Como o autoisolamento e o distanciamento de atividades antes divertidas promovem depressão, Nigel realmente precisa aprender os benefícios de se tornar mais ativo. Nigel utilizou o seguinte modelo de teste:

» **Descreva o problema.** A depressão de Nigel normalmente o leva a ter pensamentos sombrios e pessimistas. Ele tende a evitar sair com os amigos ou praticar suas atividades habituais porque não sente vontade. Ele acredita que não será divertido; então, não há motivo para tentar fazer alguma destas atividades. (Como mostramos no Capítulo 12, o comportamento de autoisolamento é um dos principais fatores que mantêm a depressão.)

» **Formule uma previsão.** Nigel escolhe experimentar a previsão: "Mesmo que eu saia, não me divertirei e acabarei me sentindo muito pior quando eu chegar em casa". Ele avalia a força de sua convicção neste pensamento em 80%.

> **Execute um experimento.** Nigel planeja estruturar na sua semana e agenda duas saídas com amigos. Também planeja andar de bicicleta duas vezes na semana por meia hora, atividade que gostava de fazer. Ele avalia os próximos sete dias em termos de humor e do quanto ele gosta dessas atividades.
>
> **Examine os resultados.** Nigel percebeu que se divertiu ao sair com seus amigos, embora menos do que antes. Apesar de não ter gostado de andar de bicicleta como de costume e de ter ficado mais cansado que o normal, ele observa que ficou satisfeito por ter, ao menos, feito alguma coisa. E'e reavalia sua convicção sobre a previsão original em 40% e decide fazer outros experimentos, para ver se seu humor e energia melhoram nas próximas duas semanas, caso ele seja mais ativo.

Este experimento ajudou Nigel a perceber que ele se sentiu melhor por *fazer alguma coisa*, mesmo que ele não tenha gostado de andar de bicicleta ou socializar tanto quanto gostava quando não estava deprimido. Perceber estes resultados pode ajudá-lo a manter-se fiel à sua agenda de atividades e acabar superando a depressão.

Procurando Evidências para Ver Qual Teoria Melhor se Enquadra aos Fatos

PENSE SOBRE ISTO

O princípio científico conhecido como *Navalha de Occam* afirma que, considerados todos os aspectos, a teoria mais simples é geralmente a melhor. Qualquer princípio que explique um fenômeno do modo mais simples é a que o cientista adota. Quando você quer testar uma teoria ou ideia que tem sobre si mesmo, os outros ou o mundo, desenvolver uma *teoria alternativa* é uma boa ideia. Isso oferece a oportunidade de refutar a hipótese original e endossar a alternativa mais saudável.

Alguns problemas emocionais não respondem bem às tentativas de refutar uma previsão negativa. Nesses casos, é mais recomendável que você desenvolva *teorias concorrentes* sobre o que pode ser de fato o problema. Então, você planeja experimentos para reunir mais evidências e ver qual hipótese reflete a realidade com mais fidelidade.

Por exemplo, imagine que o seu chefe nunca o cumprimenta com um "bom dia" cordial. Você desenvolve as seguintes teorias:

> Teoria A: "Meu chefe não gosta mesmo de mim".
>
> Teoria B: "Meu chefe não é amigável pela manhã e é um pouco rude, mas ele é assim com todos os funcionários, não só comigo".

Agora você está em posição de reunir evidências para averiguar qual teoria, A ou B, melhor explica o fenômeno de seu chefe não estar sendo gentil com você de manhã.

ALERTA DE JARGÃO

Uma *teoria* é apenas uma ideia ou suposição que você tem, que em sua cabeça explica por que algo acontece — uma palavra técnica demais para um conceito simples.

Com frequência, desenvolver uma teoria adicional para concorrer com a original é suficiente. No entanto, você pode desenvolver mais hipóteses alternativas se achar que elas podem lhe ajudar a compreender o que você está vivenciando. Usando o exemplo anterior, você pode ter uma terceira suposição, como: "Meu chefe só é simpático com quem ele conhece bem"; ou até mesmo ter uma quarta teoria, como: "Meu chefe só é simpático com os funcionários que estão no mesmo nível hierárquico ou superior ao dele".

Desenvolver teorias concorrentes pode ser particularmente útil nas seguintes situações:

» **Ao lidar com previsões que podem levar meses ou anos para serem comprovadas**. Se você teme ir para o inferno por ter pensado em fazer mal a alguém, então isto provavelmente só acontecerá daqui a muito tempo. De modo semelhante, se você sofre de *ansiedade crônica* e gasta diversas horas do dia pensando que as sensações físicas podem ser um sinal de que você adoecerá e morrerá, é improvável que saiba ao certo sequer se isso acontecerá. Com esses tipos de pensamentos catastróficos, você precisa realizar testes que o ajudem a reunir evidências que suportem a teoria de que seu problema é causado por preocupação excessiva ou ansiedade, e não relacionado ao juízo final ou a uma doença.

» **Ao lidar com crenças impossíveis de serem comprovadas ou refutadas de modo conclusivo.** Talvez esteja ansioso sobre os outros terem opiniões negativas sobre você. Não há como saber com certeza o que os outros pensam, mesmo que alguém diga que seus medos são infundados, você nunca terá certeza sobre o que essa pessoa está pensando. Da mesma forma que, se você sente ciúme ao pensar que seu parceiro possa desejar outra pessoa, e ele afirma que não há motivo para isso, ainda assim você continua na dúvida com relação aos sentimentos dele.

Para essas duas situações, você pode empregar a estratégia da teoria A e da teoria B:

» Elabore um experimento para reunir evidências que deem suporte à sua ideia de que seus ciúmes tem base em seus *pensamentos* ciumentos (teoria B) e não na realidade (teoria A).

> Da mesma maneira, desenvolva um experimento para testar se a sua teoria original A, que diz: "As pessoas não gostam de mim", ou a teoria alternativa B, que diz: "Com frequência penso que as pessoas não gostam de mim, porque me preocupo demais com a opinião dos outros e acabo interpretando o comportamento deles como sinais de antipatia", explica melhor as suas experiências no convívio social.

Veja um exemplo de como Alex usa a abordagem das teorias concorrentes para obter um melhor entendimento sobre as suas sensações físicas. Originalmente, Alex presumiu que a sua sensação física de desconforto que sinalizava um princípio de ataque cardíaco era verdadeira. Ao testar isso na prática, Alex foi capaz de considerar que uma teoria alternativa — as sensações físicas de desconforto são produtos da ansiedade — pode ser mais precisa.

> **Descreva o problema.** Alex sofre de ataques de pânico. Ele sente calor e seu coração acelera, às vezes de uma hora para outra. Quando se sente assim, pensa que se trata de um ataque cardíaco. Alex senta para tentar reduzir o ritmo dos batimentos cardíacos (um exemplo de comportamento de segurança). Ele evita ao máximo situações nas quais ele já vivenciou estes sintomas.

> **Desenvolva teorias concorrentes.** Alex cria duas teorias para o aumento dos seus batimentos cardíacos:
> - Teoria A: "O batimento rápido do meu coração significa que estou vulnerável a um ataque cardíaco".
> - Teoria B: "O batimento rápido do meu coração é consequência da ansiedade".

> Faça um **experimento**. Alex decide confrontar deliberadamente situações que acionam o aumento dos seus batimentos cardíacos e permanecer neste estado, *sem se sentar*, até que a ansiedade dele diminua. Ele prevê que a teoria B está correta, então o batimento cardíaco dele reduzirá depois que a ansiedade diminuir e ele sairá ileso desta situação.

> **Examine os resultados.** Alex acredita que seu batimento cardíaco de fato é reduzido quando ele aceita a ansiedade. Ele está impressionado com a diferença que esse pensamento faz com sua autoconfiança, e que ele não será prejudicado pelo aumento dos seus batimentos cardíacos se resistir ao ímpeto de sentar. Ele conclui que pode ter 70% de confiança na sua nova teoria de que o aumento dos seus batimentos cardíacos são uma consequência da ansiedade.

PENSE SOBRE ISTO

Nem sempre é possível provar de forma conclusiva que algo não é o que aparenta ser. No entanto, você pode experimentar para ver se alguns estados emocionais e mentais ou atividades comportamentais têm efeitos benéficos ou não nos tipos de pensamentos que passam por sua mente.

Conduzindo Pesquisas

Você pode usar prancheta e caneta, como um pesquisador, em sua jornada para enfrentar seus problemas, projetando e conduzindo seu próprio estudo. Pesquisas podem ser especialmente úteis em termos de obter mais conhecimento sobre o que uma pessoa comum pensa, sente ou faz.

Sugerimos que você tenha mais do que um tipo de experimento comportamental no seu repertório. Pesquisas são muito úteis se você acredita que seus pensamentos, sensações físicas e comportamentos são incomuns. Se você tem pensamentos e imagens intrusas e perturbadoras, ou sente o impulso de dizer coisas socialmente inaceitáveis (sintomas típicos de Transtorno Obsessivo Compulsivo – TOC), sente-se atraído por beiradas de locais altos (como em vertigem), ou tem a impressão que há uma ameaça iminente quando não está familiarizado com o ambiente (sintomas associados com agorafobia), pode pensar que é a única pessoa a passar por situações como estas. Use suas pesquisas para observar se outras pessoas têm os mesmos pensamentos e impulsos. Provavelmente, descobrirá que outras pessoas passam pelas mesmas experiências que você. Talvez até descubra que os sintomas que você apresenta são, na verdade, menos importantes do que a maneira como você lida com eles.

Henry sofre de TOC. O problema de obsessão dele está relacionado às frequentes imagens intrusas de que algo ruim está para acontecer com a família dele. Henry está convencido de que é a única pessoa no mundo que sofre com a invasão de imagens desagradáveis e indesejadas em sua mente. Henry conclui que há algo de muito diferente e errado com ele em razão dessas imagens. Assim, testa a teoria sobre sua anormalidade conduzindo a seguinte pesquisa:

» **Descreva o problema.** Henry está convencido de que os pensamentos intrusos sobre a sua família se machucar em um acidente de carro são incomuns, e significam que ele deve proteger sua família modificando a imagem em sua mente para outra, na qual a família está feliz em uma festa.

» **Formule uma previsão.** Henry surge com a previsão "Ninguém admitirá ter os mesmos pensamentos que eu tenho". Ele avalia a convicção em sua crença em 70%.

> **Execute um experimento.** Henry testa sua percepção de que as imagens são anormais ao formular uma lista de pensamentos intrusos e pedir aos seus amigos e membros de sua família que marquem os itens que já vivenciaram.

> **Examine os resultados.** Henry fica surpreso com a quantidade de pensamentos que as pessoas relatam ter. Ele conclui que suas imagens não são tão anormais quanto pensava. Ele reavalia a convicção em sua previsão original em 15%. Henry também aprende que as outras pessoas ignoram as imagens desagradáveis e que não se preocupam que elas possam significar algo sinistro.

Charlotte se preocupa demais com sua saúde e com a possibilidade de desenvolver alguma doença incurável. Às vezes, Charlotte percebe estranhas sensações em seu corpo e instantaneamente as interpreta como sinais de alguma doença ainda não diagnosticada. Ela presume que ninguém mais tem sensações físicas estranhas de vez em quando.

> **Descreva o problema.** Charlotte se preocupa que suas sensações físicas sejam um sinal de doença. Ela está insatisfeita com as opiniões tranquilizadoras do médico de sua família e do seu marido. O problema de Charlotte tem base parcialmente em duas ideias:
> - Sensações físicas devem ter uma explicação médica concreta.
> - Qualquer pessoa sensata procuraria uma explicação imediata para as sensações físicas que está sentindo.

> **Formule uma previsão.** Charlotte faz a seguinte previsão: "A maioria das pessoas não tem muitas sensações físicas; e, se elas têm essas sensações, imediatamente procuram um médico". Ela avalia a força da sua convicção nessa ideia em 80%.

> **Execute um experimento.** Charlotte elabora uma lista de sensações físicas, incluindo muitas daquelas com as quais ela se preocupa. A lista dela inclui espaços para que as pessoas indiquem as sensações que já vivenciaram e quanto tempo levaram para consultar um médico. Ela pede a dez pessoas para que preencham esse questionário.

> **Examine os resultados.** Charlotte se surpreende ao saber que muitas pessoas experimentam sensações físicas como as que ela descreveu, e que afirmaram só procurar um médico após dias ou até mesmo semanas. Algumas pessoas relataram não se preocupar em ir ao médico para verificar algumas das sensações. Charlotte conclui que talvez ela esteja se preocupando demais com a própria saúde, e planeja adiar a próxima visita ao médico quando ela sentir sensações físicas inexplicáveis. A força da crença na sua previsão original é reduzida a 30%.

Fazendo Observações

As observações podem ser um meio fácil de iniciar seus experimentos, para testar a validade de seus pensamentos. Observações geralmente envolvem a coleta de evidências relacionadas a um pensamento específico, por meio da observação de outras pessoas em ação.

Você pode presumir, por exemplo, que ninguém em seu estado mental normal admitiria não compreender um aspecto importante sobre um procedimento de trabalho. Caso fizessem isso, seriam, sem dúvida, ridicularizados e imediatamente despedidos por incompetência.

Teste esta presunção observando o que outras pessoas de fato *fazem*. Comporte-se como um cientista e reúna evidências de outros admitindo a falta de compreensão, pedindo por esclarecimentos ou confessando seus erros. Observe se a sua previsão de que eles serão ridicularizados ou despedidos é precisa. Fazer observações para reunir evidências contra e a favor da sua previsão também é uma forma de se comportar como um cientista.

Garantindo o Sucesso dos Experimentos Comportamentais

Para obter o maior número possível de benefícios ao projetar e executar um experimento comportamental, mantenha os seguintes conselhos em mente:

» Assegure-se de que o tipo de experimento que escolheu é apropriado. Faça com que seus testes sejam desafiadores o bastante para que você tenha aquele sentimento de satisfação plena ao conduzi-los. Igualmente, tenha cuidado para não desenvolver experimentos que possam sobrecarregá-lo.

» Tenha um plano nítido sobre como, quando e onde (e com quem, se for relevante) você planeja desenvolver seu experimento.

» Seja claro e específico sobre o que você quer descobrir em seu teste — "para ver o que acontece" é muito vago.

» Decida com antecedência como você saberá se a sua previsão se tornou realidade. Por exemplo, quais são as pistas de que alguém está sendo crítico ao seu respeito?

» Use a folha para coleta de dados sobre experimentos comportamentais neste capítulo para planejar e registrar seu estudo.

» Considere que obstáculos podem interromper seu teste e como você pode superá-los.

- » Quando começar a avaliar o resultado do seu experimento, veja se não está sendo tendencioso (por exemplo, ignorando os pontos positivos, lendo mentes ou cometendo erros de pensamento descritos no Capítulo 2) na maneira como você está processando seus resultados.
- » Pense se está utilizando de algum comportamento de segurança (incluindo os sutis). Esses comportamentos podem afetar os resultados do seu estudo ou determinar o quanto você está confiante sobre o resultado — por exemplo, pensar que conseguiu evitar um desmaio se concentrando muito, em vez de descobrir de maneira conclusiva que as suas sensações de tontura são resultado da ansiedade, e não de um desmaio iminente.
- » Planeje meios de consolidar as descobertas de sua pesquisa. Por exemplo, você deveria repetir o teste, elaborar um novo, mudar suas atividades habituais, ou realizar alguma outra ação?

Tratar seus pensamentos negativos e nocivos com ceticismo é a chave para reduzir o impacto emocional. Os experimentos podem lhe ajudar a perceber que a maioria das suas previsões e pensamentos negativos não correspondem à realidade. Então, sugerimos que não leve seus pensamentos tão a sério assim.

DICA Considere a terapia como um experimento, e não como um compromisso permanente, especialmente no início. Pensando dessa forma, você pode se sentir menos pressionado e mais apto a encarar a terapia com uma mente aberta.

Registrando Seus Experimentos

Todos os bons cientistas mantêm registros de seus testes. Se você fizer o mesmo, vai poder analisar os resultados anteriores no intuito de:

- » Tirar conclusões.
- » Decidir que tipo de experimento você deseja conduzir para reunir um maior número de informações.
- » Lembrar a si mesmo que a maioria das suas previsões negativas não se torna realidade.

Para ajudá-lo a registrar seus experimentos, faça uma cópia da Figura 4-1, e use-a sempre que for necessário, seguindo as instruções na figura.

FIGURA 4-1: Faça uma cópia e preencha sua própria planilha de registro de experimento comportamental.

Folha para registro do experimento comportamental

Data: _____

Previsão ou Teoria	Experimento	Resultados	Conclusão/Comentários
Descreva o pensamento, a crença ou a teoria que você está testando. Avalie a força da sua convicção de 1% a 100%	Planeje o que você fará (incluindo onde, quando, como e com quem), e seja o mais específico possível.	Registre o que realmente aconteceu, incluindo pensamentos, emoções, sensações físicas relevantes e o comportamento de outras pessoas.	Escreva o que você aprendeu sobre a sua previsão ou teoria de acordo com os resultados. Reavalie a força da sua convicção de 0% a 100%.

Orientação para desenvolver um experimento comportamental: 1. Seja claro e específico sobre as previsões negativas e alternativas que estão sendo testadas. Avalie a força da sua convicção na previsão ou teoria que você está testando ou avaliando. 2. Decida sobre o seu experimento, e seja o mais claro que conseguir para medir os resultados. 3. Registre os resultados do seu experimento, enfatizando a clareza dos resultados observados. 4. Avalie os resultados do seu experimento. Escreva o que esses resultados sugerem em termos de validade das suas previsões, ou qual a teoria que a evidência confirma. 5. Considere se mais um experimento comportamental seria necessário.

LEMBRE-SE

Tente ter uma perspectiva otimista sobre seus experimentos. Se fizer um teste e ele der certo, ótimo! Entretanto, se planeja um experimento, mas no final das contas evita realizá-lo, pode ao menos descobrir os pensamentos que o estão bloqueando. Mesmo que suas previsões negativas se provem verdadeiras, você terá a oportunidade de ver o quão bem lidou com isso — e que provavelmente não é o fim do mundo — e, então, decidir se precisa partir para o próximo passo. O ponto principal é que você sempre será capaz de reunir informações que podem ser transformadas em uma experiência válida.

> ## VEJA POR SI MESMO
>
> Este livro está repleto de sugestões para reduzir e superar problemas emocionais. Se está cético sobre se a TCC pode funcionar para você, está muito bem acompanhado. Entretanto, muitas evidências científicas evidenciam que a TCC é mais eficiente que todas as outras psicoterapias.
>
> Então, a TCC pode funcionar para você, mas como ter certeza? A resposta consiste em aplicar uma ferramenta ou técnica específica por um determinado período de tempo, como um experimento para ver se a técnica funciona com você. Dependendo do resultado, você pode escolher fazer mais, modificar sua abordagem ou tentar alguma coisa diferente.

> **NESTE CAPÍTULO**
>
> » Treinando a atenção para superar problemas emocionais
>
> » Concentrando-se nas tarefas
>
> » Direcionando e redirecionando sua atenção
>
> » Dando tempo para os pensamentos e imagens reduzirem
>
> » Praticando mindfulness

Capítulo 5
Mudando o Foco e Treinando a Sua Atenção

Tradicionalmente, a TCC tende a concentrar muitas das suas técnicas para ajudar as pessoas a mudarem *o conteúdo* dos seus pensamentos — de um pensamento negativo a um mais realista, por exemplo. No entanto, a TCC moderna começou a incorporar outra área da psicologia humana: como focamos nossa atenção.

Este capítulo não discute *o que* você pensa, mas sim *como* você gerencia seus pensamentos e sua atenção. Apresentamos os *treinamentos da concentração* e de *mindfulness*, duas técnicas para gerenciar pensamentos e exercer algum controle sobre a sua atenção. Este capítulo tem duas mensagens principais:

» Na maioria das vezes, os seus pensamentos, não importa o quanto sejam dolorosos ou negativos, não são o verdadeiro problema. Em vez disso, a importância ou o significado que você atribui a estes pensamentos é a causa do problema. Se você encara a afirmação "Eu sou um caso sem salvação" como um pensamento e não como um fato, pode diminuir muito o seu impacto.

» Quando você tem um problema emocional, sua mente tende a atribuir pensamentos infundados aos aspectos ligados a você mesmo, ao mundo que o rodeia e às outras pessoas. Você também pode tender a focar demais em aspectos particulares destes pensamentos nocivos. Felizmente, você pode desenvolver a habilidade de direcionar sua atenção, ou mantê-la afastada, de quaisquer aspectos de suas experiências que quiser, o que pode melhorar seu humor e reduzir a ansiedade.

Treinamento em Tarefa de Concentração

Esforçar-se em redirecionar sua atenção para longe de si mesmo (isso inclui suas sensações físicas, pensamentos e imagens mentais), em certas situações, é a essência da *tarefa de concentração*. Em vez de pensar sobre si mesmo, você concentra sua atenção na direção de seu ambiente externo e no que você está fazendo.

LEMBRE-SE

A tarefa de concentração envolve prestar menos atenção no que está acontecendo *dentro* de você e mais no que está acontecendo *fora* de você.

Esta tarefa pode ser particularmente útil em situações que causem ansiedade. Ela pode lhe ajudar a contrabalançar a sua tendência de focar nas ameaças e em si mesmo quando se sente ansioso.

Assim que começa a praticar a tarefa de concentração, divida o processo em duas etapas de ensaio — da mesma forma quando você começa a dirigir e primeiro pratica em ruas tranquilas para depois passar para ruas movimentadas.

Abaixo, temos as duas etapas de ensaio:

» **Situações não ameaçadoras.** Aqui, você sente pouca ou quase nenhuma ansiedade. Por exemplo, se tem fobia social, talvez se sinta um pouco ansioso ao andar por um parque, viajar em um trem pouco movimentado ou socializar com membros da família e amigos próximos.

» **Situações mais desafiadoras.** Aqui, você tende a sentir ansiedade de nível moderado a alto. Situações mais desafiadoras podem incluir fazer compras em um supermercado lotado, viajar de trem em horário de muito movimento, ou ir a uma festa com muitos convidados que você não conhece.

Normalmente, você progride gradualmente de situações não ameaçadoras para situações mais desafiadoras à medida que pratica e desenvolve mais habilidades.

Depois de praticar o redirecionamento de sua atenção em situações que julga serem relativamente não ameaçadoras, você pode seguir adiante usando as técnicas progressivamente em situações desafiadoras.

Escolhendo se concentrar

O objetivo dos exercícios da tarefa de concentração não é diminuir sua atenção geral, mas sim concentrar-se com mais afinco em aspectos diferentes do ambiente externo. Alguns exercícios requerem um foco maior da sua atenção em certos comportamentos — como escutar o que outra pessoa está dizendo durante uma conversa, ou tentar equilibrar uma bandeja com bebidas enquanto você caminha em um lugar lotado.

Em outras situações, você pode se sentir ansioso, mas não tem uma tarefa em especial para cumprir. Nesta situação, como, por exemplo, enquanto está sentado em uma sala de espera lotada, você pode direcionar sua atenção para o que está ao seu redor, nas pessoas, na mobília, nos sons e nos cheiros.

Com a prática, você poderá manter sua atenção focada tanto na tarefa a ser realizada quanto no ambiente, mais do que em si mesmo, até em situações que julga como altamente ameaçadoras.

Os seguintes exercícios têm como meta aumentar a sua compreensão do quanto prestar atenção às sensações e imagens limitam a sua habilidade de processar as informações ao seu redor. Os exercícios também lhe ajudam a perceber que consegue prestar atenção a comportamentos externos relacionados à sua tarefa. Em outras palavras, você pode aprender a *escolher* em que vai prestar atenção, em situações que provoquem ansiedade.

Direcionar intencionalmente sua atenção para longe de si mesmo não significa se *distrair* das próprias sensações físicas ou suprimir seus pensamentos. Às vezes, as pessoas tentam eliminar seus pensamentos na tentativa de aliviar sensações desconfortáveis e ansiedade. No entanto, a supressão funciona, geralmente, por pouco tempo, se tanto.

Exercício de concentração: Aprenda a ouvir

Para este exercício, sente de costas para alguém, pode ser um amigo ou seu terapeuta. Peça que essa pessoa lhe conte uma história por mais ou menos dois minutos. Concentre-se na história. Então, faça um resumo dela: perceba o quanto da sua atenção você direcionou para a tarefa de ouvir a outra pessoa, para si mesmo, e para o ambiente, durante o exercício. Tente usar porcentagens para fazer isso. Seu parceiro pode lhe dar informações sobre seu resumo, para ver como se saiu.

Agora, faça o exercício novamente, mas desta vez sente frente a frente com o locutor, mantendo contato visual. Peça que a pessoa lhe conte uma história, mas, agora, deliberadamente, distraia-se se concentrando em seus pensamentos e sensações, e, em seguida, redirecione sua atenção para o locutor. Resuma a história e analise (usando porcentagens, novamente) como dividiu sua atenção entre si mesmo, escutar a outra pessoa e o seu ambiente.

Repita as atividades de narração de histórias, sentado de costas e depois frente a frente com o outra pessoa, várias vezes, até que seja capaz de facilmente redirecionar sua atenção para a tarefa de ouvir após uma distração deliberada de autoconcentração. Seguir esses passos vai ajudá-lo a desenvolver sua capacidade de controlar em que você concentra sua atenção.

Exercício de concentração: Comunicação

Siga as mesmas etapas do exercício que você fez para treinar sua capacidade de escutar, como descrevemos na seção anterior. Comece sentando de costas para o ouvinte, e conte uma história de dois minutos, concentrando sua atenção para contar a história de maneira clara para o ouvinte.

Em seguida, posicione-se frente a frente com o ouvinte, mantendo contato visual. Deliberadamente, distraia-se da tarefa de narração, centrando-se em seus sentimentos, sensações e pensamentos. Em seguida, reoriente a sua atenção para o que você está dizendo e para o ouvinte, verificando as reações dele e se ele está entendendo o que você está dizendo.

Novamente, usando porcentagens, observe como você divide sua atenção entre si mesmo, a tarefa e seu ambiente.

Exercício de concentração: Prática gradativa

Para este exercício, prepare duas listas de situações. Para sua primeira lista, anote cinco ou mais exemplos de situações que você classifica como não ameaçadoras. Ao descrever as situações, distraia-se concentrando-se em suas sensações e pensamentos internos. Agora leia a lista de situações, mas desta vez tente redirecionar sua atenção para coisas externas. Na segunda lista, descreva cerca de dez situações que acha ameaçadoras. Organize as situações de forma gradativa, começando do exemplo que menos provoca ansiedade até o que mais provoca ansiedade. Agora, trabalhe em cada situação de sua hierarquia, colocando-se na situação ao mesmo tempo que pratica a tarefa de concentração até chegar ao topo da lista. Isso significa que pode começar a aprender a controlar sua ansiedade em situações da vida real.

Exercício de concentração: Faça um passeio

Para este exercício, caminhe em um parque, prestando atenção ao que você ouve, vê, sente e cheira. Concentre sua atenção por alguns minutos nos diferentes aspectos do mundo ao seu redor. Em primeiro lugar, foque sua atenção principalmente no que pode ouvir. Em seguida, desvie sua atenção para focar-se nos cheiros e, em seguida, na sensação de seus pés tocando o chão, e assim por diante. Você pode direcionar sua atenção para sensações diferentes, o que talvez o ajude a sintonizar a sua atenção no mundo exterior. Alternar entre os cinco sentidos também pode auxiliá-lo a perceber que consegue direcionar sua atenção como quiser.

Depois de ter praticado o direcionamento da maior parte da sua atenção para sentidos individuais, tente integrar a sua atenção para incluir todos os aspectos do parque. Procure fazer isso por pelo menos 20 minutos. Permita-se, realmente, absorver todos os detalhes de tudo que está ao seu redor. Descubra o que atrai a sua atenção. Você pode ficar atraído pela água ou se entusiasmar com os pássaros, plantas ou até mesmo com o aroma da mata. Observe como você se sente mais relaxado e menos centrado em si mesmo a medida que treina sua atenção no mundo ao seu redor.

Sintonizando nas tarefas e no mundo ao seu redor

Se você está sofrendo de ansiedade, provavelmente está focado em situações sociais e não percebe o resto do mundo. Além de se sentir desconfortável sem necessidade, seu foco em si mesmo significa que é provável que acabe não percebendo coisas interessantes que estão ao seu redor. Felizmente, você pode alterar sua atenção e superar grande parte da sua ansiedade.

DICA

Você também pode usar o redirecionamento de sua atenção para o mundo exterior, para ajudar a evitar que se envolva no fluxo de pensamentos negativos que acompanha a depressão, o que ajudará a melhorar o seu humor.

Veja um exemplo de como você pode usar técnicas de tarefa de concentração para superar a ansiedade e, especialmente, ataques de pânico e fobia social (veja o Capítulo 9 para mais informações).

Harold estava particularmente preocupado com a possibilidade de as pessoas perceberem que ele ficava vermelho e transpirava em situações sociais. Ele acreditava que as pessoas pensariam que ele era estranho ou que estava uma pilha de nervos. Harold se monitorava constantemente para não ficar vermelho nem suar e tentava mascarar esses sintomas provocados por sua ansiedade.

Veja a lista de situações de Harold, cada uma gradualmente mais desafiadora que a anterior:

1. Jantar com seus pais e irmãos.
2. Ir a um bar local com seus três amigos mais próximos.
3. Usar transporte público em horários calmos.
4. Almoçar com colegas de trabalho.
5. Ir ao cinema com um amigo.
6. Caminhar sozinho em uma rua movimentada.
7. Conversar com estranhos em uma festa.
8. Ir ao supermercado sozinho.
9. Ir à academia de ginástica sozinho.
10. Iniciar uma conversa com estranhos.
11. Usar transporte público em horários de muito movimento.
12. Comer sozinho em um restaurante.
13. Ir para uma entrevista.
14. Dar sua opinião durante reuniões de trabalho.
15. Fazer uma apresentação no trabalho.

Harold usou os princípios da tarefa de concentração para aumentar sua capacidade de se focar deliberadamente em fatores externos escolhidos por ele, em situações não ameaçadoras. Quando Harold estava no bar com seus amigos, ele concentrou sua atenção no que seus amigos estavam falando, nas outras pessoas no bar, na música e nos detalhes do que estava ao seu redor. Ele também distraiu a si próprio se concentrando se estava ficando vermelho ou se estava suando, e depois redirecionar seu foco novamente.

Harold, então, usou as mesmas técnicas em situações mais ameaçadoras. No supermercado, percebeu que, quanto mais focava no fato de poder estar vermelho ou suando, mais ansioso ele se sentia e menos capaz era de fazer suas compras. Quando ele prestou atenção em sua tarefa de empacotar as compras, fez contato visual com a atendente do caixa e até conversou com ela sobre amenidades. Os sintomas de ansiedade de Harold diminuíram, e ele ficou mais atento ao que estava fazendo e ao que estava acontecendo a seu redor.

Ele trabalhou incansavelmente a lista de situações temidas e agora se sente muito mais confiante e relaxado em contextos sociais.

EXPERIMENTE — Imagine que você foi chamado pela polícia para servir de testemunha. Por alguns minutos, tente absorver o máximo de informações que puder sobre o ambiente e as pessoas ao seu redor. Observe como é capaz de relatar mais detalhes quando escolhe se focar no mundo exterior, comparado com quando se concentra em seus pensamentos e sensações físicas.

Preenchendo a planilha de registros de tarefas de concentração

Você pode registrar sua prática de tarefa de concentração e observar os resultados usando a planilha de registro de concentração de tarefas da Tabela 5-1. As breves instruções na parte superior da planilha existem para lembrá-lo como fazer seus exercícios. Há uma cópia em branco do formulário no Apêndice B.

TABELA 5-1 Planilha de registro da prática de concentração de Harold

Com quem você estava? Onde você estava? O que você estava fazendo?	Registre o foco da sua atenção. Observe em que você está mais focado. 1. Você mesmo % 2. Na tarefa % 3. No ambiente e nas outras pessoas % (Total = 100%)	Use a tarefa de concentração para direcionar sua atenção para o mundo exterior. Lembre-se de focar em sua tarefa ou no ambiente. Observe o que você fez.	Registre o que você sentiu.	Registre qualquer coisa que tenha aprendido com este exercício. Observe como a situação ocorreu, as mudanças em seu nível de ansiedade e sua habilidade de completar a tarefa.
Comendo sozinho em um restaurante. Hora do almoço.	1. Você mesmo 40% 2. Na tarefa 35% 3. No ambiente e nas outras pessoas 25%	Levei o tempo que era necessário para comer sem me apressar. Fiz contato visual com o garçom. Tentei comer minha refeição atentamente e fiquei satisfeito com isso. Observei outros clientes. Mantive minha cabeça erguida e não me escondi em uma mesa de canto.	Ansiedade. Inicialmente, medo.	Minha ansiedade diminuiu enquanto eu comia. Ninguém pareceu achar estranho eu estar comendo sozinho. Eu me senti menos estranho do que pensei. Levei um bom tempo tentando manter a atenção na minha tarefa de comer, mas ficou mais fácil.

Tornando-se Mais Atento

Mindfulness, comumente associada ao Budismo, tem se tornado popular nos últimos anos como uma técnica para lidar com depressão, e para gerenciar o estresse e a dor crônica. Evidências apontam que a meditação pode ajudar a reduzir a chance de problemas como o retorno da depressão, e adiciona outra arma em seu arsenal contra problemas emocionais.

Estando presente no momento

Mindfulness é a arte de estar presente no momento sem tecer julgamento sobre sua experiência. O processo de mindfulness é muito simples — e ainda assim bastante desafiador. Mantenha a sua atenção centrada no momento em que você está passando *agora mesmo*. Suspenda a sua opinião sobre o que você está sentindo, pensando e absorvendo através de seus sentidos. Basta observar o que está acontecendo à sua volta, em sua mente e em seu corpo, sem fazer nada. Apenas permita-se estar ciente do que está acontecendo.

Os livros sobre mindfulness falam sobre a forma como sua mente quase mecanicamente formula julgamentos sobre cada uma das suas experiências, rotulando-as como boas, ruins ou neutras, dependendo de como você as valoriza. Coisas que geram bons e maus sentimentos dentro de você obtêm o máximo de sua atenção, mas você pode ignorar coisas neutras ou ainda considerá-las chatas. O treinamento de mindfulness nos incentiva a estar com a atenção no momento presente, com a mente livre, observando até o que é aparentemente mundano, sem tecer julgamento. É como olhar o mundo pela primeira vez.

EXPERIMENTE

Quando encontrar alguém a quem conhece, tente vê-la como se fosse a primeira vez. Suspenda seu conhecimento prévio, pensamentos, experiências e opiniões sobre a pessoa. Você pode tentar isso com conhecidos ou pessoas que conhece muito bem, tais como membros da família e amigos.

Tente exercícios de consciência quando estiver no campo ou caminhando pela rua. Independentemente do entorno ser ou não familiar para você, se esforce para ver os detalhes do mundo ao seu redor como se fosse a primeira vez.

Ignorando seus pensamentos

Desenvolvendo suas habilidades de tomada de consciência, você pode usá-las para ajudar a lidar com sintomas físicos ou pensamentos nocivos. Se sentir ansiedade social, por exemplo, pode desenvolver a capacidade de manter seu *foco distante* de pensamentos geradores de ansiedade.

Observando o trem passar

Imagine um trem que passa por uma estação. O trem representa seus pensamentos e sensações (o seu "trem de pensamento"). Cada vagão pode representar um ou mais pensamentos ou sentimentos específicos. Visualize a si mesmo observando o trem passar sem entrar em nenhum vagão. Aceite seus medos sobre o que as outras pessoas podem estar pensando sobre você, sem tentar suprimi-los ou enfrentá-los. Apenas observe-os passar como se fossem um trem passando por uma estação.

Parado na beira da estrada

Outra versão do exercício é imaginar que você está de pé na beira de uma estrada razoavelmente movimentada. Cada veículo que passa representa seus pensamentos e sensações. Apenas assista aos carros passando. Observe e aceite a passagem deles. Não tente pegar carona, redirecionar o fluxo do tráfego, ou influenciar a trajetória dos carros.

Aprendendo quando não deve ouvir a si mesmo

Um dos benefícios reais da compreensão do modo como suas emoções influenciam a maneira como pensa, é saber quando o que você está pensando provavelmente não é útil ou muito realista. Estar consciente significa aprender a vivenciar seus pensamentos sem julgar se são verdadeiros ou não.

Dado que muitos dos pensamentos que você experimenta quando está emocionalmente estressado são distorcidos e inúteis, é muito melhor deixar que estes pensamentos passem por você, reconhecendo-os como *sintomas* ou *consequências* de determinado estado emocional ou problema psicológico. O Capítulo 6 contém uma tabela que trata das *consequências cognitivas* de emoções específicas, que lhe dá uma ideia dos tipos de pensamentos que podem ocorrer em consequência da maneira como você está sentindo.

Ficar mais familiarizado com os pensamentos que tendem a surgir quando você se sente deprimido, ansioso ou culpado, facilita o reconhecimento deles e deixá-los ir e vir, em vez de tratá-los como fatos. Esta familiaridade lhe concede mais uma habilidade para ajudá-lo a gerenciar seus pensamentos em vez de desafiá-los ou testá-los na vida real.

Adotando tarefas diárias conscientes

Tornar-se mais consciente sobre pequenas tarefas diárias pode ajudar a melhorar sua atenção. Basicamente, tudo o que faz ao longo do dia pode ser feito de modo mais consciente. Por exemplo, considere o seguinte:

> » Lavar roupa com atenção pode ajudá-lo a vivenciar o processo mais plenamente. Perceba o cheiro da água e do sabão, a temperatura da água e o movimento das suas mãos.
>
> » Comer com atenção pode proporcionar uma experiência mais agradável. Diminua a pressa com que você come, preste atenção na textura do alimento, na sutileza dos sabores e na aparência do prato.

Tolerando imagens perturbadoras e ideias desagradáveis

Determinados problemas psicológicos, como a depressão e distúrbios de ansiedade como o TOC, são frequentemente acompanhados por imagens ou pensamentos perturbadores e desagradáveis. Pessoas deprimidas podem pensar em se machucar ou experimentar fortes imagens de si mesmas colocando o pensamento em prática — mesmo quando não têm real intenção de tentar o suicídio. Estes pensamentos são obviamente muito perturbadores e as pessoas podem se preocupar que eles indiquem um risco real. Felizmente, na maior parte das vezes não é esse o caso; a maioria destes pensamentos são meramente um produto desagradável do estado depressivo. É fácil interpretar mal estas imagens e pensamentos como perigosos ou um mau presságio, mas aprender a enxergá-los como eles realmente são — apenas sintomas desagradáveis de depressão ou ansiedade — pode torná-los menos assustadores.

CUIDADO: Nem todas as ideias suicidas devem ser ignoradas. Se você cada vez mais se vê envolto em ideias de se ferir ou terminar com sua vida, busque ajuda imediatamente. Este conselho é especialmente importante se você começar a desenvolver um plano e a achar seus pensamentos suicidas reconfortantes. Converse com seu médico, um familiar ou um amigo, ou vá até uma unidade de emergência psiquiátrica no hospital mais próximo. O Capítulo 12 trata de depressão. Você pode ler ainda o Capítulo 21, para informações importantes sobre como buscar ajuda profissional.

Pessoas com TOC (mais sobre este transtorno no Capítulo 13) geralmente vivenciam pensamentos e imagens intrusas. O conteúdo destes pensamentos e imagens mentais podem variar bastante, mas normalmente envolvem machucar pessoas queridas ou agir de maneira a violar drasticamente seu código moral.

Outros problemas emocionais e de ansiedade também podem originar imagens e pensamentos aterrorizantes. Alguns clássicos são:

» Perder o controle da bexiga ou do intestino em público.
» Falar algo realmente ofensivo.
» Comportar-se de modo inapropriado sexualmente.
» Pular nos trilhos de trem.
» Dirigir um carro de modo agressivo.
» Ferir um animal.
» Ferir-se ou ferir outra pessoa (uma criança ou um ente querido).
» Ter um ataque de pânico em local público.
» Tomar uma decisão ruim que resulte em consequências irreparáveis.
» Ser bruscamente rejeitado ou humilhado.
» Experimentar pensamentos ou imagens sobre morte ou violência (sobre si mesmo e outros).

Quando você tem este tipo de atividade mental abominável e involuntária, é compreensível que queira se livrar dela. Entretanto, normalmente, quanto mais você se esforça para se livrar destes pensamentos e imagens, mais eles se fixam. Isto se deve ao fato de que suas tentativas de eliminar, evitar ou neutralizar pensamentos indesejáveis são impulsionadas por uma regra fundamental:

"Eu não devo ter estes pensamentos; eles são inaceitáveis e significam algo apavorante."

Ao se esforçar para evitar e eliminar determinado pensamento, você está inadvertidamente se concentrando mais nele. Se considerar alguns tipos de atividades mentais como proibidas, aumenta seus medos delas ocorrerem. Paradoxalmente, você pode acabar intensificando a frequência de imagens e pensamentos intrusos, assim como a perturbação de sua resposta a eles. Todo mundo tem pensamentos e imagens intrusas de vez em quando. Mesmo que você esteja passando por nenhum tipo de problema emocional ou psicológico, você não está imune a imagens mentais repulsivas ocasionais. Pessoas sem ansiedade e depressão, porém, são mais capazes de prontamente eliminar o pensamento ou imagem desagradável (ou mesmo chocante), mas de nenhuma importância real. Você pode começar a tolerar pensamentos desagradáveis adotando a seguinte atitude:

"Eu não gosto destes pensamentos, mas eles não são anormais ou importantes. Eles não significam nada a meu respeito."

Sabendo que um pensamento é apenas um pensamento

Como o conteúdo destes tipos de pensamentos é tão abominável para você, eles podem *parecer terrivelmente* importantes. Você pode presumir que significam que você tem mais probabilidade de fazer algo horrendo, ou que algo terrível acontecerá com uma pessoa querida porque você teve estes pensamentos. De modo mais exato, estes tipos de pensamentos são apenas um reflexo daquilo que preza e valoriza. De modo cruel, você tende a se afligir pelos tipos de pensamentos que vão contra seu verdadeiro caráter e sistema de valores.

DICA

Você pode tentar encarar os pensamentos e as imagens intrusas como "pesadelos acordado". Quando você tem um sonho desagradável, provavelmente esquece aquela sensação rapidamente, pois você pensa: "Credo! Bom, foi apenas um pesadelo". Geralmente, não damos muita importância aos sonhos. Faça a mesma coisa com pensamentos e imagens desagradáveis que vivencia acordado. Só porque está desperto, não significa que eles são mais reais ou mais importantes.

LEMBRE-SE

Mesmo que alguns pensamentos e imagens sejam desconfortáveis — você pode suportá-los. Aumentando sua tolerância à imagens mentais indesejadas, você simultaneamente reduz seu medo delas. Desgostar de tipos de pensamentos específicos não tem problema, mas lembre-se de que são apenas pensamentos.

Deixando que pensamentos indesejados se dissipem por si só

Pensamentos e imagens perturbadores e preocupantes não duram para sempre. Se não fizer nada, eles em algum momento vão desaparecer. Como já mencionamos, tentar controlar pensamentos indesejados raramente funciona por muito tempo. A chave é tratá-los como se não tivessem importância. Quando algo tem pouca ou nenhuma importância, você tende a ignorar ou dar pouca atenção. Em vez de lutar contra estes pensamentos triviais (embora tormentosos), não faça coisa alguma. Retire as luvas de boxe e deixe que sua mente se mova para imagens e pensamentos mais neutros, naturalmente. Isso parece bastante simples e direto, mas apenas deixar para lá pode ser bem difícil de aprender. Seus sentimentos de ansiedade, aversão ou horror sobre pensamentos intrusos podem obrigá-lo a agir. Resista à tentação de viver estas emoções.

Experimente estas dicas:

> » Deixe os pensamentos indesejados se dissiparem como pano de fundo, como se fossem apenas ruídos. Veja estes pensamentos como estática no rádio ou o barulho da rua do lado de fora da janela de seu escritório. Você pode filtrá-los e redirecionar sua atenção para uma tarefa.

» Ocupe sua mente com algo mais interessante ou envolvente. Pegue o telefone e faça ligações importantes, faça palavras cruzadas ou saia para caminhar.

» Aumente seus batimentos cardíacos. Sair para correr, praticar um esporte ou aspirar a casa pode lhe ajudar a aliviar a ansiedade e limpar sua mente.

Ao prestar menos atenção em seus pensamentos indesejados, provavelmente descobrirá que seus sentimentos adversos sobre eles se tornam menos intensos. Em certo ponto, simplesmente permitir que seus pensamentos se dissipem ficará mais fácil, pois você sofrerá menos impacto emocional.

CUIDADO

Pode ser tentador pedir confirmação a seus amigos (ou até ao seu terapeuta de TCC) de que seus pensamentos não são perigosos. Isto pode ser uma ladeira escorregadia, pois inconscientemente você estará reforçando o medo e a intolerância ao conteúdo daquele pensamento indesejado. Em vez de repetidamente buscar reafirmação, lembre-se de tratar estes pensamentos como algo insignificante. Provavelmente, você não fica remoendo ou falando sem parar sobre coisas sem importância — então ponha a mesma política em prática.

2 Mapeando a Rota: Definindo os Problemas e Estabelecendo Metas

NESTA PARTE...

Identifique claramente seus sentimentos e descubra a diferença entre emoções úteis e inúteis.

Entenda o que deseja mudar na sua vida e perceba o quanto algumas das suas soluções habituais para os problemas não são benéficas a longo prazo.

Utilize alternativas para as soluções habituais, que na verdade não estão funcionando para você.

> **NESTE CAPÍTULO**
>
> » Identificando as emoções negativas saudáveis e prejudiciais
>
> » Entendendo os componentes das emoções: pensamento, comportamento e atenção
>
> » Definindo os problemas que você deseja resolver

Capítulo **6**

Explorando as Emoções

Este capítulo foi desenvolvido com a pretensão de apresentar algumas das principais diferenças entre as emoções negativas prejudiciais que você pode experimentar e suas contrapartidas saudáveis. As informações que oferecemos também ajudam a descobrir maneiras de identificar se você está experimentando uma resposta emocional saudável ou prejudicial.

Você pode estar se perguntando por que estamos nos concentrando nas emoções *negativas* neste capítulo e negligenciando sentimentos positivos, como a felicidade. Você talvez esteja questionando: "O que há de errado com estes dois? Eles são tão negativos!". A razão para lidar com o lado negativo é porque um número muito pequeno de pessoas recorre à terapia por ter problemas com emoções positivas. Não são muitas pessoas que vêm nos procurar com o intuito de superar seus contínuos sentimentos de contentamento. As emoções que geram problemas para as pessoas normalmente incluem culpa, raiva, depressão e vergonha.

Embora sentir-se mal quando coisas ruins acontecem seja natural, você não precisa piorar as coisas experimentando emoções negativas nocivas. Emoções negativas saudáveis são, geralmente, menos desconfortáveis e menos problemáticas do que a sua versão prejudicial. Por exemplo, sentir-se intensamente *triste* (uma emoção negativa saudável) é menos desconfortável que sentir-se intensamente *deprimido* (uma emoção prejudicial). Da mesma forma, sentir uma tristeza intensa pode estimulá-lo a fazer coisas para melhorar sua situação, mas a depressão é mais passível de conduzir à inércia e à resignação.

Felizmente, você pode *pensar* o que *sentir* em maior ou menor grau, o que pode reduzir seu desconforto emocional. Ao escolher pensar de modo saudável e útil, você provavelmente estará mais apto a sentir emoções saudáveis.

Identificando Seus Sentimentos

Se alguém pergunta como se sente, você pode ter dificuldade em descrever exatamente que emoção está vivenciando. Pode não ter certeza sobre qual nome deve dar à sua experiência interna, ou talvez esteja sentindo mais de uma emoção ao mesmo tempo.

CUIDADO

Não se apegue aos nomes! Quando você começa a diferenciar sentimentos saudáveis de prejudiciais, o nome que dá a eles não é muito importante. O ponto principal é ser capaz de analisar seus pensamentos e comportamentos e de perceber onde está o foco da sua atenção (a TCC faz referência a isso como *foco da atenção*). Essas três áreas, em última análise, são suas guias mais confiáveis para saber que tipo de emoção está vivenciando.

Para dirimir eventuais dúvidas, os terapeutas muitas vezes incentivam as pessoas a usarem diferentes palavras para alternativas saudáveis e prejudiciais a sentimentos comuns. Por exemplo, você poderia usar a palavra "ira" para descrever uma emoção prejudicial e "aborrecimento" para descrever a sua versão saudável.

Algumas pessoas acham mais simples escolher uma palavra descritiva para sua emoção e adicionar o termo "saudável" ou "prejudicial". Qualquer modo que escolher para descrever suas emoções será bom — o importante é compreender a qual categoria cada emoção pertence. Pessoas diferentes têm maneiras diferentes de descrever as coisas. Pense como você descreveria uma pintura a óleo e compare com a forma como um amigo ou um crítico de arte poderia descrevê-la. Da mesma forma, as pessoas descrevem estados emocionais de diversas maneiras. Você, um amigo e um psicoterapeuta (alguém altamente qualificado para discorrer sobre emoções) podem usar palavras muito diferentes para representar o mesmo tipo de sentimento.

Se não está acostumado a falar sobre como se sente, pode ter grande dificuldade em encontrar as palavras que possam descrever seus sentimentos.

A seguir, há uma lista de referência de emoções comuns e seus sinônimos, que pode ser usada para enriquecer o seu vocabulário de terminologia *emotiva* (relativa às emoções). Esta lista não está dividida entre emoções saudáveis ou prejudiciais.

- **Raiva:** Agressivo, chateado, esquentado, contrariado, insatisfeito, enraivecido, rabugento, furioso, hostil, mal-humorado, irritadiço, irado, ofendido, exacerbado, instável, raivoso, ressentido, implicante, nervosinho, sensível, truculento.
- **Ansiedade:** Agitado, apreensivo, incomodado, preocupado, tenso, aflito, receoso, assustado, irrequieto, nervoso, entrando em pânico, inquieto, conturbado, aborrecido, desconfortável, atormentado, angustiado.
- **Vergonha:** Depreciado, inferiorizado, difamado, degradado, desacreditado, desgraçado, desonrado, humilhado, mortificado, desprezado, maculado, sujo, abalado, indigno, caluniado.
- **Desapontamento:** Deprimido, prostrado, desencorajado, desiludido, desanimado, consternado, inseguro.
- **Constrangimento:** Estranho, diminuído, deslocado, humilhado, sensível, inseguro, envergonhado, pequeno, tímido, desconfortável, hesitante, incerto.
- **Inveja:** Roxo de inveja, malévolo, malicioso, sentir-se feliz com a infelicidade do outro, despeitado, amargo.
- **Culpa:** Sentimento de responsabilidade, fracassado, condenado, culpado, deplorável, indefensável, sem direito a perdão, sem razão, repreensível, imperdoável, indigno.
- **Mágoa:** Ressentido, com o coração partido, abandonado, arrasado, magoado, devastado, ferido, prejudicado, horrorizado, machucado, ofendido, dolorido, lesionado.
- **Ciúme:** Amargo e irracional, desconfiado, duvidoso, verde de ciúme, cético, cauteloso.
- **AMOR** (adicionamos este apenas para levantar o astral): Admirado, adorado, afetuoso, inebriado, enlouquecido, dedicado, enamorado, estimado, devotado, apaixonado, entusiasmado, animado, cheio de amor, muito interessado, andando nas nuvens, encantado, atingido pela seta do cupido, cultuado.
- **Tristeza**: Despojado, triste, deprimido, pressionado, desesperado, desolado, desanimado, abatido, rejeitado, sofrido, angustiado, inconsolável, melancólico, pesaroso, devastado, arrependido, choroso.

Pensando em o que Sentir

Um benefício de entender a diferença entre emoções saudáveis e prejudiciais é que você pode se dar uma chance de verificar o que está pensando. Se reconhecer que está enfrentando uma emoção prejudicial, então terá condições de contestar qualquer pensamento que possa estar causando a sua resposta emocional. Contestar e corrigir os erros de pensamento podem levá-lo a vivenciar uma emoção negativa saudável, em vez de um sentimento nocivo (veja o Capítulo 2 para conhecer mais erros de pensamento e como corrigi-los).

LEMBRE-SE

Um pensamento comum é: "Penso; portanto, sou"; a versão da TCC é "Penso; por isso, sinto".

Sentimentos não são tão unidimensionais como parecem. A maneira como você se sente é mais do que apenas uma emoção em si, porque sentimentos não surgem do nada — eles têm um contexto. Quando você começar a fazer uma distinção entre suas emoções saudáveis e nocivas, observe a *interação* de seu pensamento, suas ações, seu foco de atenção, sua memória, seus temas ou gatilhos, e a maneira como você se sente. Dê uma olhada na Tabela 6-1, na seção que aborda a comparação entre emoções saudáveis e prejudicais, um pouco mais adiante neste capítulo, que fornece uma análise clara das características das emoções saudáveis e prejudicais.

Entendendo a Anatomia das Emoções

A Figura 6-1 apresenta os complexos processos envolvidos na emoção humana. Sempre que você sente uma determinada emoção, todo um sistema é ativado. Este sistema inclui os pensamentos e as imagens que você insere na sua mente, as lembranças que acessa, os aspectos de si mesmo ou do mundo que o rodeia, aos quais dirige o seu foco, as sensações corporais e mentais que experimenta, mudanças físicas como o seu apetite, seu comportamento e as coisas que você *sente vontade de fazer*.

Como exibe o diagrama, estas dimensões diferentes interagem de maneiras complexas. Por exemplo, treinar sua atenção para possíveis ameaças provavelmente aumentará a chance de pensamentos geradores de ansiedade surgirem na sua mente, e vice-versa. Não dormir bem pode aumentar as chances de você ficar inativo; e a inatividade contínua pode acabar alterando seu padrão habitual de sono. A vantagem de entender este sistema de emoções, tal como apresentado na Figura 6-1, é que ele lhe proporciona diversas oportunidades de fazer alterações. Alterar um aspecto do sistema pode facilitar a mudança de outras partes.

Um exemplo de mudança é tornar-se mais ativo, se você tem estado inativo, o que pode aliviar sentimentos de depressão e facilitar que desafie seu pensamento depressivo e pessimista. A prescrição de antidepressivos, que funcionam alterando a química cerebral, pode abrandar a depressão. O uso de antidepressivos pode facilitar que você treine a sua atenção para ficar *longe* dos pensamentos negativos e sintomas desconfortáveis, e permanecer *voltado* para as possíveis soluções para seus problemas práticos. (Veja o Capítulo 12 para obter mais informações sobre como superar a depressão.)

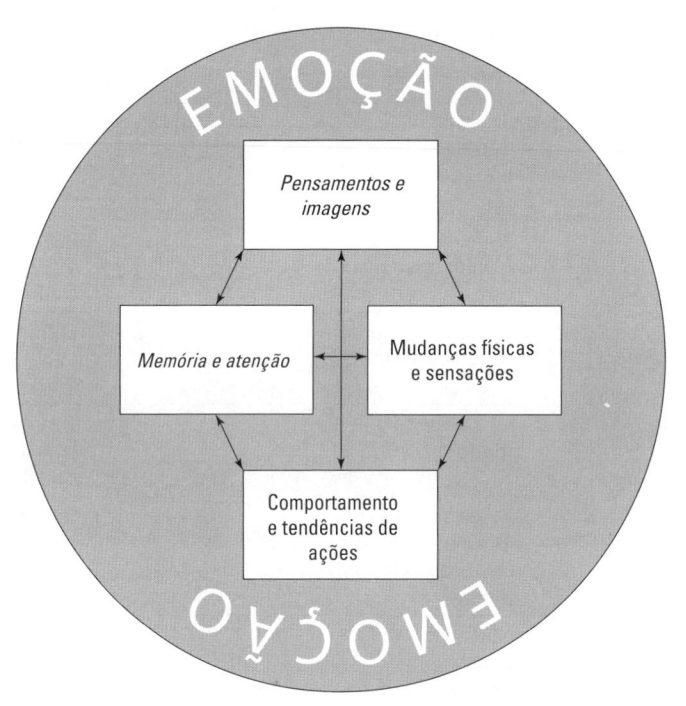

FIGURA 6-1: A anatomia da emoção.

Comparando Emoções Saudáveis e Nocivas

Decifrar as diferenças entre as versões saudáveis e nocivas das emoções negativas pode ser bastante desafiador, especialmente quando o processo é novo para você. Pense na Tabela 6-1 como a sua calculadora emocional, já pronta para identificar tanto as emoções saudáveis quanto as nocivas. Tudo que você precisa para identificar o sentimento que está vivenciando está nesta tabela. Além disso, se identificar que uma emoção que está enfrentando é nociva, você pode implementar os pensamentos, os focos de atenção e comportamentos da versão saudável, para ajudá-lo a se sentir melhor.

TABELA 6-1 Emoções saudáveis e nocivas

Emoção	Tema	Pensamentos	Foco da atenção	Comportamento e tendências de ações
Ansiedade (nociva)	Ameaça ou perigo	Tem atitudes rígidas ou extremas	Monitora excessivamente a ameaça ou o perigo	Afasta-se física e mentalmente das ameaças
		Superestima o grau da ameaça		Faz uso de comportamento supersticioso para afastar as ameaças
		Subestima a própria habilidade para lidar com a ameaça		Camufla a ansiedade com uso de drogas e álcool
		Aumenta os pensamentos relacionados com a ameaça		Busca ajuda para recuperar a autoconfiança
Preocupação (saudável)	Ameaça ou perigo	Tem atitudes preferenciais e flexíveis	Não vê ameaça onde não há ameaça	Enfrenta a ameaça
		Vê a ameaça de modo realista		Lida com a ameaça de forma construtiva
		Avalia de forma realista a própria habilidade para lidar com a ameaça		Não busca por reafirmação desnecessária
		Não aumenta os pensamentos relacionados com a ameaça		
Depressão (nociva)	Perda ou fracasso	Tem atitudes rígidas ou extremas	Permanece preso à perda ou ao fracasso passado	Afasta-se do convívio social
		Vê somente os aspectos negativos da perda/fracasso		
	Remoer problemas insolúveis	Negligencia a si mesmo e ao ambiente onde vive		
		Sentimento de impotência	Enfoque nas deficiências e falhas pessoais	Tentativa de acabar com os sentimentos depressivos de maneiras autodestrutivas

			Pensa que o futuro é desolador e sem esperança	Enfoque nos eventos negativos do mundo	
Tristeza (saudável)	Perda ou fracasso	Tem atitudes flexíveis e preferenciais		Não se prende à perda ou fracasso passado	Fala para pessoas próximas sobre sentimentos relativos à perda e/ou ao fracasso
		Vê os aspectos positivos e negativos da perda/fracasso		Foca nos problemas que podem ser resolvidos	Continua a se preocupar consigo mesmo e com o ambiente ao seu redor
		É capaz de ajudar a si mesmo		Foca nas forças e habilidades pessoais	Evita comportamentos autodestrutivos
		É capaz de ver o futuro com esperança		Equilibra o foco entre os acontecimentos positivos e negativos no mundo	
Raiva (nociva)	A regra pessoal é quebrada ou a autoestima é ameaçada	Tem atitudes rígidas ou extremas		Procura por evidências de más intenções no outro	Procura por vingança
		Supõe que o outro agiu deliberadamente		Procura por evidências de comportamento ofensivo reiterado de outras pessoas	Ataca as outras pessoas física e verbalmente
		Acha que está certo e que o outro está errado			Desconta sua raiva em pessoas inocentes, animais e objetos
		Não consegue ver o ponto de vista do outro			Retrai-se de maneira agressiva e mal-humorada
					Recruta aliados contra outra pessoa
Irritação (saudável)	Regra pessoal quebrada ou a autoestima ameaçada	Tem atitudes flexíveis e preferenciais		Procura por evidências de que talvez o outro não tenha má intenção	Não procura por vingança

(continua)

(continuação)

Emoção	Tema	Pensamentos	Foco da atenção	Comportamento e tendências de ações
		Acredita que talvez as outras pessoas não tenham agido deliberadamente	Não vê uma ofensa em potencial onde ela pode não existir	Expressa-se sem violência física/verbal
		Acredita que tanto ele mesmo como a outra pessoa podem estar corretos até certo ponto		Não desconta sentimentos em pessoas inocentes
		É capaz de entender o ponto de vista do outro		Permanece na situação, esforçando-se para encontrar uma solução (não fica mal-humorado)
				Pede a outra pessoa que altere seu comportamento ofensivo
Vergonha (nociva)	Informações pessoais vergonhosas publicamente reveladas por si mesmo ou por outros	Superestima a vergonha causada pela informação revelada	Vê a desaprovação dos outros quando ela não existe	Esconde-se dos outros para evitar desaprovação
		Superestima o grau de desaprovação dos outros		Pode atacar aqueles que o envergonharam na tentativa de se livrar do problema
		Superestima o tempo de duração da desaprovação		Pode tentar reparar a autoestima de maneiras autodestrutivas
				Ignora as tentativas do grupo social para retornar à normalidade

Arrependimento (saudável)	Informações pessoais vergonhosas publicamente reveladas por si mesmo ou por outros	Aceita a si mesmo com compaixão sobre a informação revelada	Foca na evidência de que é aceito pelo grupo social apesar da informação revelada	Continua a participar na interação social
		É realista sobre o grau de desaprovação alheio		Responde às tentativas do grupo social para retornar ao normal
		É realista sobre o tempo de duração de desaprovação		
Mágoa (nociva)	É maltratado por outra pessoa (desmerecidamente)	Tem atitudes rígidas ou extremas	Procura por evidências de que o outro não se importa e que é indiferente	Interrompe a comunicação com o outro/se aborrece
		Superestima o comportamento injusto do outro		Pune outras pessoas com silêncio ou críticas, sem declarar com o que está magoado
		Pensa que o outro não se importa		
		Pensa estar sozinho e abandonado		
		Perde tempo lembrando mágoas passadas		
		Pensa que a outra pessoa é quem deve dar o primeiro passo para acertar as contas		
Desapontamento (saudável)	É maltratado por outra pessoa (desmerecidamente)	Tem atitudes flexíveis e preferenciais	Foca em evidências de que o outro se importa e que não é indiferente	Comunica-se com outra pessoa sobre sentimentos

(continua)

(continuação)

Emoção	Tema	Pensamentos	Foco da atenção	Comportamento e tendências de ações
		É realista sobre o grau de injustiça do comportamento do outro		Tenta influenciar o outro a agir de maneira mais justa
		Acredita que o outro agiu mal, mas não crê que o outro não se importe		
		Não vê a si mesmo como alguém sozinho e indiferente		
		Não se apega a mágoas passadas		
		Não espera que o outro dê o primeiro passo		
Ciúme (nocivo)	Ameaça ao relacionamento com o parceiro por outra pessoa	Tem atitudes rígidas e extremas	Procura por conotações sexuais/românticas nas conversas do parceiro com as outras pessoas	Procura constantemente reafirmar que o parceiro é fiel e amoroso
		Superestima a ameaça ao relacionamento	Cria imagens visuais do parceiro sendo infiel	Vigia e/ou restringe os movimentos e as ações do parceiro
		Pensa que seu parceiro está sempre a ponto de deixá-lo por outro	Procura evidências de que o parceiro está tendo um caso	Revida a infidelidade imaginária do parceiro
		Pensa que será deixado por aquela pessoa que o parceiro disse achar atraente		Prepara testes e armadilhas para o parceiro
				Emburra/ fica de mau humor

Preocupação com o relacionamento (saudável)	Ameaça ao relacionamento com o parceiro por outra pessoa	Tem atitudes flexíveis e preferenciais	Não procura evidências de que o parceiro está tendo um caso	Permite ao parceiro expressar amor sem a necessidade de reafirmação excessiva
		É realista sobre o grau de ameaça ao relacionamento	Não cria imagens visuais do parceiro sendo infiel	Permite que o parceiro seja livre sem vigiá-lo
		Pensa que o parceiro achar outras pessoas atraentes é normal	Vê as conversas do parceiro com outras pessoas como algo normal	Permite ao parceiro expressar interesse natural pelo sexo oposto sem imaginar infidelidade
Inveja (nociva)	Outra pessoa tem algo que você deseja (e que você não tem)	Tem atitudes rígidas e extremas	Foca em como adquirir o objeto de desejo sem pensar nas consequências	Critica a pessoa que tem o objeto de desejo
		Pensa de forma negativa sobre o objeto de desejo com a intenção de reduzir a vontade de posse	Foca em um meio de privar o outro do objeto de desejo	Critica o objeto de desejo
		Finge para si mesmo ser feliz sem o objeto de desejo mesmo que isso não seja verdade		Tenta roubar/destruir o objeto de desejo para privar os outros deste
Culpa (nociva)	Quebra do código moral (por fracassar ao fazer algo ou por cometer um pecado), ferir ou ofender alguém querido	Tem atitudes rígidas e extremas	Procura evidências de que os outros o estão culpando pelo erro	Deseja escapar do sentimento de culpa sabotando a si mesmo
		Pensa que de fato cometeu um erro	Procura por evidências de punição ou retribuição	Implora por perdão
		Pensa merecer punição		Promete que o pecado nunca será cometido novamente

(continua)

(continuação)

Emoção	Tema	Pensamentos	Foco da atenção	Comportamento e tendências de ações
		Ignora fatores atenuantes		Pune a si mesmo fisicamente ou por meio de privações
		Ignora a possível responsabilidade de outras pessoas pelo pecado		Tentativas de renunciar a qualquer responsabilidade legítima sobre o delito, como modo de aliviar sentimentos de culpa
Remorso (saudável)	Quebra do código moral (por fracassar ao fazer algo ou por cometer um erro), ferir ou ofender alguém querido	Tem atitudes flexíveis e preferenciais	Não procura por evidências que indiquem que os outros o estão culpando	Enfrenta a dor saudável que vem juntamente com o reconhecimento do erro
		Considera as ações em um contexto com compreensão antes de fazer julgamentos sobre quem é que tem culpa	Não procura por evidências de punição ou retribuição	Pede por perdão
		Admite um grau apropriado de responsabilidade pelo erro		Repara o erro aceitando a punição e/ou fazendo as devidas correções
		Considera fatores atenuantes		Não tem tendência a ficar na defensiva ou inventar desculpas para o comportamento errado
		Não acredita que a punição esteja iminente e/ou seja merecida		

PARTE 2 Mapeando a Rota: Definindo os Problemas e Estabelecendo Metas

Os temas se referem aos aspectos da situação ligados à emoção. Eles são os mesmos tanto para as emoções negativas saudáveis quanto para as nocivas. Por exemplo, quando você sente *culpa* (uma emoção negativa nociva) o tema desta emoção é que você cometeu um "pecado" por *fazer ou deixar de fazer* alguma coisa. Outra maneira de dizer que é culpado, é transgredir ou não conseguir seguir seu código moral. O *remorso*, a alternativa saudável da culpa, resulta do mesmo tema. Entretanto, os pensamentos, comportamentos e foco de atenção são diferentes quando você sente remorso e quando sente culpa.

Os temas podem ser úteis para ajudar a identificar a natureza da emoção que está vivenciando. Entretanto, não são o bastante para ajudá-lo a decidir se sua emoção é saudável ou nociva. Pense na seguinte situação:

> Imagine que tenha uma tia idosa que precisa de sua ajuda para continuar vivendo de maneira independente. Você normalmente visita sua tia no fim de semana e faz trabalhos para os quais ela é muito frágil para fazer sozinha, como trocar lâmpadas e limpar as janelas. No último fim de semana, você foi esquiar com amigos, em vez de ir visitar sua tia. Ela ficou impaciente por ter de aguardar que a lâmpada do corredor fosse trocada e tentou fazê-lo sozinha. Infelizmente, sua tia caiu da cadeira em que estava de pé e quebrou o quadril.

Tematicamente, esta situação é aquela em que você quebra ou não cumpre um código pessoal moral, e que resultou em machucar ou ofender alguém.

Se você se sentir culpado (uma emoção negativa nociva), é muito provável que você vivencie o seguinte:

» **Tipo de pensamento:** Seu pensamento se torna rígido e inflexível. Você conclui que, definitivamente, fez uma coisa má (errou). Assume mais responsabilidade pelo erro do que deveria, ignorando ou não levando em consideração os fatores atenuantes. Você pode acreditar que alguma forma de castigo é merecida e/ou iminente.

» **Foco da atenção:** Você procura mais provas de que já errou, ou procura por evidências de que os outros o culpam pelo erro.

» **Comportamento (tendência de ação):** Você pode desejar escapar da culpa assumindo uma postura de autossabotagem — por exemplo, implorando por perdão, prometendo que nunca mais errará, punindo a si mesmo fisicamente ou por meio de privação, ou ainda tentando se isentar de qualquer responsabilidade pelo erro.

ALERTA DE JARGÃO

Tendência de ação refere-se à necessidade de se comportar de determinada maneira, que você pode ou não colocar em prática. Emoções diferentes produzem em você a necessidade de fazer certas coisas. Em alguns casos, pode realmente fazer ou dizer algo, e em outros pode apenas se conscientizar de que *quer* fazer ou dizer algo; como, por exemplo, *querer* sair correndo da sala e se esconder ao sentir vergonha, ou se sentir prejudicialmente com raiva e *querer* socar alguém, sem na verdade fazer isso. Em contraste, você pode analisar a situação de modo diferente e sentir remorso (uma emoção negativa saudável). Embora o tema continue o mesmo (quebra do código moral, por fracassar ao fazer algo ou por cometer um erro, ferir ou ofender alguém querido), você vivenciará o seguinte:

» **Tipo de pensamento:** Seu pensamento é mais flexível e tem base na preferência. Você observa as ações dentro do contexto e com entendimento antes de fazer um juízo sobre se errou. Você considera fatores atenuantes à situação e não crê que o castigo é merecido e/ou iminente.

» **Foco da atenção:** Você não procura mais provas de que errou. Nem busca provas de que outras pessoas o consideram responsável pelo erro.

» **Comportamento (tendência de ação):** Você enfrenta a dor saudável que vem com a compreensão de ter errado. Você pode pedir, mas não implora por perdão. Compreende as razões para seu erro e age de acordo com essa compreensão. Busca expiação pelo pecado, pagando uma penitência e/ou reparando seu erro. Você evita assumir uma postura defensiva e inventar desculpas.

O tema que envolve tanto a culpa quanto o remorso é o mesmo, mas o seu pensamento, as tendências de ação e o foco de atenção são muito diferentes.

Identificando a diferença na forma de pensar

Como o exemplo na seção anterior ilustra, emoções nocivas podem surgir de pensamentos rígidos e *com base em exigências*. Pensamentos ou crenças como "as outras pessoas devem me tratar sempre com respeito" e "eu deveria sempre conseguir o que quero sem ter de me esforçar para isso" podem levar à raiva nociva quando as outras pessoas e o mundo não agem de acordo com o nosso desejo.

As emoções saudáveis surgem de pensamentos flexíveis, *com base em preferência*. Então, pensamentos e crenças como "prefiro que os outros me tratem com respeito, mas eles não são obrigados a fazer isso" e "prefiro conseguir o que quero sem esforço, mas não há motivo para que isso aconteça sempre", podem levar ao aborrecimento saudável quando as outras pessoas e o mundo não agem conforme as suas preferências.

O pensamento rígido é um indicador confiável de que você está vivenciando um sentimento nocivo. Quando pensa rigidamente, está mais suscetível a subestimar sua capacidade de enfrentar e superar o evento negativo em questão. Quanto mais habilidoso você se tornar em identificar seus pensamentos, crenças e atitudes como rígidas e exigentes ou flexíveis e preferenciais, mais fácil poderá identificar se seus sentimentos são saudáveis ou nocivos.

Quando você sente *culpa*, pensa em uma forma nociva, rígida, baseada na sua exigência pessoal, e pode dizer coisas como as seguintes:

» "Realmente não deveria ter deixado minha tia sozinha".
» "Deixar minha tia foi uma má decisão e isso significa que eu sou uma pessoa má".
» "Eu não posso suportar a dor de saber que eu cometi o terrível erro de deixar minha tia sozinha".

Em seguida, você pode continuar a pensar das seguintes maneiras, que reforçam a culpa:

» Você não consegue reconhecer que foi sua tia quem decidiu trocar a lâmpada sozinha. E ignora o fato de que outros membros da família também podem cuidar de sua tia.
» Você ignora o fato de que não tinha como saber que a lâmpada precisava ser trocada e que não imaginava que sua tia se arriscaria dessa maneira.
» Você espera que sua tia coloque em você toda a culpa. Pensa sobre a punição que acredita merecer.

Em contrapartida, se você sente remorso, pensa de maneira saudável, flexível e baseada em preferências, pode pensar coisas como:

» "Eu queria não ter deixado minha ti sozinha, mas infelizmente foi isso o que fiz".
» "Ter deixado minha tia sozinha significa que eu fiz uma coisa má, mas não que eu seja uma pessoa má".
» "Posso suportar a dor por ter cometido o erro de deixar minha tia sozinha".

Em seguida, você pode continuar a pensar de modo útil:

» Você pode reconhecer sua parte de responsabilidade no acidente ocorrido, mas pode considerar que os outros membros da família também poderiam ter cuidado da sua tia.
» Você pode reconhecer que não previu que a sua tia se arriscaria a trocar a lâmpada. E que não sabia que a lâmpada queimaria.
» Você pode esperar que sua tia esteja aborrecida com você, mas acredita não merecer uma punição severa.

Assumir a responsabilidade legítima por algo que aconteceu em determinada situação permite que você pense sobre o evento de modo holístico. Não é necessário prolongar sentimentos desconfortáveis de remorso, além do que é razoável e apropriado para a situação. Sua habilidade de resolver problemas não é impedida pelos sentimentos de culpa.

Identificando as diferenças de comportamento e as formas como você quer se comportar

Outra maneira de descobrir se a sua emoção está no campo saudável ou nocivo, é observar o seu comportamento atual ou a maneira na qual se sente inclinado a se portar.

Emoções negativas saudáveis são acompanhadas por comportamentos em grande parte construtivos, enquanto que sentimentos nocivos geralmente andam de mãos dadas com condutas autodepreciativas. A solução de problemas ainda é possível quando você está saudavelmente triste, aborrecido, com remorso ou arrependido, mas é muito mais difícil planejar maneiras diretas de solucionar seus problemas quando você está deprimido, enraivecido, com sentimento de culpa ou envergonhado de modo nocivo.

Por exemplo, se você responder ao incidente da queda da sua tia com *tendência a ação baseada na culpa*, pode fazer uma ou mais das ações a seguir:

» Sair de casa e ficar bêbado, tentando bloquear seus sentimentos de culpa.
» Visitar sua tia no hospital e implorar por seu perdão.
» Prometer que você nunca mais decepcionará sua tia, ou qualquer outra pessoa querida para o resto de sua vida.
» Decidir nunca mais viajar enquanto a sua tia estiver viva.

Os comportamentos anteriores são problemáticos porque são extremos e irrealistas. Estas ações visam mais à autopunição do que analisar a realidade da situação e ver como você pode, neste exemplo, atender melhor às necessidades da sua tia.

Por outro lado, se você estiver sentindo remorso saudável, suas *tendências de ação* poderão incluir alguns dos seguintes itens:

» Aguentar o desconforto de saber que sua tia se machucou (em vez de ficar bêbado para evitar a culpa).
» Visitar sua tia no hospital regularmente e pedir desculpas por tê-la deixado sozinha.

- » Entender que a sua tia necessita de cuidados contínuos, mas que você tem o direito de viajar com seus amigos.
- » Planejar fazer companhia à sua tia por uma semana ou duas após ela receber alta do hospital.
- » Resolver programar suas viagens com mais cuidado e contratar uma enfermeira para cuidar de sua tia quando você não estiver disponível.

Os comportamentos anteriores são direcionados para assegurar que sua tia não se machuque novamente durante sua ausência. Assumindo uma boa parcela de responsabilidade pelo acidente, você pode ainda buscar maneiras de fornecer conforto para sua tia, em vez de se concentrar em sua autopunição.

Identificando a diferença do que você coloca em foco

Além dos diferentes tipos de pensamentos e comportamentos, você pode distinguir emoções saudáveis de nocivas ao verificar o foco da sua atenção. Se você está experimentando uma emoção nociva, a sua mente tende a focar em futuras possibilidades catastróficas baseadas no evento.

Se você está reagindo à situação na qual sua tia se machucou deixando-se levar pela *culpa*, o foco da sua atenção pode ser:

- » Culpar a si mesmo por ter abandonado sua tia e pelo acidente ocorrido.
- » Sentir a dor da culpa enquanto negligencia a possibilidade de considerar possíveis soluções para o problema de sua tia necessitar de cuidados contínuos.
- » Procurar evidências de que sua tia o culpa totalmente pelo acidente.
- » Acreditar que outras pessoas, como os funcionários do hospital e sua família, o culpam pelo acidente.

Você continua dificultando as coisas para si mesmo, prolongando, assim, o seu estresse e sentimento de culpa, concentrando-se nos aspectos mais sombrios possíveis do acidente da sua tia.

Se você reagir à situação movido pelo remorso, estará condicionado a focar sua atenção no seguinte:

- » Aceitar que deixar sua tia sozinha foi uma má decisão, mas que você não teve a intenção de colocá-la em risco.
- » Sentir a dor do remorso em decorrência do acidente, mas tentar encontrar meios de melhorar a situação.

» Não procurar encontrar evidências de que sua tia o culpa pelo acidente.
» Aceitar as evidências de que os funcionários do hospital e os membros da sua família não o culpam pelo acidente.

Portanto, seu foco de atenção ao reagir com base no sentimento de remorso permite que você assuma uma parcela de responsabilidade pelas consequências do acidente da sua tia, mas não fique preso ao sentimento de culpa e punição.

Identificando Semelhanças em Suas Sensações Físicas

Frio na barriga, aumento do fluxo sanguíneo, vertigem, mãos suadas, coração aos pulos. Parece familiar? Esperamos que sim. Se alguém descreve estes sintomas físicos para você, é possível tentar adivinhar a emoção que ele está sentindo. No entanto, seria difícil determinar ao certo, porque essas sensações podem acompanhar diversos estados emocionais. Por exemplo, você pode sentir um friozinho na barriga quando você está empolgado, furioso, ansioso ou apaixonado, como mostra a Figura 6-2.

FIGURA 6-2: Identifique semelhanças nas suas sensações físicas.

Suas sensações físicas tendem a refletir tanto as emoções saudáveis quanto as nocivas. Por exemplo, você pode sentir um frio na barriga quando está nocivamente ansioso *e* quando está saudavelmente preocupado. Então, usar seus sintomas físicos como guia para julgar a natureza dos seus sentimentos não é muito confiável.

A principal maneira na qual suas reações físicas podem variar de saudáveis a nocivas é na intensidade. Você já deve ter percebido que as sensações são mais intensas, desconfortáveis e debilitantes quando você tem emoções nocivas, como ansiedade e fúria. Você pode ter percebido também que as sensações físicas desconfortáveis duram mais quando você está tendo emoções negativas nocivas.

Já nós, acreditamos que, se você está sentindo um friozinho na barriga, está com as mãos suadas, tendo vertigem e com o coração aos pulos, está apaixonado.

Identificando os Sentimentos sobre os Sentimentos

Ganhar duas emoções pelo preço de uma não é um grande negócio quando se trata de duas emoções nocivas.

ALERTA DE JARGÃO

Os profissionais da TCC chamam os sentimentos sobre sentimentos de metaemoções. O prefixo *meta* vem do grego e significa "ao lado de" ou "depois de".

Às vezes, você pode fortalecer a emoção nociva se prendendo a exigências rígidas sobre quais emoções acredita que são aceitáveis para serem vivenciadas por você.

Um exemplo comum de sentimentos sobre sentimentos é encontrado na depressão. Muitas pessoas nutrem um sentimento de culpa pela própria depressão. Essa culpa advém geralmente das exigências que fazem a si mesmas, por exemplo, que elas não devem decepcionar os outros ou não devem provocar tensão indevida nas pessoas que amam. Aqui há típicos pensamentos que produzem culpa e que são comuns em pessoas deprimidas:

- "Eu deveria estar contribuindo mais para cuidar da casa".
- "Preciso ser mais capaz de demonstrar amor e preocupação com meus filhos".
- "Meu marido e meus filhos estão preocupados comigo, estou fazendo com que sofram".
- "Eu não deveria estar negligenciando meus amigos desse jeito".

> ## LISTA PRÁTICA SOBRE SAÚDE EMOCIONAL
>
> Abaixo, apresentamos uma lista abreviada de maneiras que podem lhe ajudar a descobrir a natureza de um sentimento e identificá-lo. A lista também ajuda a avaliar se uma emoção negativa é saudável ou nociva.
>
> - Você identificou uma palavra para descrever como está se sentindo?
> - Você consegue identificar o tema da sua emoção?
> - Como a emoção o leva a agir? As suas ações ou ímpetos de agir são produtivos ou prejudiciais?
> - Você está pensando de modo flexível ou rígido e exigente?
> - Em que você está prestando atenção? Está analisando o evento de todos os ângulos?
> - Alguma outra emoção está atrapalhando a identificação da emoção inicial? Por exemplo, você está sentindo culpa ou vergonha pela sua fúria, depressão ou outra emoção?

Reconhecer suas metaemoções é importante, porque elas podem impedir que você lide com seus problemas primários. Por exemplo, você pode estar se sentindo culpada por sofrer de depressão. Se conseguir parar de sentir culpa, poderá certamente trabalhar para superar a depressão de maneira mais eficaz.

DICA Se você acredita que o conceito de sentimento de culpa por estar deprimida é muito familiar para você, veja o Capítulo 12, em que discutimos este assunto com mais detalhes.

Definindo Seus Problemas Emocionais

O objetivo da TCC é ajudá-lo a superar seus problemas emocionais e fazer com que você avance na direção das suas metas. Assim como todos os meios de se resolver problemas, *defini-los* é o primeiro passo para solucionar cada um deles.

Fazendo um relato

Para fazer o relato de um problema, são necessários três componentes — a emoção, o tema ou evento (sobre o que você acha que a sua emoção é), e o que você faz em resposta a essa emoção. Pode descrever de forma eficaz um problema preenchendo o relato a seguir:

Sinto-me _____ (emoção) por/quando _____ (tema ou evento), levando-me a _____ (resposta).

Por exemplo:

Sinto-me *ansioso* quando *minha face fica vermelha em situações sociais*, levando-me a *evitar ir a bares e festas e a lavar meu rosto com água quando sinto calor.*

Sinto-me *deprimido* por causa *do término do meu relacionamento com a minha namorada*, o que me leva a *ficar muito tempo na cama, evitar pessoas e cuidar menos de mim mesmo.*

QUANDO POSITIVOS SÃO NEGATIVOS

Embora este capítulo aborde o tema das emoções negativas nocivas porque esses são os fatores mais comuns em se tratando de transtornos psicológicos, você não deve esquecer que as emoções positivas nocivas também existem.

Um exemplo de emoção positiva nociva é manter uma *postura rígida e exigente*, como "eu preciso obter a aprovação do meu chefe", e quando isso se realiza experimentar uma onda de satisfação. Você pode se sentir bem por causa da aprovação e a sua autoconfiança perdura por certo tempo, mas ainda está vulnerável a sentimentos nocivos se mais tarde não conseguir a aprovação do chefe. Se você mantém uma *preferência flexível* perante a aprovação do seu superior, pode sentir satisfação de maneira saudável se conseguir a aprovação dele e um desapontamento também saudável se não conseguir isso.

Outro exemplo de emoções positivas nocivas é o sentimento de euforia associado a estados de *hipomania* (excessivamente feliz). Pessoas que sofrem de Transtorno Afetivo Bipolar (antigamente denominado como maníaco depressivo) podem apresentar períodos de altos e baixos extremos no humor. Durante o período de humor excessivamente alto, pessoas com Transtorno Afetivo Bipolar tendem a tomar decisões apressadas e agir de maneira errática e impulsiva, às vezes até mesmo de modo arriscado. Pessoas com este transtorno podem aparentar muita felicidade, quando na verdade estão sofrendo de uma verdadeira condição psiquiátrica. O Transtorno Afetivo Bipolar pode ser tratado de forma eficaz com medicamentos e com a TCC. Muitas das dicas para superar a depressão *unipolar* (depressão geral), que você encontra no Capítulo 12, também são muito úteis para pessoas com transtorno bipolar. O Apêndice A lista organizações que você pode achar bastante úteis.

(continua)

(continuação)

> Se acha que você, ou alguém próximo, pode estar apresentando Transtorno Afetivo Bipolar, recomendamos consultar um psiquiatra para que seja feita uma avaliação mais abrangente. Prescrever medicamentos é um procedimento importante para lidar com as condições originadas por esse transtorno. Os psiquiatras, em geral, têm mais conhecimento especializado sobre este caso e sobre os medicamentos apropriados do que os médicos em geral.
>
> Uma estratégia-chave da TCC para ajudar as pessoas a tratar a depressão bipolar é a elaboração de um programa de atividades (veja o Capítulo 12). Faça um programa para as suas atividades diárias e se mantenha fiel a ele, independentemente do seu humor, para ajudá-lo a encontrar equilíbrio e consistência. O ponto crucial é estabelecer um nível *consistente* de atividade na sua vida diária. Manter-se fiel ao seu programa diário de atividades pode ajudá-lo a evitar a falta de estímulo durante os períodos de depressão (assim, combatendo a queda na espiral rumo à depressão) e ajudá-lo a evitar o excesso de estímulo durante o período de excitação exacerbada (assim, prevenindo a subida na espiral da hipomania).

Avaliando seu problema emocional

A natureza humana o leva a focar no quanto está se sentindo mal em vez de em quanto está se sentindo bem. Ao reduzir a intensidade de qualquer transtorno psicológico, você pode encontrar motivação na capacidade de ver a diferença. Após descrever uma emoção problemática, avalie-a em uma escala de 0 a 10, com base no quanto esta emoção lhe perturba e no quanto ela interfere na sua vida.

Enquanto trabalha para resolver seu problema emocional fazendo mudanças na sua maneira de pensar e no seu comportamento, continue a avaliar a perturbação e a interferência que isso está causando a você. As suas notas de avaliação tendem a diminuir conforme se esforça para superar suas emoções negativas nocivas. Reveja suas avaliações regularmente, uma vez por semana mais ou menos. Proceder desta maneira o auxilia a lembrar do seu progresso e renova sua motivação para continuar fazendo um bom trabalho!

DICA Compartilhe suas avaliações com seu terapeuta de TCC, caso tenha um. Ele pode acompanhar seus registros de avaliações e apresentar a você o progresso feito, no intuito de reforçar sua motivação quando ela começar a enfraquecer.

> **NESTE CAPÍTULO**
>
> » Entendendo como estratégias de enfrentamento comuns podem manter (ou piorar) seu problema
>
> » Examinando e eliminando os comportamentos de segurança
>
> » Entendendo por que fazer o oposto de suas habituais estratégias pode ajudá-lo

Capítulo **7**

Identificando Soluções que Causam Problemas a Você

O primeiro passo na solução de qualquer tipo de problema é defini-lo. Este capítulo fala sobre avaliar seus problemas e identificar como suas estratégias habituais para lidar com eles são parte do seu problema específico.

Com frequência, comportamentos problemáticos que mantêm ou pioram os problemas emocionais são exatamente aqueles que as pessoas adotam para ajudar a si mesmas na superação — por isso que a expressão mais comum da TCC é "sua solução é o seu problema".

A verdade é que não lhe ensinaram qual a melhor maneira de lidar com problemas emocionais, como ansiedade, depressão e obsessões. Confessamos que, mesmo tendo sido treinados na arte de solucionar problemas emocionais, quando se trata de lidar com nossas próprias emoções, ainda podemos lidar com isso de forma errada.

Neste capítulo, guiamos você a identificar o fato de que suas estratégias para lidar com a dificuldade podem fazê-lo se sentir melhor em curto prazo, mas que na verdade elas são contraproducentes — e podem piorar a situação a longo prazo.

Quando Sentir-se Bem Pode Piorar Seus Problemas

Aaron Beck, fundador da TCC, e Dennis Greenberger, um terapeuta cognitivo-comportamental bem conceituado, perceberam que, se você conseguir inverter uma estratégia contraproducente, estará no caminho certo para encontrar uma solução real. Este conceito basicamente significa que, ao fazer o completo oposto de suas estratégias já estabelecidas de como lidar com a dificuldade, você pode se recuperar dos seus problemas. Expor a si mesmo a situações temidas, em vez de evitá-las, é um bom exemplo de inverter uma estratégia contraproducente. Quanto mais você evita situações que lhe causam medo, mais medo terá de se deparar com elas. A fuga prejudica o seu senso de capacidade de lidar com eventos desagradáveis e desconfortáveis. Por exemplo, nunca usar o elevador pode temporariamente acabar com seu estado de ansiedade sobre estar em um ambiente fechado, mas evitar elevadores não o ajuda a enfrentar o seu medo de lugares fechados de modo definitivo.

Windy Dryden, que nos treinou na TCC, cunhou a frase "Sinta-se melhor, fique pior. Sinta-se mal, fique melhor", ao se referir às pessoas que superam seus problemas emocionais. Muitas das atividades que você está fazendo — e que acabam mantendo seus problemas atuais — são impulsionadas por uma meta altamente compreensível para redução do estresse. No entanto, quando você deseja obter alívio a curto prazo, pode acabar reforçando as mesmas crenças e comportamentos que sustentam as suas dificuldades.

LEMBRE-SE

Um dos meios mais poderosos de modificar suas emoções de forma duradoura é agir contra suas crenças improdutivas e agir conforme suas crenças produtivas alternativas (os Capítulos 3 e 16 contêm mais informação sobre como formar crenças alternativas saudáveis).

Veja mais alguns exemplos sobre o que queremos dizer com *soluções que mantêm o problema*:

» **Evitar situações que lhe causam medo e que provocam ansiedade.** A fuga tende a minar e não aumentar sua confiança. Você continua com medo das situações que evita, portanto não se dá a oportunidade de confrontar e superar suas inseguranças.

» **Ingerir bebidas alcoólicas ou usar drogas para bloquear seus sentimentos desconfortáveis.** Com frequência, esses sentimentos ruins persistem a longo prazo, e você acaba somando mais um problema derivado do efeito do álcool ou das drogas (ressaca, depressão). Além disso, corre o risco de criar um novo problema — dependência química (veja o Capítulo 10 para saber mais sobre dependência).

» **Ocultar aspectos sobre si mesmo que lhe causam vergonha.** Esconder coisas sobre si mesmo — como imperfeições físicas, experiências da sua infância, erros do passado ou problemas psicológicos atuais — podem fazer com que você se sinta cronicamente inseguro com a ideia de que alguém possa "descobrir". Esconder aspectos vergonhosos das suas experiências também nega a você a oportunidade de descobrir se as outras pessoas têm experiências semelhantes, e que elas não vão pensar mal de você caso resolva revelar seus segredos.

» **Adiar lidar com seus problemas ou tarefas até que você se sinta com vontade para isso.** Se esperar pelo "tempo certo" para agir, até que "tenha vontade" ou até se sentir inspirado o bastante, pode acabar esperando por muito tempo. Adiar tarefas essenciais pode salvá-lo de certo desconforto a curto prazo, mas tarefas pendentes tendem a pesar muito na sua consciência.

As próximas seções falam sobre métodos contraproducentes comumente usados para lidar com problemas psicológicos comuns. Explicamos que fazer algo para se sentir melhor por pouco tempo pode estar perpetuando o problema.

Vencendo a Depressão sem Perder a Motivação

Se você está se sentindo deprimido, tende a ficar menos ativo e pode se afastar do convívio social. Inatividade e afastamento social são frequentemente tentativas de lidar com sentimentos depressivos, mas elas podem reduzir o fortalecimento positivo proveniente de atividades normais da vida, aumentar a fadiga, levar à acumulação de problemas ou tarefas, e instalar a sensação de culpa.

Por exemplo, se você tem se sentido deprimido por algum tempo, pode acabar usando diversas estratégias que acabam sendo negativas para aliviar a depressão:

» Para evitar a vergonha por estar deprimido, talvez você evite encontrar seus amigos. Esta estratégia para lidar com a situação pode fazer com que se sinta mais isolado e não consiga o apoio de que necessita.

» Para evitar sua irritação perto da sua esposa e filhos, você pode diminuir seu contato com eles. Seus filhos podem se tornar indisciplinados, seu relacionamento com sua esposa pode ruir, e você pode acabar se sentindo culpado por não passar tempo com eles.

» Para evitar o constrangimento de cometer erros no trabalho, você pode não ir trabalhar com frequência.

» Para evitar se sentir cansado e aliviar a depressão, você pode tirar um cochilo durante o dia. Infelizmente, este sono fora de hora pode alterar seu padrão de sono, causando ainda mais fadiga.

DICA Para ver o quanto a depressão está afetando seus níveis de atividade, registre uma semana típica no *programa de atividade* no Capítulo 12 (e no Apêndice B). Então, como explicamos no Capítulo 12, combata a depressão programando suas atividades e seus momentos de descanso (mas não cochilos, porque cochilos durante o dia podem alterar seu período de sono habitual) para cada dia, e gradualmente aumentar seus níveis de atividades ao longo do tempo.

Abrindo Mão do Controle

Abrir mão do controle é uma habilidade especialmente relevante se você tem qualquer tipo de ansiedade, incluindo Transtorno Obsessivo Compulsivo (TOC) e Transtorno de Estresse Pós-Traumático (TEPT). Mas isso é aplicável a outros tipos de problemas emocionais, como raiva, ciúme e distúrbios alimentares, como anorexia e bulimia.

Estes são alguns exemplos comuns do quanto você pode estar se esforçando demais para ter controle:

» Tentar limitar algumas sensações físicas porque você acredita que alguns sintomas físicos lhe farão mal. Por exemplo: "Se eu não parar de sentir tontura, vou desmaiar".

» Tentar controlar e monitorar seus pensamentos porque acha que, se eles saírem do seu controle, você enlouquecerá.

» Ser muito controlador sobre os tipos de alimentos que consome, quando e quanto come.

» Suprimir pensamentos, dúvidas ou imagens desagradáveis porque você acredita que, se permitir que eles entrem na sua mente, eles causarão mal a você mesmo ou aos outros. (Essa é uma característica típica de TOC — confira o Capítulo 13 para mais informações.)

» Tentar controlar as reações físicas do seu corpo à ansiedade, como mãos trêmulas, ficar corado ou suar, porque você pensa que os outros irão julgá-lo de maneira severa se perceberem tais sintomas.

DICA: Tentar controlar o incontrolável é estar fadado a fazer com que você se sinta enfraquecido e inerte. Em vez de brigar para ter controle, procure mudar sua necessidade de controle aceitando o desconforto causado por certos tipos de pensamentos ou sensações físicas (vá para o Capítulo 9 para obter mais informações).

Se você tenta, a qualquer custo, obter controle imediato, com frequência acaba:

- Focando mais no sentimento de não poder controlar, desta forma fazendo com que se sinta mais fraco do que estava antes.
- Tentando controlar coisas que vão contra a biologia, como a necessidade de se alimentar, o que leva a preocupação constante e um senso de controle ainda menor.
- Pressionando demais a si mesmo para controlar os sintomas e pensamentos que não estão sob o seu domínio, deste modo fazendo com que se sinta mais ansioso.
- Concluindo que algo deve estar muito errado com você, porque não consegue controlar os sintomas, e assim se sente ainda mais ansioso, e vivencia mais pensamentos desordenados e sensações físicas desagradáveis.

EXPERIMENTE: Na próxima vez que se sentir ansioso em um local público ou perceber que está corando, suando ou tendo pensamentos perturbadores, ponha os conceitos desta seção a prova ao se esforçar parar impedir estes sentimentos, deixar de corar ou suar. A probabilidade é que você descubra que seus esforços provocam o aumento dos pensamentos e sensações que você tanto tenta controlar.

Sentindo-se Seguro em um Mundo Incerto

A necessidade de ter certeza é um fator contribuinte comum de ansiedade, problemas obsessivos e ciúme.

Infelizmente, as únicas coisas das quais se pode ter 100% de certeza, segundo o ditado, é o nascimento, a morte e os impostos. Descontando isso, os seres humanos vivem em um mundo bastante incerto. É claro que muitas coisas são previsíveis ou passíveis de uma boa previsão, como o sol surgindo pela manhã e desaparecendo à noite. Entretanto, outras coisas na vida são bastante incertas. "Serei bonita?", "Serei rica?", "Viverei até uma velhice feliz rodeada de netos e gatos?" Como diz a canção "Que será, será".

Tentar se livrar da dúvida procurando uma certeza inatingível é o mesmo que tentar apagar o fogo jogando mais lenha. Se não tem tolerância à incerteza, assim que você desfizer uma dúvida, outra logo aparece. O truque é encontrar formas de tolerar a dúvida e a incerteza — elas existem, goste você ou não.

Veja a seguir alguns exemplos de como suas exigências por certeza podem estar refletidas em seu comportamento:

» **Busca frequente por confirmação e segurança.** Constantemente questionar a si mesmo e aos outros com perguntas como "É seguro tocar na maçaneta da porta sem lavar minhas mãos?", "Você acha ela mais bonita do que eu?", "Tem certeza de que não engordei?", "Você acha que vou passar no exame?" ou "Você tem certeza de que não serei assaltada se eu sair?" são tentativas de encontrar segurança em um mundo incerto. Infelizmente, a procura excessiva pela segurança pode reduzir sua confiança em seu próprio julgamento.

» **Comportamentos repetitivos de verificação.** São as ações praticadas no esforço de obter certeza no seu mundo. Tais ações incluem verificar diversas vezes se suas portas e janelas estão trancadas, perguntar frequentemente ao seu parceiro por onde ele tem andado, procurar pela opinião de diferentes médicos para ter certeza de que sua sensação física não é sinal de uma doença séria, checar a gordura corporal constantemente, e rever as conversas mentalmente para se assegurar de que não disse nada ofensivo. A ironia disso tudo é que, quanto mais você verifica, mais inseguro fica. Você até pode se sentir temporariamente melhor depois das verificações, mas não demora muito até que se sinta obrigado a fazer tudo novamente. A verificação excessiva pode consumir muito do seu tempo e ser muito cansativa, o que derruba o seu humor.

» **Rituais supersticiosos.** São as coisas que você faz para tentar se manter seguro e impedir que coisas ruins aconteçam. Tipicamente, os rituais supersticiosos não estão ligados diretamente ao que você mais teme. Exemplos de rituais incluem bater na madeira, repetir frases mentalmente, usar roupas ou joias que dão sorte, evitar números que dão azar, etc. Esses atos são decorrentes da falsa crença de que esses rituais podem evitar que eventos infelizes e trágicos aconteçam com você ou com quem ama. Aderir a comportamentos supersticiosos pode levá-lo a concluir que esse ritual impediu coisas ruins de acontecerem, em vez de compreender que muitos eventos ruins não ocorrem independentemente de você fazer ou não um ritual.

PENSE SOBRE ISTO

Pensamentos supersticiosos também envolvem conexões falsas entre seus comportamentos ou pensamentos insidiosos (e até mesmo sonhos) e o que acontece na realidade. Se você pensa sobre uma pessoa querida se machucando (por causa de uma ansiedade intensa sobre a segurança dela), pode presumir, falsamente, que provocou um acidente posterior por tê-lo imaginado. Se experimenta uma imagem vívida (ou sonho) de uma criança sendo sequestrada, pode concluir "Se isso acontecer, fui eu quem provoquei por ter imaginado". Isso é muito perturbador. O que mostramos para muitos de nossos clientes é que não costumamos fazer conexões supersticiosas tão prontamente com coisas boas. Quando foi a última vez que você pensou: "Está um dia lindo porque pensei que faria um tempo bom esta semana", ou "O tumor da minha tia é benigno porque eu imaginei que seria", ou "Ganhei na loteria porque eu quis que isso acontecesse"? Se seu pensamento supersticioso fizesse algum sentido (e na verdade não faz), teria que ser verdade para eventos bons e ruins.

» **Evitar riscos.** Riscos — de tragédias globais, ficar doente, sofrer um acidente, tomar decisões ruins ou de cometer gafes sociais — são inevitáveis e sempre presentes. Você pode tentar eliminar riscos ficando em casa ou em lugares "seguros", comer apenas em certos lugares, nunca se desviar de determinadas rotinas, planejar excessivamente viagens ou se preparar demais para eventos improváveis, como guerra, praga ou fome. Na verdade, o risco é parte da vida e somente pode ser evitado até determinado ponto. Quanto mais você tenta eliminar todos os riscos de sua vida, mais ficará propenso a se concentrar em todas as coisas que podem dar errado. É uma batalha perdida e provavelmente minará seu senso de segurança ainda mais. Focar demais nos riscos inerentes na vida cotidiana provoca preocupação crônica e faz com que você superestime a probabilidade de coisas ruins acontecerem.

» **Tentar influenciar os outros.** Exemplos de influência no comportamento alheio incluem encorajar seu parceiro a só socializar com pessoas do mesmo sexo que ele, persuadir seus filhos a ficarem mais em casa em vez de saírem com os amigos, obrigar familiares a deixarem que você se alimente muito pouco, alimentar os outros ao invés de se alimentar e pedir ao seu médico que solicite novos exames. Exigir que os outros ajam de modo a minimizar sua intolerância à incerteza e ao risco pode danificar seriamente seus relacionamentos. As pessoas próximas provavelmente pensarão que você é controlador e desconfiado.

DICA

Tente compreender que a incerteza sempre foi uma características do mundo, e que as pessoas ainda assim conseguem se manter protegidas e seguras. Você não precisa mudar o mundo para se sentir seguro. Só precisa aceitar a incerteza e conviver com ela. Você *pode* tranquilamente coexistir com a incerteza — as coisas sempre foram assim. Lembre-se de que as pessoas comuns enfrentam situações ruins todos os dias, e que você tem tanta capacidade quanto elas para fazer o mesmo quando algo ruim surgir no seu caminho.

A próxima seção fala sobre como aceitar a incerteza e abandonar estratégias de enfrentamento inúteis.

Superando os Efeitos Colaterais da Busca Excessiva Por Segurança

Uma das principais maneiras pelas quais você mantém seus problemas emocionais é resgatando a si mesmo de suas catástrofes imaginárias. Com frequência, estes desastres antecipados são produtos da sua mente preocupada e não eventos reais e prováveis. Pessoas com dificuldades específicas de ansiedade, como as listadas nesta seção, geralmente tomam medidas para reduzir a ansiedade e aumentar a sensação de segurança, mas que na verdade as tornam mais intolerantes à inevitável incerteza do dia a dia.

ALERTA DE JARGÃO

As ações adotadas pelas pessoas para evitar que catástrofes temidas por elas ocorram são chamadas de *comportamentos de segurança*.

Evitar, fugir ou tentar impedir uma catástrofe temida impossibilita que você perceba três coisas essenciais:

» O evento temido pode nunca acontecer.

» Se o evento temido acontecer, é mais provável que você encontre formas de enfrentá-lo. Por exemplo, outras pessoas ou organizações estarão disponíveis para ajudá-lo.

» O evento temido pode até ser inconveniente, desconfortável, perturbador e profundamente desagradável, mas raramente é terrível ou insuportável.

LEMBRE-SE

A ansiedade afeta seu pensamento de duas maneiras cruciais: leva a superestimar a probabilidade e a gravidade do perigo, e também subestimar sua capacidade de superar o contratempo. É claro que você quer se manter o mais a salvo possível. Porém, às vezes, você pode tentar se proteger de eventos que não são realmente perigosos.

Além disso, algumas das coisas que você faz para eliminar o risco e se proteger, na verdade, podem resultar em mais desconforto e incômodo do que o necessário — lançar mão de estratégias essencialmente inúteis para evitar resultados temidos é muito comum em transtornos de ansiedade. Estes são alguns exemplos de comportamentos de segurança contraproducentes, que você pode estar usando para enfrentar problemas de ansiedade:

» **Ataques de pânico:** Os ataques de pânico de Michael são mantidos pelo medo de que, se sentir tontura, vai desmaiar. Sempre que fica zonzo, ele toma um pouco de água, senta e se apoia em algum coisa. Deste jeito, impede a si mesmo de descobrir que não irá desmaiar simplesmente porque sentiu tontura.

- » **Ansiedade social:** Sally tende a preparar com cuidado excessivo o que vai dizer antes de falar algo de fato. Ela analisa seu discurso, sua linguagem corporal e repassa mentalmente o que disse e fez quando chega em casa. Desse modo, se mantém excessivamente autoconsciente.
- » **Estresse pós-traumático:** Desde que sofreu um acidente de carro, Nina evita estradas, agarra com força o volante quando está dirigindo, verifica o retrovisor e evita andar como passageira. Por estar sendo tão cuidadosa, a ansiedade que ela sente por temer sofrer outro acidente continua em sua mente.
- » **Agorafobia:** Georgina tem medo de viajar para longe de casa ou de lugares familiares por temer perder o controle sobre seu intestino e se sujar. Ela se tornou quase uma reclusa, e depende muito do marido para levá-la aos lugares onde precisa ir. Isso significa que ela não sai de casa sozinha e nunca descobre que seus medos são infundados.
- » **Medo de altura:** James tem medo de altura porque acredita que a sensação de "atração" que sente em lugares altos significa que corre o risco de se atirar para a morte sem intenção real de fazê-lo. Para lidar com esta situação, ele força os calcanhares no chão e se inclina para trás, para resistir a estes sentimentos. Ele também evita lugares altos o quanto pode. Esses comportamentos alimentam o medo e fazem com que acredite que, de algum modo, ele corre mais risco em lugares altos do que as outras pessoas.

DICA

Depois de elaborar uma lista com seus comportamentos de segurança, você terá um melhor entendimento sobre as áreas em que precisa mudar. Essencialmente, a solução dos seus problemas está no ato de se expor às situações temidas sem adotar nenhum comportamento de segurança. Então, você poderá ver que é capaz de lidar com eventos que causam ansiedade e que não precisa usar de distrações ou tentativas artificiais para manter-se seguro. Dê a si mesmo uma chance de perceber que sua ansiedade não é prejudicial por si só e que esses sentimentos diminuem se você permitir que desapareçam por livre e espontânea vontade. (O Capítulo 9 contém mais informação sobre como lidar com comportamentos de segurança e criar formas de exposições.)

Trilhando Seu Caminho para Longe da Preocupação

Um dos dilemas enfrentados pelas pessoas que se preocupam demais é como reduzir a preocupação. Alguns níveis de apreensão são extremamente normais — é claro que problemas e responsabilidades passarão por sua cabeça de vez em quando. Em compensação, você pode ser alguém que se preocupa o tempo inteiro. Ser um verdadeiro "preocupado crônico" é intensamente desconfortável. Compreensivelmente, você pode querer parar de se preocupar tanto.

Duas razões podem contribuir para o seu excesso de preocupação:

» Você pode acreditar que se preocupar com eventos desagradáveis pode impedir que eles aconteçam. Ou pode acreditar que a sua apreensão pode lhe fornecer pistas de como impedir que esses eventos negativos se concretizem.

» Você pode acreditar que a sua preocupação o protege, preparando-o para os eventos negativos. Pode acreditar que, se você se preocupar o bastante com coisas ruins, elas não o pegarão de surpresa e estará mais preparado para enfrentá-las.

DICA Se você puder se convencer de que preocupação excessiva realmente não impede que eventos temidos aconteçam e nem o prepara para lidar com coisas ruins, poderá estar em uma posição melhor para interromper o ciclo de inquietações repetitivas.

Ironicamente, muitas pessoas se preocupam com coisas em uma vã tentativa de tirar todas as angústias do caminho, para que possam relaxar. É claro que isso nunca acontece, sempre há alguma coisa com que se preocupar.

Se você se preocupa excessivamente com eventos do dia a dia, provavelmente tenta solucionar qualquer problema iminente antes que ele sequer aconteça. Você pode esperar que sua preocupação seja capaz de solucionar dificuldades em potencial para não ter mais que se inquietar com eles.

Infelizmente, tentar arduamente relaxar sua cabeça pode levar a um aumento da atividade mental e causar mais angústia. Muito frequentemente, as pessoas se preocupam com o fato de que se preocupar em excesso é prejudicial, e acabam se preocupando por estarem preocupadas!

DICA Tente ver sua preocupação como um mau hábito. Em vez de focar no conteúdo das suas apreensões, tente interromper o processo de preocupação direcionando seu corpo e sua mente para atividades externas. O Capítulo 5 oferece algumas dicas úteis para redirecionar o foco da sua atenção para longe de seu receio constante.

Impedindo a Perpetuação dos Seus Problemas

Às vezes, o que você faz para lidar com seus problemas pode trazer à tona exatamente o que está tentando evitar. Um exemplo disso é procurar afastar os pensamentos angustiantes da sua mente. Afastar pensamentos desagradáveis tem um nome, *supressão de pensamento*, e geralmente faz com que pensamentos indesejados invadam sua mente com mais frequência. Pesquisas mostram que, quando as pessoas tentam suprimir um pensamento indesejado, ele pode invadir a mente delas com o dobro da frequência do que se elas aceitassem o pensamento e o deixassem passar.

EXPERIMENTE

Feche seus olhos e tente não pensar em um elefante cor-de-rosa. Por apenas um minuto, se esforce para afastar a imagem do elefante cor-de-rosa da sua mente. O que aconteceu? A maior parte das pessoas percebe que só conseguiram pensar em um elefante cor-de-rosa. Isso demonstra que tentar se livrar de pensamentos afastando-os da sua mente resulta na insistente permanência deles.

Tentar com afinco não fazer, sentir ou pensar sobre coisas específicas, com o intuito de impedir certos eventos, na verdade acaba fazendo com que o que você mais teme e evita aconteça. Por exemplo:

- Tentar com afinco não passar por bobo em reuniões sociais pode fazer com que você pareça ser indiferente e desinteressado.
- Tentar excessivamente se certificar sobre a perfeição do seu trabalho pode fazer com que perca um prazo de entrega, ou que fique tão nervoso a ponto de produzir um trabalho medíocre.
- Insistir que precisa se sair bem em uma tarefa, como passar em uma prova ou aprender algo novo, faz com que se concentre demais no *quão bem* você está indo e não no *que* está fazendo. Este foco de atenção mal direcionado pode levar a resultados insatisfatórios.
- Ficar com ciúmes e vigiar seu parceiro constantemente, testando-o ou exigindo confirmação de que ele não está prestes a abandoná-la, pode potencialmente acabar afastando seu parceiro.
- Ficar deitado na cama, tentando combater a fadiga quando está deprimido, pode baixar mais ainda o seu humor e levá-lo ao sentimento de vergonha e culpa pela sua inatividade.

Ajudando a Si Mesmo: Coloque as Pétalas na Sua Flor do Mal

O *exercício da flor do mal* é uma maneira de unir elementos diferentes do seu problema para auxiliar a compreensão de como o problema é mantido. Observe o exemplo na Figura 7-1, e consulte o Apêndice B para um modelo de flor em branco para copiar e preencher. Siga os seguintes passos para preencher a sua própria flor do mal:

1. **Na caixa do Gatilho, escreva o que aciona o seu sentimento de ansiedade ou aborrecimento.**

2. **No círculo central, escreva os pensamentos e significados principais que você atribui ao gatilho.**

3. **Nas pétalas da flor, escreva as emoções, comportamentos e sensações que experimenta quando o seu sentimento desconfortável é acionado. Na pétala superior, escreva em que você tende a focar.**

Este capítulo (e o Capítulo 6) sugere diversas emoções, comportamentos, foco de atenção e pensamentos que podem ser usados para preencher suas pétalas. Se você sofre de ansiedade, leia o Capítulo 9; para depressão, o Capítulo 12; para problemas com comportamento obsessivo, veja o Capítulo 13 e o Capítulo 15 para problemas de raiva.

Um dos aspectos mais importantes durante o processo de construção da flor é pensar em como as pétalas afetam o pensamento ou o "significado" que sustenta seu problema emocional. Por exemplo, o efeito da ansiedade em seu pensamento é torná-lo mais suscetível a interpretar experiências como mais perigosas do que realmente são. O efeito da depressão é fazer com que você pense de modo mais sombrio e negativo (veja o Capítulo 6 para saber mais sobre estas e outras emoções).

Focar sua atenção em uma sensação geralmente faz com que ela pareça mais intensa. Agir com base em um pensamento ou significado nocivo faz com que o significado pareça muito mais real. Sensações físicas desagradáveis que acompanham sua reação podem fazer com que pensamentos angustiantes pareçam muito mais reais. Você pode elaborar experimentos comportamentais para testar o efeito do aumento ou da diminuição de um comportamento nos seus problemas (veja o Capítulo 4).

Quando você entende os mecanismos que sustentam seu problema, parece muito mais prático e lógico identificar quais pétalas precisam de mudança.

LEMBRE-SE

A pétala das "sensações físicas" é o aspecto do seu problema que você é menos apto para mudar diretamente, porque as sensações físicas estão fora do controle de sua consciência imediata. Entretanto, você pode minimizar o impacto das sensações físicas aprendendo a tolerá-las enquanto supera o seu problema, e não interpretá-las como sendo mais perigosas do que realmente o são.

Gatilho: De pé no trem começo a me sentir tonto.

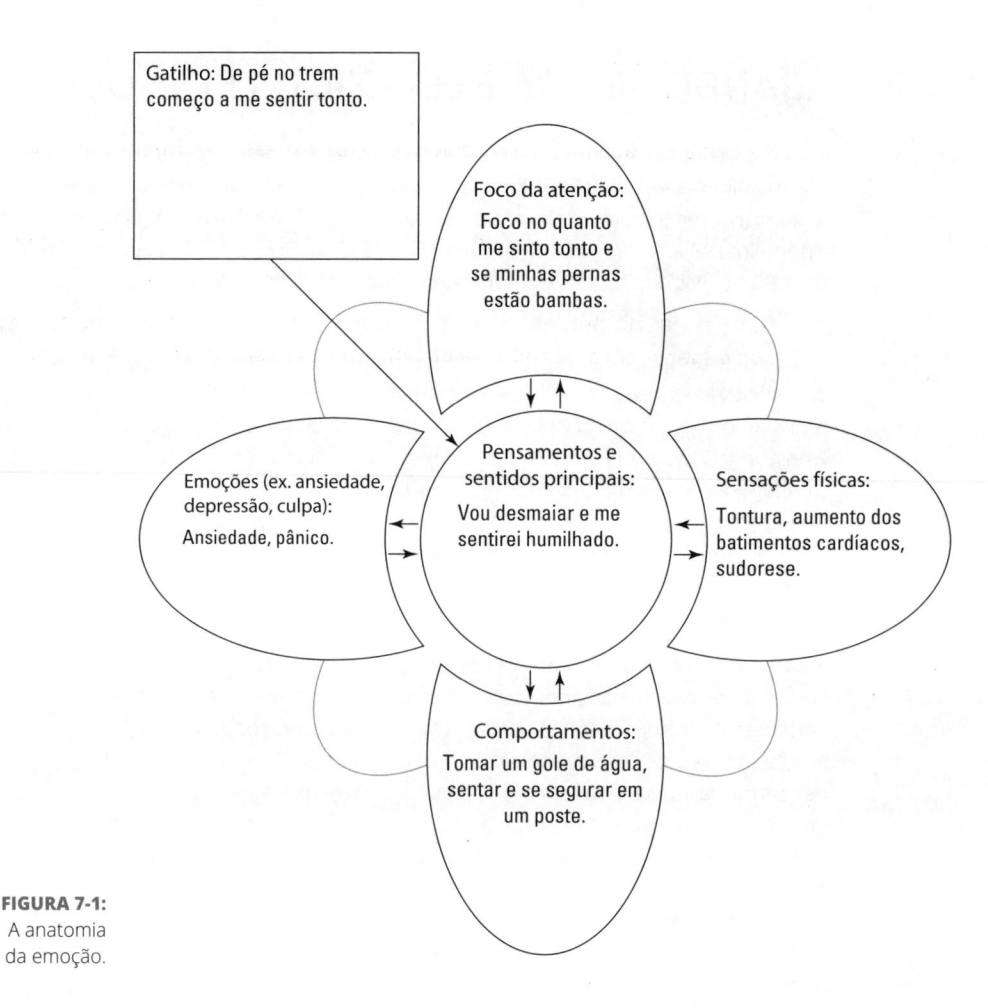

Foco da atenção:
Foco no quanto me sinto tonto e se minhas pernas estão bambas.

Emoções (ex. ansiedade, depressão, culpa):
Ansiedade, pânico.

Pensamentos e sentidos principais:
Vou desmaiar e me sentirei humilhado.

Sensações físicas:
Tontura, aumento dos batimentos cardíacos, sudorese.

Comportamentos:
Tomar um gole de água, sentar e se segurar em um poste.

FIGURA 7-1: A anatomia da emoção.

ABANDONE A PÁ E ESVAZIE OS BOLSOS

Uma das melhores metáforas para os tipos de comportamento que abordamos neste capítulo é a ideia de que algumas das suas estratégias de enfrentamentos podem ser uma tentativa inconsciente de cavar sua saída do buraco. Naturalmente, o primeiro passo para superar seus problemas é deixar a pá de lado — parar com suas estratégias derrotistas, e gradualmente trabalhar formas mais produtivas para superar seus problemas.

Ao longo do tempo, você pode procurar por pás maiores e melhores, disfarçadas de comportamentos de segurança e fuga maiores e melhores. Regularmente convidamos nossos clientes que sofrem de agorafobia, ataque de pânico, Transtorno Obsessivo Compulsivo e Transtorno Dismórfico Corporal para compartilhar conosco o conteúdo dos seus bolsos e bolsas, o que normalmente é bastante esclarecedor. Exemplos de *suprimentos de segurança* que as pessoas carregam "para uma eventualidade" incluem diversos tipos de remédios, caixas de lenços de papel, sachês antissépticos, balas de glicose, leques, maquiagem, sacolas plásticas, sacos de papel, desodorantes em spray, laxantes e álcool.

Para ajudar clientes a eliminarem comportamentos de segurança, com frequência encorajamos que joguem fora ou nos entreguem esses itens aparentemente inocentes, com o pensamento de que estão se desfazendo de soluções problemáticas. Abra os seus bolsos e bolsas e pegue todos os seus suprimentos de segurança. Jogue tudo fora ou entregue a alguém que saiba sobre os seus problemas e que tenha a intenção de ajudá-lo (essa pessoa pode ser qualquer um, caso você não esteja consultando um terapeuta cognitivo-comportamental). Fique atento para não cair na tentação de comprar e acumular itens para substituir os que você entregou a alguém ou jogou fora. Trabalhe com base em que somente precisa do que é essencial na sua bolsa ou bolsos, como dinheiro, chaves e cartões de crédito.

NESTE CAPÍTULO

» Definindo suas metas para mudanças comportamentais e emocionais

» Motivando-se

» Registrando seu progresso

Capítulo 8
Fixando Seu Foco em Suas Metas

Se tivéssemos que definir o propósito da terapia, não seria o de fazer você se tornar uma pessoa mais racional. Na verdade, o propósito de seu terapeuta é ajudar você a alcançar suas metas. Pensar de modo diferente é uma das maneiras de alcançar essas metas. A TCC pode lhe ajudar a mudar a forma de pensar e se comportar. Este capítulo auxilia na definição das metas e sugere algumas fontes de inspiração para a mudança.

PENSE SOBRE ISTO

Aaron Beck, fundador da terapia cognitiva, diz que a TCC é qualquer coisa que ajude a movê-lo dos seus problemas em direção às suas metas. Essa definição enfatiza a natureza pragmática e flexível da TCC, e encoraja clientes e terapeutas a escolherem-na dentre uma ampla gama de técnicas psicológicas para lhe ajudar a atingir suas metas na terapia. No entanto, a mensagem crucial é que uma terapia efetiva é um processo construtivo, que ajuda você a alcançar suas metas.

Adotando as Iniciais SPORT para Atingir Suas Metas

Muitas pessoas têm dificuldade para superar seus problemas porque suas metas são muito vagas. Para ajudá-lo a desenvolver metas claras e fáceis de alcançar, desenvolvemos o acrônimo SPORT, que significa:

» **Seletivo**: Seja preciso sobre onde, quando e/ou com quem você quer sentir e se comportar de modo diferente. Por exemplo, você pode preferir se sentir preocupado e não ansioso antes de fazer uma apresentação no trabalho, e durante a apresentação você pode querer se concentrar mais na audiência do que em si mesmo.

» **Positivo:** Determine suas metas em termos positivos, encorajando a si mesmo a desenvolver mais, ao invés de menos, alguma coisa. Por exemplo, você pode querer ganhar mais autoconfiança (em vez de ficar menos ansioso) ou aperfeiçoar alguma habilidade (em vez de cometer menos erros).

DICA: Pense em sua terapia como uma jornada. É mais provável que você consiga o que deseja se focar mais na sua conquista e menos naquilo de que está tentando se afastar.

» **Observável:** Tente incluir na sua meta a descrição de uma mudança comportamental observável. Assim, saberá dizer quando alcançou a sua meta, pois verá uma mudança específica.

DICA: Se você está achando difícil descrever uma mudança observável, pense o seguinte: "Como os marcianos, olhando lá de Marte, saberiam que eu me senti melhor simplesmente me observando?".

» **Realista:** Estabeleça suas metas de maneira clara, concreta, realista e alcançável. Mantenha o foco nas metas que estão ao seu alcance, e que dependam de uma mudança sua em vez de uma mudança alheia. Tente visualizar a si mesmo alcançando esses objetivos. Metas realistas o ajudam a ficar motivado e centrado.

» **Tempo:** Estabeleça um tempo limite para manter-se focado e eficiente na busca pela sua meta. Por exemplo, se você tem evitado algo por algum tempo, decida quando planeja enfrentar a situação. Especifique por quanto tempo e com que frequência deseja apresentar um novo comportamento, como ir para a academia de ginástica três vezes por semana por uma hora.

CUIDADO: Algumas metas, como se recuperar de uma profunda depressão, podem variar muito em termos do tempo necessário para serem atingidas. Estabelecer cronogramas de maneira muito rígida pode acarretar depressão ou raiva de sua falta de progresso. Então, defina seus prazos de modo firme, mas flexível, e aceite a si mesmo caso não consiga atingi-los como predeterminado e persevere!

Pensando no Quanto Você Quer Ser Diferente

Definir suas metas e escrever cada uma delas são o alicerce do seu programa de TCC. Esta seção o ajuda a identificar como pode querer, sentir e pensar diferente.

Estabelecendo metas relacionadas aos seus problemas atuais

Para estabelecer uma meta relacionada à superação de um problema, é necessário, primeiro, definir o problema, como falamos no Capítulo 6 (em que exploramos emoções e comportamentos nocivos e suas contrapartes saudáveis). Consulte também o Capítulo 7, no qual exploramos como as tentativas para se sentir melhor podem, às vezes, piorar os problemas.

A *declaração do problema* contém os seguintes componentes:

- » Sentimentos/emoções.
- » A situação ou o tema que acionam a emoção.
- » A forma como você tende a agir nessa situação quando você sente a emoção problemática.

Definindo qual a alternativa para seu sentimento

A TCC ajuda a alcançar mudanças na maneira como se sente emocionalmente. Por exemplo, você pode decidir que quer se sentir triste e desapontado, em vez de deprimido e magoado, sobre o fim do seu casamento.

CUIDADO: Desejar se sentir "tranquilo", "bem" ou "relaxado" pode não ajudar se você estiver enfrentando uma situação difícil. Sentir emoções negativas sobre eventos negativos é realista e apropriado. Mantenha suas metas realistas e úteis ao almejar experimentar emoções saudáveis, e tente manter um nível de intensidade emocional apropriado ao enfrentar eventos difíceis (veja o Capítulo 6 para obter mais informações sobre emoções saudáveis).

Definindo como quer agir

A segunda área de mudança na qual a TCC pode ajudá-lo é o seu comportamento. Por exemplo, depois de passar por um divórcio, você pode decidir começar a ver seus amigos e voltar a trabalhar, em vez de ficar na cama e assistir televisão o dia inteiro.

DICA — Você também pode incluir mudanças nas suas atividades mentais em uma meta, como redirecionar seu foco de atenção para o mundo exterior ou permitir que pensamentos *catastróficos* (aborrecimentos ou o pior cenário possível) simplesmente passem por sua mente.

Fazendo uma declaração

Uma declaração de meta é muito similar à declaração de um problema — eles têm os mesmo componentes, mas as emoções e os comportamentos são diferentes. Uma boa declaração de uma meta envolve o seguinte:

Sentir _____ (emoção) sobre _____ (tema ou situação) e _____ (comportamento).

Então, por exemplo, talvez você queira se sentir *preocupado* (emoção) *por dizer algo tolo em um jantar* (situação) e *ficar sentado à mesa para dar continuidade à conversa* (comportamento).

Maximizando Sua Motivação

A motivação tem as suas próprias fases, exatamente como a lua. Felizmente, você não precisa se sentir motivado sobre a mudança antes de dar os primeiros passos adiante. Frequentemente, a motivação vem depois e não antes de ações positivas — não raro as pessoas descobrem estar envolvidas em algo quando já começaram a fazer parte disso. Esta seção sugere algumas formas para criar motivação e encorajá-lo a continuar trabalhando em suas metas na ausência temporária de motivação.

Identificando a inspiração para a mudança

Muitas pessoas acreditam que mudar é difícil. A sua motivação pode ficar abalada às vezes, ou você pode nem mesmo ser capaz de se imaginar superando as dificuldades. Se qualquer uma destas situações lhe parece familiar, você está em boa companhia. Muitas pessoas buscam fontes de inspiração ao começar, e perseverar, o processo de superação dos problemas. Bons exemplos de fontes de encorajamento incluem o seguinte:

» **Modelos que apresentam características que gostaria de adotar para si.**
Por exemplo, você pode conhecer alguém que permanece calmo, expressa seus sentimentos aos outros, é aberto a novas experiências, ou é confiante e determinado. Seja real ou ficcional, vivo ou morto, conhecido por você ou

alguém que não conhece, escolha alguém que o inspire e que possa servir de modelo para a sua nova forma de ser.

» **Histórias inspiradoras sobre pessoas que superaram a adversidade.** Pessoas comuns regularmente sobrevivem às mais extraordinárias experiências. As histórias sobre as experiências pessoais delas podem levá-lo a fazer poderosas mudanças pessoais.

CUIDADO Mantenha o foco em se inspirar na experiência de outra pessoas e não em se comparar negativamente com as habilidades "superiores" que alguém tem para enfrentar um problema.

» **Imagens e metáforas.** Pense em si mesmo como, por exemplo, uma robusta árvore resistindo ao forte vento que sopra contra você, o que pode ser uma metáfora inspiradora para representá-lo resistindo a uma crítica sem fundamento.

» **Provérbios, citações e ícones.** Use ideias que viu em romances, literatura religiosa, filmes, músicas ou citações de pessoas célebres, para continuar buscando suas metas.

Concentrando-se nos benefícios da mudança

As pessoas mantêm padrões improdutivos de comportamento com frequência (como habitualmente chegar atrasado ao trabalho), porque se concentram nos benefícios a curto prazo (neste caso, evitar a ansiedade de estar em um ônibus ou um trem lotado) em vez de se livrarem deste comportamento. Entretanto, distantes do desconforto imediato, estas mesmas pessoas podem se concentrar no desejo de serem livres das restrições impostas pelo seu problema (sendo capazes de viajar despreocupadamente em um transporte público).

Completando uma análise de custo/benefício

Manter uma *análise de custo/benefício (ACB)* para examinar os prós e os contras de algo pode ajudar a reforçar seu comprometimento com a mudança. Você pode usar a ACB para examinar as vantagens e as desvantagens de diversas coisas, como:

» **Comportamentos:** O quanto é útil esta ação para você? Ela traz benefícios a curto ou a longo prazo?

» **Emoções:** O quanto é útil esta emoção? Por exemplo, sentir culpa ou raiva o ajuda?

CAPÍTULO 8 **Fixando Seu Foco em Suas Metas** 121

> **Pensamentos, atitudes ou crenças:** Pensar desta forma vai levá-lo para onde? Como esta crença o ajuda?

> **Opções para resolver um problema prático:** Como esta solução funciona? Esta resposta é realmente a melhor para o problema?

Ao usar um modelo ACB semelhante ao apresentado na Tabela 8-1, lembre-se de avaliar os prós e os contras:

> Em curto prazo.
> Em longo prazo.
> Para você.
> Para os outros.

TABELA 8-1 Modelo de análise de custo/benefício

Custos e benefícios de:	
Custos (desvantagens)	**Benefícios (vantagens)**

Tente escrever as declarações ACB em pares, particularmente quando você estiver considerando mudar a forma como sente, age ou pensa. Quais são as *vantagens* de sentir ansiedade? E as *desvantagens*? Escreva os pares de declarações para o que você sente, faz ou pensa; e para o outro, escreva alternativas mais saudáveis. As Tabelas 8-2 e 8-3 apresentam o Formulário da ACB completo. Você pode encontrar um formulário maior e em branco da análise de custo/benefício no Apêndice B, do qual você pode fazer uma cópia e preenchê-lo.

TABELA 8-2 Análise de custo/benefício: "Custos e benefícios de dizer o que penso e de prestar atenção na conversa"

Custos	Benefícios
Vou acabar dizendo alguma tolice.	Não precisarei pensar muito e conseguirei relaxar.
Posso acabar não dizendo a melhor coisa possível.	Posso ser mais espontâneo.
Posso acabar falando um monte de bobagens e as pessoas podem não gostar de mim.	Serei capaz de me concentrar no que está sendo dito e não parecerei distraído.

TABELA 8-3 Segunda análise de custo/benefício: "Os custos e benefícios de preparar mentalmente o que dizer antes de falar"

Custos	Benefícios
Eu acabo me sentindo muito cansado depois que eu saio.	Posso me certificar de não dizer alguma coisa tola.
Eu não consigo relaxar durante a conversa.	Posso pensar em alguma coisa engraçada ou divertida para dizer.
Às vezes, acho que o tema da conversa muda antes que eu consiga pensar na coisa certa a dizer.	Posso tomar mais cuidado para não ofender ninguém.

Após ter feito uma ACB, revise de criticamente os "benefícios" de permanecer igual e os "custos" de mudar. Você pode decidir que estes custos e benefícios não são estritamente precisos. Quanto mais você puder ampliar sua percepção de que mudar pode beneficiá-lo, mais motivado se sentirá na busca pela realização das suas metas.

DICA

Escreva um cartão motivacional no qual declare os *benefícios de mudar* e os *custos de continuar igual* com base na sua análise de custo/benefício. Você pode fazer uso deste cartão quando precisar se motivar.

Um amplo aspecto de se alcançar uma meta, seja aprender a tocar guitarra ou construir um negócio, é aceitar o desconforto temporário para obter o benefício duradouro.

Registrando seu progresso

Manter registros do seu progresso pode ajudá-lo a se manter motivado. Se a sua motivação diminui, dê uma acelerada em direção à sua meta, revendo o quanto já andou em direção a ela. Use um modelo problema-e-meta, como o mostrado na Figura 8-1, para especificar sua dificuldade e avaliar a intensidade. Então, defina a sua meta e avalie seu progresso em relação ao que deseja alcançar. Faça isso em intervalos regulares, como a cada semana ou duas.

1. **Identifique o problema que você está enfrentando. Inclua informações sobre as emoções e comportamentos relacionados a um evento específico. Lembre-se de que está sentindo uma *emoção* por causa de uma *situação*, que o está levando a se *comportar* de certa maneira.**

2. **Em intervalos regulares, avalie a intensidade do seu problema emocional e o quanto ele interfere na sua vida. O 0 (zero) significa taxa de estresse emocional inexistente e sem interferência na sua vida; e 10 significa o máximo estresse emocional possível, com muita frequência e com grande interferência na sua vida.**

3. **Preencha a seção da meta mantendo o mesmo tema e situação, mas especifique como desejaria sentir e agir diferentemente.**

4. **Classifique o quanto você está próximo de realizar sua meta. O 0 (zero) significa inexistência de progresso em qualquer momento; e 10 significa que a mudança na sua maneira de sentir e se comportar foi completa e consistentemente alcançada.**

LEMBRE-SE

A mudança não acontece do dia pra noite, então não classifique seu progresso com mais frequência do que semanalmente. Procure por mudanças *gerais* na *frequência*, *intensidade* e *duração* de seus sentimentos e comportamentos problemáticos.

DESEJOS INCONSTANTES

As pessoas frequentemente descobrem que querem mudar suas metas por um capricho ou por uma ilusão. Exemplo: você pode ter a meta de ser mais produtivo e de progredir no seu trabalho. Então, depois de ir a uma festa rave em comemoração ao solstício de verão, você decide que a sua meta real é ser livre e viajar pelo mundo, entrando em sintonia com a essência da vida. O que você define para ser seu objetivo final é uma escolha apenas sua. Mas seja cuidadoso ao ser influenciado tão facilmente pela primeira coisa que aparecer na sua frente. Abandonar com frequência seus objetivos iniciais e adotar novos pode ser uma máscara para a fuga e a procrastinação. Use as iniciais SPORT, como descrevemos neste capítulo, para avaliar a durabilidade e a funcionalidade de cada uma das suas metas escolhidas.

FIGURA 8-1: Modelo problema-e-meta.

Usando o formulário abaixo, identifique um dos principais problemas que você quer trabalhar na terapia. Uma declaração sobre um problema inclui informação sobre emoções e comportamento relacionados a uma situação ou evento específico. Por exemplo: "Ficar deprimido pelo fim do meu casamento me levou a ficar retraído e a ficar até quase 6 da tarde na cama todo dia" ou "Por me sentir ansioso em reuniões sociais, acabo evitando ir a bares, restaurantes, reuniões, ou ser extremamente cuidadoso sobre o que eu falo em público". Pense em escrever sua declaração sobre o problema preenchendo os espaços: *sentindo-me _____ (emoção) sobre _____ (situação), levando-me a _____ (comportamento).* Use o mesmo formato para identificar a meta que você quer alcançar, mas desta vez especifique em como você gostaria que as coisas fossem diferentes em termos de emoções e comportamento.

PROBLEMA Nº	DATA:	DATA:	DATA:	DATA:
	AVALIAÇÃO:	AVALIAÇÃO:	AVALIAÇÃO:	AVALIAÇÃO:
	DATA:	DATA:	DATA:	DATA:
	AVALIAÇÃO:	AVALIAÇÃO:	AVALIAÇÃO:	AVALIAÇÃO:

Avalie a gravidade do seu problema emocional de 0 a 10. **0=sem estresse/sem dano na habilidade para funcionar 10=estresse extremo/incapaz de funcionar em qualquer área da vida.**

META RELACIONADA AO PROBLEMA	DATA:	DATA:	DATA:	DATA:
	AVALIAÇÃO:	AVALIAÇÃO:	AVALIAÇÃO:	AVALIAÇÃO:
	DATA:	DATA:	DATA:	DATA:
	AVALIAÇÃO:	AVALIAÇÃO:	AVALIAÇÃO:	AVALIAÇÃO:

Avalie o quanto você está perto de alcançar sua meta. **0= sem progresso algum 10= meta alcançada e mantida consistentemente.**

3
Colocando
a TCC em
Prática

NESTA PARTE...

Entenda o seu problema.

Vença a depressão, as obsessões, a ansiedade e até mesmo a raiva descontrolada.

Ganhe mais controle sobre os seus problemas e realmente comece a pensar sobre recuperação.

> **NESTE CAPÍTULO**
> » Entendendo a natureza da ansiedade
> » Desenvolvendo atitudes que auxiliam a superar a ansiedade
> » Desenvolvendo um programa para enfrentar seus medos

Capítulo 9
Encarando a Ansiedade e Enfrentando o Medo

A ansiedade é tirana. E, como a maioria dos tiranos, quanto mais você se deixa intimidar, mais forte ela se torna. Este capítulo auxilia na compreensão da natureza da ansiedade e como identificar de que maneira ela exerce poder sobre você. Fundamentalmente, você pode combater a ansiedade, como qualquer outro tirano, enfrentando-a.

Assumindo Atitudes contra a Ansiedade

São os seus pensamentos que contam, porque seus sentimentos são muito influenciados pelo modo como sua mente funciona. Sentir-se ansioso aumenta a chance de ter pensamentos que provocam ansiedade (veja o Capítulo 6). Pensamentos ansiosos podem aumentar os sentimentos ansiosos, dessa forma um círculo vicioso pode ter início. Você pode se ajudar a encarar seus medos adotando as atitudes que descrevemos nesta seção.

Pense de forma realista sobre a probabilidade de eventos ruins

Se você tem qualquer tipo de problema relacionado à ansiedade, provavelmente já desperdiçou muito tempo preocupando-se com coisas ruins que *poderiam* acontecer a você ou aos que ama. Quanto mais você concentra sua atenção em eventos negativos e se preocupa com coisas ruins que podem estar à espreita, mais provável que você acredite que eles de fato acontecerão.

Provar com absoluta certeza que eventos ruins não acontecerão não é fácil sem o uso de uma ou duas bolas de cristal, mas você pode reconhecer sua tendência a *superestimar* a probabilidade de coisas ruins acontecerem. Ajuste apropriadamente sua maneira de pensar para contrabalançar esta tendência. Equilibrar sua atitude é muito parecido com andar de bicicleta com o guidão entortado para a esquerda — para andar em linha reta, é necessário virar o guidão para a direita; caso contrário, você continuará andando somente para o lado esquerdo. Se você tende sempre a imaginar o pior, endireite o seu pensamento deliberadamente supondo que tudo vai dar certo.

Evitando o pensamento radical

Dizer a si mesmo que tudo é "pavoroso", "horrível", "terrível" ou "o fim do mundo" apenas aumenta o nível de ansiedade. Lembre-se que poucas coisas são realmente terríveis e que, em vez de classificá-las de forma tão taxativa, classifique-as como "ruins", "lamentáveis" ou "desagradáveis", mas não "o fim do mundo".

O medo gera medo

Quando as pessoas dizem coisas como "Não se preocupe, é *apenas* ansiedade", a palavra "apenas" implica — erroneamente — que a ansiedade é uma experiência amena. Ela pode, de fato, ser uma experiência muito profunda, com fortes sensações físicas e mentais. Algumas pessoas ansiosas interpretam de modo errado esses sintomas físicos como sendo perigosos ou sinais de perigo iminente. Erros comuns de interpretação incluem supor que sentir náusea significa que você vai vomitar, ou pensar que você está enlouquecendo porque as coisas ao seu redor parecem "irreais".

LEMBRE-SE

Se você está preocupado com as suas sensações físicas, deve primeiro consultar um médico antes de deliberadamente enfrentar seu medo. O médico pode, então, aconselhar se é seguro você aumentar deliberadamente seu grau de ansiedade a curto prazo, com a finalidade de se livrar dela a longo prazo. É raro que as pessoas sejam aconselhadas a não enfrentar seus medos.

Entender e aceitar sensações comuns de ansiedade pode ajudá-lo a parar de aumentar a sua ansiedade, interpretando de maneira errada sensações normais como perigosas. A Figura 9-1 destaca alguns dos aspectos comuns da ansiedade.

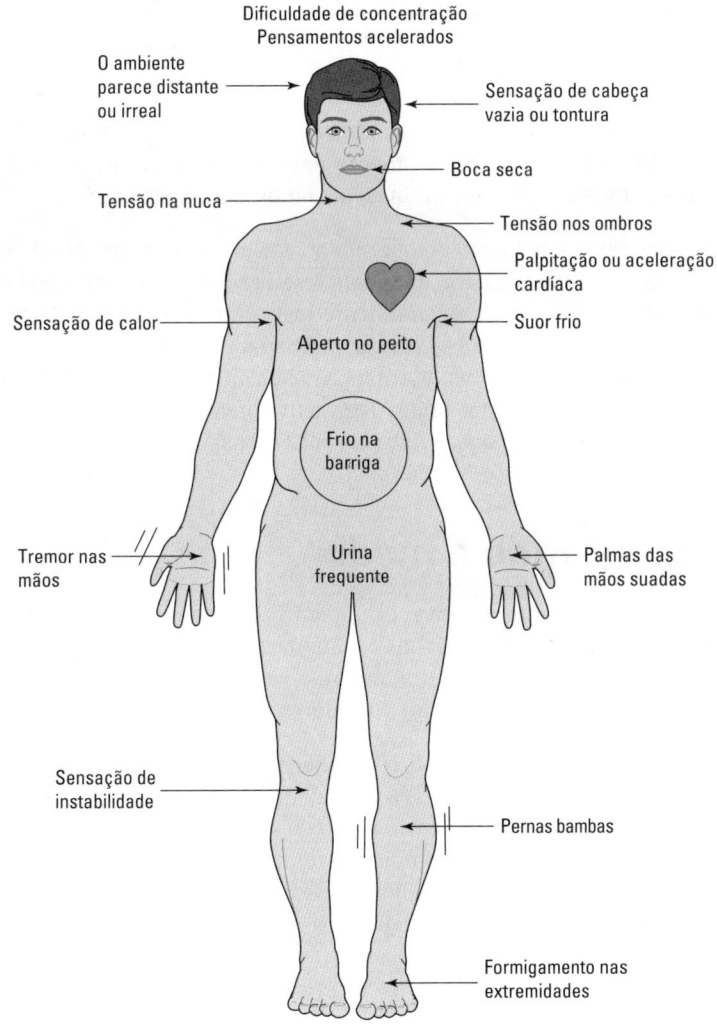

FIGURA 9-1: Sensações físicas comuns de ansiedade.

Sem dúvida alguma, a ansiedade é uma sensação desagradável e por vezes extremamente perturbadora. No entanto, classificá-la como "insuportável" ou dizer "Eu não posso aguentar isso" só aumenta a sua intensidade. Lembre-se de que é difícil lidar com a ansiedade, mas que ela não é insuportável.

Atacando a Ansiedade

Abaixo, alguns princípios essenciais para identificar e lidar com a ansiedade.

Vencendo sem lutar

Tentar controlar sua ansiedade pode levá-lo a sentir uma inquietação muito mais intensa e duradoura (para saber mais sobre isso, veja o Capítulo 7). Muitos dos nossos clientes nos dizem: "Faz sentido enfrentar meus medos, mas o que eu devo fazer quando estiver me sentindo ansioso?".

A resposta é... nada. Bem, mais ou menos isso. Aceitar e tolerar sua ansiedade quando você está deliberadamente enfrentando seus medos é geralmente o meio mais eficaz de garantir que essa emoção passe mais rápido.

EXPERIMENTE — Se você está convencido de que sua ansiedade não diminuirá sozinha, mesmo quando você não faz nada, faça este teste. Escolha uma situação que provoque ansiedade e da qual você geralmente foge — os exemplos incluem usar o elevador, viajar em um ônibus lotado, permanecer em uma sala cheia de pessoas e beber sozinho em um bar. Mantenha-se na situação e apenas deixe sua ansiedade vir à tona. Não faça nada para tentar controlá-la. Apenas permaneça na situação e *não faça nada,* a não ser sentir a ansiedade. Em algum momento, ela começará a diminuir.

Derrotando o medo

Talvez o meio mais confiável de superar a ansiedade seja seguindo a máxima: ETES — Enfrente Tudo E Supere. Fundamentada em diversos testes clínicos e usada diariamente no mundo todo, o princípio de enfrentar seus medos até reduzir a sua ansiedade é um dos pilares da TCC.

ALERTA DE JARGÃO — O processo de enfrentar o medo deliberadamente e permanecer na situação que o desencadeia até que sua ansiedade diminua é conhecido como *exposição* ou *dessensibilização*. O processo de se acostumar com algo, como a água gelada em uma piscina, é chamado de *habituação*. O princípio é esperar que sua ansiedade reduza pelo menos até a metade antes do término da sessão de exposição — geralmente entre 20 minutos e 1 hora, porém, às vezes, um pouco mais.

Confrontando seus medos repetidamente

Assim como mostra a Figura 9-2, se você confrontar seus medos deliberadamente, sua ansiedade se torna menos severa e diminui mais rapidamente a cada exposição. Quanto mais exposições você vivenciar, melhor. Ao começar a confrontar seus medos, tenha como objetivo repetir suas exposições ao menos uma vez ao dia.

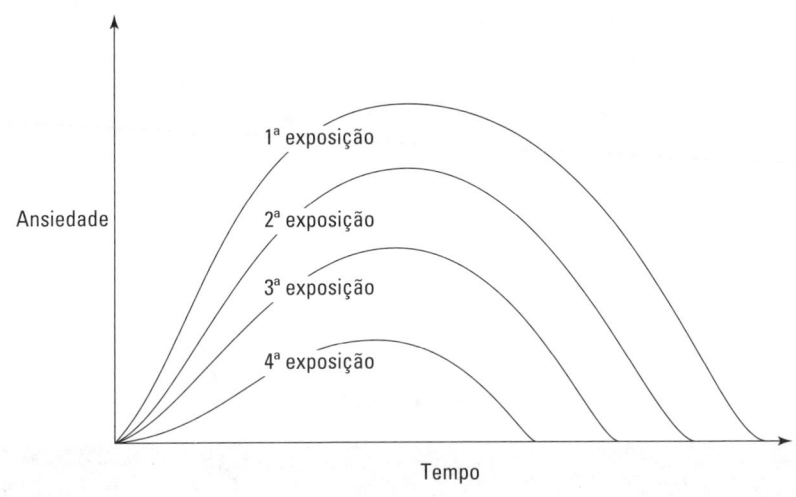

FIGURA 9-2: Sua ansiedade reduz a cada exposição a um acionador do seu medo.

Mantendo sua exposição desafiadora, mas não insuportável

Ao confrontar seus medos, tenha como objetivo uma *exposição manejável*, para que você tenha uma experiência bem-sucedida ao confrontar e dominar seus medos. Se as suas exposições forem insuportáveis, você pode acabar recorrendo à fuga, à evitação e aos comportamentos de segurança. O oposto de escolher as exposições muito desgastantes é encarar coisas pouco desafiadoras, o que pode tornar seu progresso mais lento e desanimador. Lute para equilibrar os dois extremos.

⚠️ **CUIDADO** Se você apenas se propuser a exposições fáceis e suaves, correrá o risco de reforçar a ideia de que a ansiedade é insuportável e deve ser evitada. O objetivo do trabalho de exposição é provar a si mesmo que você pode suportar o desconforto associado à ansiedade.

O passo a passo

Evite exposições muito fortes ou pouco desafiadoras usando uma *hierarquia gradativa* das situações temidas ou evitadas. Uma hierarquia gradativa é um modo de enumerar seus medos, dos mais brandos aos mais severos.

LEMBRE-SE

Se quer eliminar o medo, deixe que ele morra no seu próprio tempo.

Você pode usar a tabela a seguir para enumerar pessoas, lugares, situações, objetos, animais, sensações ou qualquer coisa que sirva de gatilho para seu medo. Certifique-se de incluir situações que você tenta evitar. Classifique esses gatilhos conforme o grau de dificuldade. Ao lado de cada gatilho, indique o nível de ansiedade previsto em uma escala de 0 a 10. *Voilà!* Agora você tem uma hierarquia gradativa. A Tabela 9-1 traz um modelo em branco.

DICA

Depois de confrontar seu medo, classifique o nível *real* de ansiedade e desconforto sentido. Então, elabore a sua próxima exposição de acordo com ele. A maior parte das situações não é tão ruim como se espera. No caso improvável de a realidade ser pior do que as suas expectativas, pode ser necessário planejar mais exposições manejáveis para os próximos passos e trabalhar o seu avanço pela hierarquia mais gradualmente.

TABELA 9-1 **Hierarquia de ansiedade**

Gatilho para o que se teme ou evita	Ansiedade ou desconforto previsto de 0 a 10	Ansiedade ou desconforto real de 0 a 10

Mergulhando de cabeça

Embora alertemos sobre encontrar equilíbrio entre desafiar-se pouco ou demais, mergulhar de cabeça tem seus benefícios. Quanto mais cedo você confrontar seus maiores medos, mais cedo poderá controlá-los. Pense na possibilidade de escalar até o topo de sua hierarquia logo no começo.

LEMBRE-SE

A exposição gradativa é um meio para um fim. Ir direto para a situação que você mais teme sem recorrer a comportamentos de segurança (dos quais falaremos na próxima seção) pode ajudá-lo a obter resultados rápidos, desde que você mantenha a exposição tempo suficiente para descobrir que nada de terrível acontece.

Livrando-se dos comportamentos de segurança

Você pode superar a ansiedade virando-a de cabeça para baixo. A melhor maneira de fazer sua ansiedade desaparecer é deixar que ela aja por si só. Como explicamos no Capítulo 7, as coisas que faz para reduzir o medo a curto prazo são as mesmas que, frequentemente, provocam sua ansiedade. (Veja o Capítulo 7 para obter mais exemplos comuns de comportamentos de segurança.)

Registrando a sua batalha contra o medo

Mantenha um registro da sua batalha contra o medo para poder verificar seu progresso e fazer planos futuros. Seu registro pode incluir:

» A duração da sua sessão de exposição.
» As classificações da sua ansiedade no início, no meio e no fim da sua exposição.

O registro auxilia a ver se você está se mantendo fiel ao seu programa por tempo suficiente para que o medo diminua. Se o medo parece não estar sendo reduzido, certifique-se se ainda está se esforçando o bastante para reduzi-lo livrando-se dos comportamentos de segurança.

DICA Você pode usar a planilha de registro do experimento comportamental do Capítulo 4 para registrar a sua exposição, e comparar o resultado previsto com o resultado real do confronto com seus medos.

Neutralizando os Tipos Comuns de Ansiedade

As seções seguintes descrevem a aplicação da TCC para alguns problemas comuns de ansiedade. Uma discussão completa sobre todos os tipos específicos de problemas de ansiedade estende-se além do escopo deste livro. Entretanto, os princípios da TCC que introduzimos aqui são as melhores apostas para superar os problemas de ansiedade.

Primeiro, defina o que está fazendo para manter a ansiedade viva no seu pensamento (veja os Capítulos 2 e 6) e no seu comportamento (veja o Capítulo 7). Então, comece a coletar seus pensamentos improdutivos e gerar alternativas (Capítulo 3), testando-as na realidade (Capítulo 4). Entender em que você concentra sua atenção, e treiná-la, pode ser uma grande ajuda (veja Capítulo 5).

Falamos sobre a ansiedade em relação à saúde e obsessões no Capítulo 13, e baixa autoestima no Capítulo 11.

Atacando a ansiedade social

Ataque a *ansiedade social* (medo excessivo de avaliação negativa por outras pessoas) elaborando uma lista de situações sociais que você mais teme ou evita, e os comportamentos de segurança que tende a adotar (confira o Capítulo 7 para saber mais sobre estes comportamentos de segurança).

Agarre-se à ideia de que você pode se aceitar mesmo que os outros não gostem de você. Seja mais flexível sobre o quão inteligente, original e divertido você "tem" que ser. Sistematicamente, teste suas previsões sobre os pensamentos negativos que as pessoas possam ter sobre você — como reagem quando você não se empenha em atuar? Redirecione o foco da sua atenção para o mundo ao seu redor e para as pessoas com quem você interage, em vez de focar em si mesmo. Para mais ajuda no processo de treinar sua atenção, veja o Capítulo 5. Depois de sair da situação social, resista à tendência de reviver seus encontros sociais mentalmente.

Travando uma guerra contra a preocupação

Para travar uma guerra contra a preocupação excessiva, resista à tentação de solucionar todos os seus problemas antes que aconteçam. Tente viver com a dúvida e perceba que a coisa mais importante não é com o que você se preocupa especificamente, mas como lida com os pensamentos que geram preocupações. Superar a preocupação é a arte de permitir que os pensamentos entrem na sua mente sem tentar "resolvê-los" ou espantá-los para longe.

Aniquilando o pânico

Os ataques de pânico são intensas explosões de ansiedade na ausência de um perigo real, e regularmente parecem surgir do nada. Os ataques de pânico com frequência são acompanhados por fortes sensações físicas, como náusea, palpitação, respiração ofegante, sufocamento, tontura e suor frio. O pânico se instala quando as pessoas assumem, erroneamente, que essas sensações físicas são perigosas, desse modo, entram em um círculo vicioso, porque essas interpretações errôneas levam ao aumento da ansiedade e das sensações físicas.

Coloque o pânico para fora da sua vida deliberadamente ao acionar sensações de pânico. Coloque-se em situações que costuma evitar e resista ao uso de comportamentos de segurança. Perceba, por exemplo, que sentir tontura não significa que vai desmaiar, então você não precisa sentar, e que outras sensações desconfortáveis de ansiedade vão passar sem lhe fazer mal algum. Faça um experimento comportamental (veja o Capítulo 4) para testar especificamente se as catástrofes das quais você tem medo tornam-se realidade como consequência de um ataque de pânico.

Atacando a agorafobia

Georgina tinha medo de viajar para longe de casa ou aventurar-se distante dos lugares seguros e familiares, que são características comuns da *agorafobia*. Ela temia perder o controle intestinal e se sujar em público. Se tornou praticamente reclusa e dependia de seu marido para levá-la a todos lugares. Ela aprendeu sobre a natureza da ansiedade e desenvolveu a teoria de que, embora ela possa sentir que vai se sujar, suas sensações são, em grande parte, devidas à ansiedade e que ela será capaz de "se segurar".

Para ganhar confiança e superar a agorafobia, desenvolva uma hierarquia das situações que evita e comece a confrontá-las, permanecendo nelas até que sua ansiedade diminua. Isso pode incluir dirigir gradativamente para distâncias maiores sozinho, usar transporte público e andar por lugares desconhecidos. Ao mesmo tempo, se esforce para abandonar os comportamentos de segurança, para que possa descobrir que nada terrível acontece se você ficar ansioso ou entrar em pânico, e siga adiante.

Lidando com o Transtorno de Estresse Pós-Traumático

O Transtorno de Estresse Pós-Traumático (TEPT) pode ser desenvolvido após você ter sofrido (ou testemunhado) um acidente de carro, uma agressão, uma ameaça extrema ou um evento extremamente estressante. Os sintomas do TEPT incluem ficar facilmente assustado, irritabilidade e ansiedade, lembranças do evento voltando à sua mente durante o dia, pesadelos sobre o ocorrido ou sentimento de entorpecimento emocional. Se você sofre de TEPT, pode estar alimentando a sua agonia por não compreender seus sentimentos normais como uma reação ao evento, tentando evitar os gatilhos que ativam as lembranças ou esforçando-se para se manter seguro.

Para combater o TEPT, lembre-se que as memórias de um evento traumático invadindo sua mente e sentimentos de sofrimento são reações naturais ao trauma. Permitir que essas lembranças entrem na sua mente e pensar sobre elas faz parte da ação de processar os eventos traumáticos, e é uma parte crucial da recuperação. Muitas pessoas descobrem que confrontar os gatilhos deliberadamente ou escrever uma descrição em primeira pessoa detalhada pode ser muito útil. Ao mesmo tempo, é importante reduzir quaisquer precauções excessivas com a segurança que você possa ter adotado.

FOBIAS FASCINANTES

Uma das coisas mais interessantes sobre os problemas de ansiedade é a vasta variedade de temores que os seres humanos podem ter. Em nossa prática, ainda encontramos pessoas com medos dos quais nunca ouvimos falar. O que realmente importa não é do que você tem medo, mas o quanto este sentimento afeta negativamente sua vida.

Às vezes, as pessoas ficam com vergonha das suas fobias por acharem que os outros vão pensar que elas são tolas ou banais. Mas o medo extremo nunca é banal — terror e medo podem ser muito incapacitantes, mesmo que o seu seja sobre algo simples, como botões. Sugerimos que procure profissionais da saúde que o levem a sério para ajudar a superar sua fobia.

Fobias comuns incluem:

- **Acrofobia:** Medo de altura ou lugares elevados.
- **Agorafobia:** Medo de espaços abertos, lugares públicos lotados, estar distante de um lugar familiar, etc.
- **Aiquimofobia:** Medo de alfinetes, agulhas e objetos pontudos.
- **Aracnofobia:** Medo de aranhas.
- **Claustrofobia:** Medo de lugares pequenos ou fechados.
- **Emetofobia:** Medo de vomitar.
- **Hematofobia:** Medo de sangue ou feridas com sangue.
- **Locquiofobia:** Medo do parto.
- **Nictofobia:** Medo da noite ou do escuro.
- **Tripanofobia:** Medo de injeções.

Fobias menos comuns incluem:

- **Araquibutirofobia:** Medo que alimentos grudentos colem no céu da boca.
- **Automatonofobia:** Medo de ventríloquos, bonecos, criaturas eletrônicas ou estátuas de cera.
- **Barofobia:** Medo da gravidade.
- **Bibliofobia:** Medo de livros (se você sofre desta aqui, continue conosco — você está se saindo bem!).
- **Blennofobia:** Medo de muco e coisas viscosas.
- **Lutrafobia:** Medo de lontras.
- **Lissofobia:** Medo de contrair raiva.
- **Necrofobia:** Medo de mortos e de coisas mortas.
- **Ombrofobia:** Medo de chuva ou de estar na chuva.
- **Socerafobia:** Medo de sogros(as).

Combatendo o medo de altura

Comece a combater o medo de altura fazendo uma pesquisa com os seus amigos sobre os tipos de sentimentos que eles têm quando estão no alto de um penhasco ou no topo de um prédio alto (veja o Capítulo 4 para saber mais como conduzir pesquisas). Provavelmente você descobrirá que a atração involuntária na beirada de lugares altos é muito comum. Muitas pessoas, entretanto, interpretam este sentimento como uma reação normal.

Aplique esta nova aprendizagem para ganhar mais confiança sobre estar em lugares altos. Trabalhe de modo gradativo, entrando em prédios cada vez mais altos, olhando de pontes e escalando até o topo de penhascos elevados.

> **NESTE CAPÍTULO**
>
> » Reconhecendo a adição
>
> » Escolhendo mudar
>
> » Superando compulsões e desejos
>
> » Mudando o estilo de vida para evitar recaídas

Capítulo **10**

Abolindo Adições

Hoje em dia, o termo "vício" ou "dependência", tecnicamente conhecido como adição ou comportamento aditivo, pode ser um pouco confuso. Essas palavras são usadas para descrever relações nocivas com comida, amor, nicotina, adrenalina, pornografia, jogo e até coisas relativamente inócuas, como jogos de internet ou guloseimas. Neste capítulo, tratamos principalmente da dependência em substâncias que não são necessárias, em qualquer quantidade, para a sobrevivência — como o álcool e as drogas ilícitas. Também incluímos o jogo de azar e a pornografia, já que ambos parecem ser um problema crescente com o advento dos jogos de azar na internet e dos sites pornográficos. Mesmo que seu problema não seja drogas, sexo ou pôquer, você ainda encontra informações neste capítulo que podem lhe ajudar a encarar e superar qualquer comportamento compulsivo prejudicial.

Identificando Seu Problema

Talvez você esteja ciente de que o uso de certas substâncias está causando problemas em sua vida cotidiana e impactando de modo negativo seus relacionamentos. Entretanto, como muitas pessoas, você pode estar negando a gravidade do problema.

Muitas pessoas rejeitam o termo "vício". Infelizmente, não podemos negar o estigma ligado a qualquer tipo de comportamento aditivo. Você pode pensar que é fraco, moralmente degenerado ou simplesmente mau por lutar contra uma dependência. Entretanto, embora algumas pessoas possam julgá-lo de modo cruel por sua dificuldade, tenha em mente que você não *tem* que aceitar esse julgamento na íntegra ou sem descrédito. Como discutimos no Capítulo 14, você pode reconhecer sua adição e escolher se aceitar como uma pessoa essencialmente digna com um problema específico. A vergonha decorrente de um comportamento aditivo frequentemente impede que as pessoas aceitem, inicialmente, que têm um problema, o que impede, assim, que procurem a ajuda adequada. Não caia nesta armadilha. Levante a cabeça e olhe para a dependência de frente. Você precisa reconhecer seu problema antes que possa avançar no caminho de uma recuperação significativa.

CUIDADO

Não é incomum ter mais de um comportamento ou substância que provoque problemas. Por exemplo, você pode ter um comportamento dependente de álcool e também fumar maconha ocasionalmente. Com frequência, deixar de usar uma substância provoca o aumento de uso da outra. Cuidado para não substituir sua adição primária ou "droga de escolha" por outra, ao iniciar sua jornada para a recuperação. Para realmente superar seu vício, você precisa substituir o uso de álcool, droga ou jogo por atividades saudáveis e inofensivas.

Se você acha que pode ter um problema de dependência, mas não tem certeza, tente responder as questões abaixo. Esta breve lista de verificação pode ser usada tanto para dependência de substâncias quanto para comportamentos compulsivos, como jogo de azar e pornografia. Usamos o termo "droga de escolha" (ou DDE) nesta lista de verificação para que as perguntas façam sentido para qualquer tipo de problema. Tente responder cada questionamento de modo honesto; você não precisa compartilhar esta informação com outras pessoas neste momento.

» Na última semana você perdeu tempo no trabalho por causa do uso da DDE?
» Seu desempenho no trabalho está sofrendo em razão de se sentir para baixo, ressaca, falta de sono ou preocupação com a DDE?
» Ao longo da última semana, você usou sua DDE mesmo tendo prometido a si mesmo que resistiria?
» Suas finanças estão sofrendo em razão do gasto de dinheiro com sua DDE? Na última semana, você usou sua DDE em horas do dia que outros considerariam socialmente inadequadas ou inaceitáveis?
» Você acha muito difícil ficar por um dia (ou apenas alguns dias) sem usar sua DDE?
» Você fica irritado e/ou se sente para baixo quando é privado de sua DDE, por qualquer motivo?
» Atividades das quais você costumava gostar foram negligenciadas nas últimas semanas por causa do uso da DDE?

- » Você sofreu ferimentos ou acidentes nas últimas semanas por cauda do uso da DDE?
- » Seus amigos e/ou familiares comentaram sobre seu uso da DDE ou perceberam mudanças em seu comportamento?
- » Você se esforça para esconder ou minimizar seu uso de DDE na frente de amigos e familiares?
- » Você se sentiu claramente desconfortável ao responder as perguntas desta lista?

Se respondeu "sim" para pelo menos uma destas perguntas, é provável que você tenha um comportamento que pode estar se transformando em dependência ou adição. Responder "sim" a três ou mais itens indica que você está viciado. Mas não se desespere! Reconhecer que tem um problema é parte essencial da solução definitiva.

EXPERIMENTE Para lhe ajudar a de fato reconhecer e aceitar que tem um problema, experimente escrever. Uma única sentença já é o bastante, como "Eu, Marcos, tenho um comportamento dependente por jogos de azar". Ver a verdade, preto no branco, pode lhe ajudar a superar a negação e a vergonha.

LEMBRE-SE A adição não é muito diferente de problemas físicos ou de saúde mental. Você com certeza não está sozinho. O mundo está repleto de pessoas com problemas com adições. Muitos se recuperam, e você também consegue se estiver disposto a oferecer o sangue, o suor e as lágrimas necessários para isso.

Familiarizando-se com as Muitas Faces das Adições

Qualquer um pode desenvolver uma adição, sejam quais forem as circunstâncias ou o motivo. Determinados fatores de origem na infância, como ter pais alcoólicos ou experimentar provação social, podem aumentar as chances de desenvolver uma dependência; mas este resultado não é de jeito algum inevitável. Muitas pessoas com carreira e família sólidas também estão sujeitas às adições; elas não são exclusividade dos que moram em situações mais caóticas.

Com frequência, as pessoas começam a "automedicar" um problema mental subjacente, como ansiedade ou depressão, com álcool ou drogas, ou por meio de comportamentos como o jogo. O uso de substâncias e a adoção de comportamentos compulsivos (compras, jogo, pornografia, sexo e assim por diante) podem amenizar a dor emocional de maneira imediata ou a curto prazo. Entretanto, no longo termo, essas estratégias normalmente provocam muito mais problemas do que resolvem.

Pense nos exemplos a seguir ilustrando três pessoas com diferentes comportamentos aditivos. Esses são apenas pequenos retratos; existem incontáveis outros tipos de pessoas e cenários, então, não se preocupe se sua situação não se enquadra exatamente em nenhum dos casos. Foque naquilo que é semelhante à sua experiência particular.

Jack tem 33 anos e trabalha como corretor da bolsa. Ele gosta do emprego, mas o trabalho pode requerer longas horas e ser bastante estressante. Embora atualmente ele esteja solteiro, Jack espera se estabelecer e começar uma família em breve. Ele bebe bastante e começou a experimentar drogas quando estava na universidade. Na época, todo mundo parecia fazer o mesmo, então ele não via seu comportamento como um problema. Dois anos atrás, Jack começou a usar cocaína aos finais de semana com seus colegas. No último ano, passou a usar cocaína durante a semana e às vezes durante o horário de trabalho. Jack se preocupa que, sem cocaína, ele terá dificuldade em acompanhar o ritmo exigente do seu trabalho. A última namorada dele terminou o relacionamento porque discordava de seu uso de drogas e cansou de suas mudanças de humor. Jack está cada vez mais ciente de seu problema com as drogas e de seus efeitos negativos sobre a capacidade de manter um relacionamento. Entretanto, ele racionaliza sua adição dizendo a si mesmo que muitos de seus colegas usam tanta cocaína quanto ele, então não deve ser tão grave.

Kelly é uma mulher divorciada de 45 anos, tem dois filhos e trabalha meio período em uma farmácia. O ex-marido de Kelly frequentemente está desempregado e ela não pode contar com ajuda financeira para os filhos. Ela está constantemente cansada e sobrecarregada por cuidar das crianças, assim como por tentar fechar as contas no final do mês. Há alguns meses, ela começou a usar fortes analgésicos a base de codeína, para diminuir as enxaquecas. É fácil conseguir as pílulas no trabalho. Kelly agora toma os analgésicos todos os dias — independentemente de estar com dor de cabeça — pois acha que eles a acalmam. À noite, costuma beber uma garrafa de vinho depois que põe as crianças na cama. Kelly se preocupa que esteja muito dependente de codeína e álcool, mas não acha que consegue ficar sem eles.

Percy é um estudante de pós-graduação de 28 anos. Ele passa muito tempo em frente ao computador e, quando precisa de uma pausa dos estudos, com frequência navega por sites pornográficos. Nos últimos meses, Percy vem aumentando o tempo que passa nesses sites e acha difícil de parar depois que começa a navegar. Regularmente fica acordado até de manhã, sem produzir nada sobre seu trabalho acadêmico. Suas notas estão caindo; ele acaba dormindo tarde, perdendo aulas e vendo menos os amigos. Percy está extremamente envergonhado sobre seu uso de sites pornográficos e não ousa falar sobre isso com ninguém. Alguns de seus amigos fazem piada sobre pornografia, mas Percy acha que eles o considerariam um "pervertido" se soubessem do problema.

Jack está em negação sobre a gravidade de seu problema com a cocaína. Kelly sabe que tem um problema com álcool e codeína, mas subestima sua capacidade de lidar com eles. Percy está muito envergonhado por causa de seu comportamento dependente da pornografia e não consegue imaginar compartilhar isso com alguém. A negação frequentemente impede que você encare seu problema e tome a decisão de parar. É provável que, se você reserva tempo todos os dias para tentar se convencer que seu uso de substâncias está sob controle — é porque não está.

Acreditar que não será capaz de lidar com os estresses e dificuldades da vida sem se apoiar em seu comportamento aditivo também impede que você busque ajuda para abandoná-lo. A maioria das contrariedades da vida são, na verdade, muito mais fáceis de resolver quando estamos racionais e sóbrios. Provavelmente, você terá que enfrentar um período difícil assim que parar, é verdade, mas com tempo e esforço você redescobrirá estratégias de enfrentamento saudáveis e adotará novas.

A vergonha impede que você admita completamente seu problema e que busque a ajuda necessária. Lembre-se que somos todos imperfeitos de um jeito ou de outro. A pessoa mais afetada pela sua adição é certamente você. Por mais difícil que possa ser, tome medidas apropriadas para conseguir ajuda (veja mais sobre como buscar ajuda profissional na próxima seção). Sua dependência é um problema sério, mas ele não representa tudo que você é.

Aceitando a Si Mesmo e a Sua Adição

A adição, popularmente conhecida como vício, carrega um enorme estigma. Em vez de tirar conclusões genéricas e punitivas sobre a essência de seu caráter com base na sua adição, experimente um pouco de compaixão. Não estamos sugerindo que você se isente totalmente de culpa sobre qualquer que seja sua atitude para manter o problema, ou sobre os efeitos que ele pode ter naqueles ao seu redor. Mas assumir responsabilidade pessoal por sua adição e ainda assim manter seu senso básico de autoestima é possível — embora isso possa requerer persistência.

Não importa o quanto seu problema pessoal seja extremo e intenso, você é mais do que sua adição (veja o Capítulo 14 para saber mais sobre autoaceitação). Como as adições moderadas a graves tendem a afetar todas as áreas de sua vida, pode ser fácil esquecer tudo que você era antes que sua dependência assumisse o controle. Provavelmente, você terá uma agradável surpresa ao redescobrir seus interesses, valores e personalidade depois que abandonar o hábito (veja no Capítulo 18 como se apegar a seus valores).

Obtendo Apoio Adequado

O Capítulo 21 trata em detalhes sobre como obter ajuda profissional para seus problemas mentais e emocionais. As mesmas regras se aplicam para buscar tratamento para adições. Alguns pontos adicionais a se considerar, porém, incluem drogas de substituição, como a metadona para o vício em heroína, e outros medicamentos que podem reduzir a compulsão por álcool no período inicial de abstinência. Discuta ainda a possibilidade de um programa de internação para reabilitação com seu médico, se não se sentir confiante de que pode se manter sóbrio em seu ambiente normal. A maioria dos programas duram um mínimo de 28 dias e podem lhe colocar no caminho certo.

Se você pensa que sua adição pode estar mascarando um problema psicológico subjacente, como a depressão, converse com seu médico a respeito. Você pode se beneficiar de medicamentos antidepressivos para lhe ajudar a parar com a automedicação com substâncias nocivas. A maioria dos profissionais de saúde estão familiarizados com todos os tipos de adições e não ficarão chocados por nada que você disser. Seja honesto e preciso sobre a extensão de seu abuso, para que os profissionais possam avaliar adequadamente seu problema.

Grupos de apoio, como os Alcoólicos Anônimos (AA) e os Narcóticos Anônimos (NA), existem em praticamente todos os lugares. Muitas pessoas os consideram de grande ajuda. Mesmo que você não concorde com tudo que um grupo de apoio proponha, ainda pode se beneficiar das reuniões. Tente manter a mente aberta sobre a reabilitação e utilize todos os recursos que eles têm a oferecer — o AA, por exemplo, oferece um programa de reabilitação de 12 passos.

Decidindo pela Abstenção

Decidir se abster do uso de álcool, drogas ou comportamentos compulsivos é um passo enorme e difícil. Afinal, sua DDE tem sido uma das suas maiores (se não a maior) estratégias de enfrentamento por muito tempo. Assim como os exemplos de Kelly, Jack e Percy, mostrados anteriormente, você pode duvidar de sua capacidade de lidar com o estresse em sua vida sem uma ajudinha química. Do mesmo modo, a pornografia ou o jogo podem ser a única maneira que você conhece para relaxar e se distrair de suas preocupações diárias.

Você pode optar por diminuir o uso antes de decidir abandoná-lo completamente. Essa estratégia pode funcionar — mas, na verdade, talvez seja ainda mais difícil do que decidir por um período inicial de total abstinência. Muitas pessoas relatam que "parar depois de um" é muito mais difícil do que evitar a substância por completo. O mesmo é verdade para o jogo e os comportamentos relacionados. É difícil parar depois de começar.

Decidir parar envolve investigar os custos de sua adição e o que você pode ganhar por abandoná-lo. As seções seguintes ajudam você a computar os custos de sua adição e colher as recompensas de sua reabilitação.

CUIDADO

A dependência é traiçoeira e poderosa. Você pode se pegar pensando "talvez meu problema não seja assim tão grave" após um período de abstinência, e ficar tentado a voltar a um uso moderado. Isso é raramente, muito raramente, possível — principalmente quando drogas e álcool estão envolvidos. Então, quando sua adição sussurrar em seu ouvido propostas tentadoras — permaneça forte.

Calculando os custos

Você pode não estar totalmente ciente do preço que está pagando para manter sua adição. Os efeitos do uso de drogas e álcool podem passar despercebidos para você. De modo consciente ou inconsciente, você pode estar negando, ignorando e minimizando o impacto negativo da dependência em sua vida. Às vezes, apenas depois de parar e pensar profundamente sobre isso é que você percebe a extensão completa do dano.

As Figuras 10-1 e 10-2 mostram como Jack e Percy calcularam os custos de suas adições.

PRIORIZANDO A SAÚDE

Problemas de saúde a longo prazo são frequentemente decorrentes de uso abusivo de álcool e drogas. Agendar um checkup físico completo (incluindo exames de sangue para função hepática entre outros) pode ser uma excelente ideia no início de sua recuperação. Assim como um check-up completo, seu médico pode ainda lhe dar ajuda adicional. Além disso, um bom susto quanto à sua saúde pode ser uma motivação extra para desistir da sua adição. Muitos de seus problemas de saúde associados ao consumo excessivo de álcool e drogas melhoram exponencialmente com a prolongação da abstinência. Assim, exames de saúde regulares, ao longo do seu período de abstinência, podem resultar em mudanças físicas positivas e proporcionar estímulo adicional.

Mesmo que você tenha sorte o bastante de escapar de quaisquer complicações de saúde mais sérias, abster-se das drogas e do álcool pode fazer com que se sinta mais saudável e bem fisicamente. Sono e apetite tendem a voltar ao normal e você, provavelmente, se sentirá com mais energia e disposição. Você parecerá mais saudável e vibrante. Sua libido pode melhorar também. Então, lembre-se de colocar os benefícios físicos da abstinência em sua lista de motivos para agarrar com unhas e dentes a reabilitação, e não esquecer do quanto ela vale a pena.

Use o Formulário de Custos do Comportamento Aditivo, no Apêndice B, para calcular os custos pessoais de sua própria adição. Enumere o maior número de custos que puder — não importa o tamanho. Quanto melhor você entender o impacto negativo de sua dependência, em todos os aspectos de sua vida, maior a chance de atingir seu objetivo de abandoná-lo. Reveja sua lista regularmente para manter sua motivação em alta.

DICA

Você também pode usar o modelo de análise de custo/benefício (ACB) do Capítulo 8 para ajudá-lo a ponderar sobre o que você tem a ganhar e perder com a abstinência.

Custos aos relacionamentos	Minha última namorada me deixou porque, segundo ela, eu colocava a cocaína antes dela. Eu quero me estabelecer e começar uma família logo, mas meu uso de drogas me impede de conhecer uma garota bacana. Muitos de meus amigos dizem que sou mal-humorado e difícil de conviver. Vejo menos meus velhos amigos e agora só costumo sair com pessoas do trabalho ou que também usem droga. Não arrumo tempo para visitar minha irmã ou meus pais há meses e estou perdendo o contato com eles. Sinto-me culpado sobre negligenciar minha família, pois estou muito ocupado bebendo e usando drogas.
Custos ao trabalho/carreira/estudo	Minha concentração no trabalho está diminuindo e estou preocupado que um dos meus chefes percebam que meu comportamento está um pouco estranho. Há uma política de "não tolerância" a drogas no trabalho e eu poderia ser demitido ou formalmente repreendido por usar cocaína. Eu planejo fazer alguns novos cursos de treinamento este ano, mas estou muito absorvido pela cocaína para agendá-los.
Custos à saúde física e emocional	Me sinto totalmente sem energia e bastante deprimido depois que passa o efeito da cocaína. Meu humor é muito instável. Minha alimentação é irregular e perdi bastante peso. Não vou mais à academia nem jogo tênis. Estou preocupada sobre que efeito a cocaína está tendo em minha saúde geral e com os danos em meu nariz.
Custos financeiros	Está me custando uma pequena fortuna. Com o dinheiro que eu gasto em cocaína e álcool, eu poderia sair de férias duas vezes este ano.
Custos sobre os interesses pessoais	Eu não faço mais nenhuma das coisas que costumava gostar. Não vejo os amigos com quem tenho muito em comum. Não cuido do meu apartamento muito bem e perdi o interesse em cozinhar. Estou vivendo dia após dia, de carreira em carreira, sem nenhum plano a longo prazo.

FIGURA 10-1: O formulário de Custos da adição de Jack.

Custos aos relacionamentos	Não passo tempo socializando com meus colegas que vivem comigo, pois estou sempre entocado em meu quarto com a porta trancada. Eu me sinto muito mal sobre meu vício em pornografia e não consigo imaginar estar em um relacionamento com ninguém neste momento.
Custos ao trabalho/carreira/estudo	Meu artigo está atrasado e vivo perdendo aulas, pois fico acordado a noite toda navegando em sites pornográficos. Eu não consigo me concentrar para estudar e meu interesse no curso está diminuindo.
Custos à saúde física e emocional	Me sinto muito envergonhado e deprimido sobre meu uso excessivo de pornografia. Estou sempre ansioso que um dos meus colegas descubra e conte para todo mundo. Eu não suportaria. Meu sono está muito ruim. Ou fico acordado até muito tarde vendo pornografia ou fico acordado me sentindo terrível sobre isso e me preocupando que alguém descubra.
Custos financeiros	Forneci os dados de meu cartão de crédito para alguns sites e me preocupo em gastar mais dinheiro em pornografia do que poderia.
Custos sobre os interesses pessoais	Eu costumava gostar muito de estudar e curtia passar o tempo batendo papo com meus colegas. Às vezes passo um dia inteiro na cama evitando a todos e me sentindo consumido pela vergonha sobre meu vício. Eu me sinto sozinho e minha autoestima está realmente em baixa agora.

FIGURA 10-2: O formulário de Custos da adição de Percy.

Sendo honesto sobre os benefícios

Nada acabará com seus sentimentos negativos como sua DDE. Ela lhe dá o tão desejado alívio e gratificação imediatos. Infelizmente, ela também lhe traz muito sofrimento a longo prazo: ressacas, depressões, oscilações de humor, autodepreciação, preocupações financeiras e riscos à saúde. Que beleza! Então, sim, os benefícios de sua DDE são muito poderosos, mas muito efêmeros; os efeitos negativos da adição normalmente são muito mais duradouros. O problema é que, quando está tentando se recuperar de uma adição, os benefícios de curto prazo do abuso podem parecer muito atraentes e esconder os efeitos negativos em sua mente. Ser honesto consigo mesmo sobre a finalidade de seu comportamento é crucial; assim como investigar outras maneiras de obter benefícios semelhantes sem os custos tão altos. Ao longo do tempo, você pode desenvolver maior tolerância às emoções negativas e às dificuldades diárias sem precisar recorrer à adição. A Figura 10-3 mostra como Kelly ponderou os benefícios do uso de codeína e álcool.

Benefícios do uso de minha droga de escolha	Eu com certeza fico mais calma quando tomo codeína. Penso menos sobre problemas, como dinheiro e criação dos filhos e me sinto imune à ansiedade. Beber vinho me ajuda a relaxar e desacelerar à noite. Eu não penso muito sobre tudo que tenho que fazer no dia seguinte ou de onde vou tirar o dinheiro do aluguel. Fico menos irritável com meus filhos quando bebo e tomo alguns comprimidos de codeína. Minha raiva em relação ao meu ex-marido desaparece depois de beber algumas taças de vinho.
Alternativas saudáveis à minha droga de escolha	Eu poderia consultar meu médico e perguntar se poderia tomar antidepressivos ou se ele pode me indicar aconselhamento. Comer e depois assistir televisão com meus filhos me relaxa e me proporciona um tempo com eles antes de irem dormir. Encarar meus problemas práticos e investigar possíveis soluções provavelmente aliviaria bastante minha ansiedade. Falar com minha mãe ao telefone costuma me ajudar a colocar as coisas em perspectiva. Sair para um passeio de bicicleta com meus filhos costuma me proporcionar uma boa noite de sono e me sinto feliz por estar ativa. Tomar um banho de banheira à luz de velas com música ambiente me acalma.

FIGURA 10-3: A análise "O que meu comportamento aditivo faz por mim?" de Kelly.

Transformando Intenção em Ação

A intenção de abandonar um comportamento aditivo pode se estender por muito tempo. Você pode se ver adiando a ideia até que as condições "adequadas" aconteçam, ou até que se sinta "inspirado". Por exemplo, você pode pensar "assim que a pressão no trabalho diminuir, eu abandono a cocaína" ou "quando conhecer alguém e quiser começar um relacionamento, eu paro de ver pornografia" ou "assim que recuperar algum dinheiro, eu paro de jogar de vez". Se esperar pelas condições ideais antes de largar a adição, poderá esperar tempo demais. Basicamente, você está apenas dando desculpas para si mesmo para continuar usando.

Se você sabe que precisa e quer abandonar um comportamento aditivo, não tem muita escolha além de encarar o desafio independentemente do que esteja acontecendo em sua vida.

Marcando uma data

Não há tempo melhor que o presente. Experimente determinar uma data para parar. Quanto antes melhor, pois ficará menos propenso a se permitir "despedidas" do comportamento aditivo, das quais pode se arrepender. Decida uma data para abandonar este comportamento, idealmente dentro dos próximos cinco dias, e se programe para manter a promessa. Você pode até ficar ansioso para começar o desafio!

Atravessando os períodos de forte desejo

Ao abandonar qualquer tipo de adição, você enfrentará períodos de forte desejo. Às vezes eles são incômodos e fáceis de controlar, outras, podem parecer um monstro tentando lhe engolir. Para aumentar as chances de permanecer abstêmio, você precisa se preparar e esperar períodos de fissura muito intensa. A seguir, apresentamos algumas dicas que ajudam a lidar com eles:

» Conheça seus gatilhos. Certas propagandas, ambientes e até mesmo pessoas podem acionar os gatilhos da fissura. Sentimentos e eventos negativos também podem dificultar que você resista à sua DDE. Escreva uma lista de seus gatilhos, quando você sabe que está mais vulnerável a uma recaída, e planeje o que fazer (veja o próximo item).

» Faça outra coisa. Umas das melhores maneiras de atravessar períodos de fissura é distrair sua mente. Embora seja mais fácil falar do que fazer, você consegue. Faça uma ligação, palavras-cruzadas, dê banho no cachorro, saia para correr — faça qualquer coisa, menos usar.

» Seja grato. Como a maioria das pessoas utiliza o comportamento dependente para ajudar a esquecer suas angústias e dissabores, agradecer por aquilo que você tem pode ser uma excelente maneira de evitar recaídas. Concentre-se nas coisas positivas em sua vida e pense em como pode se beneficiar ainda mais.

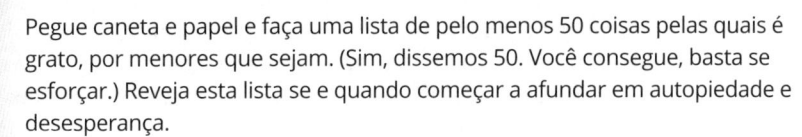

Pegue caneta e papel e faça uma lista de pelo menos 50 coisas pelas quais é grato, por menores que sejam. (Sim, dissemos 50. Você consegue, basta se esforçar.) Reveja esta lista se e quando começar a afundar em autopiedade e desesperança.

» Prepare-se. Sim, períodos de fissura são muito ruins, é verdade. Mas muitas coisas na vida são dolorosas, e você provavelmente lida muito bem com muitas delas em seu dia a dia. Seja compreensivo consigo mesmo, mas seja também firme. Você já é grande o bastante para aguentar a dor sem se esquivar de seu compromisso.

Quanto mais você experimentar períodos de desejo e conseguir resistir, mais confiante ficará em sua capacidade de se manter sóbrio. Você pode ficar orgulhoso de sua alta tolerância ao desconforto e se dar o merecido crédito pelo seu sucesso.

LEMBRE-SE: Momentos de fissura ou desejo intenso são normais! Abandonar a adição sem vivenciá-los seria decididamente estranho. Aceite esses momentos e não decida de modo equivocado que isso significa que você está fadado a perder a batalha! Fissuras não são um sinal de fraqueza; elas mostram que você está lutando e progredindo.

Aumentando o tempo entre a fissura e a ação

Um velho provérbio para lidar com a adição diz "coloque pelo menos meia hora entre você e seu dinheiro". Se seu comportamento dependente necessita de dinheiro para ser posto em prática, dificulte a recaída mantendo-se em estado de penúria voluntária. Se precisar ir ao caixa eletrônico antes de comprar bebidas ou cigarro, terá mais tempo para se convencer a não ter uma recaída. Livre-se dos seus cartões de crédito, para que não possa usar na internet. Trate a si mesmo como um adolescente que não pode ser confiado quanto a gastar seu dinheiro com responsabilidade. Resumindo, proteja-se. Você não precisará fazer isso para sempre, mas, no início da reabilitação, dificultar ao máximo as recaídas é muito sensato.

Lidando com a privação

Quando a vida é especialmente cruel e você está enfrentando muitas emoções desconfortáveis, ser privado de sua DDE pode parecer uma perda difícil. Você talvez deseje os supostos "bons e velhos dias" de volta, quando podia extravasar no álcool, drogas, jogo ou qualquer outra coisa. Acostumar-se a lidar sóbrio e de modo construtivo com o estresse e com as emoções negativas leva tempo. Seja paciente consigo mesmo, mas também seja firme. Se ceder à sua adição no primeiro sinal de desconforto, certamente não conseguirá abandoná-la. Seria maravilhoso se a vida lhe desse uma folga e permitisse que sua jornada de recuperação fosse tranquila, mas a vida não é justa o tempo todo. Apresentamos abaixo algumas das emoções e condições mais comuns, que podem ser um verdadeiro desafio para a recuperação.

» **Mágoa:** Sentimentos de mágoa normalmente levam ao senso de vitimização e desejo de usar. Você pode ainda sentir uma sede de vingança: "Eu vou ter uma recaída e mostrar para eles o que fizeram comigo!". A pessoa a quem você está causando sofrimento é você mesmo. Ninguém gosta de ser magoado, mas lembre-se que tem uma responsabilidade pessoal para lidar com seus sentimentos de modo construtivo.

- **Raiva**: Assim como a mágoa, o desejo de se aproximar de uma garrafa, das pílulas ou do computador pode ser extremo quando você está com raiva. Lembre-se de que seus sentimentos de desconforto diminuirão sozinhos. Em vez de ceder à adição, faça um pouco de atividade física vigorosa ou se distraia até se sentir mais calmo. Veja o Capítulo 15 para saber mais sobre como administrar a raiva.
- **Recompensa**: "Tenho me comportado a semana toda e mereço uma recompensa." Não transforme uma recaída em recompensa. Encontre outras maneiras de obter prazer depois de uma semana de trabalho intenso, ou para concluir uma tarefa. Planeje com antecedência. Prepare uma refeição agradável ou vá ao cinema.
- **Depressão**: Pessoas frequentemente buscam o álcool ou as drogas para fugir da dor da depressão e aliviar, ainda que de modo temporário, os problemas de sono associados à depressão. Se acha que está deprimido, leia as estratégias que descrevemos no Capítulo 12 e busque ajuda profissional.
- **Opressão**: Ao tentar se livrar de um comportamento dependente, você precisa ser realista. A prática aumenta sua capacidade de lidar com o estresse sem o risco de ter uma recaída. Nos estágios iniciais de recuperação, porém, tentar reduzir seu estresse diário é mais prudente. Novamente, um planejamento antecipado pode ser bastante útil para manter as exigências diárias sob algum grau de controle.
- **Estagnação**: A maldição do tédio. A estagnação e o tédio são sérios riscos para sua recém-descoberta sobriedade. Mantenha uma agenda variada e interessante, para reduzir o risco de ceder à adição em busca de diversão.
- **Autopiedade**: "Pobre de mim, como sofro!" Controle-se. Todos nós sofremos, lutamos e sentimos as dores de nossa existência. Não há nada de especial em você. Não permita que seus desejos e fissuras a convençam de que precisa usar pois é especialmente desafiado pela vida. Você não é. Reconheça suas dificuldades pessoais e aceite as circunstâncias problemáticas de sua vida, tanto as passadas quanto as presentes. Mas levante e erga a cabeça. Tome coragem e vá à luta para vencer seus desafios pessoais.

DICA

Você pode se recuperar de forma menos onerosa reduzindo sua propensão a experimentar emoções negativas nocivas. Veja o Capítulo 6 para saber mais sobre atitudes úteis para estimular emoções e comportamentos negativos saudáveis em resposta a eventos ruins.

Estipulando obstáculos positivos

No início da recuperação, você pode precisar evitar qualquer oportunidade ou tentação de recaída como um rato fugindo do gato — como se sua vida dependesse disso. Experimente atingir o equilíbrio para eliminar potenciais gatilhos de recaídas. Abandonar um comportamento aditivo já é difícil o bastante quando as condições são totalmente favoráveis, imagine se você se expuser a tentações. Seja realista. Dê a si mesmo a melhor chance de sucesso colocando obstáculos no caminho da recaída. Veja como Jack, Kelly e Percy usaram os obstáculos positivos.

Jack decidiu contar aos seus colegas que estava abandonando a cocaína, para que eles pudessem impedi-lo caso cedesse a usar. Também parou de carregar dinheiro além do suficiente para o almoço. Jack ainda parou de sair depois do trabalho com seus colegas de "vício" e substituiu esse momento por compromissos com sua família e amigos sóbrios. Ele deletou os contatos dos traficantes de seu telefone e do seu computador.

Kelly se livrou do saca-rolhas e das taças de vinho, para complicar um pouco caso sentisse vontade de beber vinho à noite. Ela também contou a seus colegas e chefe que teve uma alergia aos analgésicos a base de codeína, para tornar praticamente impossível para ela comprá-los no trabalho. Kelly também prometeu aos filhos que sairia de bicicleta com eles em dias específicos da semana, sabendo que seria muito improvável ceder à bebida e desapontá-los.

Percy cortou seus cartões de crédito e colocou seu computador na sala da casa que divide com amigos. Também colocou bloqueio de conteúdo na internet, de modo que, mesmo que esteja sozinho em casa, tenha que refazer uma série de configurações para poder acessar pornografia. Percy também fez planos de cozinhar para seus colegas duas vezes por semana, para distrair sua mente da pornografia e voltar a ser socialmente ativo.

EXPERIMENTE

Pegue caneta e papel e escreva todos os possíveis obstáculos positivos que pode criar entre você e seu comportamento aditivo.

Não deixando nada ao acaso

Dedos cruzados, vontade de Deus, bater na madeira, o destino... Superar uma adição não é uma questão de sorte. Você pode pensar "Espero que não sinta vontade de beber na festa amanhã". Sem chance. Ou você não vai na festa e se ocupa com outra coisa de que gosta ou vai dirigindo para que não possa beber. Com a adição, é melhor prevenir do que remediar. Não cometa o erro de se agarrar a um pé de coelho ou um trevo de quatro folhas. Assuma a responsabilidade por seu comportamento aditivo e faça os arranjos necessários para evitar a tentação.

Criando condições construtivas para uma recuperação contínua

Superar uma adição de modo significativo (e duradouro) envolve mudar seu estilo de vida. Reinvestir em atividades que gostava antes e se envolver em tarefas que estava negligenciando são parte da revisão em seu estilo de vida para evitar a recaída. Você também pode se beneficiar de ampliar seus interesses e aumentar seu envolvimento em grupos e causas que não tenham coisa alguma a ver com sua DDE. Manter-se ocupado (mas sem se sobrecarregar) pode ser bastante útil para preencher as lacunas que sua adição antes preenchia. Considere algumas das atividades abaixo:

» **Voluntariado.** Trabalho voluntário pode lhe dar um senso de satisfação e ajudar a conhecer pessoas novas.

» **Esforçar-se para melhorar sua forma física geral.** Exercícios regulares aumentam o nível de endorfina e trazem uma sensação real de bem-estar.

» **Entrar ou começar um clube do livro ou do filme.** Assistir a filmes e ler livros são excelentes passatempos solitários, mas reunir-se com outras pessoas uma vez por mês para discutir opiniões pode ser ainda melhor.

» **Buscar novos objetos de estudo ou cursos.** Aprender coisas novas pode ser muito recompensador e cativante. Você pode ainda se aprimorar na carreira no processo. Estudar também oferece outra excelente oportunidade de conhecer pessoas novas.

» **Tentar conhecer alguém especial.** Existem inúmeros sites confiáveis de encontros online e atividades para solteiros. Experimente e veja o que acontece.

Pense profundamente em seus interesses. Todos nós temos coisas que realmente nos atraem — carros clássicos, arte, arquitetura, esporte, animais, atividades ao ar livre, história, artesanato ou carpintaria. As possibilidades são verdadeiramente infinitas. Encontre algo que desperte sua paixão pessoal e reserve um tempo para ela.

LEMBRE-SE

A sobriedade ou "vida limpa" não é uma prisão perpétua ao tédio e à privação. É exatamente o oposto, se você escolher fazer acontecer.

Limpando a casa

Corte o mal livrando sua casa de todas as coisas relacionadas à adição. Você não precisa de lembretes ao seu redor quando bater a fissura. Jogue fora cinzeiros, agulhas, álcool e comprovantes de apostas. Limpe sua casa para que ela reflita sua nova resolução de viver de maneira limpa e positiva.

Uma casa limpa e arrumada também pode ajudar a manter seu humor estável. Parte da tarefa de cuidar de sua saúde física e mental é cuidar do ambiente onde vive. Mesmo que você não seja naturalmente muito organizado, faça um esforço adicional para tratar sua casa com o respeito e a atenção que você merece.

Fazendo socialização de apoio

Quando você para de usar sua DDE, pode precisar reavaliar suas amizades. Algumas pessoas talvez se revelem apenas "parceiras de adição" e têm muito pouco a lhe oferecer. Por vezes você precisa ser cruel e cortar os vínculos com certas pessoas.

As pessoas em sua vida que se preocuparam com seu comportamento dependente, ou pararam de lhe ver por causa dele, podem ser as de quem mais precisa agora. Tente reaproximar-se delas e conte sobre sua abstinência, para que possam oferecer o tão necessário apoio.

PENSE SOBRE ISTO

A adição floresce em segredo e a recuperação precisa de contemplação pública. Conte para as pessoas apropriadas sobre seu problema (e seus planos para superá-lo), para aumentar as chances de sucesso e diminuir os sentimentos de vergonha. Tenha em mente que as pessoas não podem lhe ajudar se não souberem que você está precisando.

Planejando para Evitar uma Recaída

Se você seguiu os conselhos oferecidos nas seções anteriores deste capítulo, está no caminho certo para evitar uma recaída. Entretanto, nós ainda queremos lhe alertar para os seguintes pontos que podem ardilosamente provocar uma recaída:

» **Tomar decisões aparentemente irrelevantes**. "Vou caminhar para casa pelo caminho do bar, assim economizo o tempo que usaria para desviar do caminho, porque já estou atrasada" ou "Vou passar no cassino para ver meu colega cujo telefone eu perdi" ou "Acho que vou ficar em casa neste final de semana pois meus colegas estarão viajando e eu poderei trabalhar em paz e com tranquilidade" ou "Estou com dor de cabeça, então vou tomar só um comprimido de codeína". Estes tipos de pensamento e decisões podem parecer bastante inocentes, mas não são! A adição é traiçoeira e pode levar você a pensar que está fazendo uma escolha sensata, quando na verdade está se preparando para cair na armadilha. Cuidado com decisões aparentemente irrelevantes que na verdade são lobos em pele de cordeiro. Cheque duas vezes suas motivações reais por trás de cada decisão que fizer no início da recuperação.

» **Perceber que a novidade perde a graça.** No começo, todo mundo fica muito satisfeito e impressionado com sua abstinência. Podem fazer concessões especiais e entrar em contato com regularidade para lhe dizer como você está se saindo bem. Então, um dia você percebe que sua "sobriedade" não impressiona mais. As pessoas não estão mais especialmente interessadas em sua recuperação e, na verdade, nem você está. Esta situação é normal; é o que deveria acontecer. Quando você estiver longe da adição por algum tempo, as pessoas tendem a esquecer, você é apenas você de novo. Alegre-se com isso em vez de se sentir negligenciado e injustiçado. Não é mais necessário mais de tapinhas constantes nas costas. Você se recuperou, fique feliz.

» **Excesso de autoconfiança.** Você acha que já está limpo tempo o bastante, de modo que pode beber ou usar drogas ocasionalmente, jogar um pouco ou ver um pouco de pornografia. O fato de você ter esse pensamento e desejo significa que não conseguirá fazer uso moderado com segurança. Não arrisque. Você está bem todo esse tempo sem sua DDE — para que colocar todo este esforço em risco?

» **Pensar que, se todos conseguem, por que você não?** Porque você tem um histórico de adição, fim de papo. Sim, aqueles indivíduos sortudos podem beber e fumar quando quiserem sem se viciar. Você, porém, tem que ter muito cuidado. Esta situação não é injusta — é só a sua realidade.

EXPERIMENTE

Faça uma lista de todas as decisões aparentemente irrelevantes e ideias de voltar ao comportamento dependente que acha que enfrentará no futuro. Depois conteste cada uma delas com atitudes úteis, saudáveis e que reforcem sua recuperação.

> **NESTE CAPÍTULO**
> » Vivendo feliz com sua aparência
> » Fazendo melhorias saudáveis
> » Apreciando a si mesmo integralmente

Capítulo 11
Vencendo os Transtornos da Imagem Corporal

Há muito mais na vida do que ser tão insuportavelmente lindo e vou descobrir o que é.

Derek Zoolander (interpretado por Ben Stiller no filme Zoolander)

Cuidar da saúde física e da aparência é natural e normal. Cuidar de si mesmo por meio de exercícios regulares, alimentação saudável e um bom cuidado pessoal faz parte de uma boa saúde mental. Entretanto, muitas pessoas dão muita importância a ter uma aparência atraente. A aparência pode se tornar a preocupação prioritária e levar você a um distúrbio emocional e/ou baixa autoestima.

Não dá para negar que a atratividade física tem um impacto sobre os outros. As primeiras impressões são normalmente baseadas em *uma combinação* entre aparência e comportamento. Os psicólogos definem o termo "imagem corporal" como o senso internalizado de sua aparência. Em muitos casos, as ideias que as pessoas têm sobre a aparência são mais ou menos precisas; em outros, elas são completamente desvirtuadas da realidade.

Neste capítulo, abordamos alguns dos tipos mais graves e debilitantes de distúrbio de imagem corporal, ajudamos você a determinar se tem um problema e oferecemos sugestões e tratamentos. A maior parte deste capítulo, no entanto, trata dos problemas de imagem corporal mais comumente encontrados. Apresentamos novas formas de pensar sobre sua imagem corporal e explicamos estratégias para criar uma melhor imagem corporal.

Primeiro, vamos definir o que queremos dizer com imagem corporal "saudável" e "nociva". Alguém com uma imagem corporal saudável pode não amar necessariamente a aparência, ou até estar abaixo da média no quesito. Ter uma imagem corporal saudável tem menos relação com o quanto você é atraente e mais sobre aceitar sua aparência como é. Uma imagem corporal saudável permite a você desfrutar sua vida em plenitude, seja qual for sua aparência, e ser capaz de aproveitar ao máximo o que a natureza lhe deu. Pessoas com uma imagem corporal não saudável tendem a desejar uma aparência radicalmente diferente e imaginam que seriam muito mais felizes se fossem mais atraentes.

Certamente você não é a única pessoa no mundo que se preocupa com a aparência física. Mesmo as pessoas que, em geral, são consideradas muito atraentes com frequência sofrem com problemas de imagem corporal. Isso só demonstra que a felicidade com a aparência não está inexoravelmente ligada à sua atratividade objetiva.

Fazendo as Pazes com o Espelho

"Espelho, espelho meu, existe alguém mais gordo, feio, sem graça, tolo e esquisito do que eu?" (Escolha a alternativa) Esse refrão parece familiar? Seu relacionamento com o espelho é repleto de ansiedade e horror? Se a resposta é sim, bem-vindo ao clube — um clube bem grande. A insatisfação com a aparência pessoal é predominante no mundo ocidental (e vem se espalhando mundo afora). A gravidade dos problemas de imagem corporal pode variar de amena e irritante a severa e debilitante. Do lado mais ameno da escala, você apenas resmunga sobre sua aparência, mas ainda é capaz de ter uma vida satisfatória. Se seu problema de imagem corporal é mais extremo, porém, ele pode levar a depressão, baixa autoestima, isolamento social e transtornos complexos, como o Transtorno Dismórfico Corporal (TDC), anorexia e/ou bulimia.

ALERTA DE JARGÃO

TDC é um transtorno que envolve preocupação extrema com uma ou mais características físicas. As características percebidas por quem sofre de TDC como inaceitáveis ou anormais, em geral não são perceptíveis para outras pessoas. Que sofre de TDC normalmente exibe comportamentos obsessivos, como esconder áreas do corpo que não gostam (com roupas ou maquiagem) e costumam se olhar no espelho o tempo todo para garantir que os defeitos percebidos ainda estão disfarçados (ou não pioraram de alguma maneira). Tanto homens quanto mulheres podem sofrer de TDC.

A anorexia nervosa é um transtorno alimentar caracterizado pelo medo intenso de engordar, ou até mesmo de ter um peso normal e saudável, acompanhado de extremos esforços para perder peso. Na maioria dos casos, a vítima acredita que tem uma aparência normal mesmo que outras pessoas (incluindo médicos e terapeutas) insistam que estão abaixo do peso. A anorexia afeta homens e mulheres igualmente, apesar da ideia errada de que é uma doença feminina. Normalmente, as vítimas de anorexia têm regras e rituais elaborados sobre a alimentação, que os permitem limitações na ingestão de calorias. Os esforços para perder peso incluem severas restrições alimentares, uso excessivo de laxantes, excesso de exercício e vômitos provocados após a ingestão de alimentos.

A bulimia nervosa é outro tipo de transtorno, mas a maioria das vítimas está dentro da faixa normal de peso. O transtorno é caracterizado por períodos de dietas, intercalados por acessos de compulsão. Normalmente, um indivíduo consome muito além da ingestão diária recomendada de calorias em apenas um episódio compulsivo. Depois da compulsão, a vítima tenta eliminar tudo por meio de indução ao vômito, uso de laxantes ou ambos. Assim como a anorexia, a bulimia também costuma ser identificada como um problema "exclusivamente feminino"; na realidade, porém, muitos garotos e homens desenvolvem bulimia.

As seções a seguir trazem algumas informações importantes para lhe ajudar a descobrir se a imagem corporal é um problema para você.

Eu tenho um problema sério de imagem corporal?

Você acha que possui alguma característica física anormal, defeituosa ou feia? A característica pode estar em qualquer parte do seu corpo. Lembre-se que sua percepção sobre ela é o que conta aqui, mesmo que os outros discordem. Considere suas respostas a estas questões:

1. Algum amigo, familiar ou profissional de saúde lhe disse que suas preocupações sobre sua característica não têm fundamento e que não há nada de errado ou diferente sobre sua aparência?

2. Você continua a se estressar ou se preocupar com uma característica apesar de seus amigos, familiares e médicos lhe assegurarem o contrário?

3. Se somar todo o tempo que você pensa, se preocupa ou verifica a característica indesejada em um dia, equivale a uma hora (ou mais)?

4. Suas preocupações específicas sobre sua característica física o impedem de socializar ou evita que construa relacionamentos íntimos?

Se sua resposta é sim para quatro das cinco perguntas anteriores, você pode ter algum grau de TDC. O tratamento de TCC específico para este transtorno pode lhe ajudar. Um aconselhamento psiquiátrico profissional deve ser útil; discuta a questão com seu médico e peça uma indicação. Mesmo que pense que seus problemas estão no lado mais ameno do espectro, aconselhamos que seja precavido e procure uma opinião médica mesmo assim.

Eu tenho um transtorno alimentar?

Preocupações extremas sobre a imagem corporal podem resultar em transtornos alimentares, como anorexia ou bulimia. Responda estas perguntas para avaliar seus sentimentos em relação à comida, ganho ou perda de peso e autoimagem:

1. Você tem muito medo de ganhar peso, manter o peso ou que os outros pensem que você é gorda?

2. Você tenta monitorar rigorosamente o quanto você come (o tamanho da porção), que alimentos come (grupos de alimentos) ou as calorias que consome por dia?

3. Você fica estressado (deprimido ou agitado) se comer mais do que o planejado ou se consumir um alimento "proibido"?

4. Apesar de ter perdido peso, você se sente insatisfeito com seu manequim e está convencido de que precisa perder mais?

5. Você tenta esconder o fato de que está tentando perder peso dos seus amigos e familiares porque eles já declaram preocupação com seu baixo peso?

6. Você induz o vômito, bebe muita água ou bebidas dietéticas para se sentir satisfeito, usa laxantes ou se exercita compulsivamente para perder mais peso?

7. Você se preocupa com a comida e seu corpo? Acha que isso está sempre em sua cabeça? (Sonha com comida e que está comendo.)

8. Apesar dos seu esforços, às vezes você perde o controle e come compulsivamente? Esses ataques compulsivos podem envolver comer alimentos proibidos ou porções maiores do que normalmente se permite (e depois pode sentir intensa culpa e arrependimento).

9. Você tem certos rituais sobre alimentação, como: mastigar determinado número de vezes, cortar a comida em pedaços pequenos, consumir menos do que os outros ao seu redor, comer em horários específicos ou querer comer escondido?

10. Você se pesa uma ou mais vezes por dia? Checa a proeminência dos ossos do seu quadril, joelhos e ombros diariamente? Compara seu corpo com determinadas peças de roupa?

Se sua resposta é "sim" para cinco ou mais perguntas acima, você pode estar sofrendo de um transtorno alimentar ou estar em risco de desenvolver um. Converse com seu médico e peça a indicação de um psiquiatra para avaliação. Existem clínicas especializadas no tratamento de transtornos alimentares, e muitos terapeutas de TCC possuem conhecimento especializado sobre este problema.

CUIDADO

Se sua percepção quanto a sua aparência está impedindo você de ir ao trabalho ou à escola, de socializar e buscar seus objetivos de modo geral (veja o Capítulo 8 para saber mais sobre objetivos), não hesite em buscar ajuda profissional. Condições como a TDC e os transtornos alimentares tendem a piorar com o tempo, se não tratados. Recomendamos intensamente que procure tratamento o mais breve possível. O Capítulo 21 apresenta muitos conselhos e informações sobre como buscar ajuda profissional para lidar com seus problemas.

LEMBRE-SE

Muitas pessoas se recuperam completamente dos transtornos de imagem corporal discutidos neste capítulo. Isso envolve muita determinação e trabalho — mas é possível. Seja otimista e persista em um tipo reconhecido e eficaz de tratamento (veja o Capítulo 21 para orientações de onde procurar ajudar).

Analisando casos hipotéticos

Você pode não achar as questões nas seções anteriores relevantes para você, mas ainda assim reconhecer que seu relacionamento com sua forma física não é ideal. Muitos de nós temos episódios de aversão em relação à própria aparência; eles podem passar razoavelmente depressa ou ser indicativo de uma insatisfação mais crônica.

Dê uma olhada nos seguintes exemplos hipotéticos:

> Jake é alto e magro. Ele era bastante importunado na época de escola e o chamavam de "palito" e "varapau". Jake permaneceu muito constrangido em relação ao peso e sua forma física. Constantemente se comparava aos amigos na academia, que eram mais robustos, musculosos e troncudos. Ele desenvolveu o hábito de analisar o corpo sem roupa diante do espelho. Geralmente, ele é bastante crítico sobre o que vê: "Que ombros ridiculamente estreitos eu tenho! Os músculos no meu abdômen simplesmente não existem. Por que eu ainda me preocupo em malhar? Obviamente não faz efeito algum".

O habitual criticismo severo de Jake em frente ao espelho não está fazendo bem algum a sua autoestima geral ou imagem corporal. Mas ele faz isso há tanto tempo que nem percebe o quanto esse criticismo é danoso.

Savannah odeia o próprio rosto; ela acha que o nariz é grande demais e que seus olhos são muito afastados. Ela não repara nos cabelos brilhantes e dentes perfeitos que tem. Na verdade, está tão insatisfeita com a aparência do seu rosto que olhar-se no espelho é doloroso. Desde a adolescência, Savannah evita espelhos, e passa o mínimo tempo possível diante dele. Ela penteia o cabelo rapidamente e aplica uma pequena quantidade de maquiagem toda manhã, depois evita olhar-se no espelho pelo resto do dia.

Savannah considera qualquer superfície reflexiva sua inimiga. Ela ignora completamente suas melhores características e se concentra naquelas que detesta.

Uma das diferenças principais entre as pessoas com imagem corporal saudável e não saudável é aquilo que cada uma escolhe focar ao olhar-se no espelho. Pessoas com imagem corporal baixa normalmente analisam as áreas de insatisfação e ignoram outros aspectos de sua aparência. Aqueles com imagem corporal saudável são mais propensos a prestar atenção nas áreas e nas características que consideram seus pontos fortes.

Tanto Jake quanto Savannah estão constantemente reforçando suas imagens corporais negativas quando se olham no espelho. Jake usa o espelho em excesso para examinar e criticar sua altura e sua magreza. Savannah faz o oposto; ela se esconde do espelho porque tem medo de confrontar seu rosto "imperfeito". Se alguns destes dois exemplos lhe recordam de seu relacionamento com o espelho, pode se beneficiar das três regras a seguir para usar o espelho de forma saudável:

1. **Observe a si mesmo no espelho, mas evite julgamentos e avaliações. Experimente não nutrir pensamentos sobre si mesmo como sendo uma pessoa bonita ou feia. Apenas use o espelho para fazer o que precisa, como arrumar o cabelo ou fazer a maquiagem.**

2. **Controle quanto tempo você gasta em média diante do espelho. Se ficar tempo demais pode acabar criticando sua aparência, como Jake. Se evita o espelho como a Savannah, pode precisar se forçar a observar seu reflexo com mais frequência. Evitar espelhos pode servir para reforçar sua noção imaginária de que sua aparência vai fazê-lo se quebrar!**

3. **Resista à análise seletiva. Em vez de se focar nos aspectos individuais de sua aparência, tente visualizar a si mesmo como um todo. Novamente, preste atenção para evitar julgamentos. Simplesmente olhe e veja a si mesmo como um todo, sem avaliação positiva ou negativa.**

Essas regras são, na verdade, bastante simples — mas são difíceis de seguir se você tem usado o espelho há anos apenas para encontrar defeitos em sua aparência. Aprender a apreciar seu corpo como um todo requer prática e determinação. Seja teimoso e persistente até criar novos hábitos saudáveis diante do espelho.

LEMBRE-SE Use o espelho como uma ferramenta para arrumar os cabelos, se barbear, checar sua roupa ou se uma migalha do café do manhã grudou em seu bigode. Não o use como arma para se derrotar.

Assistindo a Propagandas e Mensagens da Mídia com Desconfiança

A indústria da propaganda é culpada por promover a super valorização da boa forma física. Aproveitar-se das inseguranças físicas das pessoas normais é obviamente o maior objetivo da indústria da moda (incluindo fabricantes de cosméticos, produtos de higiene pessoal e vestuário). O motivo é muito simples, eles ganham dinheiro com a venda de produtos. Em muitas mensagens publicitárias está implícito: "Compre nosso produto e você ficará atraente como ele/a". Mulheres de biquíni estampam as capas de revistas de carros e aparelhos tecnológicos, enquanto que homens com aparência de deuses gregos são personagens constantes de anúncios de refrigerantes e de chocolate. Identificar a conexão óbvia entre usar um biquíni e ouvir um iPod não é fácil, mas a mensagem é mais ou menos consistente: "Estes produtos são sedutores; pessoas sedutoras têm esse produto! Compre isso e seja uma pessoa sedutora!". Ou algo parecido.

Propagandas, revistas, filmes e programas de televisão frequentemente mostram uma representação distorcida de como é ou *deve ser* a aparência de uma pessoa comum. Modelos, por exemplo, são excepcionalmente magras e altas. As pessoas nas capas das revistas e celebridades de todos os segmentos são fotografadas com o único propósito de aparecerem em sua melhor forma. As fotografias são editadas para remover quaisquer imperfeições. Sem dúvida, muitos atores, modelos e celebridades são naturalmente belos e atraentes, mas a fotografia pode fazer com que pareçam perfeitos. A maioria de nós, de aparência normal, não parecemos tão especiais. Além disso, a mídia pode transformar o indivíduo mais normal em modelo de perfeição física. Nem todos os modelos, celebridades ou atores são maravilhosamente belos. Nós simplesmente somos levados a pensar dessa maneira. Muitas das pessoas no centro da atenção da mídia podem ter poderes de atração que não se baseiam em suas características físicas. Em vez de aceitar tudo que a mídia lhe diz que é verdade, experimente usar seu próprio julgamento com mais frequência. A maioria da população mundial tem uma aparência bastante comum.

Reconhecendo problemas com a sua imagem corporal

Você pode acabar enfrentando problemas com sua imagem corporal se sua intenção é ser igual aos modelos excepcionalmente bonitos das capas de revistas. Entretanto, culpar a mídia pela baixo autoestima é muito simplista. Grande parte de sua insatisfação crônica com sua aparência pode decorrer de seus próprios pensamentos e comportamentos. Você pode ter hábitos de pensamento e comportamento causadores de imagem corporal negativa, dos quais nem você está totalmente ciente.

Pensamentos nocivos

Certos modos de pensar normalmente reforçam uma imagem corporal negativa:

» **Fazer cobranças e criar regras rígidas sobre o modo como outras pessoas devem (ou não) julgar sua aparência.** "Eu não suportaria se alguém pensasse que sou sem graça ou gordo!" O medo de um julgamento físico negativo não está limitado aos membros do sexo oposto (ou do gênero pelo qual você se atrai). A maioria das pessoas também teme ser julgado como "feio" por amigos ou pessoas pelas quais elas não têm qualquer interesse romântico ou sexual. Pode ser difícil de acreditar, mas existem coisas piores no mundo do que ser julgado como fisicamente não atraente. A atração duradoura é baseada em muito mais do que a beleza convencional. Tente pensar em si mesmo como um todo e não apenas um conjunto de atributos físicos.

» **Conectar seu amor-próprio à sua atratividade.** Se você tem uma imagem corporal negativa, pode automaticamente presumir que pessoas bonitas são superiores, têm mais direitos, merecem tratamento especial e levam vidas encantadas. Você se sente como um sapo esperando por um beijo. Nós todos temos um valor essencial como ser humano independente de nossa aparência. Seu valor não é ditado por sua atratividade. Você tem muito a contribuir para este mundo além de ser agradável para os olhos.

» **Dar muita importância para a aparência física e subestimar outras características que contribuem para a atratividade geral, como a personalidade, os valores e o humor.** A beleza realmente é superficial. As pessoas que achamos mais atraentes não são necessariamente candidatas a supermodelos.

» **Superestimar o grau de avaliação e percepção de sua aparência por outras pessoas.** Se você sofre de imagem corporal muito negativa, pode presumir que qualquer pessoa que olha para você está pensando sobre como sua aparência é inadequada. Pode até presumir que elas sequer se importam de lhe conhecer por causa de sua aparência. As pessoas normalmente estão bem menos interessadas em criticar sua aparência do que você imagina. Você pode atrair a atenção dos outros por inúmeras razões, e as pessoas podem estar olhando para você apenas por distração. Experimente ter em mente que sua insegurança sobre sua aparência provavelmente não é óbvia (ou sequer importante) para os outros.

» **Manter expectativas e padrões irreais para sua aparência física.** Há um limite sobre a melhoria e/ou mudança possível de fazer na sua aparência. Se você constantemente sonhar parecer uma modelo glamourosa ou estrela de cinema, acabará se sentindo cronicamente inadequada e insatisfeita. Aceitar sua aparência e fazer o melhor possível com aquilo que a natureza lhe deu é muito mais produtivo do que sonhar com ideais irreais e inatingíveis.

Comportamentos nocivos

Características comportamentais comuns associadas a uma imagem corporal nociva incluem o seguinte:

» **Comparar sua aparência física com a dos outros regulamente.** Você pode não estar ciente de quanto tempo gasta se comparando com os outros em termos de atratividade. Isso pode se tornar um hábito muito pernicioso e insidioso. "Meu bumbum é maior do que o dela?", "Pareço mais jovem que fulana?", "Sou tão estilosa quanto ela?" entre outros. Independentemente de fazer comparações positivas ou não com outro pobre e inocente, não está fazendo bem algum para sua imagem corporal. Em vez disso, está perpetuando uma ideia potencialmente nociva de que a aparência é muito importante e inflamando ainda mais a sua preocupação com ela.

Tente fazer o oposto por três semanas: observe os outros sem julgar e resista à vontade de fazer comparações pessoais. Depois verifique eventuais benefícios positivos para sua satisfação geral com a própria aparência (provavelmente, haverá uma ligeira melhora) e seu grau de preocupação com sua imagem física de modo geral (ele pode ter reduzido significativamente).

» **Arrumar-se demais antes de sair em público.** Garantir que esteja sempre super arrumada, mesmo para ir até a loja da esquina comprar pão, é um sinal claro de imagem corporal negativa (e/ou superestimação da importância da atratividade física).

Você pode realmente acreditar que sua aparência é incrivelmente diferente (melhor) quando está maquiada, barbeado ou bem arrumado do que ao sair da cama ou do chuveiro ao natural — mas é provável que esteja errado. A diferença tem mais a ver com sua percepção interna de sua aparência do que com a realidade. Você pode sentir que está mais bonito/a ou atraente depois de completar seu ritual habitual de produção, mas se perguntar para os outros o que eles pensam pode se surpreender com a insignificância da diferença percebida.

» **Fazer dieta ou exercício constantemente para melhorar sua aparência**. Um pouco mais adiante neste capítulo, discutimos como fazer mudanças benéficas ao seu estilo de vida (e, por associação, à sua aparência) por razões positivas. A maioria de nós pode colher benefícios para a saúde em decorrência de alimentação saudável e exercícios físicos mais regulares. Muitas pessoas, porém, vivem eternamente em dieta, esperando ganhar tônus muscular ou perder algum peso antes de se considerar "atraente" ou "digno de atenção". Aceitar a si mesmo como é agora, ao mesmo tempo que identifica as áreas que podem ser melhoradas, permite a você fazer mudanças para melhorar sua saúde e sua felicidade. Em vez de aspirar alcançar ideais físicos ilusórios por meio de dietas malucas, opte por mudanças de estilo de vida a longo prazo.

» **Tentar evitar expor o corpo, até mesmo para o parceiro ou parceira**. Se você realmente tem vergonha do corpo, pode ser que evite olhar no espelho (como discutimos anteriormente neste capítulo) e se esforce ao máximo para impedir que os outros vejam suas imperfeições. Pode ficar relutante a usar traje de banho ou tirar a camisa em um dia quente na praia. Talvez você se recuse a se despir diante do parceiro e insista em diminuir a luz ao fazer amor. Esconder-se do olhar dos outros (mesmo das pessoas mais próximas) pode parecer fazer sentido no momento — você se sente menos constrangido. A longo prazo, porém, se esconder lhe mantém preso em um círculo de imagem corporal negativa crônica.

PENSE SOBRE ISTO

Se realmente quer se sentir mais satisfeito com sua aparência física, precisa agir de modo a refletir o que quer sentir. Pessoas que aceitam a própria aparência (inclusive as imperfeições) geralmente não ficam cobertos na praia ou vendam seus parceiros. Quanto mais você esconder o corpo (ou o rosto), mais vai perpetuar a crença de que realmente tem algo inaceitável a esconder.

» **Buscar reafirmação**. Perguntar às pessoas se elas acham que você está gordo, magro, feio, esquisito e assim por diante pode se tornar um hábito. Talvez isso proporcione uma sensação boa a curto prazo, mas provavelmente suas inseguranças vão voltar bem rápido. Você ainda acaba ignorando as respostas positivas das pessoas e os elogios, pois pensa que "elas estão apenas sendo educadas". A busca constante por reafirmação é capaz de assumir outras formas, como se comparar a outras pessoas que acha piores que você. Isso é uma solução bastante efêmera para a imagem corporal negativa, pois o mantém focado em sua aparência física.

Se você reconhece qualquer um desses comportamentos, pode ter problemas com sua imagem corporal. Com determinação, porém, será capaz de aceitar sua aparência e reconhecer que ela não define nada a seu respeito.

Aceitando a si mesmo

Em vez de aumentar a insatisfação com sua aparência pondo em prática os pensamentos e comportamentos descritos na seção anterior, tente desenvolver um pouco de autoaceitação. Aceitar-se como uma pessoa de valor e simultaneamente se esforçar para melhorar é totalmente possível — seja qual for sua aparência natural.

Por exemplo, considere a situação de Jake, citado anteriormente. Ele pode fazer o esforço deliberado para melhorar seu tônus muscular, mas também pode reconhecer, de modo consistente, que sua constituição física natural é alto e magro — e não há problema nisso. Em vez de criticar sua forma o tempo todo, ele pode ajudar sua imagem corporal ao desenvolver novas atitudes em relação a si mesmo. Realisticamente, é improvável que Jake de repente se apaixone por seu físico. Entretanto, ele pode mudar a relação com seu corpo gradativamente, resistindo aos seus rituais diante do espelho e mandando para si mesmo mensagens como "eu gostaria de ser mais musculoso, mas aceito minha forma natural" ou "eu não sou fisicamente perfeito, mas tenho uma boa aparência". Jake pode ainda se ajudar vestindo-se de modo mais apropriado para sua altura e constituição física, malhando, mas dando prioridade à boa forma e ao tônus muscular, em vez de criar músculos visíveis, e se recusando a se comparar com outros rapazes da academia, que são naturalmente mais robustos.

> **DICA**
>
> Aceitar as outras pessoas é o outro lado da moeda da autoaceitação. Você pode se aceitar em certo ponto como um ser humano imperfeito, falível, fisicamente imperfeito e ainda assim valoroso e respeitável. A autoaceitação é mais fácil de atingir (e manter), porém, você também deve aplicar a mesma filosofia para os demais. Então, não se permita ser excessivamente crítico sobre a aparência das pessoas. Aceite-as como são e esforce-se para tirar sua atenção sobre a beleza física.

Vendo a si mesmo como uma pessoa inteira

Querida, você não é apenas um rostinho bonito! Existe uma pessoa inteira dentro deste recipiente físico conhecido como corpo. Sua apresentação externa é realmente apenas o canal para todos os seus atributos internos, sentimentos, ideias e reflexões; isto é, todas as suas facetas humanas. Dê uma olhada na Figura 11-1 e 11-2. A Figura 11-1 representa a importância que muitas pessoas com imagem corporal negativa acreditam que as outras atribuem para a atratividade física, em relação às demais características. Você pode ainda atribuir relevância exagerada para a beleza física. A Figura 11-2 representa uma divisão mais precisa entre aparência e outros componentes importantes da atração interpessoal. Os itens incluídos nesta figura são meramente *alguns* de *muitos* aspectos idiossincráticos que as pessoas tendem a prestar atenção específica ao escolher parceiros românticos ou amigos. Certamente, a atração física faz parte;

mas ela pode aumentar (ou, na verdade, diminuir) com o tempo, na medida em que vão se conhecendo. A aparência é apenas uma pequena e instantaneamente óbvia parte da conexão duradoura entre as pessoas.

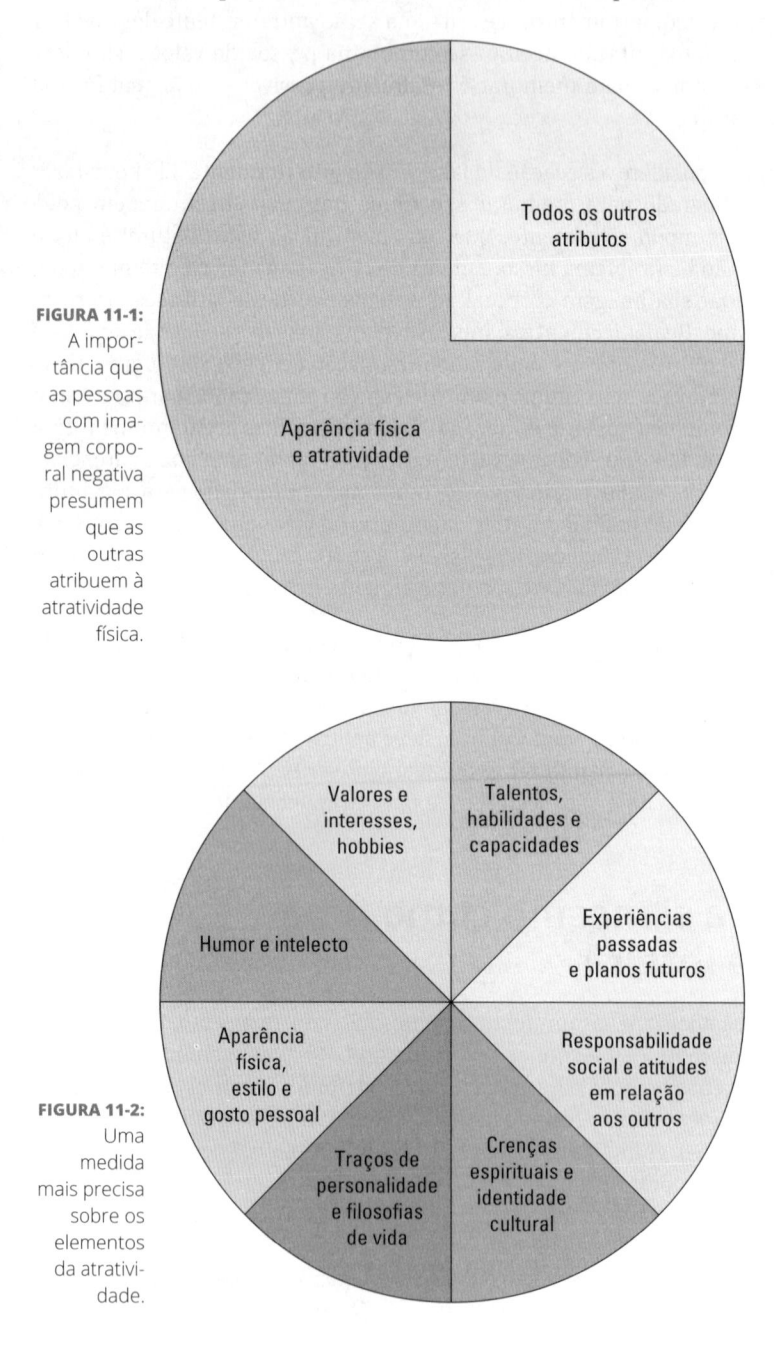

FIGURA 11-1: A importância que as pessoas com imagem corporal negativa presumem que as outras atribuem à atratividade física.

- Todos os outros atributos
- Aparência física e atratividade

FIGURA 11-2: Uma medida mais precisa sobre os elementos da atratividade.

- Valores e interesses, hobbies
- Talentos, habilidades e capacidades
- Experiências passadas e planos futuros
- Responsabilidade social e atitudes em relação aos outros
- Crenças espirituais e identidade cultural
- Traços de personalidade e filosofias de vida
- Aparência física, estilo e gosto pessoal
- Humor e intelecto

EXPERIMENTE — Use este experimento para reforçar a ideia de que a atratividade não é inteiramente ditada pela beleza física, e que outras virtudes são igualmente importantes. Em um pedaço de papel, faça uma lista de pelo menos cinco pessoas que você realmente admire, ache atraente ou goste de estar junto, mas que não seja especialmente/convencionalmente bonito(a). Descreva pessoas que você realmente conheça ou pessoas famosas. Ao lado dos nomes, escreva as características pessoais você associa a esta pessoa. Reveja sua lista com frequência e, em especial, quando estiver dando importância demais à aparência física.

Homenageando Seu Corpo pelos Serviços Prestados

Independentemente do que a sociedade, a mídia e a indústria da publicidade queiram lhe fazer acreditar (ou o que você pode pensar há anos), aparência não é tudo. Literalmente. Seu rosto e seu corpo não foram criados para fins estéticos.

PENSE SOBRE ISTO — Dizem que os olhos são as janelas da alma. Há uma razão para isso. O seu olhar, suas expressões faciais e linguagem corporal transmitem inúmeras mensagens. Quer você goste ou não, outras pessoas conseguem ler seus sentimentos através de sua expressão facial e pelo seu olhar.

Seu rosto é um atributo muito variável, especialmente se você permitir. A não ser que você tenha a tendência de tentar controlar suas expressões faciais, por medo de parecer esquisito ou feio. Ter uma imagem corporal saudável envolve, em parte, se permitir usar livremente seu rosto e seu corpo para se expressar. Eles podem contar inúmeras histórias mesmo quando você diz muito pouco ou nada. O modo como você se porta, posiciona seu corpo e combina expressões faciais transmite uma abundância de mensagens para o observador distraído ou atento. Seu corpo e seu rosto não são apenas atributos a serem admirados ou rejeitados; eles são meios vitais e poderosos de comunicação, que é uma habilidade muito importante e útil em todos os tipos de sociedade. Então, não importa se você é deslumbrante ou não, você é definitivamente (e inevitavelmente) um comunicador natural.

Passar muito tempo se concentrando em sua aparência a ponto de ignorar completamente as outras funções de seu corpo e rosto não é incomum.

LEMBRE-SE — Nós não vivemos apenas para sermos bonitos e sexualmente atraentes. Homens ou mulheres, somos seres ativos, vibrantes e em constante mudança. Todos temos habilidades, propósitos, valores e ideais que vão muito além da aparência física.

As três seções seguintes destacam outras finalidades (frequentemente subaproveitadas) de seu corpo e as atividades que ele lhe permite desempenhar e desfrutar.

Desfrutando as sensações

Seus cinco sentidos — visão, audição, olfato, paladar e tato — permitem que você sinta o mundo e experimente a vida.

PENSE SOBRE ISTO

Mesmo quando você perde ou nasce sem um dos sentidos, como a visão ou audição, seus outros sentidos normalmente o compensam — o que é algo bastante impressionante. Eu (Rhena) passei alguns anos aprendendo a linguagem dos sinais, o que me fez compreender o quanto meus sentidos são interessantes. As experiências das pessoas surdas são tão ricas quanto as das ouvintes. A concentração visual necessária para se comunicar via linguagem dos sinais é extraordinária (na verdade, é menor se você é surdo, já que falar e ouvir não são normalmente uma opção e portanto não oferecem distração). As pessoas surdas ou cegas são muito mais pacientes com as limitações das pessoas que veem e ouvem do que você imagina.

Seus cinco sentidos são muito mais merecedores de sua estima e gratidão. Considere tudo que eles lhe permitem experimentar:

» **Dor**: Bem, dor não é algo que normalmente paramos para apreciar, mas ela é uma parte vital e inevitável da experiência humana. A dor física e emocional coloca você em contato com sua humanidade e pode lhe proporcionar oportunidades de aprender e crescer. Considere coração partido, sofrimento, desapontamento, dor de dente, comer pimenta, testemunhar um evento traumático, ouvir alguém que ama chorar, assistir a um filme ruim, fazer algo de que se arrependa, dar à luz ou cair do skate — há uma enorme gama de experiências proporcionadas pela dor.

» **Prazer**: Todos os seus cinco sentidos oferecem a você uma fonte de prazeres. Aromas, gostos, visões, sons e sensações táteis agradáveis são associadas com todos os tipos de coisas, como ouvir música, cozinhar, fazer amor, se exercitar, comer e beber, criar arte, ser abraçado, dar um abraço... a lista é infinita.

Dor e prazer, com frequência, se sobrepõem para formar uma experiência humana plena. Alguns exemplos comuns incluem dar à luz, correr uma maratona, concluir um curso, terminar ou começar um relacionamento, ser operado, fazer fisioterapia, mudar de casa, mudar de emprego, sair da casa dos pais para morar sozinho e muitas, muitas mais.

Então, além de ser simplesmente uma criatura de beleza física (ou não), você também é uma criatura de experiências. Para construir uma melhor compreensão de si mesmo como uma pessoa completa, talvez seja necessário que você pense mais sobre seus sentidos e sua existência experimental e menos em quanto é atraente e belo.

Fazendo suas tarefas diárias

Com que frequência você realmente reserva um tempo para conscientemente apreciar tudo que seu corpo lhe permite fazer? Assim como a maioria de nós, você pode acabar menosprezando suas capacidades físicas. Como mencionamos anteriormente e novamente no box mais adiante, é provável que as pessoas com deficiências ou incapacidades valorizem muito mais tudo que o corpo humano pode fazer do que aqueles que nunca enfrentaram nenhum desafio em suas capacidades físicas. Todos podemos nos beneficiar de maior atenção ao fato de que nossos corpos servem para muitas funções vitais. Novamente, muito além da aparência, seu corpo faz muito por você diariamente:

» **Trabalho e carreira**: Seu corpo lhe permite buscar seus objetivos profissionais, ganhar seu sustento, aprender novas habilidades e conquistar novos conhecimentos.

» **Cuidar da casa**: Ser capaz de cuidar do ambiente em que vive, fazer pequenos reparos e reformas, dirigir um veículo, lavar roupa, cuidar do jardim, jogar o lixo, cuidar dos seus filhos ou de outras pessoas em sua família, fazer compras, cozinhar, tirar o pó, passar o aspirador, passar roupa e — tudo mais.

» **Cuidados pessoais**: Apenas o fato de ser capaz de cuidar de suas necessidades físicas e higiene pessoal é algo que devemos agradecer diariamente.

» **Atividades altruístas**: Cuidar de quem precisa, ajudar um amigo, membro da família ou vizinho são ações altruístas que podem lhe ajudar a se sentir bem internamente. Sem suas capacidades físicas, você não seria capaz de praticar outras atividades de crescimento. As pessoas não poderiam se beneficiar de sua ajuda e você não poderia colher os benefícios de fazer o bem.

PENSE SOBRE ISTO

Você não precisa viver em um filme para poder ter uma vida boa e significativa. Seu corpo (e rosto) pode lhe trazer muitas outras alegrias e servir para inúmeras funções essenciais.

EXPERIMENTE

Para melhorar sua imagem corporal e se apreciar por inteiro, em vez de simplesmente se concentrar em sua aparência, faça o seguinte experimento: reserve um tempo todos os dias apreciando e agradecendo por suas capacidades físicas. Escreva uma "lista de gratidão" para lhe ajudar a valorizar mais seu corpo.

Avaliando seu veículo pela experiência

Você pode gastar muito tempo lamentando sua aparência a ponto de ignorar o fato de que sem seu invólucro físico (incluindo os supostos defeitos) você seria privado da...*vida*! Já falamos deste conceito ao longo deste capítulo, mas correndo o risco de sermos repetitivos (e vale a pena repetir), você *precisa* de seu corpo para ser capaz de viver sua vida. Essa é a essência de tudo. Então, se acredita que preferiria estar morto do que viver em um veículo físico de aparência mediana ou menos que mediana, procure ajuda profissional (veja o Capítulo 21 para começar). E dê um belo chacoalhão em sua cabeça.

Em vez de pensar exclusivamente no quanto você se acha ou não atraente, tente dedicar um pouco dos seus pensamentos a como vive. Seu corpo é o veículo através do qual você consegue:

» **Criar relações**: Estar em contato com outros, seja de modo superficial ou mais profundo ou íntimo, faz parte da experiência humana — e não está exclusivamente ligado a sua atratividade física.

» **Sentir emoções**: Sentimentos são fantásticos. Os positivos tendem a ser mais recompensadores do que os negativos, mas ambos são parte de viver uma vida plena e rica (veja o Capítulo 6 para saber mais sobre emoções).

» **Fazer escolhas de vida**: É possível superar as adversidades, escolher seu emprego e sua profissão, criar uma família, viver de acordo com seus padrões e valores pessoais (veja o Capítulo 18), além de apreciar o mundo a sua volta.

» **Buscar seus interesses**: Não é possível ir a um safári sem estar fisicamente na face da Terra, mas pode ir em um mesmo que não pareça uma estrela de cinema. Sair em um safári, aliás, é apenas um exemplo. Até mesmo visitar uma galeria de arte ou outra forma mais banal de uma atividade de que gosta é um uso válido de seu corpo fabuloso e longe de ser perfeito.

CUIDADO

Pessoas realmente lindas também têm direitos! Se você é capaz de perceber que é uma pessoa bonita e recebe elogios deste tipo a todo instante — provavelmente é porque é verdade. Ainda assim, você tem permissão para se sentir inseguro em relação à aparência e duvidar de seus poderes de atração. Às vezes, a pressão de ser considerado excepcionalmente atraente pode ser um problema. Você pode pensar que, ao menos que mantenha sua beleza, seu valor desaparecerá. Ou que só tem valor, é desejável ou significativo por causa de sua beleza ou que a boa aparência é seu único atributo.

Nenhuma dessas noções é verdadeira. Desfrute de sua beleza e use-a a seu favor. Mas não permita que ninguém lhe convença que é apenas uma pessoa bonita. Você tem direito a viver a vida e buscar seus interesses como qualquer outra pessoa. Pessoas bonitas estão tão propensas a sofrerem com uma imagem corporal negativa quanto as pessoas com aparência mediana ou menos que mediana. Então, não pense que está excluído das informações deste capítulo.

Escolhendo Mudar pelos Motivos Certos

Assim como muitos que lutam contra uma imagem corporal negativa, você pode chegar à mesma conclusão equivocada sobre aparência física:

Boa aparência = pessoa de valor, digna de ser amada e de sucesso.

Aparência mediana/abaixo da média = pessoa de menor valor, menos digna de ser amada e de menor sucesso.

Diversos adjetivos podem ser aplicados para este tipo de conclusão — mas os dois mais adequados são "maluco" e "nocivo". Resumindo, ele não faz sentido e não faz bem.

Veja alguns exemplos do que consideramos razões erradas para fazer mudanças físicas (em seu corpo e/ou rosto):

» Você acha que, melhorando sua aparência, se tornará uma pessoa de valor.
» Você acha que, ao melhorar sua aparência, vai se tornar uma pessoa mais apreciada ou digna de amor.
» Para agradar um parceiro crítico (que pode estar exacerbando sua insegurança física).
» Para tentar superar seu ciúme sexual/romântico.
» Para conquistar a aprovação de pessoas que você acha que são essencialmente superiores (por causa de sua aparência).

Agora veja algumas razões sensatas para tentar mudar um ou mais aspectos de sua aparência (corpo e/ou rosto):

» Para melhorar sua saúde e condicionamento físico.
» Para aumentar sua satisfação.
» Para melhorar sua capacidade física de realizar determinada atividade e aumentar sua mobilidade geral.
» Para reduzir dores físicas.
» Por um desejo genuíno de reduzir seu constrangimento consigo mesmo e aumentar sua confiança social.

ALERTA DE JARGÃO

Observe a distinção entre "confiança" e "valor". Valor é algo que se atribui a um objeto. Por exemplo, aquele diamante vale R$30.000. Como você não é um objeto, seu valor como ser humano não pode ser avaliado com precisão, como um carro ou uma joia. Tentar julgar o próprio valor (ou o de outra pessoa) é inapropriado, especialmente com base na embalagem externa!

Confiança tem mais a ver com suas crenças e capacidades. Por exemplo, você pode ter um senso de seu valor intrínseco bastante sólido, mas não ter confiança como cozinheiro, contador ou orador. Confiança social normalmente corresponde a uma imagem corporal saudável, é verdade. Entretanto, isto não significa que você tenha que ser muito bonito, ou *acreditar que é*, para ter um sólido senso de valor *ou* ser socialmente confiante. Ter uma visão realista sobre a própria aparência e acreditar que é uma pessoa de valor e digna de apreciação é perfeitamente possível. Acreditar em sua habilidade de atrair pessoas com base em sua personalidade — e não apenas na aparência — normalmente resulta em confiança social.

Objetivos comuns para mudanças físicas e melhorias normalmente incluem:

- Pintar e cortar os cabelos.
- Tratamentos de beleza e uso de cosméticos.
- Diversos tratamentos detox, por exemplo hidroterapia do cólon.
- Dietas de perda ou ganho de peso.
- Aumento da flexibilidade e condicionamento físico.
- Depilação corporal e facial.
- Lentes de contato para substituir óculos e/ou mudar a cor dos olhos.
- Tratamentos oculares a laser.
- Tratamentos dentários, incluindo aparelhos ortodônticos e clareamento.
- Tratamentos de pele, como microdermoabrasão, peelings químicos, remoção de tatuagens, redução de cicatrizes e marcas de nascença.
- Pequenas cirurgias estéticas, como otoplastias, botox, implantes de colágeno, remoção de pintas.

Objetivos menos comuns e mais complicados para mudanças físicas podem incluir:

- Aumento ou redução de mama.
- Restruturação de lábio leporino.
- Reconstrução e remodelagem de nariz.
- Reconstruções dentárias.
- Bandas gástricas ou cirurgia bariátrica.
- Cirurgias estéticas grandes, incluindo abdômen, lifts faciais ou enxerto de pele.

Essas listas não são de modo algum definitivas e há muitas outras maneiras de tratamento estético e intervenções cirúrgicas. Não há motivo para que você não busque algum desses tratamentos (ou outros semelhantes), desde que realmente acredite que isso pode lhe ajudar a se aceitar fisicamente e construir uma imagem corporal saudável. Mas nós recomendamos intensamente que você cheque suas motivações mais de uma vez antes de embarcar em um plano de tratamento, por menor que seja.

CUIDADO

Cirurgias estéticas e outras maneiras extremas de alterar sua aparência devem ser levadas muito a sério. Elas oferecem riscos e são muito caras. Você precisa pesar cuidadosamente sua atual insatisfação com um aspecto de sua aparência, contra os riscos inerentes a uma intervenção estética. Se você acha que seu desejo (ou de outros próximos a você) por cirurgia plásticas pode ser um sintoma de um dos transtornos discutidos no início deste capítulo, busque aconselhamento profissional de um psiquiatra antes de se submeter a qualquer intervenção. Em vítimas de TDC, a cirurgia geralmente produz o resultado oposto ao desejado. A vítima fica insatisfeita com os resultados, acreditando que o problema piorou. Ou o foco de suas insatisfações é transferido para outro aspecto de seu rosto ou corpo. Muitos cirurgiões plásticos de renome se recusam a fazer qualquer tipo de intervenção cirúrgica até terem certeza de que o paciente não sofre de TDC ou outro transtorno psicológico.

Enfatizando a saúde

Melhorar e proteger sua saúde (desde que seja razoavelmente possível) é uma excelente razão para fazer mudanças no seu estilo de vida e — como um efeito colateral inevitável — sua aparência. Sem exceção, todos nós ficamos mais bonitos quando estamos saudáveis e em forma.

Sustos em relação à própria saúde geralmente incentivam uma pessoa de qualquer idade a se alimentar melhor, reduzir o consumo de álcool, deixar de fumar e fazer mais exercícios. Isso não é ruim. Uma boa saúde e um bom condicionamento físico costumam deixar a vida mais agradável. Mesmo que você esteja em boa forma, pode querer fazer algumas mudanças em seu estilo de vida para manter a saúde física no futuro. Um estilo de vida saudável pode ainda ter benefícios colaterais, como reduzir os sinais do envelhecimento e manter a disposição.

LEMBRE-SE

Saúde e felicidade transparecem em sua aparência. Dentes fortes, olhos vívidos, cabelo brilhante, pele saudável e um largo sorriso são atributos bastante atraentes. A maioria deles são resultado de boa saúde e felicidade geral. Assim, é possível melhorar sua aparência fazendo melhorias em seu estilo de vida e praticando atividades que lhe tragam felicidade pessoal (mais sobre isso no Capítulo 18).

Maximizando a satisfação

Fazer mudanças físicas (como ganhar ou perder peso) para curtir ainda mais a vida é uma motivação saudável. Alterações no peso corporal podem ajudar a aumentar sua energia e reduzir dores, permitindo que você consiga praticar atividades que antes não eram possíveis. A melhora no condicionamento físico pode ter impacto na qualidade do sono, da digestão, da concentração, da circulação e pressão sanguínea e aliviar muitos outros desconfortos.

Melhorar o tônus muscular também pode ajudar com dores nas articulações e nas costas e aumentar a flexibilidade. Então, depois de entrar em forma, é provável que você descubra novos caminhos para diversão, como caminhar, dançar ou andar a cavalo. Pode, inclusive, se livrar de dores ou falta de fôlego ao subir escadas, o que facilita sua vida diária. Experimente pensar nos benefícios adicionais, além da aparência, que você tem a ganhar com um melhor condicionamento físico.

Ressaltando o seu melhor

A decisão de mudar sua aparência pode ser movida pelo desejo de ser mais bonito. Mas há uma sutil, mas relevante, diferença entre ser motivado a mudar sua aparência para aumentar seu senso de valor e simplesmente para otimizar sua aparência. A primeira motivação sugere que você relaciona seu valor intrínseco com a aparência, o que pode provocar baixa autoestima e relações nocivas com o próprio corpo (como discutido anteriormente neste capítulo). A segunda motivação, porém, sugere que você se valoriza e, portanto, pode considerar melhorar sua aparência como parte do seu ritual de cuidado próprio. Para tornar essa distinção bem clara, analise estes dois exemplos de atitudes motivacionais a seguir.

Jenny tem quase 40 anos e começou a ter cabelos brancos prematuramente. Cheryl tem praticamente a mesma idade que Jenny e também está ficando grisalha. Ambas são mulheres de boa aparência e constituição física semelhante. Ambas tem cabelo preto e os brancos aparecem muito, por isso elas decidiram pintar. Assim, não há muita diferença entre Jenny e Cheryl com relação a escolher pintar o cabelo. A diferença oculta é a motivação.

Jenny pensa: "Se eu pintar meu cabelo, posso ficar mais bonita e as pessoas podem me achar mais atraente. Eu preciso da aprovação de outras pessoas para me sentir bem comigo mesma".

Cheryl pensa: "Estes cabelos brancos estão me envelhecendo, acho, e quero estar em minha melhor forma. Eu vou pintar o meu cabelo para que ele reflita minha verdadeira idade. Eu me sinto mais satisfeita com minha aparência sem os cabelos brancos".

Jenny, ao contrário de Cheryl, acredita que precisa da aprovação das outras pessoas para se sentir bem sobre si mesma; para sentir que é uma pessoa de valor. Cheryl, por sua vez, foca em sua própria satisfação com sua aparência e não faz nenhuma ligação entre isso e o seu senso de valor próprio. Cheryl também deixa as avaliações das outras pessoas sobre sua aparência totalmente fora da questão.

Use este exemplo para ajudar a avaliar claramente sua motivação em fazer até mesmo pequenas mudanças físicas, como mudar a cor do cabelo ou usar lentes de contato. Tinja seu cabelo se quiser — mas experimente contestar os pensamentos nocivos, como o de Jenny, adotando o pensamento mais saudável de Cheryl. Faça mudanças pelos motivos certos!

Sendo ousado

Exercitar-se, fazer limpeza nos dentes com o dentista, ser mimado com uma máscara facial ou com uma massagem pode ajudar você a se sentir mais confiante e confortável fisicamente. Quando nos sentimos em nossa melhor forma, nossa confiança quanto ao físico tende a aumentar.

Às vezes, até as menores melhorias físicas podem lhe encorajar a ser um pouco mais ousado ao se vestir, ao escolher novas atividades e ao se expressar de modo geral. Você pode mudar o cabelo e de repente se sentir confiante o bastante para convidar a garota da recepção, que vem paquerando há alguns meses, para sair. Uma pequena perda de peso pode lhe impulsionar a usar um vestido mais justo e entrar na aula de salsa local. Exercício regular pode lhe levar a assumir um time de futebol infantil como técnico. Depois que iniciar alguma atividade física, pode se sentir mais preparado para embarcar em novas aventuras.

No entanto, tenha em mente o princípio básico da imagem corporal saudável:

> Melhora na aparência e/ou forma física = Aumento de satisfação e confiança

E não:

> Melhora na aparência e/ou forma física = Ser humano de melhor e de maior valor.

MUDANDO COM O TEMPO

Todos nós mudamos física, emocional e talvez até espiritual e filosoficamente conforme envelhecemos. Mesmo que nada de excepcionalmente radical ou perceptível aconteça conosco, certas mudanças são inevitáveis. Nosso cabelo vai ficar branco; nossos traços faciais vão adquirir rugas de expressão mais profundas. Alguns de nós até melhoram fisicamente com a idade (sem falar nas mudanças na personalidade, como maior suavidade ou tolerância), mas, basicamente, ficamos mais velhos — e isso é visível.

Ser capaz de reconhecer, se adaptar e aceitar as mudanças em suas capacidades e atributos físicos ao longo do tempo pode lhe ajudar a manter uma imagem corporal saudável a vida toda. Ser mais velho não significa ser "mais feio" ou "menos útil". Simplesmente significa que você está envelhecendo naturalmente e sua aparência está mudando. Sua capacidade para escalar uma montanha ou dançar a noite toda pode diminuir — mas isso é natural e normal. Envelhecer graciosamente envolve aceitar as mudanças físicas associadas com o passar dos anos e se adaptar às novas limitações, ao mesmo tempo em que explora ao máximo suas capacidades. Muitos homens e mulheres fazem as pazes com as mudanças em sua aparência ao envelhecer, e conseguem manter uma imagem corporal forte e saudável. Você pode fazer o mesmo se adotar uma atitude em relação a crescer, envelhecer e mudar. Como seres humanos, nós não somos inertes. Evoluímos e nos desenvolvemos com o tempo. Ninguém pode ser definido com base na aparência externa, não importa sua idade.

Assim, experimente abraçar, em vez de rejeitar, as mudanças de seu corpo e rosto com o tempo. Tente apreciar cada linha em seu sorriso e cada ruga de preocupação. Elas são vestígios de uma vida bem vivida.

Outros eventos, como acidentes e doenças, também podem impactar em sua aparência e capacidades físicas. Adaptar-se a mudanças drásticas e imprevistas em seu rosto ou corpo pode ser muito difícil em qualquer estágio da vida. Às vezes, é necessário buscar ajuda profissional. Pode ser inspirador observar que pessoas normais conseguem seguir com suas vidas de modo satisfatório depois de um acidente ou uma doença. O ator Christopher Reeve (1952–2004) é provavelmente um dos exemplos mais conhecidos de celebridade que sofreu este tipo de adversidade. Reeve, famoso pelo papel de Super-homem em uma série de filmes, ficou tetraplégico em 1995, depois de ser jogado de seu cavalo durante uma competição esportiva. Ele então advogou em defesa das pessoas com lesões na coluna, e no apoio de pesquisas com células-tronco humanas embrionárias.

Ainda que o acidente ou a doença não resulte em deficiência física grave, questões comparativamente menores, como cicatrizes no rosto ou caminhar mancando, podes ser desafiadoras. Adaptar-se a perda de um membro, desfiguração facial ou corporal provocada por acidente, perda da visão ou audição e diminuição da mobilidade em decorrência de doença pode ter um profundo impacto no seu senso pessoal de identidade e em sua imagem corporal de modo geral. Felizmente, muitas pessoas se adaptam a esses tipos de dificuldade e levam vidas plenas e ricas. Se você vivenciou algum tipo de problema descrito aqui e acha que precisa de um apoio adicional, procure ajuda profissional e especializada (veja o Capítulo 21).

> **NESTE CAPÍTULO**
>
> » Entendendo a depressão
> » Identificando os padrões de pensamento e comportamento que estão sustentando sua depressão
> » Reconhecendo e reduzindo a ruminação de pensamento
> » Confrontando e solucionando problemas práticos
> » Usando a atividade como antidepressivo e normalizando as suas horas de sono

Capítulo **12**

Vencendo a Depressão

As estatísticas indicam que uma a cada duas pessoas sofrerá de depressão em algum momento da vida. Felizmente, o problema é facilmente diagnosticado e tem tratamento.

Se, no último mês, você se sentiu para baixo, desanimado, pessimista ou desesperançado sobre o futuro, e perdeu o interesse ou o prazer de fazer coisas, pode estar sofrendo de depressão. Se você também tem apresentado dificuldade de concentração, pouco apetite, tem acordado cedo e sentido tristeza, pensamentos ansiosos ou emoções de medo ao acordar, então é ainda mais provável que esteja sofrendo de depressão. Se tem três ou mais destes sintomas, se eles estão presentes por duas ou mais semanas e são intensos o bastante para interferir nas suas atividades diárias, recomendamos que procure um médico e investigue a possibilidade de estar sofrendo de depressão.

Antidepressivos podem ajudá-lo a aliviar alguns dos sintomas da depressão, embora nem toda pessoa diagnosticada com depressão precise tomar medicamentos. Dependendo da intensidade da depressão, o tratamento pela TCC pode ser suficiente para ajudá-lo a melhorar. A TCC para o tratamento da depressão é bastante pesquisada e os resultados mostram que ela produz bons resultados.

A TCC e os antidepressivos frequentemente são usados em conjunto para tratar tipos mais severos de depressão. Solicite ao seu médico ou psiquiatra que lhe explique sobre sua medicação e os possíveis efeitos colaterais.

ALERTA DE JARGÃO

Antidepressivos são normalmente chamados de ISRS, que significa *inibidores seletivos de recaptação de serotonina*.

Este capítulo fornece um guia para que você descubra se está sofrendo de depressão e oferece algumas estratégias clássicas de TCC para derrotá-la.

Entendendo a Natureza da Depressão

O tipo de depressão do qual falamos neste capítulo é diferente de se sentir para baixo ou triste em decorrência de um evento ruim. Falamos sobre a doença que agora ocupa uma das classificações mais altas na lista das razões mais comuns para que as pessoas se afastem do trabalho.

Especificamente, a depressão tem os seguintes sintomas, geralmente com duração de no mínimo duas semanas:

» Variação no apetite, comendo muito menos ou mais (comer para se autoconfortar) do que o habitual.
» Distúrbio de sono, incluindo dificuldade para dormir, vontade de dormir demais ou insônia na madrugada.
» Dificuldade de concentração e problema de memória.
» Irritabilidade.
» Perda da libido.
» Perda de interesse nas atividades das quais gostava antes. Praticar estas atividades não causa mais prazer.
» Isolamento social e afastamento dos outros.
» Negligência com a alimentação e a aparência.
» Negligência nos cuidados com o ambiente em que vive.
» Diminuição de motivação e níveis de atividade, geralmente descrita como letargia.
» Sentimento de desesperança com relação ao futuro e pensamentos pessimistas como "Qual é motivo disso tudo?".
» Pensamentos negativos e autodepreciativos.
» Sentimento de culpa.
» Incapacidade de vivenciar sentimentos de amor, geralmente descrita como perda da emoção ou sentimento de vazio.
» Pensamentos suicidas, como sentir que já não importa viver ou morrer.

ALERTA DE JARGÃO

Outro tipo comum de depressão é o *Transtorno Afetivo Bipolar*, antigamente chamado de "depressão maníaca". Pessoas que têm transtorno bipolar passam por períodos de grave depressão, alternando com períodos de *hipomania* (sentimentos de euforia acompanhados de comportamento impulsivo e geralmente arriscado). Se você acha que tem este transtorno, aconselhamos que busque a avaliação de um psiquiatra. Um profissional será capaz de prescrever a medicação apropriada e pode recomendá-lo a um terapeuta de TCC.

As técnicas apresentadas neste capítulo para superar a *depressão unipolar* (depressão que não vem acompanhada por períodos de hipomania) são úteis também para casos de depressão bipolar. Manter um nível equilibrado de atividades diárias é uma das principais estratégias da TCC para controlar o Transtorno Afetivo Bipolar. Você pode usar as técnicas exemplificadas nas próximas seções, que falam sobre melhorar a qualidade das suas horas de sono, solucionar problemas, programar suas atividades e interromper a ruminação de pensamentos, para estabilizar seu humor e ajudá-lo a diminuir ou evitar o excesso de altos e baixos.

Analisando o que Alimenta a Depressão

Infelizmente, certas coisas que você faz, na tentativa de aliviar seus sentimentos de depressão, podem na verdade estar fazendo com que seus sintomas piorem. Quando as pessoas estão deprimidas, com frequência elas cometem o erro de se deixarem guiar pelo humor.

A TCC ajuda os indivíduos a aprenderem a domar o humor depressivo e fazer o oposto do que a depressão faz com que eles acreditem *sentir vontade de fazer*. Eis algumas das principais ações e pensamentos que realmente perpetuam a depressão:

» **Ruminação:** Ficar preso a um processo de pensamento negativo repetitivo e cíclico, constantemente revendo problemas do passado, ou fazendo a si mesmo perguntas sem resposta. (Discutimos a ruminação em detalhes na próxima seção.)

» **Pensamento negativo:** Quando envolvidos pela depressão, seus pensamentos negativos sobre si mesmo tem geralmente base nas crenças de que você é inútil e descartável. Pensamentos sobre o mundo ser um lugar inseguro e desinteressante de se viver são características comuns da depressão.

» **Inatividade:** Falta de motivação para fazer as coisas do dia a dia, falta de participação nas atividades das quais costumava gostar, ficar na cama por achar que não é capaz de enfrentar o dia.

- » **Isolamento social:** Evitar ver outras pessoas e não interagir com aqueles que estão ao seu redor.
- » **Procrastinação:** Evitar tarefas específicas, como pagar contas, marcar compromissos ou dar telefonemas, porque você acha que elas são muito difíceis ou amedrontadoras para serem enfrentadas.
- » **Vergonha:** Sentir vergonha por estar em depressão, e por achar que os outros farão julgamentos sobre você se descobrirem o quanto sua eficiência e sua produtividade decaíram.
- » **Culpa:** Sentir culpa por estar em depressão e superestimar o nível baixo de humor causa desconforto e sofrimento a quem você ama.
- » **Desesperança:** Pensar que você nunca se sentirá melhor ou que a sua situação nunca vai melhorar.

DICA

Fazer só o que lhe dá vontade quando se está deprimido provavelmente manterá ou piorará os sintomas. Ao invés disso, tente fazer o oposto do que a depressão diz para fazer. Por exemplo, se você se sente deprimido e quer ficar na cama o dia inteiro, evitando chamadas telefônicas e ver amigos, faça o oposto. Tente fazer um esforço colossal (e pode, de fato, parecer colossal!) para levantar e colocar uma roupa, atender ao telefone e sair de casa para encontrar seus amigos. Fazer isso impede que você fique remoendo sentimentos e pensamentos ruins, e força a sua atenção em direção ao que está ao seu redor, como outras pessoas e o ambiente.

Muitas pessoas descobrem sentir-se melhor por terem feito alguma coisa, mesmo que não tenham sentido prazer pela interação social como costumavam sentir antes.

LEMBRE-SE

A depressão tipicamente entorpece sua habilidade de sentir prazer nas atividades que costumava fazer. Seja paciente com si mesmo e confie que o seu sentimento de prazer pode voltar com o tempo. Em primeira instância, é o bastante simplesmente fazer as coisas que vinha evitando, *só por fazer*. Realizar algo é melhor do que não fazer nada. Não pressione a si mesmo para *se divertir* neste estado inicial de recuperação.

Indo e Vindo Dentro da Sua Cabeça: Pensamento Ruminante

A ruminação é um processo característico na perpetuação da depressão. A maioria das pessoas com depressão está propensa a se prender a algum tipo de ruminação, mesmo quando não tem noção disso.

A *ruminação* é um processo circular de pensamento, no qual você revê os acontecimentos mais de uma vez, sem parar. Frequentemente, o foco é em quanto você se sentiu mal ou duvidar que pode se sentir de modo diferente ou melhor. A sua ruminação pode ainda manter o foco em achar a raiz da sua depressão, ou nos eventos que contribuíram para sentir-se deprimido. Você pode perguntar a si mesmo, milhares de vezes, coisas como:

» Por que isto está acontecendo comigo?
» O que eu podia ter feito para evitar que isso acontecesse?
» Se pelo menos A, B ou C não tivessem acontecido, eu estaria bem.

A depressão faz com que as pessoas se sintam compelidas a ruminar pensamentos. De certa maneira, a ruminação é uma tentativa falha de resolver problemas. O efeito da ruminação é forte porque a depressão faz com que o seu humor depressivo tente levá-lo para o fundo da razão por estar se sentindo mal. Mas a ruminação simplesmente não funciona: você acaba tentando resolver a questão percorrendo o mesmo caminho e procurando respostas dentro do problema. Você concentra sua atenção no quanto está deprimido, o que o leva a se sentir mais deprimido ainda.

Felizmente, você pode perceber quando está entrando em um processo de ruminação de pensamentos usando as técnicas discutidas nas próximas seções para interromper o processo.

Prestando atenção em si mesmo

A ruminação consome a sua energia. Ela irá absorvê-lo completamente. Pode parecer que você está simplesmente olhando para o nada, mas na sua mente os pensamentos começam a aumentar. A chave é saber quando você está entrando no processo de ruminação, assim pode direcionar seus passos para fora da ruminação.

Sinais de alerta iniciais da ruminação incluem:

» **Inércia.** Você pode estar no meio de uma atividade e descobrir que parou de se mover e está submerso em algum pensamento. Por exemplo, você pode estar sentado na cama por vários minutos (ou muito mais tempo ainda!), quando na verdade a sua intenção era a de ir tomar banho.

» **Desânimo.** Fique atento aos momentos em que seu humor está muito baixo: quando isso acontece, você está mais propenso a abrir espaço para a ruminação. Muitas pessoas ruminam em determinados horários do dia mais do que em outros (embora possa ocorrer em qualquer momento).

» **Diminuição do ritmo.** Você pode estar fazendo alguma coisa e então começar a se movimentar de maneira mais lenta, como fazer uma pausa no corredor do supermercado. Começa a diminuir o ritmo porque a sua concentração está começando a ser direcionada para algum outro lugar.

» **Tornar-se repetitivo.** Os mesmos velhos fluxos de pensamentos e questões dentro da sua mente, indo e vindo de novo. Você tem um frágil sentimento familiar de que estas perguntas vagas devem ser respondidas.

LEMBRE-SE

O conteúdo da sua ruminação não é o problema — o processo de ruminação em si é que é. Você não precisa fazer nada com os seus pensamentos a não ser desligar-se deles.

Capturando as ruminações antes que elas capturem você

Diversos truques diferentes podem ajudá-lo a parar o processo de ruminação. Tente alguns dos seguintes:

» **Mantenha-se ocupado.** Talvez uma das estratégias mais eficientes seja manter corpo e mente ocupados com algo externo a você. Quando estamos vitalmente absorvido em uma atividade, encontramos dificuldade em entregar-se à ruminação. Estes tipos de atividades podem incluir fazer as tarefas domésticas com o rádio ligado, para manter sua atenção afastada dos seus pensamentos, telefonar para alguém, acessar a internet, passear com os cães, e por aí vai.

» **Faça exercícios físicos.** Exercícios aeróbicos de alto impacto podem exorcizar os processos de pensamentos ruminantes. Dê preferência pelos exercícios durante o dia ou de manhã, porque fazer exercícios em um horário muito próximo da sua hora de dormir pode perturbar o seu sono.

» **Passe um tempo fora de casa.** A ruminação é mais difícil quando você está fora de casa ou na companhia de outras pessoas. Se sabe que está mais vulnerável à ruminação em determinados horários do dia, certifique-se de programar atividades para estes horários.

» **Liberte seus pensamentos.** Experimente se desprender de seus pensamentos negativos e simplesmente observá-los como imagens na tela de uma televisão. Não confronte seus pensamentos negativos, não os julgue ou tente responder qualquer pergunta — apenas aceite a existência deles e permita que passem. (Confira o Capítulo 5 para saber mais sobre esta técnica.)

» **Treine o redirecionamento da sua atenção.** Você pode alongar os músculos da sua atenção e deliberadamente se concentrar em coisas menos depressivas. Tente usar o *exercício de tarefa de concentração*, um método de percepção dos aspectos externos do ambiente que pode interromper a ruminação com sucesso. (Veja o Capítulo 5 para mais informações sobre o exercício de treinamento da concentração.)

» **Seja cético.** Seus pensamentos depressivos são sintomas da depressão, então tente encará-los com certa dose de descrença. Você pode resistir à vontade de ruminar os pensamentos ao decidir que eles não são nem verdadeiros e nem importantes.

Manter-se ocupado é uma ótima técnica de interromper o pensamento ruminante. Entretanto, você pode acabar cedendo ao ato de ruminar durante alguma atividade. Fique alerta e preste atenção no que está fazendo. Esteja consciente das suas ações quando está passando roupa, limpando, amarrando os cadarços, tirando ervas daninhas do jardim, ou qualquer outra coisa. A ruminação pode ocorrer quando agimos de forma *inconsciente* ao invés de *consciente*. (Confira o Capítulo 5 para saber mais sobre este assunto.)

Transformando-se em Antidepressivo

Isolamento e inatividade são dois dos mais fundamentais *fatores perpetuadores* na depressão — eles o mantêm em um círculo vicioso de isolamento e tristeza. Por exemplo, para contra-atacar sentimentos de fadiga, você pode ficar tentado (muito tentado) a ficar mais tempo na cama. Infelizmente, permanecer na cama significa mais inatividade e menos energia.

Se você sente vergonha por ser um "sem graça", por não ter o que dizer, ou se sente culpado por ser um fardo para os seus amigos, guardar tudo para si mesmo parece o mais sensato a fazer. O problema é que, quanto menos você faz e menos pessoas o veem, menos prazer e satisfação tem na vida, menos apoio você recebe, e mais os seus problemas se acumulam e pesam em sua mente. Afastar-se das pessoas pode *parecer* a coisa certa a fazer quando se está para baixo. Você pode acreditar que não tem nada a oferecer aos outros. Pode até se sentir não merecedor da amizade e do amor das pessoas a sua volta. Entretanto, quanto mais age de acordo com essas ideias destrutivas, mais as reforça e se convence de que são verdadeiras. Seguir sua tendência depressiva para se isolar pode lhe levar à verdadeira solidão.

Você não tem que conversar com as pessoas sobre seus sentimentos quando encontra um amigo; na verdade, normalmente é uma boa ideia não conversar sobre isso. Conversar sobre assuntos corriqueiros e ouvir o que os outros tem a contar pode ser uma folga bem-vinda para seus próprios pensamentos. Além do mais, perceber que os outros lhe tratam de forma normal pode realmente ajudar você a se sentir mais "normal" e não tão aflito. Experimente não se preocupar em ter uma conversa interessante e apenas permita-se absorver a companhia das pessoas a sua volta.

LEMBRE-SE Uma boa regra prática para se recuperar de diversos problemas psicológicos é: "se você quiser se *sentir* normal de novo, precisa começar a *agir* normalmente".

CUIDADO Como a depressão faz com que se torne um habilidoso autossabotador, você pode acabar fazendo comparações negativas com as pessoas a sua volta. Tenha cuidado para ficar longe de pensamentos depressivos, como "eu deveria estar levando minha vida como meus amigos" ou "por que não posso ser feliz como fulano e beltrano?". O pior momento para tentar autoavaliar-se é quando se está deprimido. Então, resista à tentação de fazer comparações e, em vez disso, force-se a participar da interação social.

Enfrentando a inatividade

Um dos melhores jeitos de começar a superar a depressão é gradualmente se tornar mais ativo, retomar com regularidade o convívio social e começar a enfrentar obrigações diárias e outros problemas.

DICA Use a atividade programada na Tabela 12-1 para começar a planejar cada dia com um equilíbrio realista de atividades e descanso. Aumente suas atividades gradualmente. Se você tem estado na cama por dias, sair da cama e sentar em uma cadeira é um grande passo na direção certa. Lembre-se: faça isso passo a passo. Usar o programa de atividades é incrivelmente simples, envolve apenas definir um tempo específico para cada atividade específica. Você pode fazer cópias do programa em branco da Tabela 12-1 e preenchê-lo.

CUIDADO Não exagere sua programação para não se sentir pressionado e sobrecarregado em função dela, afundando novamente na inatividade, e provavelmente censurando a si mesmo por ser ineficiente. É crucial planejar *de forma realista* um aumento gradual das atividades, começando de onde você está *agora*, não de onde você acha que *deveria estar*.

TABELA 12-1 Programa de atividades

	Segunda-feira	Terça-feira	Quarta-feira	Quinta-feira	Sexta-feira	Sábado	Domingo
6h–8h							
8h–10h							
10h–12h							
12h–14h							

14h-16h					
16h-18h					
18h-20h					
20h-22h					

Lidando com o aqui e o agora: Solucionando seus problemas

Assim como os outros aspectos das suas atividades diárias e semanais, você precisa ser firme e sistemático nas suas tentativas de lidar com problemas práticos, como pagar contas, escrever cartas e completar outras tarefas que podem acumular se você for menos ativo.

Para começar, reserve um pouco de tempo cada dia para lidar com tarefas negligenciadas. Dividir seu tempo pode ajudar as coisas a parecerem mais gerenciáveis. Tente os seguintes processos para resolver problemas:

1. Defina o seu problema.

No topo de uma folha de papel, escreva as dificuldades com as quais está lutando. Por exemplo, você pode considerar como problemas:

- Relacionamentos.
- Isolamento.
- Interesses e hobbies.
- Trabalho e educação.
- Questões financeiras.
- Questões legais.
- Habitação.
- Saúde.

Aplique os seguintes passos para cada um dos problemas identificados. Você pode precisar fazer o passo 2 até o passo 5 em cada problema diferente.

2. Soluções que envolvem reflexão para os seus problemas.

Escreva todas as soluções possíveis que conseguir imaginar. Leve em conta as seguintes perguntas para ajudar a gerar algumas soluções:

- Como você lidou com problemas similares no passado?
- Como outras pessoas lidaram com problemas similares?
- Como você acha que lidaria com o problema se não estivesse deprimido?
- Como você acha que outra pessoa abordaria esse problema?
- A quais recursos (como profissionais ou serviço voluntário) você pode ter acesso para ajudá-lo com seus problemas?

3. Avalie suas soluções.

Reveja a sua lista de reflexões sobre problemas. Selecione algumas das soluções que parecem ser mais realistas, e liste os prós e contras de cada uma delas.

4. Teste a solução

Com base na sua avaliação de prós e contras, escolha uma solução e a coloque em teste.

CUIDADO

Você pode se sentir facilmente sobrecarregado quando seu humor não está bem. Até mesmo as melhores soluções podem parecer difíceis. Para lidar com isso, divida sua solução em uma série de pequenos passos mais manejáveis. Por exemplo, se você está lidando com dificuldades financeiras, seu primeiro passo pode ser o de perguntar aos seus amigos se eles têm algum contador para lhe recomendar, ou visitar um consultor financeiro nas suas redondezas. Um segundo passo pode ser reunir suas declarações de renda e comprovantes de rendimento. Um terceiro passo poderia ser entrar em contato com um contador, e informar-se sobre os honorários dele e o tipo de serviço oferecido.

5. Revisão.

Depois de tentar uma solução, reveja o quanto ela ajudou a resolver o problema. Considere se precisa dar mais alguns passos para tentar outra solução, ou passar para outro problema.

Cuidando de si mesmo e do seu ambiente

Uma das características inconfundíveis da depressão é a negligência com si mesmo e com o ambiente em que vive, o que por sua vez o deixa mais deprimido.

Em vez de permitir que a sua depressão reflita na sua aparência e na de seu lar, faça um esforço extra para melhorar o astral das coisas. O seu ambiente pode surtir um efeito impressionante no seu humor, tanto positivo quanto negativo.

DICA

Inclua, na sua programação, atividades semanais como tomar banho, lavar roupa, arrumar e limpar a casa.

Tenha uma Boa Noite de Sono

Boa noite, durma bem e não deixe que os mosquitos o piquem!

O distúrbio do sono, de um tipo ou de outro, pode regularmente acompanhar a depressão. Aqui seguem algumas dicas que você pode usar para ter uma noite de sono perfeita:

» **Faça exercícios.** Não podemos negar os benefícios de fazer exercícios com regularidade. Exercício é bom para o seu humor e para o seu sono. Você pode se exercitar vigorosamente durante o dia, ou ainda durante as primeiras horas da manhã, para obter sua carga de *endorfina* (a química do "bem-estar" em seu cérebro). Se você quiser fazer exercícios à noite, para ajudá-lo a relaxar e desestressar, prefira os moderados e não muito próximo do seu horário de ir para a cama. Esteira ou uma corrida de bicicleta amena podem ser a opção ideal.

» **Estabeleça um programa.** Acordar todos os dias no mesmo horário e evitar cochilos diurnos pode ajudá-lo a recuperar sua antiga rotina de sono. Dormir só um pouquinho pode ser bastante tentador, mas acaba interferindo no seu sono noturno e pode de fato prejudicar seu humor. Se você sabe que sente aquela vontade irresistível de fazer a sesta durante o período da tarde, faça planos para ficar longe de casa neste horário. Mantenha-se ocupado para manter-se acordado.

» **Evite ficar deitado na cama quando estiver acordado.** Se você está com dificuldade para dormir, não fique rolando na cama. Levante e faça alguma coisa — de preferência, algo entediante, como separar a roupa ou ler um livro sobre um tema que não lhe desperte interesse, beber algo morno e com pouca cafeína, como leite puro ou um achocolatado — até sentir que está preparado para ir dormir. Tente ficar de pé até suas pálpebras começarem a ficar pesadas. O mesmo se aplica se costuma acordar no meio da noite e perder o sono. Não fique na cama por mais de dez minutos tentando voltar a dormir. Levante e faça algumas das coisas citadas acima, e só volte para a cama quando estiver sonolento.

» **Fique atento para o consumo de cafeína e estimulantes.** Evite bebidas que contenham cafeína do meio da tarde até o final do dia. A cafeína pode ficar no seu organismo por muito tempo. Lembre-se que tanto quanto o chá e o café, muitas outras bebidas, como o achocolatado (embora não muito) e vários energéticos, contêm cafeína. Até mesmo chás de ervas contêm estimulantes, como o mate e o guaraná.

» **Estabeleça uma rotina para a sua hora de ir para a cama.** Seguir o mesmo padrão de horário para ir para a cama auxiliará sua mente a perceber o tempo em que devem ser encerradas suas atividades naquele dia. Sua rotina pode incluir tomar um banho quente, ouvir uma programação tranquila no rádio, beber uma bebida morna e suave, ou o que mais puder funcionar para você. Às vezes, fazer um lanche pouco calórico e de fácil digestão antes de ir para a cama é uma boa ideia para prevenir distúrbio do sono associado com a fome.

Estabeleça expectativas de sono realistas

Durante o dia ou enquanto você tenta pegar no sono, pode ter pensamentos como "Nunca vou conseguir dormir", ou "Já estou vendo que esta vai ser mais uma daquelas noites em que vou acordar a cada duas horas". É compreensível que você esteja tendo estas expectativas se tem apresentado distúrbio do sono, porém, pensamentos como estes só tendem a perpetuar o distúrbio. Fique atento aos pensamentos de preocupação com o seu problema para dormir, como "Nunca serei capaz de enfrentar o dia com estas poucas horas de sono", ou "Eu preciso tentar dormir esta noite". Tentar forçar o sono raramente é uma tentativa bem-sucedida, e fazer isso contradiz o conceito de *relaxamento,* porque você está fazendo um *esforço* para dormir.

Embora possa soar como uma ordem absurda, tente adotar a atitude de que pode lidar com poucas horas de sono ou com pouca qualidade de sono. Também reaja às suas expectativas com relação ao seu sono simplesmente dizendo a si mesmo que não sabe o quanto vai dormir nesta noite e que vai esperar para ver.

Deixe seu quarto aconchegante

O seu quarto deve ser usado exclusivamente para dormir, com exceção do sexo. Quando está tentando estabelecer um padrão para o seu sono, evite até mesmo ler na cama. A ideia é ajudar sua mente fatigada a produzir associações produtivas, e que induzam ao sono, com o seu quarto. Desse modo, definitivamente não desejará assistir à televisão na cama, trabalhar no seu laptop, falar ao telefone, comer, ou qualquer outra atividade, a não ser repousar e namorar.

Certifique-se de tornar o seu quarto um lugar relaxante e tranquilo para estar. Compre lençóis macios, retire tudo o que estiver sobrando, talvez até coloque umas velas, pendure quadros com figuras relaxantes nas paredes e promova a temperatura ideal para você. Aromas podem trazer associações profundas, então considere usar um aromatizante nos seus lençóis ou um travesseiro aromático. Apenas o cheiro do aromatizante nos seus lençóis pode ser suficiente para traçar a associação entre a sua cama e o sono.

Você pode comprar diversos óleos naturais de lojas de produtos naturais e aromáticos, que acredita-se ter propriedades relaxantes. Tente fazer uma massagem aromaterápica, ou acrescente as essências no seu banho, aqueça-as em um recipiente apropriado para perfumar seu quarto, ou dilua e espalhe gotas na sua roupa de cama. Considere tentar uma das essências abaixo:

- » Camomila.
- » Sálvia.
- » Gerânio ou gerânio rosa.
- » Lavanda (muito popular).
- » Palma rosa (também indicada para a depressão).
- » Ylang Ylang (com propriedades afrodisíacas).

CUIDADO Sempre consulte um herbalista qualificado sobre como usar as essências de maneira correta e segura. A maioria das lojas que comercializam alimentos saudáveis e de qualidade conta com uma equipe qualificada ou capaz de recomendar um bom herbalista ou aromaterapeuta. As essências não diluídas são muito fortes, e não devem ser aplicadas diretamente sobre a sua pele. Se está tomando alguma medicação, está grávida, tem alergia ou requer cuidados especiais, deve consultar seu médico antes de usar qualquer tipo de medicamento à base de ervas e essências aromáticas.

Agindo contra a Depressão

A terapia de aceitação e compromisso (TAC), fundada por Stephen Hayes, é uma das ramificações na terapia cognitiva. Basicamente, a TAC é uma nova abordagem para tratar a depressão, mas ainda é amplamente embasada nos princípios fundamentais da terapia cognitiva. A TAC difere da TCC padrão em alguns aspectos importantes. A principal diferença é que, em vez de desafiar seus pensamentos negativos diretamente, você é encorajado a observá-los sem qualquer julgamento e deixar que desapareçam naturalmente. Falamos um pouco deste conceito anteriormente neste capítulo (veja também o Capítulo 5, para saber mais sobre permitir que os pensamentos desapareçam).

Além de tolerar e observar sem julgar os pensamentos negativos, a TAC enfoca no comprometimento com os valores pessoais. De acordo com a TAC, pessoas que reconhecem seus valores (e procuram agir de acordo com esses valores) conseguem evitar a depressão. (Analisamos o modo de vida com base em valores no Capítulo 18.)

As três seções a seguir ampliam alguns princípios básicos envolvidos na recuperação da depressão na TCC e na TAC.

Praticando a aceitação

O sentimento de depressão, e os pensamentos que o acompanham, são inegável e profundamente desagradáveis e indesejados. Nunca conhecemos alguém que tenha dito que escolheu se tornar deprimido. Com base na depressão, uma pessoa pode concluir que é infeliz, um pobre coitado ou uma pessoa essencialmente negativa. Mas descobrimos que este é raramente o caso. Estar deprimido não é a mesma coisa de ter uma visão cínica e perversamente negativa do mundo em geral. Na verdade, normalmente é o oposto. Se você está deprimido, uma das coisas que parecem mais difíceis de aceitar é a transformação de ser uma pessoa positiva que curte a vida e passar a ser alguém que se sente definitivamente derrotada e desprovida de satisfação na vida. Pessoas deprimidas às vezes declaram sentir que não mais se reconhecem.

Como os sintomas da depressão frequentemente são tão contrários à sua concepção daquele que é seu temperamento natural, eles podem ser muito difíceis de aceitar. Não estamos sugerindo que você *aprenda* a ser deprimido — isso seria *loucura*. Mas isso pode ajudar a aceitar sua depressão pelo que ela é — uma doença. Felizmente, a depressão é normalmente temporária (mesmo que dure por muito tempo) e não é uma mudança de personalidade. Sua personalidade ainda está intacta; a depressão está apenas mascarando-a. Inconscientemente, você pode estar se pressionando demais com cobranças do tipo "eu não devo me sentir assim", "isto é insuportável" ou "tenho que melhorar agora!". Cobranças como essas (embora compreensíveis) apenas reforçam seus sentimentos ruins e criam obstáculos maiores para a recuperação. Isso é o mesmo que bater a cabeça na parede. Experimente estes tipos de atitudes de aceitação:

- » "Eu odeio estar deprimido, mas infelizmente não sou imune à depressão".
- » "A depressão é muito difícil de suportar, mas eu vou tolerar estes sentimentos desagradáveis".
- » "Eu quero melhorar agora, mas não posso me obrigar a sair da depressão, então tenho que ser paciente e determinado".

Confie em sua capacidade para lidar com a situação, mesmo que sinta que não é capaz. Você está enfrentando; mas não é fácil.

Tendo compaixão

Você não pode se obrigar a sair da depressão. Se esta estratégia funcionasse, teríamos muito menos clientes. Criticar a si mesmo por estar para baixo é o mesmo que chutar quem está no chão. Assim, muitas pessoas deprimidas se censuram e se recusam a demonstrar um pouco de compaixão por si mesmas, por que isso é parte de um ciclo insidioso. Veja a Figura 12-1.

Quando estamos doentes, queremos melhorar depressa. Isso envolve cuidar de si mesmo, tanto mental quanto fisicamente. Quando está gripado ou tem outra doença física, provavelmente não diz a si mesmo que não deveria ter ficado doente ou que é fraco e patético porque ficou doente. A depressão é diferente, como ilustra a Figura 12-1. Uma parte essencial da recuperação é oferecer a si mesmo um pouco de compaixão, ao invés de crítica. Experimente as dicas a seguir para ser gentil consigo mesmo:

» **Congratule-se por seus esforços para agir contra a depressão.** Em vez de dizer a si mesmo que deveria estar fazendo mais, comece a partir do ponto em que está agora. Se ontem você não saiu da cama e hoje sim — é um progresso significativo. O próximo passo pode ser ir a uma loja ou atender ao telefone. Concentre-se em seus pequenos progressos diários, em vez de se comparar com o estado em que queria estar.

» **Elogie e bajule a si mesmo.** A depressão inevitavelmente lhe faz pensar em si mesmo de maneira negativa e se depreciar. Pare de se insultar verbal ou mentalmente. Opte por deliberadamente recordar seus pontos fortes e se encorajar a fazer mais elogiando-se. Seja gentil!

» **Tenha cuidado com os falsos amigos.** Usar drogas ilícitas, álcool ou comida para aliviar seus sentimentos e pensamentos pode lhe trazer um breve alívio — mas a um custo muito alto. Provavelmente você se sentirá muito pior quando o efeito passar. E ainda pode acabar desenvolvendo uma dependência que prolongue ainda mais o período de depressão, que poderia ser breve. O uso de álcool e drogas pode ainda interferir na eficácia dos antidepressivos. Veja o Capítulo 10 para mais informação sobre adições.

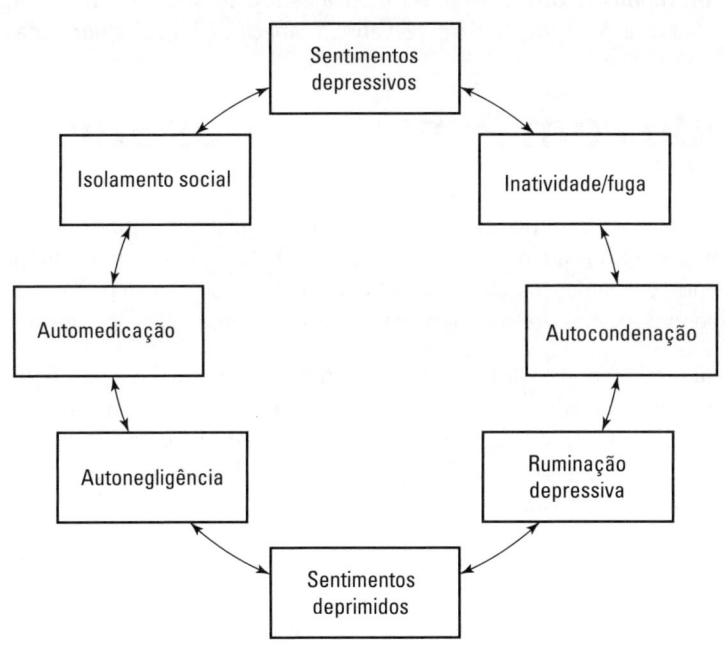

FIGURA 12-1:
O ciclo da depressão.

Obtendo uma nova perspectiva

Uma visão de mundo depressiva é normalmente desanimadora. O futuro parece impossível de considerar porque tudo parece tingido de cinza. Mesmo quando caminha para a recuperação, seu olhar permanece teimosamente negativo por algum tempo. Construir uma nova visão otimista e praticá-la diariamente — até mesmo várias vezes por dia — pode ser útil. Talvez pareça difícil de acreditar nela no início, mas, com o tempo, esta nova perspectiva começará a se tornar realidade. Tente adotar uma destas perspectivas:

- » "Estou ansioso para melhorar logo".
- » "Eu posso não ver a luz no fim do túnel, mas eu sei que ela está lá".
- » "Isso vai passar".
- » "Eu vou lidar com o futuro quando ele chegar; não preciso me preocupar com ele agora".
- » "Aguentar firme vale a pena porque as coisas vão melhorar".

CUIDADO — A estrada para a recuperação da depressão é raramente uma subida constante. Obstáculos e dias difíceis fazem parte da recuperação normal. Não fique muito desapontado se, depois de uma série de dias bons, tiver um dia ruim. Viver um momento difícil não é retornar à estaca zero ou um sinal de que não está melhorando. Aguente firme, levante a cabeça e dê a volta por cima.

Lidando com Pensamentos Suicidas

O elemento mais perigoso da depressão é que o sentimento de desesperança pode acabar se tornando muito forte, a ponto de você tentar tirar a própria vida. Não entre em pânico por ter pensamentos suicidas se está em depressão. Eles são muito comuns e senti-los não significa, necessariamente, que você agirá de acordo.

CUIDADO — Se tem se sentido desesperançado em relação ao futuro e tem feito planos para cometer suicídio, *você precisa imediatamente* procurar assistência médica. Consulte seu médico particular como primeira medida, ou procure uma unidade de emergência médica (pronto-socorro) se sentir que está correndo risco de suicídio fora do horário de atendimento.

Veja alguns conselhos sobre como lidar com pensamentos suicidas:

- » Reconheça seus sentimentos de desesperança com relação ao futuro como sintoma da depressão, e não como um fato.
- » Lembre-se que a depressão é um estado temporário, e que há várias formas de tratamento. Decida confrontar a sua depressão por, digamos, seis semanas, como um experimento para ver se as coisas melhoram.

» Conte a um amigo ou a um familiar o que você está sentindo.

» Consulte um médico ou um terapeuta, ou junte-se a algum grupo de apoio, para obter ajuda caso esteja achando muito difícil superar a depressão por conta própria.

» Tente instigar o processo de solução do problema, que destacamos na primeira seção deste capítulo, para qualquer dificuldade que você pense ser incapaz de solucionar.

FAMOSOS E DEPRESSIVOS

Um dos aspectos mais cruciais para recuperar-se é abandonar qualquer vergonha que tenha sobre o problema. Perceber que ninguém está imune à depressão pode ajudar. Ela tem atingido todos os tipos de pessoas ao longo do tempo, e todas de diferentes crenças, cores e níveis de inteligência.

Diversas pessoas famosas divulgaram publicamente ou falaram sobre as suas batalhas contra a depressão durante a vida. As celebridades agora estão trazendo à tona o seu sofrimento em decorrência da depressão ou do Transtorno Afetivo Bipolar (conhecido antigamente como depressão maníaca). Esperamos que as atitudes delas possam ajudar a dissolver o estigma dos problemas mentais e incentivar as pessoas a procurarem por auxílio contra a depressão.

Abaixo citamos os nomes de algumas celebridades que enfrentaram problemas relacionados com a depressão ou o Transtorno Afetivo Bipolar:

- Buzz Aldrin (astronauta)
- Ludwig van Beethoven (compositor)
- William Blake (poeta)
- Winston Churchill (primeiro-ministro britânico)
- John Cleese (comediante, ator e escritor)
- Charles Dickens (escritor)
- Germaine Greer (escritora e jornalista)
- Spike Milligan (comediante, ator e escritor)
- Isaac Newton (físico)
- Mary Shelley (escritora)
- Vincent Van Gogh (artista)
- Lewis Wolpert (embriologista e locutor)

Em nossa prática clínica, frequentemente tratamos médicos, psiquiatras e outros profissionais de saúde mental com depressão. Assim, isso serve para provar que qualquer um pode sofrer de doenças psicológicas — mesmo aqueles que ganham a vida as tratando.

> **NESTE CAPÍTULO**
>
> » **Identificando problemas obsessivos**
> » **Controlando pensamentos intrusivos e desagradáveis**
> » **Enfrentando os medos e reduzindo os rituais**
> » **Diminuindo as preocupações com a saúde e a aparência**

Capítulo 13
Superando as Obsessões

Este capítulo apresenta problemas obsessivos comuns e como combatê-los usando a TCC. Especificamente, este capítulo enfoca o Transtorno Obsessivo Compulsivo (TOC), a extrema preocupação com a saúde e o Transtorno Dismórfico Corporal (TDC). Esses problemas podem causar significativos níveis de estresse e de interferência no seu dia a dia. Entretanto, se você apresenta um ou mais destes transtornos, pode usar os princípios da TCC destacados neste capítulo para reduzir suas obsessões e preocupações. Se os sintomas forem mais severos, você também deve consultar um profissional para ajudá-lo, mas a essência dos princípios apresentados aqui pode ser muito útil.

Muitas pessoas apresentam algum grau de comportamento obsessivo, como conferir ou ordenar, que não interfere particularmente em suas vidas. Este nível de problema é geralmente chamado de *subclínico*. No entanto, questões como o TOC são turbulentas e estressantes quando atingem um nível severo. Um relatório feito pela Organização Mundial de Saúde (OMS) afirma que pessoas com TOC podem vivenciar um impacto em suas vidas semelhante ao vivenciado pelas pessoas com AIDS.

Felizmente, os transtornos obsessivos estão sendo diagnosticados de maneira bem mais precisa do que antigamente. Problemas como o TOC estão agora entre os transtornos psiquiátricos. Este aumento é provavelmente resultado do aumento de consciência e métodos de avaliação mais precisos. A TCC é reconhecida como tratamento psicológico eficaz para problemas obsessivos, e tem taxas de recaídas inferiores em comparação ao uso exclusivo de medicamentos.

Identificando e Entendendo os Problemas Obsessivos

Os problemas obsessivos estão entre os problemas emocionais e comportamentais mais incapacitantes e comuns. Pessoas com *problemas obsessivos* podem passar muitas horas por dia atormentadas por pensamentos desagradáveis, e sentindo-se impelidas a fazer repetidamente rituais ou evitando certas situações. Esta seção aborda três problemas obsessivos principais: TOC, preocupação extrema com a saúde e TDC.

Alguns níveis de obsessão são normais — por exemplo, mais da metade das pessoas tem algo que elas conferem mais do que o necessário, como se o sistema de segurança do gás foi fechado corretamente ou se as portas foram trancadas. Os problemas obsessivos têm as suas raízes em experiências normais, mas certos comportamentos repetitivos (denominados rituais) e de evitação servem para piorar a frequência, a gravidade e a duração destas obsessões. Quanto mais você tenta se livrar das dúvidas, mais elas tendem a permanecer na sua mente.

Abaixo definimos os termos usuais das obsessões:

» Uma *obsessão* é um pensamento, imagem ou dúvida persistente e indesejada ou um impulso que aciona o estresse. As obsessões atingem o patamar de "problema psiquiátrico" quando causam níveis significantes de sofrimento, interferem na sua vida e duram por mais de uma hora por dia.

» *Preocupação* significa deixar-se absorver por algo perturbador que está fixado em sua mente. Neste capítulo, nos concentramos nas preocupações com a aparência e a saúde. As preocupações, geralmente, são resultado da sua concentração frequente em uma ideia (como "Estou seriamente doente" ou "Causo repulsa nos outros") ou dúvida ("Eu tranquei as janelas?") que o perturbam. As preocupações são similares às obsessões, no sentido de que ambas são taxadas de problemáticas quando causam sofrimento significativo, interferência na sua vida e, por último, quando duram mais de uma hora por dia.

» *Compulsões*, também chamadas de rituais, são as ações que você tem em reação às suas obsessões e preocupações, mas que particularmente não o ajudam. As compulsões podem ser comportamentos observáveis (como conferir coisas ou lavar as mãos) e podem ser efetuados na sua mente (como a repetição de uma frase na sua cabeça ou contar coisas). As compulsões geralmente são tentativas de se livrar de um pensamento, imagem, dúvida ou necessidade; uma tentativa de reduzir o perigo ou um desconforto.

» *Comportamentos de evitação* são as coisas que você faz para evitar o acionamento da sua obsessão ou preocupação. O seu comportamento de evitação pode ser evitar dirigir, visitar alguém no hospital ou ser visto sob luz forte.

Os rituais e os comportamentos de evitação são a essência dos problemas obsessivos. Some a eles o pensamento catastrófico (veja os Capítulos 2 e 9), as emoções negativas (veja o Capítulo 6) e a atenção tendenciosa (veja o Capítulo 5), e você terá a anatomia dos problemas obsessivos.

Entendendo o Transtorno Obsessivo Compulsivo (TOC)

De acordo com a Associação Americana de Psiquiatria, o TOC é:

> Um problema no qual a vítima é atormentada pelas obsessões ou compulsões, ou geralmente por ambas. [Eles experimentam] pensamentos, impulsos ou imagens indesejados recorrentes, que causam estresse exacerbado e que não são simplesmente preocupações excessivas sobre problemas reais da vida. A vítima faz tentativas de ignorar, suprimir e neutralizar as obsessões e as reconhece como produtos da própria mente.

Entres as obsessões comuns no TOC, listamos as seguintes:

» Medo de contaminação.
» Medo de acidentalmente causar mal a si mesmo e aos outros.
» Preocupação com a ordem ou a simetria.
» Obsessões religiosas como, por exemplo, temer ofender a Deus.
» Obsessões sexuais como, por exemplo, temer ser pedófilo.
» Medo de perder algo importante (como objetos, trabalho ou ideias).
» Medo de se tornar violento ou agressivo.

Algumas compulsões frequentemente associadas ao TOC, incluem:

» Conferir (por exemplo, se a luz está apagada ou se a porta está fechada).
» Limpar e lavar (seja você mesmo, os outros ou a casa).
» Contar.
» Repetir ações ou certas palavras, imagens ou números mentalmente.

- » Organizar ou fazer coisas com excesso de perfeição.
- » Acumular (guardar objetos, como jornais que não têm valor real, interesse ou utilidade).
- » Fazer listas.
- » Refazer ou repetir cenas, imagens ou ações mentalmente.

A incidência do TOC é estimada em 1% da população, com alguns estudos sugerindo uma porcentagem maior. A severidade e o impacto do TOC variam muito e, na sua forma mais extrema, os indivíduos podem se tornar totalmente confinados em casa ou até mesmo reclusos. Por outro lado, a severidade dos sintomas pode crescer ou diminuir. A maioria das pessoas com TOC são ativas, têm relacionamentos e mantêm empregos ou concluem os estudos, mas estão sob uma considerável pressão. Claramente, muitas pessoas podem reconhecer algum grau de preocupações excessivas e rituais destacados acima. A pergunta é o poder de escolha que têm para parar os rituais sem sofrimento, e o quanto o TOC interfere em sua vida.

Reconhecendo a ansiedade em relação à saúde

A Associação Americana de Psiquiatria define a ansiedade com a saúde como "preocupação com o medo de ter, ou a ideia de que tem, uma doença grave, baseada em uma má interpretação das sensações físicas". Essas preocupações podem:

- » Persistir apesar da avaliação médica e de confirmação de terceiros.
- » Causar sofrimento significante ou deficiência social, ocupacional ou outras áreas de atuação.
- » Durar, no mínimo, seis meses.

Pessoas com preocupação excessiva com a saúde não conseguem interpretar corretamente suas sensações físicas. Exemplos de sensações comuns e interpretações errôneas incluem:

- » **Aceleração dos batimentos cardíacos:** "Vou ter uma doença cardíaca".
- » **Caroços sob a pele:** "Eu tenho câncer".
- » **Formigamento e vertigem:** "Eu tenho esclerose múltipla".
- » **Dor de cabeça:** "Devo estar com um tumor no cérebro".
- » **Todos os sintomas acima:** "Estou morrendo".

Algumas compulsões frequentemente associadas à ansiedade em relação à saúde:

» Procurar ajuda médica para saber sobre a natureza das sensações físicas.
» Procurar confirmação de terceiros.
» Conferir as partes do corpo apalpando, apertando e tocando.
» Conferir os sintomas em livros de medicina ou na internet.
» Examinar a si mesmo em busca de sinais de doença.
» Monitorar sensações físicas.
» Buscar por indícios de que sua sensação física esteja piorando.

Alguns comportamentos comuns de evitação associados com ansiedade em relação à saúde:

» Evitar a leitura de textos relacionados à saúde em revistas ou na TV.
» Evitar pensar ou falar sobre a morte.
» Evitar o toque em partes do corpo.
» Evitar expor partes do corpo.
» Evitar fazer check-up no consultório médico.

Estima-se que a ansiedade com a saúde afete de 1% a 2% da população. Isso pode resultar em pessoas atormentadas pelo medo de terem doenças não diagnosticadas apropriadamente, ou ainda de que possam ficar doentes. Frequentes visitas ao médico não são incomuns quando a pessoa é influenciada pela ansiedade e pelo medo de que seria irresponsável não fazer um check-up. Isso pode, então, resultar em ainda mais preocupações sobre a possibilidade de estarem doentes, e elas acabam sendo vistas como hipocondríacas. Essas pessoas se consultam com especialistas regularmente, tentando encontrar uma explicação sobre seus sintomas, ou evitam ir ao médico porque têm medo de descobrir que estão muito doentes. Já vimos muitas pessoas que acabaram muito machucadas por apalpar demais uma área do corpo, ou passar horas fazendo pesquisas, em uma tentativa desesperada de descobrir o que pode estar errado com elas.

Entendendo o Transtorno Dismórfico Corporal (TDC)

O TDC é definido pela Associação Americana de Psiquiatria como:

> *Uma preocupação com uma imperfeição física imaginária. Se uma mínima anomalia física existe, a preocupação da pessoa é imensa. A preocupação causa níveis clínicos significantes de sofrimento e/ou dificuldade de interação no meio social, ocupacional ou alguma outra área de atuação.*

CUIDADO — Não confunda o TDC com transtorno alimentar, no qual uma pessoa restringe seu peso, ou come demais ou rejeita alimentos. Se você está muito preocupado com o seu peso e a sua forma e tem dificuldades para fazer refeições regulares, consulte um médico para descobrir se tem ou não um transtorno alimentar. Se for este o caso, você pode precisar de ajuda para gerenciar seus comportamentos alimentares, bem como sua preocupação com a aparência.

O foco das preocupações do TDC pode estar em qualquer parte do corpo, e com frequência afeta múltiplas áreas do corpo. O rosto é a área que mais causa preocupação, particularmente o nariz, a pele do rosto, olhos, dentes, lábios e queixo. Pessoas com TDC acreditam que uma ou mais das suas características físicas são muito pequenas ou muito grandes, que a sua face é "desarmônica", fora de proporção, assimétrica, ou simplesmente é feia.

Algumas compulsões típicas associadas ao TDC incluem:

- Olhar e conferir a aparência em espelhos ou superfícies reflexivas.
- Evitar espelhos ou superfícies reflexivas.
- Perguntar às outras pessoas se é atraente ou o quanto é visível o "defeito" na sua aparência.
- Conferir suas características com frequentes toques ou medição.
- Camuflar certas características com roupas, enchimentos, corte de cabelo ou maquiagem.
- Tentar distrair os outros do suposto defeito usando joias ou acentuando outras partes do corpo.
- Procurar e testar frequentemente novos produtos de beleza para o rosto, os cabelos, etc...
- Pesquisar ou buscar cirurgias plásticas.
- Fazer exercícios em excesso.
- Fazer uso abusivo de esteroides.

Alguns comportamentos de evitação em pessoas com TDC, incluem:

- Evitar situações sociais.
- Evitar pessoas "atraentes".
- Escolher cuidadosamente a iluminação em situações sociais ou diante de espelhos.
- Posicionar-se cuidadosamente em frente (ou evitando) ao espelho.
- Alterar a postura ou esconder falhas com a mão ou outros objetos.

Iniciando frequentemente na adolescência, o TDC afeta 1% da população, e tem uma taxa relativamente alta de suicídio comparada a outros problemas, comprovando que o TDC é muito mais do que mera vaidade. O TDC afeta homens e mulheres igualmente. Os indivíduos podem passar diversas horas do dia se preocupando com a sua aparência, talvez tenham até que acordar mais cedo para tratar da aparência, para que se sintam menos inaceitáveis.

Identificando os Comportamentos Improdutivos

Como observamos no Capítulo 7, os artifícios que os seres humanos usam para reduzir o seu sofrimento em curto prazo frequentemente mantêm o problema ao longo do tempo — então, a solução se torna o problema! No caso dos transtornos obsessivos, comportamentos como evitar, conferir, lavar, procurar por afirmação, comparar, reajustar e repetir (apenas enumerando alguns exemplos) são mecanismos de perpetuação do problema.

A maioria dos clientes com quem trabalhamos o transtorno obsessivo concorda *racionalmente* que os seus comportamentos perpetuam e agravam seus problemas, mas com muita frequência eles dizem "Agora eu percebo o que você quis dizer realmente!" depois de realizarem experimentos com esses comportamentos. Confira o Capítulo 4 para obter mais informações sobre como planejar e executar experimentos de TCC para desafiar sua forma de pensar.

O primeiro passo é entender o conceito de perpetuar o problema. O próximo passo é verificar como os seus comportamentos realmente afetam suas obsessões e sua preocupação, fazendo os experimentos.

Em um sentido mais amplo, você pode tentar dois tipos de testes com o seu pensamento obsessivo:

» *Reduzir* (ou parar) um ritual em particular e ver o quanto isso afeta a frequência, a intensidade e a duração dos seus pensamentos preocupantes.

» *Aumentar* o ritual ou a evitação por um dia e ver qual efeito é causado sobre a frequência, intensidade e duração dos seus pensamentos preocupantes.

Aumentar o ritual ou a evitação é, geralmente, mais fácil de ser feito em curto prazo e frequentemente produz resultados com maior rapidez.

EXPERIMENTE

Digamos que você se preocupe frequentemente com a sua casa sendo roubada ou repetidamente confira as portas e as janelas antes de sair de casa ou ir para a cama. Para descobrir se a sua conferência é mais parte do problema do que a solução, registre a frequência, a duração e a intensidade da sua preocupação com a possibilidade de ser roubado em um dia normal, em que você conferiu tudo. Então, passe mais um dia tentando o máximo que puder para redobrar a sua conferência e registre os resultados. Se você perceber um aumento claro de preocupação no dia em que fez a conferência de maneira extrema, o comportamento ritual claramente é parte do seu problema.

Adotando Atitudes Antiobsessivas

A pesquisa e a observação clínicas mostram que um determinado número de estilos de pensamento está relacionado ao desenvolvimento dos problemas obsessivos. Felizmente, você também pode usar o pensamento para combater problemas obsessivos. As próximas seções oferecem meios alternativos que podem ajudá-lo a combater seu problema obsessivo.

Tolere a dúvida e a incerteza

Nas nossas e nas experiências de outros terapeutas, a principal reclamação dos clientes sobre parar com os rituais ou a evitação varia em torno da questão: "Como você pode me garantir que o que eu temo não acontecerá?".

A verdade é que, claro, não podemos garantir isso. Mas ninguém que não tenha problemas obsessivos pode ter esse tipo de garantia também, então o problema definitivamente não é a falta de certeza. Oferecemos um tipo diferente de garantia, entretanto: quanto mais você continuar exigindo garantia ou certeza de que os seus medos não se tornarão realidade, mais propício estará de desenvolver um problema obsessivo.

Em vez disso, pratique *consistente* e *repetidamente* a tolerância à dúvida e à incerteza sem recomeçar a conferir, lavar, procurar por reafirmação ou qualquer outra coisa que costume fazer compulsivamente. Os seus rituais apenas alimentam a sua crença de que necessita de certeza. Inicialmente, ficar com dúvida pode causar desconforto; mas, se você se mantiver fiel a esta atitude, a sua ansiedade vai diminuir. Procure deliberadamente por gatilhos que acionem a dúvida e experimente resistir ao impulso de dar continuidade aos rituais, à procura de reafirmação ou de ficar trabalhando coisas em sua mente.

Confie em seu julgamento

Na tentativa de explicar por que os indivíduos com problemas obsessivos conferem muito mais as coisas do que aqueles que não têm este problema, os cientistas exploraram a hipótese de que pessoas com TOC tenham memória fraca. O raciocínio aqui seria, talvez, de que pessoas com TOC conferem e procuram por reafirmação porque elas não conseguem lembrar de maneira apropriada. Os cientistas, de fato, descobriram algo importante: pessoas com problemas obsessivos não têm memória deficiente. O que elas têm, entretanto, é pouca confiança na sua memória.

A pouca confiança que alguém pode ter na memória pode estar relacionada a exigências infundadas de certeza (veja a seção anterior sobre tolerar a dúvida e a incerteza), porque não importa o número de conferências que se faça, a dúvida continua em sua mente.

A melhor coisa que você pode fazer para aumentar a confiança na sua memória é agir como se fosse mais confiante e eliminar os rituais. Agir consistente e repetidamente dessa maneira aos poucos vai ajudá-lo a aumentar sua confiança.

Trate os seus pensamentos como nada mais do que pensamentos

Um dos principais erros da mente é superestimar a importância das dúvidas, pensamentos e imagens intrusivas que ocorrem naturalmente. Especialistas em TOC têm mostrado que as três principais interpretações equivocadas que contribuem para os problemas obsessivos são as seguintes:

- » **A interpretação equivocada da probabilidade:** A ideia de que ter um pensamento sobre um evento na sua cabeça afeta a probabilidade de ele ocorrer. Por exemplo: "Se eu permitir me imaginar fazendo mal a alguém, então é mais provável que eu realmente faça isso".
- » **A interpretação equivocada da moral:** A ideia de um pensamento desagradável entrando na sua cabeça revelar algo desagradável sobre você mesmo. Por exemplo: "Ter pensamentos de causar mal a alguém significa que sou uma pessoa má e perigosa".
- » **A interpretação equivocada da responsabilidade:** A ideia de que ter um pensamento sobre um evento significa que tem responsabilidade por ele estar acontecendo ou por impedir de acontecer. Por exemplo: "Imaginar a mim mesmo doente em uma cama de hospital significa que devo prestar mais atenção aos sinais de doenças".

Pensamentos, imagens, dúvidas e impulsos intrusivos são perfeitamente normais. A suposição de que os pensamentos que você está tendo não são normais é que é o problema. A solução é permitir que estes pensamentos passem pela sua cabeça sem confrontá-los, tentar mudá-los ou suprimi-los, ou tentar apressá-los. Como diz a música, deixe estar (Let it be)! Confira o Capítulo 5 para obter mais sugestões sobre como manipular seus pensamentos sem interferir na passagem deles.

Seja flexível e não insista tanto

Se você tem um problema obsessivo, provavelmente está insistindo demais em alguma coisa. Pode estar buscando a perfeição em sua aparência ou na organização de sua mesa de trabalho. Ou pode estar se esforçando demais para garantir que você ou alguém por quem se sinta responsável esteja seguro de um acidente ou uma doença. Ou talvez se sinta inclinado a seguir uma regra moral ou religiosa ao pé da letra e não viver de acordo com a essência desses ideais.

PENSE SOBRE ISTO

A flexibilidade é uma das marcas registradas da saúde psicológica, porque o ajuda a adaptar-se de modo eficaz ao mundo real. Considere com cuidado as consequências da vida real ao se apegar a padrões e ideais muito rígidos. Esses ideais realmente o ajudam a ter a vida que quer ter? Os custos pessoais e aos outros valem os benefícios? Se a resposta for não, tente definir como você se comportaria se estivesse livre desse problema obsessivo. Veja o Capítulo 8 para mais informações sobre a análise de custo/benefício.

Use critérios externos e práticos

A diferença crucial entre pessoas com e sem problemas obsessivos se deve aos critérios que usam para decidir quando parar um determinado comportamento. Pessoas sem problema obsessivo tendem a usar observações externas, ou critérios práticos, para avaliar situações e tomar decisões.

Em contrapartida, pessoas com problemas obsessivos tendem a usar critérios internos — como, por exemplo, sentir-se "bem", "melhor" ou "confortável" — para tomar decisões. Aqui seguem dois exemplos de critérios internos com alternativas externas:

» Uma pessoa com TOC de contaminação pode lavar as mãos até que *sinta* que as suas mãos estão limpas o suficiente. Alguém sem este problema tende a parar de lavar as mãos quando vê que elas estão limpas ou depois de executar sua rotina rápida e conveniente de limpeza.

» Uma pessoa com TDC pode pentear seu cabelo para tentar reduzir seu sentimento de ansiedade e para se *sentir intimamente satisfeita* com a sua aparência. Alguém sem preocupações excessivas para de arrumar o cabelo quando ele parece *exatamente como de costume*, ou simplesmente quando não está despenteado.

Lute para usar critérios "externos" ao decidir quando parar uma atividade. Em vez de parar quando se sentir confortável, obrigue-se a parar de lavar as mãos ou a arrumar o cabelo antes de se sentir confortável. Fazer esta mudança pode ajudá-lo e reforçar o fato de que seus critérios para parar os rituais são o problema, e provar que o seu desconforto e a sua ansiedade podem diminuir espontaneamente. O mais importante é que esta técnica também pode mostrar que você é capaz de tolerar o desconforto de resistir aos seus rituais.

Permita que sua mente e seu corpo ajam naturalmente

O controle completo sobre os seus pensamentos e o seu corpo é:

> » **Impossível:** Ninguém tem o controle, nem mesmo os mais treinados médicos, atletas, monges ou psicólogos!
>
> » **Contraproducente:** Tentar ter o controle completo dos seus pensamentos resulta em mais pensamentos e sensações dos quais você está tentando se livrar. O resultado é a sensação de ter menos controle ainda.
>
> » **Indesejável:** Ser capaz de escolher completamente os pensamentos que entram na sua mente coloca uma barreira para qualquer solução original e criativa para o problema. Ser capaz de ter controle sobre o seu corpo quase certamente resultaria em morte — até porque, você realmente saberia como fazer seu corpo funcionar?

Permitir que seu corpo e sua mente funcionem no piloto automático é muito mais fácil e produtivo do que tentar controlar seus pensamentos e sensações físicas.

Normalize as sensações físicas e as imperfeições

Problemas obsessivos, como o TOC, o TDC e a ansiedade relacionada à saúde podem levá-lo a se concentrar demais em seus pensamentos, sensações físicas e mínimas imperfeições físicas, levando-o à dar indevida importância e significado a estas questões.

> » A ansiedade com relação à saúde leva você a atribuir mais importância do que deve a sensações físicas normais.
>
> » O TOC faz com que você atribua muito significado aos pensamentos que invadem a sua mente.
>
> » O TDC faz com que você atribua muita importância à sua aparência.

LEMBRE-SE

O seu problema não é o conteúdo do seu pensamento, as rugas no seu rosto ou a variação das suas batidas cardíacas. O problema é a *sua crença* de que estas experiências são anormais. Para ajudar a superar seus problemas obsessivos, aceite os pensamentos, as rugas e as imperfeições como sendo *normais*. Fazer pesquisas (das quais falamos no Capítulo 4) é uma excelente maneira de reunir evidências de que muitas das coisas nas quais você se concentra e se preocupa são experiências humanas normais.

Enfrente Seus Problemas: Reduzindo (E Parando) os Rituais

Na TCC, enfrentar seus medos e resistir ao impulso de levar adiante compulsões é chamado de *exposição e prevenção de resposta*. Este termo tem dois componentes importantes:

» **Exposição:** Deliberadamente enfrentar lugares, pessoas, situações, substâncias, objetos, pensamentos, dúvidas, impulsos e imagens que acionam seus sentimentos de ansiedade e desconforto.

» **Prevenção de resposta:** Reduzir e parar os rituais e qualquer outra precaução de segurança que você adote.

Para reduzir ou potencialmente parar a sua dependência de rituais, você deve confrontar suas obsessões de maneira decisiva. Para alcançar isso, é necessário melhorar a sua tolerância à dúvida, permitir o ir e vir de pensamentos e imagens na sua mente, e ser realista com relação à sua responsabilidade. E é claro que você precisa praticar estas habilidades!

O seu progresso pode ser mais rápido se você *deliberadamente* desativar os seus pensamentos preocupantes e a ansiedade de modo regular e consistente. Veja o Capítulo 9 para mais detalhes sobre como elaborar um programa de exposição para ajudá-lo a combater a ansiedade.

LEMBRE-SE

Enfrentar seus medos quando está superando os problemas obsessivos é diferente de muitos outros tipos de problemas relacionados à ansiedade, porque o objeto do seu medo pode ser mais *interno* do que *externo*. Por exemplo, confrontar uma imagem mental de empurrar alguém nos trilhos do trem é tão importante quanto estar em pé sobre a plataforma.

Resista! Resista! Resista!

Para superar um problema obsessivo, você deve criar uma lista dos seus principais medos, assim como de seus rituais e comportamentos de segurança típicos.

Manter um registro diário da frequência dos rituais que quer reduzir ajuda a manter e acompanhar seu progresso e a motivá-lo a continuar reduzindo a frequência dos rituais. Você pode registrar a frequência em um caderno ou adquirir um "contador" (um contador eletrônico manual, que adiciona um número à contagem cada vez que você aperta o botão) em uma papelaria.

Quando sua lista estiver pronta, você precisa se expor sistematicamente aos seus principais medos, enquanto simultaneamente reduz e abandona os rituais e comportamentos de segurança.

LEMBRE-SE: Somente parar com os rituais não é o bastante para superar suas obsessões. Você precisa incorporar deliberadamente a exposição aos medos para ganhar a prática de que precisa.

Adiando e modificando os rituais

Adiar ou modificar um ritual pode ser também um mecanismo útil para abandoná-lo completamente:

» **Adiando rituais.** Se acha difícil abandonar os rituais, comece por adiá-los por alguns minutos. Gradualmente, aumente o tempo do adiamento até que consiga resistir ao ritual o bastante para sua ansiedade reduzir naturalmente.

» **Modificando os rituais.** Se você ainda não consegue parar o ritual por completo, modifique-o, permita-se usar uma versão mais curta. Por exemplo, se normalmente passa o aspirador de pó em cada canto da sala, tente passá-lo somente nas áreas visíveis, sem mover móveis ou objetos.

LEMBRE-SE: Superar seus problemas obsessivos deve ser uma experiência desconfortável. Se está trabalhando nos exercícios deste capítulo e não está experimentando um aumento temporário do seu desconforto, você não está se expondo o suficiente, ou não está resistindo aos rituais o bastante.

Se planeja parar um ritual específico, mas acaba fazendo o ritual mesmo assim, *se exponha novamente* em vez de deixar o problema obsessivo levar a melhor. Por exemplo, se tem medo de contaminação, toque o chão e se exponha mais uma vez depois de lavar as mãos.

CUIDADO: Você pode se sentir muito tentado a continuar "seguro" e se permitir fazer mais rituais ou medidas seguras que uma pessoa comum. Reter a evitação e os rituais pode deixá-lo mais propenso ao retorno das suas obsessões. Continue trabalhando na redução do seu ritual até que ele pelo menos diminua até o mesmo ponto das pessoas comuns. Pense nos rituais e na evitação como nas raízes de uma erva daninha que você está tentando arrancar do seu jardim. Se não arrancar as ervas daninhas pela raiz, com certeza elas crescerão novamente.

Sendo Realista sobre a Sua Responsabilidade

Uma das marcas registradas dos problemas obsessivos é a tendência a assumir muita responsabilidade. Indivíduos com TOC, por exemplo, assumem responsabilidade excessiva de poder causar ou evitar que coisas ruins aconteçam a si mesmo e aos outros. Uma pessoa com ansiedade relacionada à saúde pode desenvolver um enorme senso de responsabilidade de identificar possíveis problemas de saúde. Alguém com TDC pode ter um excessivo senso de responsabilidade de não ofender alguém ou ser humilhado por causa da sua aparência. Em todos os casos, este senso de responsabilidade pode levar a pessoa a dar continuidade aos rituais e fazer com que se sinta culpada caso não o faça

Dividindo sua parcela de responsabilidade

Uma técnica útil para desenvolver uma percepção mais realista da sua responsabilidade pessoal é criar um *gráfico de responsabilidade*, da seguinte maneira:

1. **Identifique um evento pelo qual você teme ser o responsável (como a casa ser assaltada, ferir ou causar mal, ficar doente ou ser rejeitado).**

2. **Escreva o nível de responsabilidade que você sentiria caso o evento ocorresse.**

   Você pode ter uma parcela de responsabilidade entre 0% e 100% pela ocorrência do evento.

3. **Liste todos os possíveis fatores contribuintes para o evento que teme, incluindo você mesmo.**

4. **Crie o gráfico de responsabilidade.**

   Use um grande círculo vazio para representar 100%, ou toda a responsabilidade pelo evento ocorrido. Você pode desenhar o círculo ou usar o círculo oferecido na Figura 13-1.

   Proporcionalmente, divida o círculo em duas partes, com base na porcentagem de responsabilidade que atribui a cada um dos fatores listados no passo 3. Assegure-se de colocar a si mesmo em último.

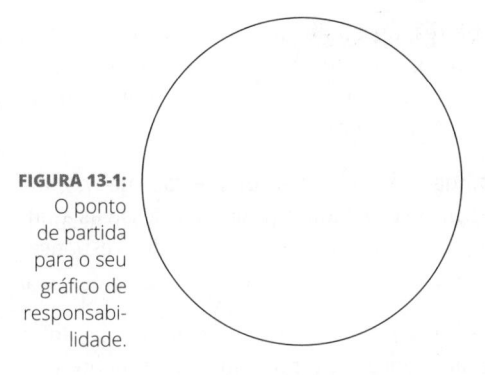

FIGURA 13-1:
O ponto de partida para o seu gráfico de responsabilidade.

5. **Reavalie a estimativa de sua responsabilidade pelo evento temido.**

    Use a escala de 0% a 100% descrita no passo 2.

    Por exemplo, a Figura 13-2 exibe o gráfico de responsabilidade de Terry, uma mãe que sofre de TOC e que é obcecada pela ideia de que algum mal decorrido de envenenamento atingirá seus filhos. Inicialmente, Terry acredita que deveria ser completamente culpada se qualquer coisa ocorresse com o bem-estar de seus filhos. Entretanto, depois de trabalhar com o gráfico de responsabilidade, Terry é capaz de obter uma perspectiva mais realista sobre o nível de responsabilidade pessoal dela.

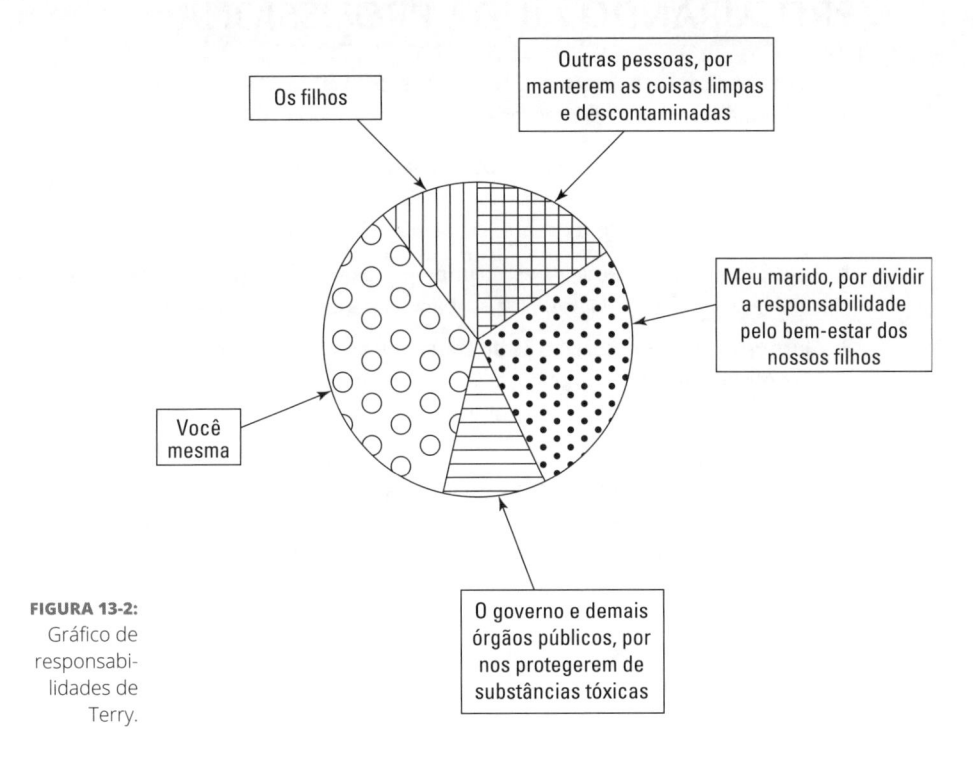

FIGURA 13-2:
Gráfico de responsabilidades de Terry.

Você também pode usar o gráfico de responsabilidade para eventos negativos que *realmente aconteceram* e pelos quais você se culpa, como, por exemplo, a perda de um emprego, um relacionamento fracassado, o mau tratamento que recebeu de alguém, ou alguém que você ama ter ficado doente.

LEMBRE-SE

A proposta do gráfico de responsabilidade é ajudá-lo a ver que você não é 100% responsável pelo acontecimento de um evento. Muitas pessoas obsessivas assumem mais responsabilidade do que merecem — ou pelo menos mais responsabilidade que pessoas comuns assumem.

Assumir *menos responsabilidade* é algo que você tem que ensinar constantemente a sua mente a fazer. Na verdade, você está treinando a sua mente para quebrar o hábito de assumir uma *responsabilidade excessiva*.

Treinando sua atenção

Se você pensa que está preocupado com a sua aparência, saúde ou de ser responsável por algum mal que possa vir a acontecer a si mesmo ou aos outros *porque você se concentra demais nisso*, tente criar um equilíbrio desviando sua atenção para outro lugar. O Capítulo 5 traz mais orientações.

PROCURANDO AJUDA PROFISSIONAL

Use a lista a seguir para determinar se uma obsessão ou compulsão é normal ou um problema para o qual você deveria procurar assistência profissional.

- **Seus problemas obsessivos estão causando danos à sua saúde física.** Por exemplo, você não está tomando medicação, indo às consultas médicas, comendo ou cuidando da aparência de maneira apropriada.

- **Seus problemas obsessivos estão impedindo que saia de casa.** Às vezes, pessoas que sofrem de TOC ou TDC acabam tornando-se reclusas.

- **Seus problemas obsessivos estão causando sério impacto na sua vida social e profissional.** Por exemplo, você está incapaz de continuar trabalhando, perdeu o emprego, está evitando contato com os amigos, ou seu parceiro a deixou.

- **Seus problemas obsessivos a estão impedindo de cuidar de maneira adequada dos seus filhos.** Este é particularmente um ponto doloroso para os portadores do TOC. Pessoas com TOC tipicamente tomam muita responsabilidade pelo bem-estar dos entes queridos. Entretanto, se você supre as necessidades dos seus filhos e decide imparcialmente que os seus problemas a estão impedindo de continuar fazendo isso, entre em contato com um profissional.

- **Você tem tentado arduamente ajudar a si mesmo, mas continua incapaz de superar seu problema.**

O seu clínico geral pode estar familiarizado com transtornos obsessivos, mas talvez seja melhor procurar um especialista. Marque uma consulta com um psiquiatra para uma avaliação. Se o seu problema é tão severo que você não consegue sair de casa, procure ajuda por intermédio de alguma associação comunitária de saúde mental. Entretanto, prepare-se para a possibilidade de ter que sair de sua zona de segurança e ir a um hospital ou clínica.

Obter a melhor ajuda para os seus problemas obsessivos nem sempre é fácil, mas o encorajamos a não desistir. Se você atende aos critérios mostrados acima, procure ajuda. O Apêndice A lista algumas organizações relevantes com as quais você pode entrar em contato para obter mais informações.

> **NESTE CAPÍTULO**
> » Entendendo a baixa autoestima
> » Valorizando os princípios da autoaceitação
> » Reforçando sua autoaceitação
> » Dissipando os mitos sobre a prática da autoaceitação

Capítulo 14
Superando a Baixa Autoestima e Aceitando a Si Mesmo

Sentimentos perturbadores, como depressão, ansiedade, vergonha, culpa, raiva, inveja e ciúme, têm suas raízes na baixa apreciação de si mesmo. Se você tende a experimentar estes sentimentos, pode ter um problema com a sua autoestima. Você pode supor que todo seu valor é um espelho de suas realizações, vida amorosa, status social, atratividade ou talento com as finanças. Se relacionar o seu valor com estas condições temporárias e por alguma razão elas diminuírem, a sua autoestima será abalada também. Alternativamente, você pode ter uma visão turva de si mesmo: não importa o quanto as condições mencionadas acima sejam favoráveis, a sua autoestima é cronicamente baixa. Seja qual for o caso, você pode seguir a filosofia da autoaceitação descrita neste capítulo, o que pode melhorar significativamente sua atitude com relação a si mesmo.

Identificando Problemas de Autoestima

Implícita no conceito da autoestima está a noção de *estimar,* ou avaliar e medir, o seu valor. Se você tem alta autoestima, então a medida do seu valor ou da sua importância é alta. Em contrapartida, se tem baixa autoestima, a sua estimativa do seu valor é baixa.

Condenar a si mesmo de modo global é um modo de hipergeneralização, conhecido como *rotulação* ou *autodepreciação* (falamos sobre hipergeneralização com mais detalhes no Capítulo 2). Este erro de pensamento cria a baixa autoestima. Rotular a si mesmo faz com que se sinta pior e pode levar a ações contraproducentes, como a fuga, o isolamento, os rituais, a procrastinação e o perfeccionismo (dos quais falamos nos Capítulos 7, 12 e 13), para citar apenas algumas.

Exemplos de rotulação ou autodepreciação incluem afirmações como as seguintes:

Eu sou repugnante	Eu sou inadequado	Eu sou incompetente
Eu sou um fracasso	Eu não sou bom o bastante	Eu não tenho importância
Eu sou burro	Eu sou mau	Eu sou patético
Eu sou inferior	Não sou digno de ser amado	Eu sou fraco
Eu sou inútil	Eu sou imprestável	Eu não sou bom
Eu não tenho valor	Eu sou defeituoso	Eu sou um perdedor

Quando medimos nosso valor com base em um ou mais fatores externos, ficamos propensos a enfrentar oscilações de humor e de autoestima porque a vida está em constante mudança.

Desenvolvendo a Autoestima

Uma abordagem para combater a sua baixa autoestima é aumentar a estimativa que você faz de seu próprio valor. O problema subjacente, entretanto, ainda permanece; e, como um investimento, sua autoestima pode baixar assim como subir.

A autoaceitação é uma alternativa para impulsionar sua autoestima e confrontar o problema, abolindo a autoavaliação. Se você não tem uma forte crença que seu valor é *intrínseco,* ou incorporado, pode ter dificuldade para concluir que tem algum valor quando as coisas não forem bem para você.

Autoaceitação incondicional significa desconectar a sua avaliação de si mesmo de "medidas" e "avaliações" externas do seu valor como pessoa. No final, você pode se tornar menos propenso a se considerar falho ou inadequado com base nos fracassos ou desaprovações, porque verá a si mesmo como um ser humano passível de falhas e cujo valor se mantém mais ou menos constante.

A autoaceitação envolve fazer as seguintes considerações:

» Como um ser humano, você é um indivíduo único e multifacetado.
» Você está em eterna mudança e desenvolvimento.
» Você pode ser capaz, até certo grau, de medir alguns aspectos específicos sobre si mesmo (como a sua altura), mas nunca poderá medir tudo o que você é porque é complexo demais e está sempre mudando.
» Os seres humanos, por sua própria natureza, são falíveis e imperfeitos.
» Por extensão, porque você é um indivíduo complexo, único e está em constante mudança, não pode ser legitimamente avaliado ou medido por inteiro.

A seguir, estão os princípios da autoaceitação. Leia, releia, pense sobre eles, e os coloque em prática no seu dia a dia, para aprimorar significativamente a sua autoaceitação. Os princípios são o senso comum, mas deixamos para que você decida o quão "comum" é este tipo de bom senso. Os princípios são derivados dos métodos de pensamento racional (autoajuda) desenvolvidos por Albert Ellis e Windy Dryden.

Entenda que você tem valor porque é humano

Albert Ellis, fundador da Terapia Comportamental Racional Emotiva — uma das primeiras abordagens da TCC — afirma que *todos os seres humanos* têm um valor *extrínseco* para os outros e um valor *intrínseco* para si mesmos. Mas facilmente confundimos os dois e nos classificamos como "valiosos" ou "bons" com base no que supomos ser o nosso valor para os outros. Nós humanos muito facilmente permitimos que nosso valor fique à mercê das opiniões e julgamentos alheios. Muitos terapeutas cognitivo-comportamentais (e também outros tipos de psicoterapeutas) mantêm o valor implícito de um ser humano no centro de sua perspectiva.

Imagine o quanto a sua vida seria mais fácil, e no quanto a sua autoestima seria mais estável, se você percebesse que tem valor como pessoa independentemente da maneira como as outras pessoas o avaliam. Você pode apreciar ser estimado, admirado ou respeitado sem que isso seja uma terrível necessidade, ou que viva com medo de perder isso.

Aprecie o fato de ser complexo demais para ser medido ou classificado totalmente

Você pode estar erroneamente definindo o seu valor integral — ou até mesmo todo o seu "eu" — com base nas suas partes individuais. Isso é inútil, porque seres humanos são criaturas em constante mutação, são dinâmicos, falíveis e complexos.

Os seres humanos têm a capacidade de corrigir os comportamentos menos desejados e de maximizar os mais desejados. Você tem a habilidade distinta de batalhar pelo autoaprimoramento, para maximizar o seu potencial e aprender com as histórias, erros, realizações suas e dos outros também. Em suma, você tem a capacidade de desenvolver a habilidade de aceitar a si mesmo como é, ao mesmo tempo que se esforça para aprimorar a si mesmo se for esta a sua escolha.

EXPERIMENTE Considere uma cesta de maçãs frescas, colhidas a mão e belas em todos os sentidos. Agora imagine que uma das maçãs está estragada. Você considera que a cesta inteira não tem valor? É claro que não! É uma ótima cesta de frutas, com uma única maçã estragada. Evite a hipergeneralização ao enxergar que suas imperfeições são simples facetas que não o definem por inteiro.

Não rotule

A autoaceitação significa decidir resistir totalmente ao ímpeto de rotular a si mesmo, e ainda internalizar a ideia de que colocar rótulos é inapropriado para a condição humana. Por exemplo:

> » Você mentiu para um amigo uma vez. Isso faz de você um mentiroso completo para sempre?
>
> » Você fumava, mas abandonou a adição. Você ainda é fumante porque já fumou um dia?
>
> » Você falhou em uma ou mais tarefas que eram importantes para você. Pode afirmar com legitimidade que é um completo fracasso?
>
> » Seguindo a mesma linha, se tem sucesso com a realização de uma tarefa, agora você é um eterno vencedor?

Como pode perceber revendo estes exemplos, basear sua autoestima em um incidente, uma ação ou uma experiência é uma péssima hipergeneralização.

Acredite que você é mais do que a soma de algumas de suas partes

Observe a Figura 14-1. O *I* grande é composto de vários *is* pequenos. Então qual é o sentido da figura? Quando você se avalia por *inteiro* com base em uma característica, pensamento, ação ou intenção, você está cometendo o erro de pensar que uma única parte (o *i* pequeno) se iguala ao todo (o *I* grande).

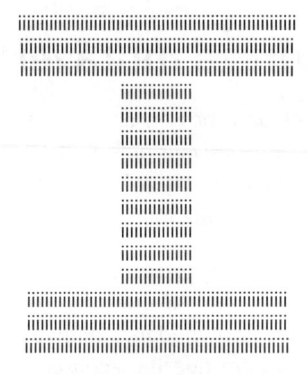

FIGURA 14-1: O que você vê primeiro, o I grande ou os pequenos is?

Seguindo pelo mesmo raciocínio, considere uma tapeçaria finamente tecida, composta por diversas texturas, cores e padrões. Nessa tapeçaria você pode encontrar uma ou mais falhas, onde as cores não se encontram ou os padrões parecem levemente fora de sintonia. As falhas nos pequenos detalhes não comprometem o valor da obra toda. E o que dizer da Vênus de Milo? Ao passar dos anos, ela perdeu um braço ou dois, mas as autoridades em artes do Louvre não dizem "Hum, ela está com falhas: coloque-a no depósito!". O fato de a estátua estar danificada não diminui ou *define* o seu valor absoluto. A estátua é valorizada pelo *que ela é*, e a ausência dos braços não nega o impacto que ela tem sobre o nosso entendimento a respeito da evolução da arte.

DICA

Se o seu filho, seu irmão ou um sobrinho é reprovado no teste de ortografia, você o julgaria como um completo perdedor? Você os encorajaria a pensar que são um total fracasso com base apenas na ação deles? Se não faria isso, porque está fazendo exatamente isso consigo mesmo?

Comece a agir de acordo com a sua crença de que as suas partes não definem a sua totalidade. Se realmente acredita nesta ideia, o que faz quando você falha ao fazer algo, se comporta mal ou de forma cruel, ou percebe que tem uma imperfeição física ou uma falha de caráter? Como espera se sentir ao endossar esta crença?

EXPERIMENTE Pegue um bloco de notas adesivas e uma superfície larga e plana. Uma parede ou uma porta servem — ou pergunte a um amigo se ele tem alguns minutos sobrando. Escreva em cada uma das notas uma característica que você, como toda pessoa, tem; depois, fixe a nota na parede ou na porta. Continue fazendo isso, escrevendo todos os aspectos de você mesmo que conseguir pensar até que não consiga lembrar de mais nenhum ou que acabe o bloco de notas. Agora dê um passo para trás e admire, na sua ilustração, a sua complexidade como ser humano. Avalie o fato de que não pode ser legitimamente rotulado de maneira global.

Reconheça a sua natureza mutável

Como ser humano, a sua natureza é ser uma pessoa em constante mudança. Mesmo que meça todas as suas características pessoais hoje e surja com um rótulo total sobre si mesmo, amanhã ele estará errado. Por quê? Porque cada dia você muda um pouco, amadurece levemente, e reúne algumas novas experiências.

Considere a si mesmo como um trabalho em progresso e tente manter uma atitude *flexível* em relação a si mesmo. Cada habilidade que adquire ou cada interesse que desenvolve produz efetivamente uma mudança dentro de você. Cada dificuldade que enfrenta, cada momento bom que lhe acontece e cada ocorrência que suporta causa desenvolvimento, adaptação e crescimento para você.

PENSE SOBRE ISTO Ellis teoriza que o seu valor essencial ou importância não pode ser medido precisamente, porque o que você é inclui o que você *está se tornando*. Ellis sugere que cada ser humano é um processo, com um presente e um futuro em constante mudança. Desse modo, não é possível avaliar a si mesmo de maneira conclusiva enquanto ainda está vivendo e se desenvolvendo.

PERDOE AS SUAS FALHAS E AS DOS OUTROS

Curiosamente, você ignora algumas imperfeições suas enquanto condena as mesmas imperfeições nos outros, e vice-versa. Até certo grau, isso se relaciona com o que você considera importante, com a sua flexibilidade, e com o seu nível de autoaceitação. Considere os seguintes cenários:

- Julian trabalha em uma loja de computadores. Sempre que está prestes a fechar um negócio, fica animado e tropeça nas palavras. Ele se sente um pouco bobo por isso, embora nenhum de seus clientes tenha mencionado o fato.
- Margarita tem pouco senso de direção. Às vezes, ela esquece qual lado é o esquerdo e qual é o direito. Quando está dirigindo, Margarita tem dificuldade em seguir as direções e frequentemente se perde.

- Carlos é um bom estudante, mas tem dificuldade na hora das provas. Ele estuda exaustivamente; mas, quando chega o momento da prova, ele esquece o que leu e obtém um resultado medíocre.

Você sempre pode mudar as coisas sobre si mesmo. Às vezes pode melhorar um pouco, porém às vezes não consegue mudar absolutamente nada. Se já é um adulto e mede 1,60m, é improvável que atinja 1,80m de altura apenas com a força da sua determinação. O truque é começar a reconhecer em qual aspecto pode mudar e em qual não pode. Viver feliz é aceitar suas limitações sem se colocar para baixo por causa delas, e se concentrar nos seus pontos fortes. Então, aproveitando os três exemplos acima:

- Julian pode ser capaz de controlar a ansiedade diante de uma venda; então, ele pode falar de modo mais coerente. Ao aceitar que confunde as palavras às vezes, mas não se condenando por isso, ele pode, de alguma forma, superar este aspecto do seu comportamento.
- Margarita pode ser alguém que simplesmente não é boa em direção. Ela pode melhorar com a prática, mas também pode aceitar que é o tipo de pessoa que confunde as direções com facilidade.
- Carlos pode olhar para os seus hábitos de estudo e ver se pode estudar de modo mais eficiente. Entretanto, ele tem a opção de simplesmente ser o tipo de pessoa que se dá melhor em testes práticos do que em teóricos.

No geral, Julian, Margarita e Carlos podem escolher aceitar a si mesmos como seres humanos falíveis e trabalhar para melhorar nas áreas identificadas, ao mesmo tempo que aceitam suas limitações pessoais. Eles podem escolher abraçar esta qualidade de imperfeição inerente como parte da experiência humana, e entender que as suas características nem tão boas são parte da composição do indivíduo tanto quanto as suas características boas.

Alternativamente, podem escolher avaliar a si mesmos com base nas características "nem tão boas" e acabar se julgando como insignificantes, ou menos que isso ainda.

Aceite sua natureza imperfeita

Lamentamos se somos nós os escolhidos para lhe dizer isso, mas os seres humanos são falíveis e imperfeitos. Você pode ser um impressionante produto da evolução, mas essencialmente é apenas o animal mais esperto do planeta. Mesmo que acredite ser a criação de uma entidade divina, realmente acredita que o plano era atingir a perfeição? Talvez ser complexo, diferente, e com uma tendência interna para cometer erros, seja tudo parte do plano. Quando as pessoas dizem "Você é apenas humano", elas têm um bom argumento: nunca, jamais, você poderá deixar de ser falível ou parar de cometer erros. Assim como ninguém pode. É apenas a maneira como fomos construídos.

Durante o processo de autoaceitação, você pode sentir tristeza, desapontamento ou remorso pelas suas mancadas. Estas emoções negativas saudáveis podem ser desconfortáveis, mas geralmente levam a comportamentos benéficos, corretivos e adaptativos. A autocondenação ou a autodepreciação, por outro lado, tendem a levar para emoções negativas muito intensas, como depressão, mágoa, culpa e vergonha. E, dessa forma, você estará mais propenso a adotar comportamentos derrotistas e que comprometem a habilidade de adaptação, como a fuga ou a desistência.

Valorize o ser único que você é

Quem você conhece que é exatamente — sim, queremos dizer *exatamente* — como você? A resposta correta é ninguém, porque o clone humano ainda não foi realmente testado. Então, você é, de fato, único — assim como todo mundo!

Você é o único dono das suas próprias e pequenas particularidades. Aprenda a rir disso, porque os erros e os momentos difíceis continuarão acontecendo, quer você queira ou não.

Levar a si mesmo muito a sério não é uma tática adequada para ter uma boa saúde mental (sobre a qual falamos no Capítulo 24). A sua imperfeição humana individual pode ser tanto divertida quanto esclarecedora. Pense nos programas e filmes humorísticos. A maior parte do que faz estes shows engraçados é a maneira como os personagens *se comportam*, os erros e as gafes que cometem, o físico, as peculiaridades deles, e assim por diante. Quando você ri destes personagens, não está sendo maldoso — apenas está reconhecendo algumas semelhanças entre você e toda a experiência humana neles. Além do mais, você não tende a rebaixar estes personagens com base nos erros deles. Dê a si mesmo uma chance de ter o benefício da dúvida. Aceitar a existência dos seus defeitos pode ajudá-lo a entender as suas próprias limitações e identificar as áreas que pode querer marcar como alvo para futuras mudanças.

Por exemplo, nós temos algumas peculiaridades que tentamos aceitar, e até mesmo celebrar, como únicas. Rob não tem nenhum senso de direção, o que faz com que se perca em um estacionamento vazio por horas; acredite quando dizemos que não há mapa ou GPS que consiga ajudá-lo. Às vezes ficamos imaginando se ele sequer saber onde mora. Rhena tem uma pronúncia própria e especial para diversas palavras (ou seja, uma pronúncia errada). Estes são apenas dois de nossos pontos fracos que estamos dispostos a admitir por escrito!

Você é único porque ninguém é uma cópia sua. E, ao mesmo tempo, você também não é especial ou único de jeito algum, porque *todo mundo* é individual, portanto, exclusivo. O fato de você ser único significa que é *diferente* de todos os outros, e paradoxalmente *igual* a todos eles.

POR QUE AS CRENÇAS DE AUTOACEITAÇÃO FUNCIONAM

À primeira vista, a autoaceitação e as crenças de autoaceitação podem parecer uma tarefa impossível. Entretanto, incorporar as crenças de autoaceitação na sua vida pode realmente fazer uma grande diferença, e recomendamos isso pelas seguintes razões:

- **As crenças na autoaceitação são úteis.** Você é incentivado a corrigir seu comportamento deficiente ou lidar com suas deficiências por meio da permissão a si mesmo para ser falível. Você se permite uma margem de erro. Quando os problemas ocorrem ou você se comporta de modo insuficiente, pode experimentar emoções negativas de maneira apropriada e proporcional, e então seguir adiante. Em geral, as pessoas resolvem problemas com maior eficiência quando não estão extremamente abaladas emocionalmente.

- **As crenças na autoaceitação são consistentes com a realidade.** Você conhece alguém que seja um fracasso total? Se a sua autoaceitação é meramente condicional, você está corroborando com a crença de que deixa de ser aceitável, ou de ter valor, quando não corresponde àquelas condições e ideais. Basicamente, está dizendo a si mesmo que deve ter sucesso em tudo o que faz. Porque pode (e consegue) tanto ter sucesso quanto falhar, a evidência sugere que sua exigência de ter sucesso sempre é errônea.

- **As crenças na autoaceitação são lógicas.** Só porque você *prefere* se comportar de certa forma não significa que deva se comportar assim. Nem o seu erro em se comportar daquela maneira logicamente significa render-se à ideia de que você é um fracasso total. Mais do que isso, este "fracasso" apoia a premissa de que você é um ser humano imperfeito e capaz de agir de diversas maneiras diferentes em momentos muito diferentes. Para ampliar esta ideia, este "fracasso" destaca a sua humanidade e a sua capacidade inerente de fazer as coisas "bem" ou "nem tão bem".

Use a autoaceitação para auxiliar no seu aprimoramento

Como falamos superficialmente no box anterior, que trata da aceitação das falhas nos outros e em si mesmo, a autoaceitação pode levar a respostas emocionais saudáveis e *apropriadas* para experiências adversas. Este tipo de resposta emocional tende a levar a comportamentos funcionais e *adaptativos*. A autodepreciação, por outro lado, leva a respostas emocionais nocivas e inapropriadas, as quais em consequência tendem a produzir comportamentos improdutivos ou *destrutivos*. Observe a seguinte situação:

Wendy tem sido mãe em tempo integral durante os últimos dez anos. Antes de ter seus filhos, ela trabalhava como assessora jurídica. Agora que eles estão maiores, deseja voltar a trabalhar. Ela vai a uma entrevista de trabalho. Durante a entrevista, fica muito nervosa e não consegue responder algumas das questões de maneira adequada. Ela percebe que seu rosto está ficando vermelho e quente. E também fica claro para ela que, nestes últimos dez anos em que esteve afastada, o trabalho de assessoria evoluiu muito e que ela não tem os conhecimentos necessários sobre informática. Infelizmente, ela não consegue a vaga.

Agora considere duas reações diferentes para a entrevista:

Reação A: Wendy sai da entrevista e fica ruminando sobre o seu desempenho insatisfatório durante todo o caminho para casa. "Eu parecia uma idiota", fala para si mesma. "Eles devem ter me considerado uma verdadeira amadora, ficando vermelha e gaguejando daquele jeito. Eu sou um fracasso. Quem contrataria alguém com tão poucas habilidades como eu? Eu não sei o que me fez pensar que poderia conseguir trabalhar novamente. Claramente eu não preencho os requisitos." Wendy se sente deprimida e desesperançada. Perambula pela casa e continua pensando no fracasso que é. Ela se sente tão envergonhada por ter fracassado na entrevista que evita falar com os amigos, negando a si mesma a oportunidade de receber feedback, que poderia ser útil ou ajudá-la a se sentir mais equilibrada. Wendy para de procurar vagas na página de empregos do jornal.

Reação B: Wendy sai da entrevista e pensa: "Eu realmente não me saí muito bem. Queria não ter parecido estar nervosa de maneira tão óbvia. Claramente, preciso fazer um curso de informática antes de buscar outra vaga de emprego". Ela se sente muito desapontada por não ter conseguido o trabalho, mas não conclui que um único fracasso pode determinar que ela em si é um total fracasso. Ela se sente arrependida, mas não envergonhada, do seu desempenho e fala com alguns amigos sobre isso, assim, recebe mensagens de encorajamento dos seus amigos. Então, Wendy se matricula no curso de informática local e continua procurando uma vaga na página de empregos do jornal.

Na reação B, Wendy está compreensivelmente desapontada com o desenrolar da entrevista. Ela é capaz de reconhecer que as suas habilidades são insuficientes. Como aceita a si mesma com este *déficit específico*, toma medidas concretas para aprimorar suas habilidades.

Na reação A, Wendy não está pensando em como se sair melhor na próxima entrevista. Ela está pensando em como ela gostaria de rastejar pra baixo do tapete e ficar lá para sempre. Uma reação bastante extrema considerando-se as circunstâncias, mas Wendy não está considerando as circunstâncias. Ela decidiu que ter ido mal na entrevista faz dela um total fracasso, e está se sentindo deprimida e envergonhada demais para encontrar uma solução para o problema.

LEMBRE-SE: Geralmente, seus fracassos e erros não são tão importantes e terríveis como você pensa que são. Na maior parte do tempo, seus fracassos significam muito mais para você do que para os outros.

Entenda que aceitação não significa desistência

No exemplo de Wendy, não sugerimos que ela se resigne à vida de desempregada por causa da sua falta de conhecimento de informática. Por que ela deveria se resignar? Claramente, ela pode correr atrás para aprimorar sua capacitação e voltar ao mercado de trabalho

No caso da Wendy, a autoaceitação significa que ela pode ver a si mesma como alguém que tem importância, enquanto procura aprimorar as áreas da vida que precisam de aperfeiçoamento. Por outro lado, se Wendy se recusar a aceitar a si mesma, ou se menosprezar, ela estará mais propensa a se resignar, talvez até mesmo se condenar à sua atual situação de desempregada.

DICA: A resignação requer pouco ou nenhum esforço, mas a autoaceitação pode envolver muito esforço pessoal.

- **Alta Tolerância à Frustração (ATF)** é a habilidade de tolerar o desconforto e fazer esforço dobrado a curto prazo, no intuito de alcançar uma meta específica *a longo prazo*. Na reação B, no exemplo da entrevista de emprego, Wendy aceita a si mesma e mantém uma atitude de ATF. Ela está preparada para fazer o que for necessário para atingir a sua meta, que é conseguir um emprego.
- **Baixa Tolerância à Frustração (BTF)** é a incapacidade de tolerar a dor a curto prazo para obter ganhos *a longo prazo*. Uma atitude de BTF está presente em afirmações como "É muito difícil mudar — é assim que eu sou", e "Talvez eu deva simplesmente desistir". A resignação e a BTF andam de mãos dadas. Na reação A de Wendy, ela se recusa a aceitar a si mesma por causa da sua recente experiência e se resigna a continuar desempregada.

LEMBRE-SE: A resignação pode parecer uma opção fácil comparada com a autoaceitação, porque significa que você tem menos *a fazer*. Entretanto, as pessoas tendem a se sentir extremamente tristes quando se resignam e condenam a si mesmas, recusando-se a investir esforço para melhorar a situação delas.

Estando Aberto a Mudanças

Você pode achar que a autoaceitação é muito tranquila e fácil quando diz respeito a erros humanos, gafes e defeitos menores, mas tudo fica mais complicado quando a situação envereda pelo caminho da transgressão do seu próprio código moral.

Se você tem se comportado de maneira antissocial, ilegal ou imoral, talvez tenha mais dificuldade em se aceitar. Mas você consegue! Aceitar a si mesmo não significa aceitar o seu comportamento negativo ou continuar agindo da mesma forma. Pelo contrário, aceitar a si mesmo envolve reconhecer que você — um aceitável ser humano — tem adotado um comportamento insatisfatório ou inaceitável. Aceitar-se faz com que você fique mais propenso a aprender com seus erros e a agir de maneira mais construtiva — o que é interessante tanto para você quanto para as pessoas que o cercam.

Considere os dois cenários a seguir:

> » Malcolm tem problemas com a raiva. Ele faz exigências descabidas à esposa e aos filhos de que nunca o tirem do sério. Ele tem um péssimo dia no trabalho, chega em casa e não encontra o jantar servido na mesa, e seus dois filhos estão brincando ruidosamente na sala. Malcolm grita com a esposa e lhe dá um tapa no rosto, chama seus filhos e bate neles. A família dele está assustada e triste. Isso acontece regularmente.
>
> » Fiona trabalha em uma loja de calçados. Ela tem roubado dinheiro do caixa para comprar álcool e analgésicos com codeína. Habitualmente, ela toma os comprimidos durante o dia e bebe excessivamente à noite, até pegar no sono. Ultimamente, tem ligado para o trabalho para avisar que está doente porque tem ressacas terríveis e se sente deprimida. Fiona chama a si mesma, com frequência, de "bêbada inútil" e "ladra malsucedida", e depois bebe mais para evitar pensar sobre isso. Ela se esforça para esconder que bebe e rouba, e sente vergonha de si mesma a maior parte do tempo.

Malcolm e Fiona são pessoas más ou simplesmente estão exibindo um mau comportamento? Se você condena Malcolm e Fiona — ou, na verdade, a si mesmo — como uma pessoa "má" com base no mau comportamento, você está deixando passar despercebido o detalhe de que uma pessoa é mais complexa do que um único ato.

A fim de superar os comportamentos destrutivos ou socialmente inaceitáveis, é necessário fazer o seguinte:

> **Assuma sua responsabilidade pelo mau comportamento.** Em vez de decidir que é uma pessoa má, que não tem controle ou responsabilidade pelas suas ações, aceite que está fazendo coisas erradas.

No exemplo acima, Malcolm está agindo muito mal quando desconta a raiva na família dele. Mas, se decidir que é uma pessoa má por completo, ele se exime da responsabilidade de mudar. Basicamente, ele está dizendo: "Eu agrido a minha família porque sou e serei uma pessoa má, eu não posso mudar". Ele também está mais propenso a atribuir a sua violência a fatores externos mais do que às suas exigências absurdas: "Eles sabem como eu sou e deveriam ficar longe do meu caminho quando retorno do trabalho".

> **Identifique com clareza o que você está fazendo de errado ou de inaceitável.** Você precisa ser específico ao apontar seus maus comportamentos.

Por exemplo, Fiona tem dois problemas sérios ou "maus" comportamentos definidos. Primeiro, ela tem um comportamento adicto; segundo, está roubando para financiar a sua adição. A vergonha e a autocondenação de Fiona serão obstáculos na superação dos problemas. Ela não conseguirá fazer o esforço necessário para se recuperar da adição (o que inclui procurar ajuda profissional) se não aceitar a ideia de que ela vale esse esforço.

Para seguir adiante de modo a contribuir com o mundo no qual você quer viver, assuma responsabilidade por si mesmo e continue trabalhando na sua autoaceitação.

Acionando a Autoaceitação

Assim como a aquisição de praticamente todas as habilidades vale a pena, você terá que se esforçar e praticar muito para alcançar o sucesso em obter as habilidades de autoaceitação. Esta seção foca nas maneiras de começar a integrar a autoaceitação em sua vida cotidiana.

Crie o seu caminho para a autoaceitação

O que é um nome? É muita coisa, na verdade. Como falamos nos Capítulos 3 e 9, a maior parte das pessoas *sente* como *pensa*. Em outras palavras, os significados que você confere aos eventos exercem um enorme peso no que você acaba sentindo sobre esses eventos.

De modo semelhante, o significado está conectado aos nomes que você usa para chamar a si mesmo. Se usa uma crítica abusiva e cruel ou uma terminologia rude para nomear seus comportamentos ou erros, está a caminho de um distúrbio emocional.

A noção de que você pode começar a acreditar em algo quando repete isso a si mesmo vezes o suficiente, é parcialmente verdadeira. Felizmente, você pode *escolher* que mensagens envia a si mesmo e, dessa maneira, escolher como pensar e sentir sobre si mesmo.

DICA

Como você fala consigo mesmo causa impacto imediato, ou indireto, em sua autoconcepção. Tente seguir as seguintes estratégias para seu monólogo interior, que causam o melhor impacto em você mesmo:

» **Abandone os rótulos generalizados.** Os seres humanos com frequência chamam a si mesmos de perdedores, idiotas, fracassados, burros ou desinteressantes por causa de certos eventos ou ações nas quais estiveram envolvidos ou que praticaram. Você pode até mesmo usar uma linguagem pior para falar com você mesmo na privacidade da sua mente. Por quê? Porque você está caindo na tentação de classificar a si mesmo como um todo com base na evidência de um ou mais incidentes isolados.

» **Seja específico com suas autoafirmações.** Antes de classificar a si mesmo como um fracasso, pergunte-se o seguinte: "De que maneira específica eu falhei?", "De que jeito específico eu agi estupidamente?". (É muito mais difícil cair na autoclassificação generalizada quando você se força a ser específico.)

» **Fale o que você pensa e aja como você fala.** Você pode estar dizendo a si mesmo agora: "Ah, mas eu não tive intenção de dizer isso quando chamei a mim mesmo daqueles nomes". Não? Então, não diga nenhum deles. Comece a praticar o uso de uma linguagem que descreva de maneira precisa o seu comportamento e que esteja de acordo com as suas crenças de autoaceitação. Em vez de ficar resmungando "Eu sou um idiota por ter perdido aquele prazo", tente dizer "Perder aquele prazo foi realmente uma péssima jogada. Estou realmente desapontado com isso".

LEMBRE-SE

Resistir à linguagem autoabusiva já é um grande feito. Este capítulo concentra-se na autoaceitação, mas muitos dos conselhos são aplicáveis na aceitação dos outros também. Geralmente, as pessoas são mais amistosas e compreensivas com os outros do que com elas mesmas. Mas também são capazes de condenar os outros e chamá-los com nomes feios. Comece a exercer um tipo diferente de coerência: pare totalmente de chamar aos outros dessa forma. Quando você para com os xingamentos, pode acabar sentindo raiva e mágoa com menos intensidade quando os outros agem de maneira errada, o que reforça as suas crenças de autoaceitação. Ao parar de rotular os outros de modo generalizado, você minimiza a tendência de rotular a si mesmo de modo global.

Siga o exemplo do seu melhor amigo

Não raro, a maior parte dos seres humanos emprega dois padrões: julga os amigos de acordo com um padrão totalmente diferente, muito mais compreensivo, do que usa consigo mesmo.

Tente aplicar em si a mesma atitude de aceitação que usa com seus amigos e família. Considere o seguinte:

> » **Aja como seu melhor amigo ao julgar seu comportamento, não a si mesmo.** Eustace tem enfrentado problemas no casamento. Ele tem ficado fora de casa até tarde, bebendo com os colegas, antes de ir para casa e ser verbalmente agressivo com a sua esposa. O melhor amigo de Eustace, Lucian, tem destacado o mau comportamento de Eustace em suas conversas, embora ele mantenha uma atitude compreensiva com a infelicidade do amigo. Lucian não define Eustace como um completo idiota com base no seu recente abuso de álcool e discussões com a esposa.
>
> » **Aceite suas falhas como se elas fossem as do seu melhor amigo.** Laura falhou pela quarta vez no exame de habilitação. Ela se sente muito mal por isso. A melhor amiga dela, Maggie, diz a ela para tentar de novo e ser menos dura consigo mesma. Maggie quer que Laura refaça o exame. Ela não vê Laura como um fracasso total simplesmente com base na dificuldade da amiga em passar no exame. Mesmo que Laura nunca consiga dirigir, Maggie continuará amando a amiga por causa de todas as outras coisas que ela gosta e aprecia em Laura.
>
> » **Veja o seu comportamento dentro do contexto de suas circunstâncias e, acima de tudo, seja compreensivo.** Rivka fez um aborto após um breve romance. Ela se sente muito culpada e não consegue esquecer o evento. A amiga mais próxima de Rivka, Carla, faz com que ela lembre as circunstâncias infelizes nas quais se encontrava quando o evento ocorreu, e diz que Rivka ainda é alguém de quem ela gosta e respeita muito. Carla pode ver que a amiga tomou uma decisão muito difícil. Ela compreensivamente considera que Rivka agiu de acordo com um alto grau de desespero. Rivka pode ter sido azarada, ou pouco cuidadosa, com relação ao controle de natalidade, mas Carla não a julga com base no aborto.

Pergunte a si mesmo se a punição está adequada ao crime. Você está sendo justo consigo mesmo? Que punição você daria ao seu melhor amigo pelo mesmo comportamento? Saiba que você pode estar fazendo com que se sinta extremamente culpado ou envergonhado inapropriadamente. Se não gostaria de ver ninguém sentindo emoções tão extremas em resposta à mesma transgressão que cometeu, então está aplicando um padrão duplo, sendo mais radical consigo mesmo.

LEMBRE-SE Você foi criado de modo tão diferente que deve ser guiado por um excepcional código de conduta? (Considere isso como um complexo de inferioridade invertido.) Ter alguns códigos de conduta excepcionais implica que você, apenas você, é de alguma forma planejado para transcender a essência humana de falhar. Entretanto, você é humano. Suas falhas não são, de modo algum, mais extravagantes do que as dos seus semelhantes — nem prospera mais dramaticamente do que eles. Se pratica a compreensão diante dos fracassos e deslizes dos seus amigos, você deve aplicar consistentemente as mesmas regras de misericórdia e compreensão consigo mesmo.

Lide com dúvidas e reservas

Muitas pessoas acham que, ao se aceitarem, estarão simplesmente permitindo eximir-se de qualquer responsabilidade. Mas a autoaceitação é assumir a responsabilidade pelas suas características menos agradáveis, ações e hábitos. Autoaceitação é transformar em alvos as coisas que você *pode* e *deseja* mudar e depois seguir os passos certos em direção à mudança. Autoaceitação não é dizer: "Ei, eu sou humano e imperfeito! Então, eu simplesmente sou do jeito que sou e não preciso pensar sobre mudar nada".

LEMBRE-SE Você é, a princípio, importante e aceitável, mas alguns dos seus comportamentos e atitudes podem ser simultaneamente inaceitáveis.

Outro medo comum é que, ao aceitar a si mesmo, você está de fato sendo tolerante com os aspectos indesejáveis a seu respeito: "Ei, eu sou um ser humano aceitável e, então, tudo o que eu penso e faço é aceitável". Não exatamente.

Trabalhe a sua autoaceitação geral com base na sua condição de ser humano imperfeito, e esteja preparado para julgar *aspectos específicos* seus. Você pode tanto tolerar a pessoa que é, como também condenar ou rejeitar certas coisas que faz.

Escolha a Jornada da Autoajuda Rumo à Autoaceitação

Uma razão comum para que as pessoas persistam em colocar a si mesmas em um patamar inferior é que elas esperam se tornar melhores ao chamar atenção para seus erros, falhas e fracassos. Infelizmente, este processo frequentemente inclui se sentir deprimido ou ansioso, o que já deve ter sido causado pela sua baixa autoestima.

AUTOACEITAÇÃO IMPERFEITA

Como um ser humano passível de erro, você não será perfeito no quesito da autoaceitação também. Provavelmente, acabará cometendo o deslize de se colocar para baixo de vez em quando, como todo mundo faz — inclusive nós. A meta é aceitar a si mesmo com mais frequência e com mais rapidez, se você perceber que está se colocando para baixo. Tal aceitação definitivamente se torna mais fácil e consistente com a prática.

Falando de um modo geral, você pode usar uma das duas estratégias comuns para lidar com a baixa autoestima: evitar fazer as coisas ou evitar fazer as coisas em excesso. Por exemplo, uma pessoa que acredita que não terá importância alguma até que todo mundo goste dela, pode tentar de forma excessiva evitar a rejeição ou ganhar a aprovação alheia; enquanto uma pessoa que define a si mesma como um "fracasso" pode evitar situações nas quais ela corre o risco de fracassar. Dê uma olhada no Capítulo 23 para obter mais informações sobre este assunto.

Tentar resolver um problema emocional ao mesmo tempo em que chama a si mesmo de inútil, insignificante e patético é mais ou menos como tentar aprender um novo idioma batendo com o livro na sua cabeça — as suas ações tendem a tornar os dois trabalhos muito mais difíceis.

LEMBRE-SE Aceitar a si mesmo tem duas implicações interessantes para superar problemas emocionais e para o desenvolvimento pessoal. Primeiro, seu valor é igual aos dos outros seres humanos apenas por você ser quem você é, o que ajuda a reduzir a dor emocional. Segundo, por não estar distraído tentando prejudicar a si mesmo, você pode se concentrar melhor para lidar com a adversidade, reduzir a inquietação e se aprimorar.

> **NESTE CAPÍTULO**
>
> » Sabendo quando sua raiva é problemática
> » Desenvolvendo a raiva saudável
> » Levando a raiva saudável para o trabalho
> » Comunicando-se de modo eficaz para combater a raiva prejudicial

Capítulo 15
Acalmando a Sua Raiva

A raiva é uma emoção muito comum. Entretanto, é também cada vez mais reconhecida como um problema emocional. A raiva pode ser prejudicial aos seus relacionamentos, à sua saúde e à sua autoestima.

Nos tratamentos psicológicos iniciais para controle da raiva, as pessoas eram encorajadas a "colocar a raiva para fora", geralmente batendo em travesseiros para extravasar a fúria. O resultado? Exatamente como qualquer coisa que você pratica, essas pessoas ficaram muito boas em sentir com raiva. A noção de que expressar a sua raiva pode fazer com que ela "saia de dentro de você" é um mito. Quanto mais você incentivar a intensidade da sua raiva, mais raiva será gerada. Uma solução melhor é aprender a lidar com seus sentimentos de fúria com responsabilidade, e dominar as habilidades que podem ajudá-lo a sentir menos raiva com menos frequência.

A TCC oferece um gerenciamento claro e efetivo da raiva, combatendo o pensamento que sustenta essa emoção e ajudando a expressá-la de modo saudável. Este capítulo se concentra nas técnicas da TCC que podem ajudá-lo a lidar diretamente com os seus sentimentos de raiva.

Percebendo a Diferença entre a Raiva Saudável e a Raiva Prejudicial

Essencialmente, existem dois tipos de raiva — a saudável e a prejudicial:

» **A raiva saudável é um aborrecimento ou irritação produtiva.** É este tipo de raiva que o estimula a fazer valer seus direitos quando é importante.

» **A raiva prejudicial é fúria e ódio improdutivos.** Este tipo de raiva o leva a se comportar de maneira agressiva ou violenta mesmo diante de provocações bobas e sem importância. A raiva prejudicial também pode significar que você guarda as coisas e depois descarrega a raiva indiretamente (o que às vezes chamamos de "agressão passiva") ou desconta em cima de pessoas inocentes.

Todas as emoções têm *temas* — que são os tipos de circunstâncias ou os gatilhos que as acionam (explicamos um pouco mais sobre isso no Capítulo 6). Os temas para a raiva incluem alguém quebrar alguma das suas regras pessoais, ou ameaçar a sua autoestima utilizando-se de palavras ou ações. Outro tema da raiva é a frustração, quando alguém ou alguma coisa fica entre você e a sua meta.

Os gatilhos para a raiva saudável e para a raiva prejudicial são os mesmos, mas a resposta comportamental é muito diferente. Os dois tipos são associados a diferentes tipos de pensamentos e focos de atenção.

As principais características da raiva prejudicial

A raiva prejudicial é muito mais propensa que a raiva saudável a causar fissuras em seus relacionamentos pessoais, criar problemas no seu ambiente de trabalho ou lhe mandar para a prisão. Você também fica mais propenso a se sentir física e emocionalmente desconfortável quando a sua raiva é prejudicial.

Diversas maneiras de pensar que tipicamente reforçam a sua raiva prejudicial:

» Fazer exigências e manter regras rígidas sobre como os outros devem ou não devem se comportar.

» Insistir que os outros não devem insultá-lo ou ridicularizá-lo.

» Exigir que os fatores da vida e as outras pessoas não fiquem entre você e sua meta.

- » Superestimar o grau com que as pessoas deliberadamente agem de maneira inadequada com você.
- » Presumir automaticamente que você está certo e que as outras pessoas estão erradas.
- » Recusar-se a levar em consideração o ponto de vista do outro.

Características comportamentais comuns associadas à raiva prejudicial incluem o seguinte:

- » Atacar ou querer atacar outra pessoa verbal ou fisicamente.
- » Atacar outra pessoa de forma indireta — também chamado de *comportamento passivo-agressivo* — como, por exemplo, tentar dificultar o trabalho de alguém.
- » Descontar a sua raiva em pessoas e animais inocentes ou em objetos.
- » Tramar vingança.
- » Guardar rancor.
- » Tentar fazer com que os outros fiquem contra a pessoa que se comportou de forma indesejável.
- » Ficar de mau humor ou aborrecido.
- » Procurar por evidências de que alguém agiu com intenção maliciosa.
- » Procurar por sinais de repetição da ofensa.
- » Manter extrema vigilância para ver se as pessoas não estão quebrando alguma regra sua ou lhe faltando com o respeito.

Os sinais físicos comuns de raiva prejudicial incluem os seguintes:

- » Punhos fechados.
- » Tensão muscular, especialmente nos músculos do pescoço e dos ombros.
- » Mandíbula comprimida.
- » Tremor ou agitação.
- » Aumento dos batimentos cardíacos.
- » Sensação de calor.

DICA

Para muitas pessoas, a raiva pode aparecer de uma hora para outra, de maneira explosiva. Familiarizar-se com os seus próprios sinais de alerta de raiva pode ajudá-lo a intervir mais cedo.

Características da raiva saudável

Em geral, as pessoas experimentam a raiva saudável intensamente, mas não como uma experiência desgastante. Você pode se sentir intensamente furioso de forma saudável, sem perder o controle. A raiva saudável não faz com que você se comporte de modo antissocial, violento ou intimidador.

Além disso, a raiva saudável é tipicamente estruturada pelos seguintes tipos de pensamento:

- » Ter fortes preferências em vez de exigências rígidas com relação à forma como as pessoas devem agir.
- » Ter flexibilidade nas regras que você espera que as pessoas respeitem.
- » Preferir resolutamente que os outros não o ofendam ou ridicularizem.
- » Desejar que os fatores da vida e as outras pessoas não fiquem entre você e o que você quer.
- » Pensar de modo realista sobre se as outras pessoas agirem de maneira deliberadamente inadequada com você.
- » Considerar que talvez você e a outra pessoa estejam certas e erradas até certo ponto.
- » Tentar ver o ponto de vista da outra pessoa.

As características comportamentais típicas da raiva saudável incluem:

- » Afirmar sua posição com a outra pessoa.
- » Permanecer na situação com a intenção de resolver qualquer mal-entendido.
- » Pedir que a outra pessoa modifique seu comportamento — respeitando o direito dela de discordar de você.
- » Procurar evidências de que talvez a outra pessoa não tenha se comportado com intenção maliciosa.
- » Ser capaz de esquecer e perdoar.

Reunindo Atitudes para Estruturar a Sua Raiva Saudável

Se você realmente quer superar a sua raiva prejudicial, tem que lançar um longo e crítico olhar sobre as atitudes que vem tendo. Isso envolve olhar honestamente para a forma como você e o mundo têm lhe tratado na maior parte das vezes. Talvez você guarde algumas crenças nocivas que frequentemente o levam a tratar as pessoas com raiva prejudicial. Alguns destes pensamentos nocivos incluem:

- Ninguém deve nunca me tratar de forma rude ou desrespeitosa.
- O mundo não pode ser injusto ou desleal, e *especialmente* não comigo!
- Eu devo ter o que eu quero quando eu quero e nada deve ficar no meu caminho.
- Nunca devo ser levado a sentir culpa, inadequação, vergonha ou arrependimento por outras pessoas ou por eventos da vida.
- Nada nem ninguém deve jamais expor minhas fraquezas ou erros.

Depois de analisar suas atitudes criticamente por determinado tempo, você precisa fazer com suas atitudes tóxicas se tornem mais produtivas e realistas. (Veja o Capítulo 3 para saber mais sobre como lidar com pensamentos nocivos em geral.) Sim! Mais uma vez, a mudança emocional positiva surge quando você muda a maneira de pensar sobre si mesmo, os outros e o mundo em geral. Se você quer ser emocionalmente saudável e produtivo, precisa começar a desenvolver atitudes flexíveis, tolerantes e receptivas. Indivíduos altamente funcionais vivenciam poucas reações emocionais perturbadoras. Eles são capazes de aproveitar a vida e se recuperam rapidamente das discussões e aborrecimentos diários. Tudo é resultado da maneira como você encara a vida e do tipo de atitude que adota para lidar com os momentos altos e baixos (particularmente em relação à raiva).

LEMBRE-SE Podemos explicar os tipos de atitudes mais indicados para lhe ajudar a superar a raiva prejudicial. Entretanto, *você* deve decidir concordar com estas atitudes e por fim *agir de acordo com elas* se quiser mudar o nível de raiva que sente.

As próximas seções descrevem as atitudes saudáveis que você precisa ter para superar a raiva prejudicial.

Aproximando-se das outras pessoas

Existem outras pessoas no mesmo universo que você. Às vezes, isso pode ser motivo de agradáveis situações, mas em outras ocasiões você pode julgar estas pessoas extremamente inconvenientes. Goste você ou não, as outras pessoas existem e continuarão existindo no seu universo no futuro. Aceitar que estas pessoas têm tanto direito quanto você de habitar este planeta faz muito sentido. E, enquanto coabitam, é necessário aceitar a realidade de que às vezes os outros lhe irritem. Como você não está no comando do universo, seria melhor aceitar que as outras pessoas *têm permissão* para agir de acordo com as regras e valores delas — não as suas.

Provavelmente, você já percebeu que os seres humanos vêm em vários tipos de formas, tamanhos e cores. Sem dúvida, já observou que nem todos compartilham da mesma religião, cultura, opiniões políticas ou regras sociais de conduta. Agora, sem entrarmos no discurso prolixo sobre o valor da diversidade, aceitar a diferença individual é realmente importante. Reconhecer que outras pessoas têm o direito de ter suas próprias ideias sobre como viver suas vidas — até quando você discorda totalmente delas — pode salvá-lo de muitos aborrecimentos. As pessoas continuarão exercendo esses direitos, independente da sua opinião.

Aceitar os outros pode evitar um mundo de raiva prejudicial. Considere este exemplo: toda manhã, Jill e Tim vão juntos para o trabalho de ônibus. Toda vez que sobe no ônibus, Jill diz um simpático "Bom dia!" ao motorista, que sempre a ignora completamente. Um dia, Tim pergunta a Jill por que ela insiste em cumprimentar o motorista, mesmo quando ele sequer responde. Jill diz: "Porque eu escolho me comportar de acordo com o meu padrão de educação e não agir de acordo com o padrão hostil dele".

A alta tolerância de Jill à hostilidade do motorista do ônibus significa que ela consegue evitar sentir raiva prejudicial. Ela faz isso da seguinte maneira:

» Aceitando que o motorista tem o direito de ser hostil. Não existe lei que obrigue ou desobrigue alguém a responder a um cumprimento.

» Não achando que a hostilidade do motorista é algo pessoal contra ela. O motorista não a conhece, então é improvável que ele queira atingi-la de algum modo. Ele provavelmente age assim com todo mundo além de Jill.

» Exercitando o direito de agir conforme o padrão de educação dela, mesmo diante de uma pessoa tão hostil. Embora o motorista do ônibus seja rude com Jill, ela decide não agir do mesmo jeito com ele. Ela pode continuar agindo de educadamente mesmo frente à hostilidade de alguém, se assim escolher.

Criando preferências flexíveis

Desejar que os outros o tratem bem e com respeito faz sentido. Da mesma forma, você provavelmente quer que as outras pessoas façam bem o trabalho delas e o ajudem a conseguir o que deseja. Você tende a querer viver a vida do seu jeito e que o mundo se adapte aos seus planos pessoais.

Entretanto, esperar e exigir que essas condições aconteçam o tempo todo não faz sentido!

LEMBRE-SE

Manter suas atitudes flexíveis e baseadas em *preferências*, e não em exigências e expectativas, pode manter sua raiva no campo saudável.

Considere a relação de Ade e Franco: Ade mantém crenças rígidas sobre as pessoas demonstrarem respeito e cortesia a ele. Franco mantém as mesmas atitudes principais, porém de forma flexível. Ade e Franco saem juntos para almoçar e sentam próximos à mesa em que está um rapaz que bebe muito, e acaba falando muito alto e de maneira rude. Franco e Ade mal conseguem ouvir o que o outro fala e o almoço está sendo arruinado pelo comportamento deste rapaz. Franco sugere a Ade que mudem de mesa, onde não serão perturbados pelo rapaz com comportamento antissocial. Ade, no entanto, fica em pé e grita com o rapaz, terminando por brigar com ele do lado de fora do bar. Ade tem sorte por não ficar mais machucado do que já está.

As atitudes rígidas de Ade sobre a situação são:

"Como estes idiotas ousam me tratar assim?"

"Não tolerarei ser desrespeitado desta maneira."

"Tenho que mostrar a estes idiotas quem é que manda aqui."

As atitudes mais flexíveis de Franco sobre a situação são:

"Estes caras estão se comportando como idiotas."

"Estes caras realmente estão me aborrecendo com este comportamento desrespeitoso."

"Eu não quero passar por isso, então acho que vou ficar longe desses caras."

Preferências flexíveis para coisas como respeito permitem a possibilidade de você ser desrespeitado. Exigências rígidas não permitem a possibilidade da vida ou de outras pessoas lhe tratarem de maneira indevida. Inevitavelmente, você pode acabar se sentindo indignado se sempre exigir que os outros se comportem de uma forma específica. As pessoas se comportam de acordo com o modo como *elas* querem se comportar — e não como *você* deseja.

Aceitando as outras pessoas como seres humanos imperfeitos

Quando você condena furiosamente uma pessoa como "inútil", "imprestável" ou "idiota", faz uma terrível hipergeneralização. A outra pessoa não é essencialmente idiota só porque ela tem agido como idiota — certamente ela age de modo diferente em outras situações, assim como você.

O ponto crítico aqui também é o ponto prático: rebaixar as outras pessoas faz com que respeitá-las seja difícil. Você precisa manter um nível de respeito pelos outros para poder avaliar objetivamente seus comportamentos e agir de maneira apropriada e correta.

A alternativa ao rebaixar os outros é aceitá-los como SHI — Seres Humanos Imperfeitos — que podem agir de formas censuráveis (com você). Quando você considerar os outros como SHIs, pode condenar apropriadamente o comportamento e não a pessoa. Essa aceitação é crucial para ajudá-lo a manter um nível mental e comandar seus sentimentos de irritação.

DICA — Aceitar as outras pessoas é o outro lado da moeda para aceitar a si mesmo. Você pode acabar aceitando a si mesmo porque está aplicando essencialmente a mesma filosofia para todo mundo.

Aceitando quem você é

Às vezes, as pessoas recorrem à raiva prejudicial porque têm uma frágil noção do próprio valor. Se alguém o trata mal, o insulta ou parece ter uma opinião negativa sobre você, isso faz com que lembre o quanto é baixa a opinião que tem de si mesmo. Para proteger o seu valor próprio, pode acabar atacando a outra pessoa. O racional é o seguinte: "Se eu posso rebaixar você, então eu posso evitar rebaixar a mim mesmo".

Ao acreditar que você é inclassificável, complexo, sempre em contínua mudança e um ser humano imperfeito, você verá que nunca será insignificante, nem mesmo quando as pessoas o tratarem mal. No Capítulo 14, oferecemos mais orientação sobre autoaceitação.

Desenvolvendo alta tolerância à frustração

A *frustração* ocorre com mais frequência quando algo ou alguém o impede de alcançar seus objetivos e metas. Quanto mais sua meta for importante para você, mais furioso ou aborrecido você tende a ficar quando algo bloqueia sua passagem em direção a ela.

Pessoas que frequentemente experimentam a raiva nociva tendem a ter baixa tolerância à frustração. O baixo limite delas em tolerar aborrecimentos, incidentes ou obstruções dos outros acaba ecoando em afirmações como estas:

"Não posso suportar isso!"

"É intolerável!"

"Simplesmente não posso mais aguentar isso!"

Aumentar sua tolerância à frustração o ajuda a experimentar níveis de aborrecimento saudáveis em resposta à obstáculos no caminho de sua meta. Ter uma Alta Tolerância à Frustração (ATF) faz com que você se torne mais eficiente na resolução de problemas. Assim, a raiva não impede sua visão na hora de enxergar as soluções possíveis para os aborrecimentos e empecilhos do dia a dia. A alta tolerância à frustração está presente em afirmações como:

"Esta situação é desconfortável, mas eu posso suportar o desconforto!"

"Este evento é difícil de suportar, mas eu posso suportá-lo — algumas coisas valem a pena serem toleradas."

"Mesmo que eu *pense* que não posso aguentar, a probabilidade é de que eu possa."

Para aumentar sua tolerância à frustração, faça a si mesmo estes tipos de perguntas quando a vida lhe apresentar situações difíceis:

"Esta situação é realmente terrível ou apenas extremamente inconveniente?"

"É mais correto afirmar que eu não posso suportar esta situação ou que eu não gosto dela?"

"Esta situação é realmente insuportável ou na verdade é realmente muito difícil de suportar?"

Ser menos radical no seu julgamento sobre os eventos negativos pode ajudá-lo a ter reações emocionais menos radicais, tais como a raiva nociva.

LEMBRE-SE

A maior parte das coisas que acha intoleráveis não são tão más quanto parecem. Muitas questões são difíceis de tolerar, mas são toleráveis; difíceis de suportar, mas suportáveis; desagradáveis, inconvenientes — mas você *pode* suportá-las!

Para ressaltar esta ideia, imagine ficar preso no tráfego quando está indo para o aeroporto e acabar perdendo o avião. Profundamente irritante! Entretanto, ficar zangado e gritar em meio ao tráfego não fará com que os carros se movam mais rápido. É claro que ficar saudavelmente aborrecido também não alterará a situação. Mas a raiva saudável tende a causar um desconforto menor e é mais provável que o ajude a criar um plano alternativo. Em vez de gastar sua energia falando palavrões e batendo seu telefone no painel do carro, você pode se concentrar em ligar para o aeroporto e tentar incluir seu nome no próximo voo disponível.

PRATICANDO O ABC

Pratique escrever os seus pensamentos raivosos nocivos em um papel e substituir cada um deles por um pensamento saudável. Confira o Capítulo 3 para ver como usar o Formulário ABC para combater os pensamentos nocivos e substituí-los por interpretações realistas, preferências, aceitações adicionais, autoaceitação e alta tolerância à frustração.

Pesando os prós e os contras do seu temperamento

Acreditar que você está *certo* ao ficar zangado e agarrar-se firmemente a esta percepção é um dos obstáculos mais comuns para domar a raiva nociva.

LEMBRE-SE

Certamente você tem o *direito* de ficar zangado. Talvez até *esteja certo* em estar zangado, no sentido de contestar algo de que não gosta. No entanto, pode se sentir melhor e se comportar de maneira mais construtiva se tiver raiva *saudável* do que raiva *nociva*.

Para comprometer-se mais profundamente em mudar a sua raiva, revise os custos e benefícios da sua raiva atual e da alternativa saudável. Veja o Capítulo 8 para algumas orientações sobre como completar a análise de custo/benefício, o que pode ajudá-lo a facilitar esta mudança.

Expressando a Sua Indignação de uma Forma Saudável

Expressar seus sentimentos no momento exato em que ocorrem pode ser um bom antídoto para aplacar a raiva nociva. Por outro lado, abafar seus sentimentos pode significar que você acumula as suas emoções até que elas vêm à tona e você explode.

Pessoas que falam de maneira aberta e apropriada sobre as suas reações emocionais aos eventos são menos propensas a nutrir sentimentos nocivos, como a raiva e a depressão. As próximas seções oferecem dicas e técnicas para melhorar suas habilidades de comunicação e a lidar com a insatisfação de uma maneira saudável.

Sendo assertivo

A *assertividade* envolve defender a si mesmo, dar voz para as suas opiniões e sentimentos, e assegurar com firmeza que seus direitos sejam respeitados. A assertividade difere da agressão, porque não envolve violência, intimidação ou desrespeito pelos direitos alheios.

Usar a assertividade em vez da agressão é mais efetivo para que você consiga o que quer. Quando está sendo assertivo, você ainda está no controle de seu comportamento; mas quando está irado de modo nocivo, muito do seu comportamento é impulsivo.

LEMBRE-SE

As pessoas tendem a atender aos seus desejos quando você está sendo assertivo simplesmente porque está sendo claro — não porque elas temem a sua raiva.

Com frequência, a sua agressão tem como meta vencer um argumento e fazer com que a outra pessoa retroceda e acabe concordando com você. Mas a assertividade não é uma questão de vencer. Mais que isso, a assertividade é mostrar o seu ponto de vista sem insistir que a outra pessoa concorde com você ou retroceda.

DICA

Se você tem tendência a ficar furioso, e ficar agressivo verbal ou fisicamente muito rápido, pare e respire fundo, contando até dez (ou até mais, caso você precise de mais tempo para se acalmar). E depois pode refletir sobre seus próximos pensamentos e comportamentos. Retirar-se da situação inflamada costuma ser um passo racional na adoção de uma assertividade saudável.

A assertividade é uma habilidade que pode ser praticada. Muitas pessoas com problemas de raiva se beneficiam com a inclusão da assertividade utilizando-se dos seguintes passos:

1. **Consiga a atenção da outra pessoa.** Por exemplo, se quer fazer uma reclamação em uma loja, espere ter a atenção da vendedora em vez de gritar com todos os funcionários quando eles estão ocupados com outras tarefas. Se quer falar com a sua parceira sobre algum assunto específico, peça a ela que lhe dedique algum tempo para isso.

2. **Esteja no lugar certo.** A melhor hora de ser assertivo pode depender do lugar em que está quando está irritado. Se a sua chefe faz um comentário que o menospreza durante uma reunião, é melhor falar com ela sobre isso quando não houver tanto público ao redor de vocês.

3. **Esteja certo do que vai dizer.** Se não tem experiência no quesito assertividade, mas está mais familiarizado com berrar e gritar, dê um tempo a si mesmo para pensar bem sobre o que pretende dizer.

4. **Atenha-se ao seu assunto e seja respeitoso.** Não faça uso de xingamentos e insultos.

5. **Assuma responsabilidade pelos seus sentimentos de irritação.** Não culpe a outra pessoa por fazer você ficar furioso. Use afirmações como "Fico furioso quando você se atrasa uma hora para os nossos compromissos" ou "Eu me senti decepcionado e furioso por você não ter me convidado para a recepção do seu casamento".

CUIDADO

A assertividade nem sempre funciona. Só porque você se esforça ao extremo para parar de gritar ou enlouquecer as pessoas ao seu redor, não significa que você sempre conseguirá tudo o que deseja. Não, senhor! Na verdade, algumas pessoas podem até responder à sua afirmação com agressividade. Então, lute para manter a sua raiva saudável e para se comportar de modo assertivo, mesmo que as outras pessoas não o façam. Lembre-se que as outras pessoas têm o direito de escolher se comportar de maneira errada e que você tem o direito de se afastar delas em vez de responder à altura.

Antes de agir assertivamente, decida se a situação realmente vale o seu tempo e a sua energia. Pergunte a si mesmo se o problema merece sua postura assertiva. A questão é mais problemática do que parece? Se você é um ex-viciado em raiva nociva, provavelmente não está acostumado a relevar situações assim. Pratique decidir quando agir assertivamente é, de fato, do seu interesse ou quando o mais sábio a fazer é simplesmente não responder.

Lidando com a crítica

Nem sempre a crítica é destinada a enfurecer ou diminuir o destinatário. Uma crítica específica bem posicionada pode fornecer uma informação útil sem causar ofensa. Muitas pessoas gostam de receber um *feedback* positivo — é o negativo que causa irritação.

Pessoas que exigem perfeição de si mesmas, ou esperam a aprovação dos outros, com frequência não aceitam bem as críticas. Elas tendem a receber a crítica como algo extremamente sério e pessoal. Frequentemente, presumem que qualquer forma de crítica negativa significa que elas valem menos que nada. Se você é esse tipo de pessoa, um comentário do seu chefe como "Eu não estou totalmente satisfeito com o relatório que você me entregou" é traduzido na sua cabeça como algo mais ou menos assim:

> Meu chefe pensa que meu relatório é um lixo = Todos os meus relatórios são um lixo = Sou um lixo no meu trabalho = Eu sou um lixo

Você pode até ficar furioso nocivamente em uma tentativa de defender seu valor, e lançar um contra-ataque à pessoa que você pensa ter lhe atacado.

Você pode remover o ferrão da crítica mantendo em mente os seguintes conselhos:

» A crítica pode ajudá-lo a aprimorar seu desempenho no trabalho e nos relacionamentos.

» Você pode avaliar a crítica e decidir o quanto concorda com ela, e rejeitar o resto.

» Todo mundo recebe uma crítica de vez em quando. Logicamente, você não pode esperar conseguir sempre evitar ser criticado.

Se alguém o critica de forma generalizada — por exemplo, sua irmã o chama de "perdedor incompetente" —, tente pedir a ela que seja mais específica: "Em que sentido específico eu sou um perdedor incompetente?". Fazer perguntas pode tornar a crítica mais produtiva para você. Ou, se a pessoa não puder ser mais específica, a sua pergunta pode desarmá-la. A próxima seção fala em mais detalhes sobre como desarmar alguém.

Usando a técnica do desarme

Tudo bem, nem toda crítica que você recebe é bem-intencionada. Às vezes, a outra pessoa pode bombardeá-lo com uma bateria de observações e insultos. Quais são as suas opções? Você *pode* ter uma crise de raiva nociva e gritar, ou atacar o seu antagonista. Ou pode manter sua irritação no campo saudável e tentar um modo não ofensivo para desarmar a pessoa que lhe critica. A técnica do desarme funciona conforme os seguintes princípios:

» Procure um grão de verdade no que a outra pessoa está dizendo e concorde com ela neste ponto específico.
» Mostre certa empatia com a pessoa que lhe critica.
» Peça à pessoa que lhe critica mais informações sobre o alvo da crítica em si.
» Expresse o seu ponto de vista como "Eu penso que/Eu creio que..." e coloque as afirmações.

Por exemplo, a amiga de Heidi a critica por ela ter chegado atrasada ao encontro delas para um café. A amiga de Heidi diz, furiosamente: "Você está sempre atrasada. Você é tão desorganizada!". Habitualmente, Heidi teria ficado na defensiva e seria hostil por causa da crítica, resultando em mais argumentos passados. Em vez disso, ela usa a técnica do desarme e responde: "Você está certa! Eu não sou a pessoa mais organizada do mundo" (concordância parcial) "Você está muito irritada?" (empatia/pedido de informações). Isso acalma a fúria da amiga dela, que então começa a falar sobre o quanto está se sentindo frustrada em geral.

Ao usar a técnica do desarme, você supera a situação agindo com serenidade. Também ganha a satisfação por ter lidado bem com uma crítica. Quem sabe você acaba até mesmo melhorando o seu relacionamento com a pessoa que o critica.

Agindo com Assertividade no Ambiente de Trabalho

Manter a tranquilidade no ambiente de trabalho é um ponto importante para muitas pessoas. Afinal, passamos muitas horas do dia no trabalho e normalmente precisamos dele para viver. Às vezes, a raiva nociva pode levá-lo a conflitos desnecessários no ambiente de trabalho ou até mesmo colocar seu emprego em risco.

Manter bons relacionamentos com seus colegas e chefes pode tornar a vida profissional muito mais agradável. Ambientes de trabalho normalmente são um ponto problemático para pessoas com histórico de raiva nociva. Se você analisar friamente, o trabalho, em geral, envolve enfrentar críticas, lidar com autoridade, lidar com prazos estressantes, corresponder às expectativas de resultados e colaborar com outros em projetos. Se você tem uma autoestima frágil ou uma intolerância geral ao comportamento inadequado de outras pessoas, com certeza explodirá como fogos de artifício.

As mesmas atitudes e estratégias associadas com a raiva saudável (descrita anteriormente neste capítulo) se aplicam ao ambiente de trabalho. Entretanto, trazemos alguns indicadores adicionais para ajudá-lo a permanecer assertivo de modo saudável no trabalho:

» **Deseje, mas não exija sucesso.** O sucesso em seu trabalho é uma meta compreensível de se ter (veja o Capítulo 8 para mais objetivos). Entretanto, quando você busca um determinado grau de sucesso profissional, mas permanece insistindo que *tem que conseguir,* você pode proteger sua saúde mental e evitar a raiva nociva. Infelizmente, o sucesso nunca é uma garantia, mesmo com trabalho árduo e dedicação, então continue mantendo seus altos padrões, mas certifique-se de criar uma margem para erros e falhas.

» **Estabeleça padrões de desempenho realistas.** Sim, almejar chegar longe é saudável, mas você precisa permitir a possibilidade de não conseguir atingir estes padrões de vez em quando. Ser um mero ser humano com habilidades e força comum pode significar que nem sempre é possível atingir seus padrões de desempenho profissional.

» **Trabalhe em equipe.** Ninguém é uma ilha. No trabalho, tente dividir a carga com seus colegas quando necessário. Trabalhar com outras pessoas é uma habilidade e pode precisar de prática para se desenvolver. Você pode não concordar com tudo que os colegas de equipe sugerem ou com o modo de fazerem as coisas. Mas, se evitar trabalhar com outras pessoas por estas razões, você se priva de oportunidades de crescer. Desenvolver a confiança em sua habilidade para discordar dos outros com respeito e oferecer suas próprias ideias educadamente fará com que você fique menos propenso a ataques de raiva nociva.

» **Faça concessões para o estilo de interação pessoal dos outros.** Simplesmente porque está trabalhando duro para superar a raiva nociva, infelizmente, isso não quer dizer que todos seus colegas de trabalho estão fazendo o mesmo. Algumas pessoas são rudes; às vezes, seu chefe se dirige a você de maneira no mínimo descortês. Em vez de deixar que a grosseria de outras pessoas acione sua raiva (ou o consuma por dentro), continue adotando seus próprios padrões de comunicação gentil. Você não precisa coadunar com o comportamento inadequado dos outros, mas precisa lembrar que o modo como eles se comportam é escolha deles. Evite se rebaixar ao mesmo nível e saia por cima.

» **Diferencie comentários pessoais e profissionais**. Quando alguém no trabalho faz um comentário negativo sobre um aspecto de seu desempenho, isso não quer dizer necessariamente algo desagradável sobre você como pessoa. Mesmo que o comentário seja feito de modo indelicado, a escolha sobre se sentir pessoalmente atacado ou não é sua. Tente diferenciar claramente comentários sobre seu desempenho profissional e sobre seu caráter. Isso pode ajudar a dissipar uma situação, pois você não estará interpretando mal a intenção da outra pessoa como deliberadamente má.

Se alguém do trabalho fizer uma crítica pessoal a você, pense antes de responder. A outra pessoa provavelmente está se comportando sem profissionalismo e você não tem que responder na mesma moeda. Dê um tempo para se acalmar antes de tomar qualquer atitude.

» **Encontre um equilíbrio entre trabalho e vida pessoal**. Às vezes, o temperamento se desgasta no ambiente de trabalho porque as pessoas estão sobrecarregadas; podem estar sob pressão de trabalhar longas hora, por exemplo. Se é dono do seu próprio negócio, pode achar difícil justificar tirar algum tempo de folga. Encontrar o equilíbrio entre a vida profissional e pessoal é muito importante. Não ter tempo para si mesmo pode levar a crises de raiva e impaciência. Crie um tempo para recarregar suas baterias e divirta-se.

Em primeiro lugar vem você como pessoa e *em segundo* seu trabalho (ou terceiro, quarto, quinto...dependendo de suas prioridades pessoais). Apegar-se demais ao seu papel profissional pode tornar difícil para você manter a perspectiva (e sua calma) quando as coisas saem do trilho. Não importa quanto seu papel profissional seja importante para você, lembre-se de que você é uma pessoa por inteiro — há muito mais na vida do que apenas trabalho.

Mostrando seu ponto de vista de modo positivo

Apesar de sua recém-adquirida habilidade Zen para lidar com desentendimentos do trabalho, às vezes as questões precisam ser enfrentadas. Tente usar as dicas das seções a seguir para ajudar a eliminar conflitos desnecessários e garantir que você fique no campo da raiva saudável — não importa a situação!

Avaliando o que pretende alcançar

Antes de um confronto, por menor que seja, determine o que pretende alcançar. Seja pedir um aumento, um tempo de folga, mais recursos ou prestar esclarecimentos de qualquer tipo — avalie precisamente o que espera alcançar. Suas chances de uma comunicação clara e calma e de realmente conseguir o que deseja é determinada com antecedência sobre o que deseja. Pense ainda em ajustes aceitáveis para seu objetivo final antes de começar uma discussão com outra pessoa. Na sua tentativa de se livrar da raiva nociva — prevenir é melhor do que remediar.

Parando para pensar

Encontre um tempo para pensar em qual a melhor maneira de explanar seu ponto de vista. Considere qual o momento e o lugar mais adequado. Decida claramente o que quer comunicar com antecedência. Escreva uma lista de itens para consultar, caso ache que isso pode ajudar a manter o foco. Em algumas circunstâncias, vale a pena se preparar para uma resposta negativa e planejar modos de lidar com isso. Ter algumas ideias definidas de como responder a não conseguir seu objetivo ou ser mal interpretado pode ajudar você a manter a assertividade em vez de cair nos antigos padrões de agressividade.

Deixando para lá

No trabalho, como em qualquer outra área da sua vida, há momentos em que continuar discutindo não leva a lugar algum. Em situações profissionais, normalmente existe um ponto final que você precisa aceitar. Por exemplo, pode não haver recursos disponíveis para atender a certas reivindicações, prazos podem ser improrrogáveis, as horas de trabalho não negociáveis e assim por diante. Se continuar a insistir no ponto com seu chefe ou colegas de trabalho, pode criar ainda mais estresse para si mesmo ou romper relacionamentos profissionais.

Promovendo uma imagem profissional

Comportar-se com profissionalismo pode ajudar a eliminar confrontos no trabalho e aumentar sua confiança geral. Pessoas que assumem atitudes profissionais em relação ao trabalho, seja qual for a área de atuação, são mais propensas a permanecerem calmas nos momentos de crise. Elas ainda se lembram de lidar com situações que provocam raiva de modo assertivo e sem perder o controle. Veja algumas regras básicas de comunicação que facilitam o funcionamento tranquilo do ambiente de trabalho:

- » Mantenha a cabeça erguida e uma boa postura.
- » Faça contato visual com seus colegas e gerentes.
- » Fale claramente, em tom audível e no seu ritmo.
- » Faça perguntas diretamente e peça ajuda de maneira direta e clara quando precisar.

- » Sente-se em um posição central em reuniões e não nas pontas.
- » Encontre um equilíbrio entre oferecer ideias e opiniões e ouvir atentamente as dos outros.

Mantendo o profissionalismo

Você pode melhorar suas chances de manter o controle de seus sentimentos no trabalho adotando princípios de conduta profissional. Lembre-se das dicas a seguir:

- » **Seja pontual**. Estar constantemente atrasado é irritante para seu chefe e para aqueles que contam com sua presença para fazerem seus trabalhos. Você provavelmente não gostaria que outros se atrasassem, então faça um esforço para por em prática tudo aquilo que prega.
- » **Esteja preparado**. Certifique-se que tem tudo que precisa para fazer seu trabalho e faça quaisquer preparativos necessários para os projetos.
- » **Vista-se de maneira apropriada**. Usar roupas adequadas contribui para uma imagem de profissionalismo
- » **Seja educado**. Trate os outros como gostaria de ser tratado. Seja sempre cortês com seus colegas de trabalho, mesmo quando chegar de mau humor. As pessoas se sentem seguras ao redor de pessoas previsíveis em termos de educação.
- » **Mantenha a vida profissional e pessoal separadas**. Você é apenas humano, assim, está propenso a ocasionalmente ser afetado por problemas domésticos quando está no trabalho. Mas lavar sua "roupa suja" no trabalho provavelmente causará outros problemas dos quais você não precisa.
Você é pago para fazer seu trabalho e é isso que seu chefe e seus clientes esperam de você. Se problemas pessoais estão mascarando sua capacidade de trabalhar de modo eficaz, pense em um tempo de folga e/ou fale sobre a situação para a pessoa relevante.

Lidando com as Dificuldades ao Superar a Raiva

Mesmo que você saiba que as suas explosões de raiva estão sendo a causa dos problemas na sua vida, pode estar relutante em abandonar esta postura. Às vezes, as pessoas relutam em se livrar da raiva nociva e dos comportamentos relacionados a ela porque não conseguem ver uma alternativa, e pensam que podem acabar sendo passivas ou humilhadas.

Entretanto, se desenvolver habilidades de assertividade, você pode ficar muito mais inclinado a deixar a sua raiva de lado. No entanto, a seguir são apresentados alguns obstáculos comuns em tentar se livrar da raiva nociva, e algumas sugestões para ajudá-lo a adotar a raiva saudável em seu lugar:

» **A sua falta de empatia ou compreensão do impacto que a sua reação explosiva de raiva nociva causa naqueles que estão ao seu redor.** Quando você não estiver furioso, pergunte àqueles que o amam o que eles pensam sobre a sua raiva. Tente lembrar as vezes em que chegou ao limite do comportamento agressivo e intimidador e o quanto isso o afetou. Use o *feedback* sobre a sua raiva e as suas próprias experiências de agressão por parte dos outros, para ajudá-lo a mudar a maneira como você expressa seus sentimentos de irritação no futuro.

» **Livrar-se da sua raiva significa que você é fraco.** Você pode se considerar uma pessoa agressiva, e talvez goste disso. Pode pensar que, caso deixe de ser assim, as outras pessoas descobrirão que você é fraco, ingênuo, alguém com quem eles podem fazer o que bem entenderem. Trabalhe para perceber que pessoas que agem assertivamente — firmes, mas justas — tendem a ser respeitadas. Você não precisa ser agressivo para ser forte.

» **Você pensa que a raiva nociva o ajuda a controlar as outras pessoas e a encorajá-las a lhe respeitar.** Se você é muito agressivo, as pessoas importantes na sua vida, como seus filhos ou o seu parceiro, podem acabar saindo do seu caminho para evitar a sua ira. Você pode até controlar as pessoas ao seu redor com a sua raiva, mas a obediência delas é movida pelo medo e pela aversão, e não por uma estima genuína. Quando você se comporta respeitosamente e com confiança, as pessoas ficam mais propensas a reagir com base em estima genuína pelos seus sentimentos, e não por medo.

» **A sua raiva nociva faz com que se sinta poderoso.** Embora algumas pessoas achem a intensidade da raiva nociva delas muito confortável e até mesmo assustadora, outras se sentem revigoradas pelos ímpetos de fúria. A raiva nociva é baseada em fazer alguém infeliz. A raiva nociva geralmente quer dizer que você está pisando nos direitos de outra pessoa, ou abusando, ou intimidando alguém. Se aprecia estes aspectos da raiva, provavelmente tem uma péssima opinião sobre si mesmo. Procure por outras formas de experimentar seu poder pessoal sem inferiorizar ninguém ao seu redor.

» **A sua raiva é soberana.** Você pode estar se apegando teimosamente à sua raiva por pensar que ela é justificável. Você pode estar se recusando a admitir que talvez esteja errado e a outra pessoa certa. São raros os confrontos em que um está absolutamente correto e o outro completamente errado. Lembre-se que não há problema algum em estar errado. Não é sinal de fraqueza ou inferioridade. Permita-se admitir que pode estar errado e que a outra pessoa pode ter um ponto de vista interessante.

EXPERIMENTE — Está um pouco cético? Teste as suas previsões sobre adotar a raiva saudável e se comportar de maneira assertiva em vez de agressiva. Você pode usar o formulário em branco do experimento comportamental do Capítulo 4. (Veja o Capítulo 4 para saber mais como conduzir experimentos comportamentais.)

OS BENEFÍCIOS FÍSICOS QUANDO VOCÊ CONTÉM A SUA RAIVA

Ficar com raiva, especialmente quando você se sente hostil em relação aos outros e ao mundo, é prejudicial para você mesmo. Pesquisas científicas mostram que há associação entre hostilidade e aumento da pressão sanguínea, o que pode levar a problemas cardíacos. Tire a pressão da sua mente, da sua interação com os outros e do seu coração controlando a sua raiva — o que é melhor do que ser controlado por ela.

4 Olhando para Trás e Seguindo Adiante

NESTA PARTE...

Coloque seus problemas atuais em um contexto, com base em suas experiências passadas.

Encontre informações sobre como consolidar novas formas de pensamento.

Faça com que as mudanças de comportamento permaneçam.

Supere obstáculos nas mudanças e obtenha ajuda profissional, usando-a da melhor maneira possível.

> **NESTE CAPÍTULO**
>
> » Colocando seus problemas atuais em perspectiva
>
> » Identificando suas crenças centrais
>
> » Lidando com as primeiras experiências
>
> » Desenvolvendo crenças alternativas

Capítulo 16
Olhe Novamente Seu Passado

As experiências de seu passado têm um efeito sobre a maneira como você pensa e funciona no presente. Às vezes, você pode ter passado por péssimas experiências e ser capaz de extrair algo positivo delas. Em outros momentos, pode ser ferido por eventos desagradáveis e carregar essa dor até o seu presente e futuro.

Este capítulo o encoraja a examinar abertamente se as suas experiências do passado o levaram a desenvolver *crenças centrais* que podem estar causando suas dificuldades emocionais atuais.

As pessoas, algumas vezes, se surpreendem em descobrir que a TCC considera o passado como um aspecto importante da compreensão dos problemas de uma pessoa. Ao contrário da psicanálise freudiana, que foca intensivamente nos relacionamentos e nas experiências da infância, a TCC investiga especificamente as experiências do passado para ver como esses eventos antigos podem ainda afetar as pessoas em suas vidas *presentes*.

Explorando Como Seu Passado Pode Influenciar Seu Presente

Nós não sabemos como foi sua infância e adolescência, mas muitas pessoas compartilham experiências relativamente comuns. Os exemplos a seguir destacam vários aspectos das experiências passadas que podem influenciar sua história de vida. Em vez de se focar nas diferenças entre esses exemplo e suas próprias experiências, procure identificar situações similares que aconteceram em sua vida.

- » Sybil cresceu com pais que brigavam muito. Ela aprendeu a ser muito quieta e ficar fora do caminho, para que a raiva de seus pais não fosse direcionada a ela. Ela sempre tentou ser uma boa garota e não incomodar ninguém.
- » Rashid tinha pais críticos. As exigências dos pais de Rashid para fazer dele um "grande realizador" deixaram claro para ele que obteria o amor e aprovação de seus pais apenas quando fosse bem nos esportes e na escola.
- » Beth tinha um pai violento que frequentemente batia nela e nos outros membros da família quando estava de mau humor. Em outros momentos, seu pai era muito amoroso e divertido. Beth nunca conseguia prever com precisão como estaria o humor de seu pai ao chegar em casa.
- » Os relacionamentos de Milo nunca duraram muito. A maioria das mulheres que ele namorou o traiu. As parceiras de Milo reclamavam com frequência que ele era muito inseguro e desconfiado das amizades delas com membros do sexo oposto.
- » Mahesh perdeu o negócio da família e seu filho mais velho em um incêndio, há cinco anos. Sua esposa entrou em depressão desde o incidente, e seu casamento parece estar desmoronando. Recentemente, sua filha adolescente teve problemas com a polícia. Ninguém parece oferecer apoio a Mahesh. Ele sente-se largado à própria sorte.

Muitos outros tipos diferentes de experiências complicadas podem contribuir para o desenvolvimento de crenças centrais negativas.

- » A morte de entes queridos.
- » Crescer com pais ou irmãos negligentes, críticos ou abusivos.
- » Divórcio.
- » Ser perseguido na escola.
- » Ser abandonado pelos pais ou parceiro.
- » Passar por um trauma, como estupro, doença potencialmente fatal, acidentes ou testemunhar ações violentas contra outra pessoa.

Esses são apenas alguns exemplos dos tipos de eventos que podem ter um efeito profundo na saúde mental, de modo geral. Eventos negativos que contribuem para a forma como você pensa sobre si mesmo, outras pessoas e o mundo ocorrem, com frequência, na infância e na adolescência. Contudo, eventos ocorridos em qualquer estágio de sua vida podem ter um impacto significativo na maneira com que você vê o mundo.

Identificando Suas Crenças Centrais

ALERTA DE JARGÃO

Suas *crenças centrais* são ideias ou filosofias em que você se apoia de maneira forte e profunda. Essas ideias normalmente são desenvolvidas na infância ou na adolescência. As crenças centrais nem sempre são negativas. Boas experiências de vida e com outras pessoas geralmente levam ao desenvolvimento de ideias positivas sobre si mesmo, sobre os outros e o mundo. Neste capítulo, lidamos com crenças centrais negativas, pois elas são os tipos de crenças que causam os problemas emocionais das pessoas.

Às vezes, as crenças centrais negativas formadas durante a infância podem ser reforçadas por experiências posteriores, que parecem confirmar a validade delas.

Por exemplo, uma das crenças centrais de Beth é: "Sou má". Ela desenvolveu essa crença para dar sentido às surras de seu pai, que não tinham qualquer razão real ou óbvia. Posteriormente, Beth teve algumas experiências em ser punida injustamente por professores na escola, o que reforçou sua crença em sua "maldade".

As crenças centrais são caracteristicamente globais e absolutas, como a de Beth em ser uma pessoa má. As pessoas acreditam que as crenças centrais sejam 100% verdadeiras em todas as situações. Você frequentemente forma suas crenças centrais ainda quando criança, na tentativa de dar sentido a suas experiências infantis; e, sendo assim, pode ser que nunca mais avalie se essas crenças centrais são mesmo a melhor maneira de compreender suas experiências quando adulto. Depois de adulto, você pode continuar a agir, pensar e sentir como se as suas crenças centrais da infância ainda fossem 100% verdadeiras.

Suas crenças centrais são chamadas de "centrais" porque são suas ideias mais profundas e estão no centro de seu sistema de crenças. Elas dão origem a regras, exigências ou suposições, que por sua vez produzem *pensamentos automáticos* (pensamentos que simplesmente surgem na sua cabeça quando você enfrenta determinada situação). Você pode pensar nessas três camadas de crenças como se fossem uma tábua de tiro ao alvo com as crenças centrais no meio. A Figura 16-1 mostra as inter-relações entre as três camadas, e exibe algumas suposições e pensamentos automáticos que circulam ao redor da crença central de Beth de que ela é uma pessoa ruim.

DICA Outra forma de descrever uma crença central é como uma lente ou filtro pelo qual você interpreta todas as informações que recebe de outras pessoas e do mundo ao seu redor.

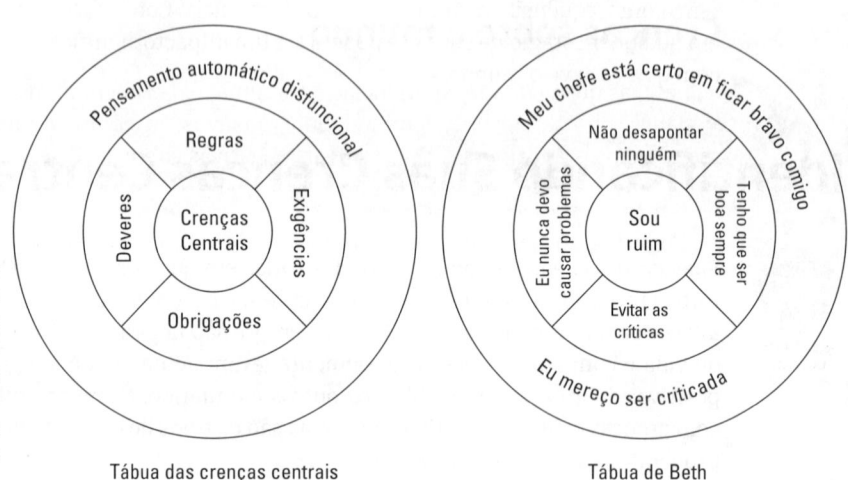

FIGURA 16-1: A tábua de crenças centrais e a tábua de Beth, exibindo as três camadas de crenças.

Tábua das crenças centrais

Tábua de Beth

Os três campos de crenças centrais

As crenças centrais dividem-se em três campos principais: crenças sobre você, crenças sobre outras pessoas e crenças sobre o mundo.

Crenças sobre si mesmo

As crenças centrais negativas sobre si mesmo têm, normalmente, suas raízes em experiências dolorosas. Ser perseguido ou ignorado na escola, ou experimentar negligência, abuso ou críticas duras de seus tutores, professores ou irmãos pode influenciar a maneira como você se vê.

Por exemplo, as experiências de Beth de abuso físico a levaram a formar a crença central de que é ruim.

Crenças sobre outras pessoas

As crenças centrais negativas sobre os outros frequentemente se desenvolvem como resultado de incidentes traumáticos envolvendo outras pessoas. Um incidente traumático pode significar algum dano pessoal infligido a você por outra pessoa, ou em razão de testemunhar algum dano feito contra alguém por outra pessoa. As crenças centrais negativas também podem se desenvolver a partir de experiências negativas repetidas com outras pessoas, como com professores e pais.

Por exemplo, porque o pai de Beth era violento e abusivo com ela, mas também podia ser divertido quando queria, ela desenvolveu uma crença central de que "as pessoas são perigosas e imprevisíveis".

Crenças sobre o mundo

As pessoas que viveram experiências de trauma, experimentaram severas dificuldades, ou sobreviveram em ambientes nocivos, inseguros e imprevisíveis, são propensas a formar crenças centrais negativas sobre a vida e o mundo.

Beth mantém a crença central de que "o mundo é cheio de coisas ruins", a qual ela desenvolveu como resultado de sua antiga situação doméstica e dos eventos na escola mais tarde.

PENSE SOBRE ISTO

Algumas vezes, as crenças centrais dos três campos são ensinadas a você explicitamente na infância. Seus pais ou tutores podem ter lhe passado as crenças centrais *deles*. Por exemplo, você talvez tenha sido ensinado que "a vida é cruel e injusta", antes mesmo de passar por alguma experiência que o tenha levado a formar tal crença por si mesmo.

Percebendo como suas crenças centrais interagem

Identificar as crenças centrais sobre si mesmo pode ajudá-lo a compreender porque você continua sofrendo com os mesmos problemas. Contudo, se também conseguir conhecer suas crenças fundamentais sobre as outras pessoas e o mundo, você pode construir uma visão mais completa sobre o porquê de algumas situações o estressarem. Por exemplo, Beth pode descobrir que receber gritos de seu chefe é deprimente porque ativa a crença central dela de que é uma pessoa "ruim", mas a experiência também parece confirmar sua crença de que as pessoas são imprevisíveis e agressivas.

Como muitas pessoas, você pode manter crenças centrais de que é uma pessoa impossível de ser amada, sem valor ou inadequada — essas crenças dizem respeito ao seu valor, bondade e utilidade fundamental. Ou talvez você mantenha crenças sobre sua capacidade de cuidar de si mesmo ou de lidar com a adversidade — essas crenças são sobre o quanto você é fraco ou poderoso em relação às outras pessoas e ao mundo.

Mahesh, por exemplo, pode acreditar que "está desamparado", pois experimentou uma tragédia e muita má sorte. Ele também pode manter crenças como "o mundo está contra mim" e "as outras pessoas não se importam". Observando essas três crenças em conjunto, você pode ver porque Mahesh está deprimido.

Detectando Suas Crenças Centrais

Por suas crenças estarem profundamente arraigadas, você pode não pensar ou ouvi-las como afirmações nítidas em sua cabeça. É provável que esteja muito mais consciente de seus pensamentos automáticos disfuncionais ou de suas regras do que de suas crenças centrais (veja a Figura 16-1).

As seções a seguir apresentam alguns métodos que podem ser utilizados para realmente chegar à raiz de seu sistema de crenças.

Seguindo a seta descendente

Uma técnica para ajudar a localizar suas crenças centrais problemáticas é o método da *seta descendente*, que envolve identificar a situação que causa a sua emoção negativa não saudável, como a depressão ou a culpa. (Para saber mais sobre emoções negativas saudáveis e não saudáveis, veja o Capítulo 6.)

Depois de ter identificado a situação que traz à tona as emoções negativas, questione-se sobre o que a situação significa ou diz a seu respeito. Sua primeira resposta provavelmente será seu *Pensamento Automático Disfuncional* (PAD). Continue se questionando o que sua resposta anterior significa ou diz a seu respeito até alcançar uma declaração global e absoluta, como "as outras pessoas são perigosas" ou "eu sou má", no caso de Beth.

Por exemplo, quando Rashid utiliza o método da seta descendente para examinar seus sentimentos em relação ao fracasso em um exame vestibular, ele tem o pensamento automático disfuncional:

> PAD: "Eu nunca entrarei em uma boa universidade".
>
> *O que esse PAD diz a meu respeito?*
>
> "Eu desapontei meus pais novamente."
>
> *O que desapontar meus pais diz a meu respeito?*
>
> "Toda vez que tento fazer algo certo, eu fracasso."
>
> *O que esse fracasso diz a meu respeito?*
>
> "Eu sou um fracasso." (crença central de Rashid)

DICA

Você pode utilizar a mesma técnica da seta descendente para chegar até suas crenças centrais sobre as outras pessoas e sobre o mundo. Apenas continue se questionando o que seu PAD *diz a respeito dos outros e do mundo*. Ao fim, você pode chegar a uma declaração conclusiva, que é sua crença central. A seguir, um exemplo de como fazer isso utilizando a situação de receber uma multa de trânsito:

PAD: "Esse tipo de coisa sempre acontece comigo".

O que isso diz a respeito do mundo?

"Coisas ruins estão sempre prestes a acontecer."

O que isso diz a respeito do mundo?

"O mundo é cheio de tragédias e dificuldades."

O que isso diz a respeito do mundo?

"A vida está contra mim." (crença central)

Reunindo evidências de seus sonhos e pesadelos

Imagine seu maior pesadelo. Pense nos cenários de sonhos que o fazem acordar assustado. Em algum lugar nesses terríveis cenários pode estar uma ou mais de suas crenças centrais. Alguns exemplos de crenças centrais que podem aparecer nos sonhos e pesadelos:

- Dar branco enquanto fala em público.
- Ser rejeitado pela sua parceira ou outra pessoa.
- Ser criticado na frente de colegas de trabalho.
- Perder-se em um país estrangeiro.
- Magoar os sentimentos de alguém.
- Fazer algo impensado e ser questionado sobre isso.
- Decepcionar alguém importante em sua vida.
- Ser controlado por outra pessoa.
- Ficar a mercê de outra pessoa.

LEMBRE-SE: Busque similaridades entre seus cenários de pesadelos e as situações que o incomodam na vida real. Questione-se sobre o que uma situação de sonhos temida pode significar sobre você, as outras pessoas e o mundo. Continue ponderando o que cada uma de suas respostas quer dizer sobre você, os outros ou o mundo até chegar à crença central.

Procurando temas

Outra forma de chegar até o núcleo de suas crenças centrais é procurar temas em seus pensamentos automáticos. Uma boa maneira de fazer isso é revisando seus Formulários ABC preenchidos (que descrevemos no Capítulo 3).

Por exemplo, se descobrir que tem pensamentos frequentes relacionados ao fracasso, cometer erros ou ser menos capaz que outras pessoas, você pode ter uma crença central do tipo "sou inadequado" ou "sou incompetente".

Preenchendo as lacunas

Outro método de explicitar suas crenças centrais é simplesmente preencher as lacunas. Pegue um pedaço de papel, escreva o seguinte, e preencha as lacunas:

Eu sou _____

As outras pessoas são _____

O mundo é _____

Este método requer que você dê um palpite sobre quais são suas crenças centrais. Na verdade, você está em melhor posição do que qualquer outra pessoa para dar esse palpite, então o exercício merece uma chance.

DICA Você pode revisar o trabalho escrito que realizou, o que é uma boa técnica para descobrir suas crenças centrais. Rever aquilo que escreveu o permite refinar, ajustar ou alterar suas crenças. Esteja certo de utilizar uma linguagem que represente a maneira como você realmente fala consigo mesmo. As crenças centrais são muito idiossincráticas. O que você escolher para articulá-las depende inteiramente de você. O mesmo é verdadeiro para as crenças saudáveis alternativas que desenvolve. (Veja a seção que aborda como adquirir crenças alternativas às suas crenças centrais, mais adiante neste capítulo.) Assegure-se de expressar as crenças alternativas em uma linguagem que reflita o modo como conversa consigo mesmo.

Compreendendo o Impacto das Crenças Centrais

As crenças centrais são formas fundamentais e duradouras de perceber e compreender a si mesmo, ao mundo e às outras pessoas. Suas crenças centrais lhe acompanham desde muito cedo na vida. Elas são tão tipicamente arraigadas e inconscientes que você provavelmente não tem consciência de seu impacto sobre suas emoções e comportamentos.

Descobrindo quando você está agindo de acordo com crenças e regras antigas

As pessoas tendem a se comportar de acordo com as crenças que mantêm sobre si mesmas, os outros e o mundo. Para avaliar se suas crenças centrais são negativas, é necessário prestar atenção aos seus comportamentos correspondentes. Crenças centrais negativas tipicamente levam a comportamentos problemáticos.

Por exemplo, Milo acredita que ninguém pode amá-lo e que as outras pessoas não são confiáveis. Portanto, ele tende a ser passivo com suas namoradas, buscar confirmação de que não estão prestes a abandoná-lo e tornar-se desconfiado e ciumento com as interações delas com outros homens. Com frequência, as namoradas de Milo se cansam de seu ciúme e insegurança e terminam a relação.

Porque Milo opera de acordo com essa crença central de que é uma pessoa impossível de ser amada, ele se comporta de modo que, na verdade, tende a afastar suas parceiras. Milo ainda não percebe que é sua crença central, e a insegurança correspondente, que causa os problemas em suas relações. Em vez disso, pensa que cada vez que uma parceira o troca por outro, é mais uma evidência de que sua crença "ninguém me amará" é verdadeira.

Sybil acredita que não deve chamar a atenção para si mesma porque uma de suas crenças centrais é que "as outras pessoas provavelmente não prestarão atenção em mim". Portanto, ela é calada em situações sociais e relutante em se afirmar. Seu comportamento evasivo e discreto significa que ela frequentemente não consegue o que quer, fato que alimenta a crença central de que "não tem importância".

Sybil age de acordo com sua crença central de que provavelmente as outras pessoas não lhe darão atenção e, subsequentemente, ela se priva da oportunidade de perceber que isso nem sempre acontecerá. Se Sybil e Milo identificarem suas crenças centrais negativas, eles poderão começar a desenvolver novas crenças e comportamentos mais saudáveis, que podem levar a melhores resultados. Abordaremos mais atentamente como desenvolver crenças centrais novas e mais positivas adiante neste capítulo.

Compreendendo que as crenças centrais negativas o tornam preconceituoso

Quando você começa a examinar suas crenças centrais, pode parecer que tudo em sua vida conspira para fazer com que suas crenças centrais negativas pareçam verdadeiras. Muito provavelmente, sua crença central está levando você a assumir uma visão pré-concebida de todas as suas experiências. Crenças negativas, como "é impossível alguém me amar" e "as outras pessoas são perigosas", distorcem a forma como você processa informações. As informações negativas que apoiam sua crença não saudável são permitidas. As positivas que contradizem as coisas negativas são rejeitadas ou distorcidas, de modo que signifiquem algo negativo, para mantê-lo com sua crença negativa.

O modelo de preconceito da Figura 16-2 demonstra como suas crenças centrais negativas podem rejeitar eventos positivos que possam *contradizê-las*. Ao mesmo tempo, suas crenças centrais podem reunir eventos negativos que *apoiem* sua validade. Suas crenças centrais negativas também conseguem levá-lo a distorcer os eventos positivos em eventos negativos, para que eles continuem a fazer parecer verdadeiras suas crenças.

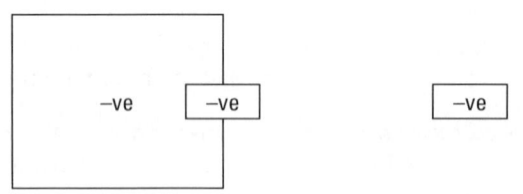

FIGURA 16-2: O modelo de preconceito ilustra como, algumas vezes, você distorce informações positivas para combiná-las com suas crenças centrais negativas.

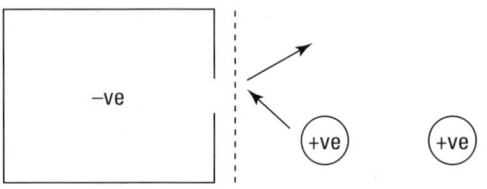

A informação negativa se encaixa com a crença negativa

A informação positiva é ignorada ou dispensada

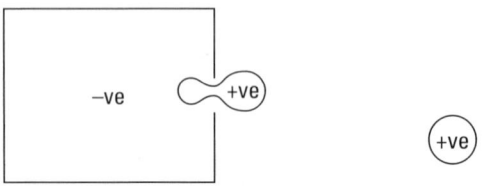

A informação positiva é distorcida para combinar com a crença negativa

Por exemplo, eis como a crença central de Beth "sou ruim" causa um prejuízo às suas experiências:

» **Experiência negativa:** o chefe de Beth está bravo com a perda de um prazo, confirmando sua crença "eu sou ruim".

» **Experiência positiva:** o chefe de Beth está satisfeito com a qualidade do relatório dela, o que ela distorceu para "ele está satisfeito com esse relatório porque todo o resto do meu trabalho é uma porcaria", afirmando ainda mais sua crença em "sou ruim".

Beth também ignora eventos *positivos* menores que parecem não se encaixar com sua crença de que é ruim, por exemplo:

» As pessoas parecem gostar dela no trabalho.
» Seus colegas de trabalho dizem que ela é dedicada em sua função.
» Seus amigos ligam para convidá-la para sair.

Contudo, Beth percebe rapidamente eventos *negativos* menores que se encaixam com sua crença de que é ruim, por exemplo:

» Alguém a empurra grosseiramente em um trem lotado.
» Seu namorado grita com ela durante uma discussão.
» Um colega de trabalho não sorri para ela quando ela entra no escritório.

A crença central de Beth "sou ruim" age como um filtro pelo qual todas as suas experiências são interpretadas. Isso basicamente a impede de se reavaliar como qualquer outra coisa que não "sou uma pessoa má"; faz com que ela tenha preconceito em relação a si mesma. É por isso que identificar as crenças centrais negativas e objetivar sua mudança é tão importante!

Desenvolvendo um Modelo com Suas Crenças

Quando você já identificou suas crenças centrais utilizando as técnicas destacadas nas seções anteriores, pode utilizar o formulário na Figura 16-3 para fazer um quadro com suas crenças e regras. Preencher esse formulário lhe oferece uma referência rápida de quais são suas crenças centrais negativas e como elas o levam a agir de formas nocivas. O formulário é um lembrete sempre à mão das crenças que você precisa tentar mudar e por quê.

Siga os seguintes passos para preencher o formulário:

1. Experiências relevantes antigas/passadas. Neste quadro, anote qualquer evento passado significativo que você pensa que possa ter contribuído para suas crenças centrais negativas específicas.

Por exemplo, Beth registra:

- Meu pai era fisicamente abusivo e tinha mudanças imprevisíveis de humor.
- Meu pai disse que eu era ruim.
- Eu recebi punições severas e desproporcionais de meus professores.

2. **Crenças centrais negativas (incondicionais). Anote neste quadro as crenças centrais detectadas sobre si mesmo, outras pessoas e o mundo.**

Beth registra suas crenças da seguinte maneira:

- Eu sou ruim.
- As outras pessoas são imprevisíveis e perigosas.
- O mundo está repleto de coisas ruins.

ALERTA DE JARGÃO

A palavra "incondicional" é usada neste formulário para lembrar a você que as crenças centrais são aquelas que considera 100% verdadeiras, 100% do tempo e em qualquer situação.

QUADRO DAS MINHAS CRENÇAS E REGRAS

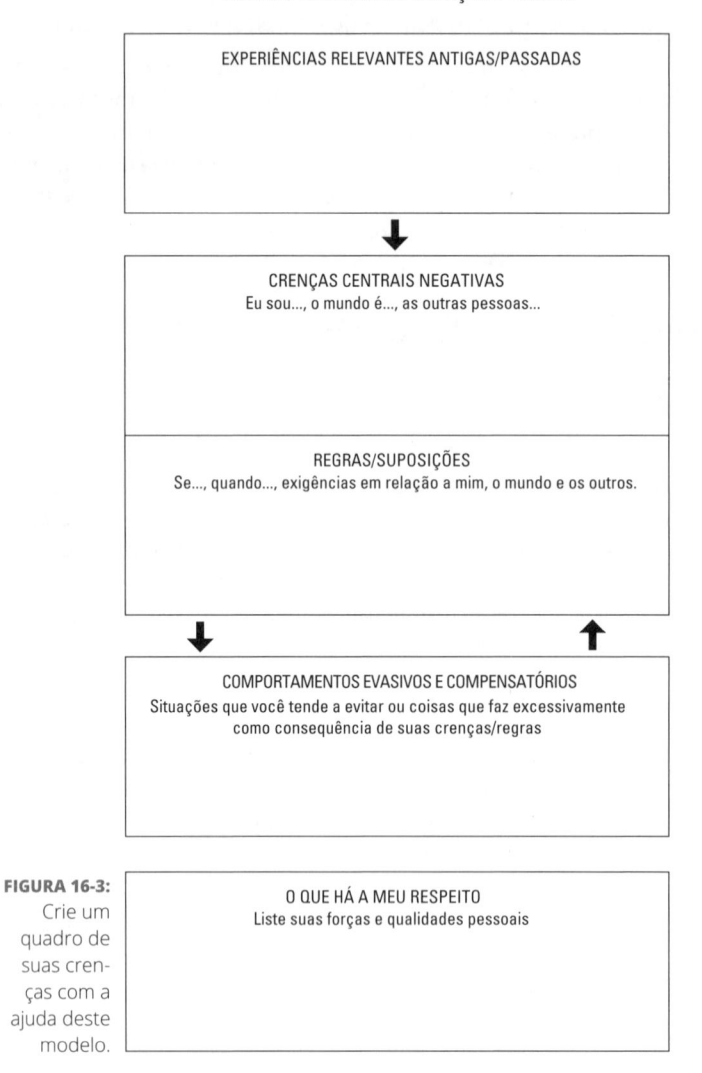

EXPERIÊNCIAS RELEVANTES ANTIGAS/PASSADAS

↓

CRENÇAS CENTRAIS NEGATIVAS
Eu sou..., o mundo é..., as outras pessoas...

REGRAS/SUPOSIÇÕES
Se..., quando..., exigências em relação a mim, o mundo e os outros.

↓   ↑

COMPORTAMENTOS EVASIVOS E COMPENSATÓRIOS
Situações que você tende a evitar ou coisas que faz excessivamente como consequência de suas crenças/regras

O QUE HÁ A MEU RESPEITO
Liste suas forças e qualidades pessoais

FIGURA 16-3: Crie um quadro de suas crenças com a ajuda deste modelo.

3. **Regras/Crenças "Condicionais".** Neste quadro, anote as regras ou exigências que impõe a si mesmo, outras pessoas e ao mundo *por causa* de suas crenças centrais negativas.

   Beth anota:

   - Eu devo ser "boa" o tempo todo (exigência em relação a si mesma).
   - *Se* eu sou criticada, *então* isso significa que sou uma pessoa ruim (regra condicional).
   - As outras pessoas não devem errar comigo ou pensar mal de mim (exigência em relação aos outros).
   - O mundo não deve conspirar para me lembrar do quanto sou ruim ao destinar experiências negativas para mim (exigência em relação ao mundo).

4. **Comportamentos evasivos e compensatórios.** Utilize esse quadro para registrar como tenta evitar a ativação de suas crenças centrais negativas ou coisas nocivas que faz para testar e lidar com suas crenças centrais negativas quando são ativadas.

   Beth registra:

   - Ser perfeccionista no trabalho para evitar qualquer crítica.
   - Evitar o confronto e, portanto, não me afirmar no trabalho ou entre os amigos.
   - Desculpar-me excessivamente quando sou criticada ou cometo um pequeno erro.
   - Sempre presumir que a opinião das outras pessoas está "certa" e que as minhas próprias opiniões estão "erradas".
   - Ser tímida em situações sociais para evitar ser notada.
   - Não confiar nos outros e presumir que eles irão, eventualmente, me magoar de algum modo.

5. **O que há a meu respeito.** Anote coisas positivas a seu respeito que se destacam em relação à sua crença central negativa.

   Beth anota:

   - Meus colegas de trabalho parecem gostar de mim.
   - Eu sou muito dedicada no trabalho, e isso tem sido comentado pelo meu chefe e pelos meus colegas.
   - Eu tenho alguns bons amigos que são confiáveis.
   - Aconteceram algumas coisas boas comigo, como terminar a faculdade e conseguir um bom emprego.

- Eu sou, de modo geral, trabalhadora e honesta.
- Eu me preocupo com os sentimentos e opiniões das outras pessoas.

As informações que você anotou neste quadro são importantes, pois elas podem ser utilizadas para desenvolver uma crença central mais equilibrada e saudável. (Explicamos mais sobre como construir crenças centrais saudáveis nas seções a seguir.)

Limitando o Dano: Esteja Consciente das Crenças Centrais

Para reduzir o impacto negativo das crenças centrais negativas, tente identificar melhor elas sendo ativadas. Pare e pense em uma explicação mais imparcial para os eventos em vez de ser vencido pelas crenças.

DICA

Um modo de melhorar a percepção de suas crenças centrais é desenvolver uma *ficha de crença central*. Esses dados escritos incluem os seguintes:

» Qual é sua crença central.
» Como sua crença central afeta a maneira com que você interpreta os eventos.
» Como você tende a agir quando sua crença central é acionada.
» Como deveria ser uma interpretação mais imparcial dos eventos.
» Qual comportamento alternativo seria mais produtivo.

Por exemplo, Sybil anotou o seguinte em sua ficha de crença central:

> Quando minha crença central de que "não sou importante" é ativada, eu fico propensa a levar algo para o lado pessoal e me retraio. Em vez disso, posso lembrar que a maioria das pessoas não guarda essa visão de mim e então poderei me manter focada na situação social.

Leve sua ficha com você para onde for e a revise com frequência, até mesmo várias vezes por dia. Utilize sua ficha, especialmente quando perceber que sua crença central *foi* ativada, ou mesmo antes de entrar em uma situação em que saiba que ela *provavelmente* será acionada.

Desenvolvendo Alternativas para Suas Crenças Centrais

Quando você mexe com suas crenças centrais e identifica aquelas que são negativas e nocivas, você está na posição de desenvolver crenças alternativas mais saudáveis.

Sua nova crença central não precisa ser o extremo oposto da antiga. Mudar uma crença extrema, como em "eu não sou uma pessoa que pode ser amada" para "eu sou uma pessoa que pode ser amada", pode ser difícil demais quando se está começando. Em vez disso, flexibilize um pouco e perceba que simplesmente começar a compreender que uma crença central negativa não é verdadeira 100% do tempo já é suficiente. Eis alguns exemplos:

- » A alternativa de Beth para sua crença negativa de "sou ruim" é "há algumas coisas boas em relação a mim".
- » Rashid substituiu sua crença negativa "eu sou um fracasso" por "eu tenho sucesso em algumas coisas".
- » Mahesh escolheu a alternativa "acontecem coisas boas no mundo" para substituir sua velha crença de que "o mundo está contra mim".
- » Sybil trocou sua crença de "outras pessoas se voltarão contra mim" pela mais saudável de que "muitas pessoas podem ser legais".
- » Milo substituiu sua crença central antiga de "não sou uma pessoa que pode ser amada " pela crença mais precisa de que "algumas pessoas gostam de mim, e algumas pessoas me amarão".

DICA Criar alternativas para suas crenças centrais negativas e absolutas não se trata de pensamento positivo ou superficialidades, mas tem a ver com gerar opiniões menos absolutas, mais precisas e mais realistas sobre si mesmo, outras pessoas e o mundo ao seu redor.

Revisitando a história

Muitas pessoas podem olhar para trás, em suas vidas, e obter uma visão bem nítida da origem de suas crenças centrais. Algumas vezes, porém, a fonte não é tão clara.

LEMBRE-SE Embora a maioria das crenças centrais surja a partir de suas primeiras experiências, você ainda pode formular ideias profundas e enraizadas sobre si mesmo, a vida e as outras pessoas quando já está mais velho. Por exemplo, Mahesh desenvolveu suas crenças centrais sobre o mundo estar contra ele quando sofreu uma maré de azar e eventos trágicos durante sua vida adulta.

Revisite sua história com a intenção de extrair algumas razões ocultas para as formas como pensa e se comporta no presente. Seja paciente consigo mesmo, mas reconheça que você é o único que pode reciclar seu cérebro para novos modos mais saudáveis de compreensão de suas experiências.

Substituindo significados antigos por novos

As experiências que viveu anteriormente em sua vida receberam significados atribuídos por você na época. Como adulto, você está na excelente posição de ser capaz de reavaliar os significados que atribuiu originalmente a certos eventos, e determinar significados mais sofisticados quando for apropriado.

Por exemplo, Beth formou a crença "eu sou ruim" baseada na informação que recebeu quando seu pai abusou fisicamente dela. Ela era jovem e criou várias suposições, incluindo:

- Meu pai me diz que eu fui má e isso deve ser verdade.
- Você é punido quando é ruim.
- Eu devo ter feito algo ruim para merecer esse tratamento.

Agora ela não é mais uma criança e reconhece que tem essa crença central. Beth pode escolher interpretar os abusos de seu pai e atribuir novos significados ao tratamento que recebia.

- Meu pai tinha um problema de raiva que não tinha nada a ver comigo.
- Nenhuma criança deveria ser punida de maneira tão severa, independente do quanto tenha sido desobediente.
- Meu pai estava errado ao me bater e eu não merecia isso.
- Meu pai fez algo errado ao me bater e seu comportamento errado não significa que eu sou ruim.

Utilize a folha de atividade de três colunas Significado Antigo/Significado Novo do Apêndice B para revisar os eventos passados que contribuíram para o desenvolvimento de suas crenças centrais e as reinterprete como uma pessoa mais vivida e sábia.

A folha tem três colunas. Preencha-as como a seguir:

1. **Na primeira coluna, "Evento", registre o que realmente aconteceu.**
2. **Em "Significado Antigo", na segunda coluna, registre aquilo que você acredita que o evento tenha significado para você.**

    Essa é sua crença central negativa.

3. **Na terceira coluna, "Significado Novo", registre um significado mais saudável e preciso para o evento.**

   Essa é a nova crença que você quer fortalecer.

A Tabela 16-1 exibe um exemplo da folha de atividade de Beth.

TABELA 16-1   **Folha de atividade Significado Antigo/Significado Novo de Beth**

Evento	Significado Antigo	Significado Novo
Meu pai gritando e dizendo que eu era ruim quando era pequena.	Eu devo ser ruim para ele ficar assim com tanta frequência.	Eu era nova e assustada demais para ser "ruim". O problema era a raiva de meu pai.

Incorporando novas crenças em sua vida

Construir crenças centrais novas, mais precisas e saudáveis, é uma coisa, mas começar a viver de acordo com elas é outra. Antes de suas novas crenças realmente se fixarem em sua mente e coração, você precisa agir *como se* já estivessem. Para Beth, isso pode significar se forçar a encarar a crítica de seu chefe e fazer os ajustes apropriados ao seu trabalho sem se censurar. Resumindo, ela precisa agir *como se* realmente acreditasse que há coisas boas a seu respeito, mesmo em face de respostas negativas. Ela precisa operar de acordo com a presunção de que a raiva de seu chefe é uma resposta razoável (ou possivelmente irracional) a um aspecto de seu trabalho, em vez de uma prova de sua incapacidade intrínseca.

No Capítulo 17, sugerimos várias técnicas para reforçar novas crenças alternativas.

Começando da estaca zero

Não diremos para você que mudar suas crenças centrais é fácil, pois isso simplesmente não é verdade. Na realidade, apagar seu sistema antigo de crenças é tão difícil que pensamos que a melhor maneira de lidar com isso é fortalecer as crenças saudáveis alternativas, a ponto de poderem batalhar contra suas crenças negativas.

PENSE SOBRE ISTO

Pense sobre suas antigas crenças como trilhas bastante delimitadas em um campo coberto de vegetação. Você pode caminhar de maneira mais rápida e fácil nessas trilhas, pois foram criadas com os anos de uso. Desenvolver uma nova crença alternativa é como criar caminhos novos através do campo. No começo, os novos caminhos são difíceis e desconfortáveis para percorrer, pois você precisa abrir espaço na vegetação.

Você pode ficar tentado a percorrer antigos caminhos, pois são mais fáceis e mais conhecidos; mas, com prática, seus novos caminhos podem se tornar familiares e naturais. De modo similar, com a prática regular, os pensamentos e ações, alinhados com as diretrizes de suas crenças alternativas, podem ficar mais fortes e automáticos, mesmo quando as coisas se complicam.

Pensando naquilo que você ensinaria a uma criança

Quando você está confrontando uma crença central negativa, tente pensar sobre o que diria a uma criança. Aja como seus próprios pais reestruturando-se para endossar maneiras saudáveis de ver os outros, a si mesmo e o mundo.

Questione-se que tipos de crenças ensinaria a uma criança. Você a encorajaria a manter as crenças centrais negativas que você tem sobre si mesmo ou desejaria que ela visse a si mesma de maneira mais positiva e se aceitasse melhor? Desejaria que ela pensasse que as outras pessoas são más, indignas de confiança, perigosas e mais fortes do que ela? Ou seria melhor que ela tivesse uma visão mais equilibrada das pessoas, como a de que elas são diferentes entre si, mas no geral são boas, confiáveis e valorosas? Você desejaria que ela acreditasse que pode se virar sozinha?

Pensando naquilo que você gostaria que um amigo acreditasse

Ao desafiar suas crenças centrais, pense sobre ter um amigo como Mahesh, Beth, Rashid, Milo ou Sybil. Que conselho você daria a eles? Você diria "Sim, Rashid, você é um fracasso"? "Eu concordo, Mahesh — a vida está contra você"? "Beth, você é ruim"? "Sybil, ninguém nunca pensou que você é importante mesmo"?

Ou ficaria horrorizado pela ideia de despejar estas crenças nocivas e negativas? Presumimos a segunda hipótese.

Se você não gostaria que seus queridos amigos acreditassem em tais coisas, por que você acreditaria? Fale consigo mesmo como se fosse seu melhor amigo quando suas crenças centrais negativas estiverem em ação.

MOLDANDO SEU MUNDO

Quando você começa a adotar crenças centrais saudáveis, pode parecer que está indo na contramão, pois, na verdade, é isso que está tentando fazer. Suas crenças centrais negativas antigas são familiares, profundamente enraizadas e "parecem" ser verdadeiras. Crenças novas e saudáveis podem "parecer" falsas e não naturais, no começo. Lembre-se de que só porque acredita em alguma coisa por um longo tempo isso não a faz verdadeira. As pessoas acreditavam que a Terra era chata por um longo tempo, mas essa antiga crença não muda o fato de que a Terra é redonda!

Algumas coisas são verdadeiras independentemente de você acreditar nelas. Outras coisas nunca serão verdadeiras, não importa o quanto você acredite.

> **NESTE CAPÍTULO**
> » Fortalecendo suas novas crenças e atitudes saudáveis
> » Lidando com as dúvidas sobre uma nova forma de pensar
> » Testando suas novas formas de pensar em situações difíceis
> » Preparando-se para recaídas

Capítulo **17**

Transferindo as Novas Crenças da Cabeça para o Coração

Depois de identificar seus padrões negativos de pensamento e de desenvolver atitudes mais saudáveis (veja os Capítulos 2, 3, 14 e 16), você precisa reforçar seus novos pensamentos e crenças. O processo de reforçar essas novas crenças é como o de tentar desistir de um velho mau hábito e criar um hábito bom em seu lugar. É necessário se esforçar para transformar suas novas maneiras saudáveis de pensar em uma segunda natureza, ao mesmo tempo em que abandona suas antigas formas de pensar. Este capítulo descreve alguns exercícios simples para ajudá-lo a desenvolver e alimentar suas novas crenças.

PENSE SOBRE ISTO

De muitas maneiras, *integrar* seu novo método de pensar em sua mente, emoções e ações é *o* processo-chave da TCC. Um papagaio pode repetir filosofias racionais, mas ele não consegue entender ou *acreditar* naquilo que está dizendo. O verdadeiro trabalho em TCC é tornar a compreensão intelectual algo que você saiba intimamente ser verdade.

Definindo as Crenças que Deseja Fortalecer

Muitas pessoas que lutam para mudar suas atitudes e crenças reclamam: "Eu sei o que eu *deveria* pensar, mas eu não acredito nisso!". Ao começar a adotar uma nova maneira de pensar, você deve *saber* que essa nova maneira faz sentido, mas talvez você não *sinta* que a nova crença é verdadeira.

ALERTA DE JARGÃO

Quando você está em um estado de *dissonância cognitiva*, sabe que suas velhas formas de pensar não são 100% corretas, mas ainda não está convencido da alternativa. Estar em um estado de dissonância cognitiva pode ser desconfortável, pois as coisas não parecem muito certas. Contudo, esse sentimento é um bom sinal de que as coisas estão mudando.

Na TCC, frequentemente chamamos essa desconexão entre pensar e realmente acreditar de *problema da cabeça ao coração*. Basicamente, você sabe que um argumento é verdadeiro em sua mente, mas não o sente em seu coração. Por exemplo, se passou muitos anos acreditando que tem menos valor do que os outros ou que precisa da aprovação dos outros para se sentir aprovado, você pode ter grandes dificuldades em *internalizar* (acreditar intimamente) uma crença alternativa. Você pode achar a ideia de que tem tanto valor quanto o seu vizinho, ou que a aprovação dos outros é um bônus e não uma necessidade, algo difícil de aceitar.

Suas crenças alternativas provavelmente versam sobre três áreas:

» Você mesmo.
» Os outros.
» O mundo.

As crenças alternativas podem ter os seguintes formatos:

» A *preferência flexível*, em vez de uma exigência rígida ou regra, como: "Eu prefiro ser amado pelos meus parentes, mas não há razão para eles *terem* absolutamente que me amar".
» Uma *suposição alternativa*, que é basicamente uma afirmação se/então, como: "*Se* eu não tirar A em minha prova, *então* isso não será o fim do mundo. Eu ainda posso continuar minha carreira acadêmica".
» Uma *crença geral*, que expressa uma verdade genérica positiva e saudável, como "Eu estou basicamente bem" em vez de "Sou inútil", ou "O mundo é um lugar com algumas partes seguras e outras perigosas" em vez de "O mundo é um lugar perigoso".

Quando você experimenta um problema da cabeça ao coração, recomendamos agir *como se* você realmente considerasse a nova crença como verdadeira — explicamos como fazer isso na seção seguinte.

ALERTA DE JARGÃO

Um dos seus maiores objetivos na TCC, depois de desenvolver uma crença alternativa mais saudável, é aumentar a força com que acredita em suas novas crenças ou aumentar seu *Grau de Convicção* (GDC). Você pode avaliar o quanto acredita em uma filosofia saudável alternativa em uma escala de percentagem de 0 a 100, em que 0 representa a total falta de convicção e 100, a convicção absoluta.

Agindo Como Se Você Já Acreditasse

Você não precisa acreditar inteiramente em sua nova filosofia para começar a mudar de comportamento. Começar é o suficiente para *saber*, em sua cabeça, que a nova crença faz sentido, e então *agir* de acordo com a nova crença ou filosofia. Se continuar realizando insistentemente a técnica "agir como se", que explicamos aqui, sua convicção na nova maneira de pensar provavelmente aumentará com o tempo.

Você pode usar a técnica "agir como se" para consolidar qualquer nova forma de pensamento, em quase qualquer situação. Faça a si mesmo os seguintes questionamentos:

» Como eu deveria me comportar se realmente considerasse minha nova crença verdadeira?

» Como eu superaria os desafios situacionais à minha nova crença se eu realmente a considerasse verdadeira e útil?

» Que tipo de comportamento eu esperaria ver em outras pessoas que realmente acreditassem nessa nova crença?

Faça uma lista de suas respostas às questões acima e releia-as antes, depois e até mesmo durante uma experiência usando a técnica "agir como se". Por exemplo, se está lidando com a ansiedade social e tentando assimilar as crenças de autoaceitação, utilize as técnicas "agir como se" a seguir e faça a si mesmo tipos similares de questionamentos, como:

» **Aja de modo consistente com a sua nova crença:** Se eu realmente acreditasse que valho tanto quanto qualquer um, como me comportaria em uma situação social?

Seja específico sobre como você entraria no ambiente, como começaria a conversar e como seria sua linguagem corporal.

» **Crie alguns desafios para sua nova crença:** Se eu realmente acreditasse que valho tanto quanto qualquer um, como reagiria em caso de algum deslize social?

Novamente, seja específico sobre como você lidaria com pausas na conversa e momentos de inadequação social.

» **Observe as outras pessoas:** Alguma outra pessoa na situação social parece estar agindo como se realmente aceitasse a crença que estou tentando adotar?

Caso afirmativo, note como a pessoa age e como ela lida com silêncios constrangedores e pausas normais na conversa. Imite seu comportamento.

Quando age de acordo com uma nova forma de pensamento ou uma crença específica, você reforça a verdade daquela crença. Quanto mais experimentar uma crença *em ação*, mais poderá observar seus efeitos benéficos sobre suas emoções. Em essência, você está treinando seu cérebro a pensar de modo mais positivo e realista. Dê uma chance para essa técnica, mesmo que acredite ser um pensamento irreal ou que pareça besteira. As ações falam mais alto que as palavras. Então, se uma nova crença faz sentido para você, aja de acordo.

Construindo uma Lista de Argumentos

Quando uma antiga crença vier à tona, tente ter à mão alguns fortes argumentos para apoiar sua nova crença. Suas velhas crenças ou hábitos de pensamento provavelmente estiveram com você durante um longo tempo; portanto, podem ser difíceis de mudar. Você provavelmente argumentará consigo mesmo sobre a verdade e os benefícios de seu novo pensar várias vezes, antes que as novas coisas se assentem e substituam as antigas.

Sua lista de argumentos pode consistir de vários argumentos contra sua velha forma de pensar e vários argumento a favor de sua nova forma de pensar. Você pode consultar sua lista em qualquer momento em que sentir que a convicção em sua nova crença está começando a diminuir. Escreva a lista de argumentos em um caderno. As seções a seguir ajudam você a desenvolver razões sólidas para apoiar as crenças saudáveis e que contradizem as crenças negativas.

Criando argumentos contra uma crença negativa

Para combater com sucesso as crenças negativas, tente o seguinte exercício. Na parte superior de uma folha de papel, anote uma antiga crença negativa que deseja enfraquecer. Por exemplo, você pode escrever: "Eu tenho de ganhar a aprovação de uma pessoa especial, como meu chefe. Sem aprovação, não tenho valor". Então, considere as seguintes questões para destacar a natureza nociva de sua crença:

> » **Essa crença é irreal ou inconsistente com a realidade?** Tente encontrar evidências de que sua crença não é realmente precisa (ou pelo menos não 100% precisa em 100% do tempo). Por exemplo, você não *tem* de receber a aprovação de seu chefe: o universo permite o contrário, e você pode sobreviver sem a tal aprovação. Além do mais, você não pode ser definido como sem valor tendo como base só essa experiência, pois é muito complexo para ser definido.
>
> Ponderar o porquê de uma certa crença ser *compreensível* pode ajudá-lo a explicar porque você mantém uma crença em particular como verdadeira. Por exemplo: "É compreensível que eu pense ser estúpido, porque meu pai frequentemente me dizia que eu era, em minha adolescência. Mas isso se dava, na verdade, por causa de sua impaciência e de sua própria infância tumultuada. Então, significa que eu acredito ser estúpido por causa das minhas experiências de infância, e não porque há alguma verdade real na ideia de que sou estúpido. Portanto, a crença de que sou estúpido é consistente com a minha educação, mas não é consistente com a realidade".
>
> » **Essa crença é rígida?** Pondere se sua crença é flexível o suficiente para lhe permitir adaptá-la à realidade. Por exemplo, a ideia de que você *deve* obter a aprovação ou que *precisa* da aprovação para pensar bem de si mesmo é extremamente rígida. É completamente possível que você falhe em obter aprovação das outras pessoas importantes em algum estágio de sua vida. A menos que tenha uma crença flexível em relação a obter aprovação, você está destinado a pensar mal de si mesmo sempre que a aprovação não se confirmar. Substitua a palavra *devo* por *prefiro* nesse exemplo, e torne sua exigência de aprovação uma preferência flexível por aprovação.
>
> » **Essa crença é extrema?** Pondere se sua crença negativa é extrema. Por exemplo, igualar não ser apreciado por uma pessoa com não valer nada é uma conclusão extrema. É como concluir que, se você chegar atrasado em um compromisso, sempre chegará atrasado para todo compromisso que tiver para o resto da vida. A conclusão que extrai de uma ou mais experiências é muito extrema para refletir precisamente a realidade.

> **Essa crença é ilógica?** Pondere se sua crença realmente faz sentido. Você pode querer a aprovação de seu chefe, mas ele logicamente não *tem* de aprovar você. Não obter a aprovação de alguém importante não leva à conclusão lógica de que você tem menos valor. Em vez disso, não obter a aprovação mostra que falhou em obtê-la nessa ocasião, desta pessoa em particular.
>
> **Essa crença é negativa?** Pondere como sua crença pode ou não lhe ajudar. Por exemplo, se você se preocupa se seu chefe o aprova, provavelmente ficará ansioso no trabalho a maior parte do tempo. Você pode se deprimir caso seu chefe o trate com indiferença ou visivelmente desaprove seu trabalho. Você fica menos propenso a dizer não para pedidos não razoáveis e a expressar sua opinião. Você pode, na verdade, ser menos eficiente no trabalho por estar tão focado em criar uma boa impressão. Pode até mesmo presumir que seu chefe o desaprova quando, na realidade, não é o caso. Então, preocupar-se com a aprovação de seu chefe é positivo? Claro que não!

DICA Percorrer a lista das questões precedentes é definitivamente um exercício que envolve colocar a caneta no papel ou os dedos no teclado. Tente reunir suas crenças negativas e formular alternativas positivas, e então gere o maior número de argumentos sólidos que puder contra sua antiga crença e em apoio às suas novas crenças. Tente preencher um lado de uma folha A4 para cada crença que almejar.

DICA Você pode incluir em sua lista evidências colhidas através de outras técnicas em TCC que utilizou para resolver seus problemas, como os Formulários ABC (Capítulo 3) e os experimentos comportamentais (Capítulo 4). Você pode usar qualquer resultado positivo observado ao viver de acordo com essas novas crenças saudáveis como argumento de apoio às verdades e benefícios dessas novas crenças.

Criando argumentos a favor de sua crença saudável alternativa

As linhas gerais para criar argumentos sólidos que apoiam uma maneira alternativa e mais saudável de pensar sobre si mesmo, outras pessoas e o mundo são similares àquelas sugeridas na seção anterior, "Criando argumentos contra uma crença negativa".

Em uma folha de papel, anote uma crença saudável alternativa que deseja usar para substituir uma visão negativa e não saudável que tenha. Por exemplo, uma crença alternativa positiva em relação a obter aprovação no trabalho pode ser: "Eu desejo aprovação de pessoas importantes, como meu chefe, mas não *preciso* dela. Se eu não obtiver a aprovação, ainda terei valor como pessoa".

A seguir, desenvolva argumentos para apoiar sua crença alternativa. Faça a si mesmo as seguintes perguntas, para garantir que sua crença positiva alternativa é forte e eficiente:

» **Essa crença é verdadeira e consistente com a realidade?** Por exemplo, você realmente pode desejar a aprovação e falhar em obtê-la algumas vezes. Só porque deseja muito algo, não significa que obterá. Muitas pessoas não obtêm a aprovação de seus chefes, mas isso não significa que elas sejam pessoas menores.

» **Essa crença é flexível?** Pondere se suas crenças permitem que você as adapte à realidade. Por exemplo, a ideia de que *prefere* obter a aprovação, mas que ela não é uma necessidade imprescindível tanto para a sobrevivência quanto para autoestima, permite a você a possibilidade de não obter a aprovação de vez em quando. Você não tem de formar qualquer conclusão extrema sobre seu valor genérico em face de ocasiões de desaprovação.

» **Essa crença é equilibrada?** Considere se sua crença positiva é equilibrada e não extrema. Por exemplo: "Não ser apreciado pelo meu chefe é uma infelicidade, mas não prova que sou uma pessoa sem valor". Essa crença equilibrada e flexível reconhece que a desaprovação de seu chefe é indesejável e pode significar que você precisa reavaliar seu desempenho no trabalho. Contudo, esse reconhecimento não o arrasta para a depressão com base na crença desequilibrada de que você não tem valor se falhar em agradar seu chefe nessa ocasião.

» **Essa crença é lógica e sensata?** Demonstre como sua crença alternativa segue a lógica dos fatos, ou de suas preferências. É lógico pensar que a desaprovação de seu chefe sobre um aspecto de seu trabalho não é desejável e pode significar que você precisa trabalhar mais ou de modo diferente. Não é lógico pensar que, por causa dessa desaprovação, você é ruim de forma geral, ou uma pessoa sem valor.

» **Essa crença é positiva?** Quando você aceita que deseja a aprovação de seu chefe, mas não *tem* de obtê-la, pode ficar menos ansioso em relação à possibilidade de incorrer na desaprovação dele ou falhar em dar certa impressão. Você também tem uma chance melhor de causar boa impressão no trabalho quando prefere, mas não se desespera pela aprovação. Você pode estar mais focado no trabalho que está realizando e menos preocupado com o que seu chefe pode pensar a seu respeito.

PENSE SOBRE ISTO

Imagine que você vai entrar no tribunal para apresentar ao júri os argumentos de defesa de sua nova crença. Desenvolva tantos bons argumentos para apoiar sua nova crença quanto possível. A maioria das pessoas percebe que listar muitas maneiras nas quais uma nova crença é útil ou produtiva cria mais impacto. Tente gerar argumentos suficientes para preencher um lado de uma folha de papel A4 para cada crença individual.

DICA: Revise sua lista regularmente, não só quando sua crença negativa for acionada. Isso ajuda a reafirmar seu compromisso com as formas saudáveis de pensamento.

Compreendendo que a Prática Leva à Imperfeição

Apesar de seus melhores esforços, você pode continuar pensando de formas rígidas e extremas, e experimentando emoções negativas de tempos em tempos. Por quê? Bem, diremos novamente — você é apenas humano.

Praticar suas maneiras novas e mais saudáveis de pensar e colocá-las em uso regularmente minimizam suas chances de recaída. Contudo, você nunca se tornará um pensador perfeitamente saudável — seres humanos parecem ter uma tendência de desenvolver erros de pensamento e você precisa de um alto grau de persistência para resistir ao pensamento negativo e não saudável.

DICA: Tome cuidado ao tomar uma atitude perfeccionista sobre seu pensamento. Você está se preparando para falhar se esperar que sempre precisa ter pensamentos, emoções e comportamentos saudáveis. Dê-se a permissão para errar com seu novo pensamento e use as recaídas como oportunidades para descobrir mais sobre suas crenças.

Lidando com suas dúvidas e reservas

Você deve dar força total ao seu ceticismo quando estiver mudando suas crenças. Se tentar varrer as dúvidas para debaixo do tapete, elas podem ressurgir quando menos esperar — normalmente quando você está em uma situação estressante. Considere a experiência de Sylvester:

> Sylvester, também conhecido como Sly, acredita que as outras pessoas devem gostar dele e, portanto, muda seu jeito para deixar os outros confortáveis em situações sociais. Sly toma muito cuidado para nunca magoar os sentimentos de alguém e se exige demais para ser um bom anfitrião. Não é surpresa que Sly frequentemente fique esgotado por seus esforços. Como o trabalho dele envolve o gerenciamento de outro grupo de trabalho, também se sente ansioso a maior parte do tempo. Ele também se preocupa com confrontos e com o que os membros de seu grupo de trabalho pensam dele quando os disciplina.

Depois de experimentar um pouco da TCC, Sly conclui que suas crenças precisam mudar se ele um dia quiser superar sua ansiedade e os sentimentos de pânico no trabalho. Sly formula uma crença saudável alternativa: "Eu quero ser apreciado pelos outros, mas não *tenho* que ser apreciado sempre. Não ser apreciado é tolerável e não significa que não sou uma pessoa apreciável".

Sly percebe agora que sua nova crença faz sentido e pode ajudá-lo a se sentir menos ansioso ao enfrentar os membros de seu grupo ou a ser "não tão super divertido" em situações sociais. Mas, no fundo, Sly sente pontadas de dúvida. Ainda assim, ele nega suas reservas em relação à nova crença e ignora a pequena incerteza. Um dia, quando Sly confrontava um membro de seu grupo de trabalho sobre os atrasos persistentes, sua dúvida esquecida ressurge. Sly lança mão de sua antiga crença, porque não havia lidado com essas dúvidas de modo efetivo. Ele acabou livrando seu empregado de uma advertência e sentido-se bravo consigo mesmo por não ter lidado com isso apropriadamente.

Como Sly encarou seus medos em relação a se permitir não ser apreciado, ele pôde ter se dado uma chance de resolver esse sentimento. Sly foi capaz de se preparar mais para lidar com as situações estressantes sem lançar mão de suas antigas crenças e comportamentos de fuga.

Indo e vindo com a técnica ziguezague

Utilize a técnica ziguezague para reforçar sua convicção em uma nova atitude ou crença saudável. A técnica ziguezague envolve brincar de advogado do diabo consigo mesmo. Quanto mais você argumenta em favor da crença saudável e confronta seus próprios ataques contra ela, mais profundamente pode vir a acreditar nela. A Figura 17-1 apresenta um Formulário Ziguezague preenchido com base no exemplo de Sly.

CRENÇA SAUDÁVEL

Eu quero ser apreciado pelas outras pessoas, mas não tenho que ser apreciado *sempre*. É tolerável não ser apreciado e isso não significa que eu não seja uma pessoa apreciável.

FORMULÁRIO ZIGUEZAGUE

Percentagem de convicção na crença saudável: 40%

ATAQUE

Sim, mas se *MUITAS* pessoas não gostarem de mim será horrível! Eu não consigo suportar isso.

DEFESA

Muitas pessoas não gostando de mim seria uma *infelicidade*, mas não seria a pior coisa no mundo. Tentar fazer todos gostarem de mim me deixa realmente atrapalhado e socialmente ansioso.

ATAQUE

Mas muitas pessoas não gostando de mim *tem* de significar que há algo de errado comigo. Isso prova que não sou apreciável.

DEFESA

Primeiro, é mais provável *presumir* que muitas não gostam de mim, e não posso realmente saber se isso é verdade. Eu não posso ser simplesmente o modelo de boa pessoa para todo mundo. *Eu* gosto de algumas pessoas mais do que de outras e isso não significa que há algo errado com elas.

Percentagem de convicção na crença saudável: 75%

FIGURA 17-1: Formulário Ziguezague preenchido por Sly.

Você encontrará um Fomulário Ziguezague em branco no Apêndice B. Para realizar a técnica ziguezague, siga os seguintes passos:

1. **No quadro superior esquerdo do formulário, anote uma crença que deseja fortalecer.**

   No formulário, avalie a força de seu endosso nessa crença, de 0% a 100% de convicção.

   > **CUIDADO:** Assegure-se de que essa crença seja consistente com a realidade ou a verdade, e que seja positiva para você. Veja a seção "Criando argumentos a favor de sua crença saudável alternativa", anteriormente neste capítulo, para mais sobre como testar sua crença positiva.

2. **No quadro seguinte abaixo, anote suas dúvidas, reservas ou dificuldades em relação à crença saudável.**

   Realmente se permita atacar a crença usando todos os argumentos negativos que passarem por sua cabeça.

3. **No quadro seguinte, discuta seu ataque e volte a defender a crença saudável.**

   Foque na defesa da crença saudável. Não se sinta acuado por qualquer questão levantada em seu ataque no Passo 2.

4. **Repita os Passos 2 e 3 até exaurir todos os seus ataques contra a crença saudável.**

   Assegure-se de usar todas as suas dúvidas e reservas sobre escolher adotar realmente uma maneira alternativa nova e saudável de pensar. Use tantos formulários quantos forem necessários e garanta se deter na defesa da crença que deseja estabelecer, em vez de focar-se no ataque.

5. **Reavalie, de 0% a 100%, a sua convicção na crença saudável depois de analisar todas as suas dúvidas.**

> **DICA:** Se sua convicção na crença saudável não aumentou ou aumentou muito pouco, revise as instruções anteriores sobre como utilizar o Formulário Ziguezague. Ou, se possui um terapeuta de TCC, discuta o formulário com ele e veja se ele pode encontrar o momento em que você fez zigue quando deveria ter feito zague.

Colocando suas novas crenças à prova

Fazer exercícios com caneta e papel é ótimo — eles realmente podem ajudá-lo a passar suas novas crenças da cabeça para o coração.

Contudo, o melhor modo de tornar suas novas maneiras de pensar mais automáticas é colocá-las em teste. Testá-las significa entrar em situações familiares em que suas antigas atitudes normalmente são acionadas e agir de acordo com sua nova forma de pensamento.

Então, nosso amigo Sly, do começo do capítulo, pode decidir fazer o seguinte teste com suas novas crenças:

» Sly confronta um membro de sua equipe em relação ao seu atraso de maneira direta. Sly carrega o desconforto de chateá-lo, e lembra que não ser apreciado por um de seus empregados não prova que ele é uma pessoa desagradável.

» Sly dá uma festa e resiste à necessidade de se ocupar divertindo a todos e bancando o anfitrião.

» Sly se esforça menos em deixar todo mundo confortável em situações sociais e profissionais, e em tentar ser um cara legal e super agradável.

DICA

Se você está realmente engajado para assimilar suas novas crenças, pode *buscar* situações para testá-las. Além de usar suas novas crenças e seus novos comportamentos em situações cotidianas, tente montar testes complicados para si mesmo. Sente e reflita a respeito: se ainda está operando sob suas antigas crenças, quais situações realmente o assustariam? Busque-as. Isso aumentará as chances em relação a endossar suas novas crenças.

Lidar com situações cotidianas, como a do exemplo anterior de Sly, é muito útil e, em geral, é suficiente para passar sua nova crença da cabeça para o coração. Mas, se você realmente deseja pressionar sua nova crença com o objetivo de fortalecê-la, coloque-se em situações fora do cotidiano. Por exemplo, tente deliberadamente fazer algo ridículo em público ou ser propositadamente rude e distante. Veja se consegue se manter decidido em sua nova crença, como em "a desaprovação não significa que não tenho valor" em face de suas mais temidas reações. Achamos que você consegue! Essa é uma ferramenta da TCC testada e aprovada para superar todos os tipos de problemas, como o da ansiedade social. (Veja o Capítulo 14 para saber mais sobre desenvolver a *autoaceitação* e o Capítulo 24 para ver mais sobre como elaborar exercícios para *atacar a vergonha*.)

Eis alguns testes que Sly (ou, agora, poderíamos chamá-lo de "Coração Valente") pode preparar para si mesmo:

» Entrar em lojas e deliberadamente não ser educado, não dizer "obrigado" e não sorrir para o atendente. Esse teste requer que Sly aguente o desconforto de, possivelmente, deixar o atendente infeliz depois de causar uma má impressão.

» Dizer "bom dia" a sua equipe sem sorrir e permitir que eles tenham a impressão de que ele "estava de mau humor".

> Vagar por aí, tentando deliberadamente parecer mal-humorado e distante em uma situação social.

> Reclamar de mercadorias defeituosas que ele comprou em uma loja local, onde os empregados o conhecem.

> Esbarrar em alguém em um transporte público e não se desculpar.

Você pode pensar que Sly acabará sem amigos como resultado desta tentativa desastrada de mudança de crença. Ledo engano. Sly tem amigos. Ele ainda tem a reputação de ser um sujeito geralmente agradável e de bom coração. O que Sly não possui agora é uma crença debilitante de que tem de agradar todas as pessoas o tempo todo. Em vez disso, Sly pode vir a acreditar realmente que pode tolerar o desconforto de desagradar as pessoas ocasionalmente e que ser desaprovado por uma ou mais pessoas faz parte de ser humano. É a vida. É assim que as coisas acontecem, às vezes. Sly pode acreditar, em seu coração, que é um ser humano falível, assim como todos os outros; que é capaz de ser apreciado e desaprovado, mas que é, basicamente, normal.

Alimentando Suas Novas Crenças

Conforme você continua vivendo com suas crenças positivas alternativas, reúna evidências que confirmem suas novas crenças. Tornar-se mais consciente das evidências originadas em você, nos outros e no mundo ao seu redor também ajuda sua nova maneira de pensar mais saudável, e é um dos aspectos-chave para reforçar suas crenças e mantê-las fortes.

ALERTA DE JARGÃO

Um *registro de dados positivos* é um registro das evidências que demonstram os benefícios de manter as novas crenças. O registro de dados positivos ajuda você a superar a maneira tendenciosa e preconceituosa com a qual alimenta suas crenças negativas, absorvendo as evidências que combinem com elas e ignorando ou distorcendo as que não se encaixam. Usar um registro de dados positivos aumenta os dados disponíveis que combinam com sua nova crença e ajuda você a se treinar para se manter positivo.

Seu registro de dados positivos é um registro simples dos resultados positivos que surgem ao agir de acordo com uma nova crença saudável e das evidências que contradizem sua velha crença negativa. Você pode usar qualquer tipo de bloco de papel para anotar suas evidências. Siga estes passos:

1. **Anote sua nova crença no alto da página.**

2. **Registre qualquer evidência de que a nova crença é útil para você; inclua as mudanças em suas emoções e comportamentos.**

3. **Registre reações positivas que você obtém de outros quando age de acordo com suas novas crenças.**

4. Registre qualquer evidência que contradiga sua antiga crença.

Seja específico e inclua até os mais ínfimos detalhes que o estimulem a duvidar de sua antiga maneira de pensar. Por exemplo, até o bate-papo com o jornaleiro enquanto você compra o jornal pode ser usado como evidência contra uma crença de que você é uma pessoa desagradável.

5. Certifique-se de registrar todas as informações que apoiem sua nova crença e que contradigam sua velha crença.

Preencha o caderno inteiro se conseguir.

> **DICA**
>
> Se você ainda tem problemas em acreditar que uma antiga crença negativa é verdadeira, comece a reunir evidências, diariamente, de que sua crença antiga não é 100% verdadeira 100% do tempo. Reunir esse tipo de evidência pode ajudá-lo a destruir pouco a pouco a aparência de verdade da crença.

Em seu registro de dados positivos, você pode listar os benefícios de operar sob sua nova crença, incluindo todas as formas com que seus medos de fazer isso não foram confirmados.

Por exemplo, Sly pode registrar as seguintes observações:

> » Os seus funcionários ainda parecem gostar, de modo geral, de serem comandados por ele, apesar do fato de ele discipliná-los quando é necessário.
>
> » Ser menos sociável em festas não impediu os outros de se divertirem ou de interagirem com ele.
>
> » Sua ansiedade e pânico sobre a possibilidade de ser desaprovado foi reduzida em resposta à sua mudança de crença.

Seu registro de dados positivos pode não só lembrar você dos bons resultados que teve com a mudança de suas crenças negativas para outras positivas, mas também ajudá-lo a ser *paciente* consigo mesmo quando você recair para suas crenças negativas e seus comportamentos correspondentes. Use seu registro de dados positivos para mapear seu progresso para que, quando você *recair*, possa assegurar-se de que sua recaída é apenas temporária. Afinal, a prática leva à imperfeição.

> **DICA**
>
> Muitas pessoas acrescentam coisas novas em seu registro de dados positivos durante meses ou até mesmo anos. Manter esse registro fornece um antídoto poderoso contra a tendência natural de se autocriticar excessivamente.

Certifique-se de consultar seu registro de dados positivos com frequência, até mesmo diariamente, ou até várias vezes por dia quando estiver assimilando novas crenças. Mantenha-o em sua mesa de cabeceira ou em sua pasta, ou em qualquer lugar que possa acessá-lo durante o dia. Como regra geral, olhar seu registro de dados positivos nunca é demais!

NESTE CAPÍTULO

» **Descobrindo e escolhendo atividades saudáveis**

» **Cuidando de si mesmo, sua vida e de suas relações**

» **Comunicando-se de maneira eficaz**

» **Avaliando e adotando seus valores**

Capítulo 18
Em Busca de uma Vida Mais Saudável e Feliz

A maneira como você pensa influencia o modo como se sente e se comporta. O modo como se comporta também influencia a forma como acaba se sentindo ou pensando... e assim por diante, o ciclo continua.

Então, como você *vive* o dia a dia tem um efeito no seu humor geral. Neste capítulo, falamos sobre o que é um estilo de vida *saudável*. Desenvolver um estilo de vida saudável pode contribuir enormemente para manter uma boa forma física e boas condições psicológicas.

Utilizamos o termo "saudável" como sinônimo de cuidar de seu eu físico, o que inclui exercícios, sono, sexo, hábitos alimentares e a manutenção de um ambiente de vida agradável. Saúde psicológica significa fazer as coisas que lhe dão uma sensação de prazer e realização, mantendo atitudes positivas e equilibradas em relação à vida, e com a construção de relações satisfatórias.

DICA

Faça do ato de cuidar de si mesmo uma prioridade e não algo secundário. Prevenir é sempre melhor do que remediar.

Planejando para Prevenir Recaídas

Depois de começar a se recuperar de seus problemas, seu próximo passo é estabelecer um plano para prevenir o ressurgimento dos sintomas — para garantir que você não sofra uma *recaída*. Uma recaída significa, basicamente, um retorno ao seu estado original. Uma parte importante da prevenção de recaídas é se cuidar e se vigiar contra a tentação de velhos e negativos hábitos de estilo de vida, como trabalhar até tarde, comer de modo não saudável, beber muita cafeína e álcool, ou se isolar. O Capítulo 20 lida com a prevenção das recaídas mais detalhadamente. As seções seguintes neste capítulo fornecem algumas sugestões de como tornar sua vida mais completa e como se cuidar.

Preenchendo as Lacunas

Quando você começa a se recuperar de alguns tipos de problemas emocionais, como depressão, ansiedade ou obsessões, pode descobrir que tem uma quantidade considerável de tempo disponível, que anteriormente era ocupado pelos seus sintomas. Na verdade, você pode se espantar ao descobrir quanta energia, atenção e tempo as dificuldades psicológicas podem realmente consumir.

É importante encontrar coisas agradáveis e construtivas para fazer e preencher as lacunas em que antes estavam seus sintomas. Manter-se ocupado, com tarefas significativas para você, lhe dá uma sensação de bem-estar e deixa menos oportunidades para o ressurgimento de seus sintomas.

Escolhendo as atividades que demandam concentração

As atividades que você costumava apreciar podem ficar em segundo plano enquanto lida com seus problemas. Contudo, talvez possa pensar em algumas novas atividades que lhe interessem e das quais pode gostar de experimentar. A seguir, estão alguns indicadores para ajudá-lo a criar ideias sobre que atividades e passatempos você pode começar a inserir em sua vida:

- » Faça uma lista de coisas que você costumava fazer e que gostaria de tentar novamente.
- » Faça uma lista separada de novas atividades que gostaria de tentar.
- » Tente criar um equilíbrio entre as atividades que envolvem exercício físico e as que não envolvem.

> Inclua atividades diárias como cozinhar, ler, atividades manuais e a manutenção de seus contatos sociais. Essas atividades são frequentemente negligenciadas quando você está atormentado por sintomas.

> Escolha se concentrar em cerca de cinco atividades novas ou antigas, dependendo do quanto sua vida é atribulada com compromissos familiares e de trabalho.

No caso de você ainda estar em dúvida quanto ao que fazer, eis algumas ideias — mas lembre-se de que esta lista não é exaustiva: antiguidades, apreciar artes, astronomia, fazer pão, jogar xadrez, dançar, jogar damas, costurar, fazer vitrais, pescar, jogar futebol, jardinagem, golfe, decoração de interiores, *kick boxing*, aprender línguas, dirigir, pintar, cuidar de animais (arrume um gato — o gato de Rhena, Jack, transformou a vida dela!), testes de conhecimentos gerais, tênis, trabalho voluntário, degustação de vinhos, escrever...

DICA Animais de estimação são excelentes companhias. Mas eles também requerem considerável trabalho e comprometimento (especialmente cachorros, não importa o tamanho). Antes de decidir adotar um bichinho de estimação, pesquise para saber qual o mais adequado para seu ambiente, rotina de trabalho e situação financeira. Caso contrário, você pode acabar sobrecarregado com um animal que requer muito mais trabalho e dedicação do que esperava.

DICA Não fique apenas pensando a respeito! Decida *quando* você começará suas atividades escolhidas. Se você não se impuser uma data concreta para começar, esquecer das coisas ou deixá-las esperando será muito fácil.

Combinando suas atividades

Você se conhece melhor do que qualquer pessoa, então é a melhor pessoa para julgar quais passatempos podem lhe trazer maior satisfação. Tente combinar suas atividades recreativas com seu jeito de ser. Se sabe que adora prestar atenção em detalhes, talvez goste de bordado ou de confeccionar joias. Esportes radicais podem lhe interessar se você sempre foi bem nas atividades físicas e gosta de adrenalina. Por outro lado, se nunca foi muito musical, tentar aprender um instrumento pode não ser a melhor escolha para você.

DICA Recomendamos que você se desafie tentando coisas que nunca experimentou. Quem sabe? Talvez acabe realmente gostando das novas atividades. Contudo, se escolher atividades muito diferentes da sua personalidade ou de suas habilidades naturais, você pode perder o gosto e abandoná-las.

Colocando o cuidado pessoal em prática

Ah, os prazeres de uma boa massagem, um banho quente de espuma ou assistir a uma ópera (certo, sabemos que nem todos gostam de ópera). Você não pode superar seus problemas sem um grau significativo de esforço pessoal. Elogie-se pelo seu trabalho duro e conceda-se algumas coisas boas.

LEMBRE-SE

Tome conta de si no dia a dia, e preste atenção nos momentos que precisa de atenção especial. As noites de sexta-feira são um bom momento para regularmente proporcionar a si mesmo momentos relaxantes e satisfatórios, depois de uma longa semana de trabalho.

Seus "mimos" não precisam ser caros. Você pode fazer pequenas coisas — como colocar algumas flores em um vaso, deixar sua casa com um cheiro agradável, tocar uma musica prazerosa ou ver um filme ou programa preferido, que são atividades gratuitas ou baratas.

Considere os mimos pessoais como parte de seu *plano de prevenção de recaídas* (veja o Capítulo 20 para saber mais sobre a prevenção da recaída). Até mesmo fazer pequenas coisas, como utilizar um bom óleo de banho ou comer um prato diferente uma vez por semana, podem lembrá-lo de seu valor e de tratar a si mesmo com carinho.

Reformando Seu Estilo de Vida

Sugerimos que você dê uma boa olhada na maneira como vive atualmente e decida o que é bom e o que não é tão bom para você. Assegure-se de levar em consideração as seguintes áreas:

DICA

» **Alimentação regular e saudável.** O princípio é relativamente simples: faça três refeições e dois lanches saudáveis por dia, com muitas frutas, vegetais e grãos. Minimize seu consumo de açúcar e carboidratos simples, como o pão branco, e não exagere na gordura saturada. Coma o que gosta com moderação. Se acha que precisa de uma ajuda extra com alimentação saudável, fale com seu médico, ele pode encaminhá-lo a um nutricionista.

Tente manter um registro de tudo que come por uma semana. Identifique em que áreas pode fazer mudanças positivas em relação a uma alimentação mais regular e mais saudável. Se achar que suas ações não combinam com suas boas intenções, utilize a técnica Tic-Toc (que discutimos no Capítulo 19) para se livrar dos pensamentos e atitudes que podem interferir com sua alimentação saudável.

» **Exercício regular.** Evidências sugerem que o exercício é muito benéfico tanto para a saúde mental quanto para a física. Tenha como objetivo pelo menos três sessões de exercício físico, com duração de 20 a 30 minutos cada, por semana (o ideal são cinco sessões, mas você pode precisar ir aumentando gradualmente). Consulte seu médico se você não tem se exercitado regularmente durante muito tempo.

- » **Atividades de lazer.** Inclua atividades que tragam prazer ou satisfação e não estejam ligadas ao seu trabalho ou vida doméstica. Lembre-se daquilo que costumava fazer, ou o que gostaria de fazer, ao escolher atividades e passatempos.
- » **Contato social.** Conheça algumas pessoas novas ou renove suas relações já existentes. Às vezes, as relações sofrem por causa dos transtornos psicológicos; veja a seção "Ficando íntimo", mais adiante neste capítulo que fala sobre intimidade e comunicação.
- » **Atividades de engajamento.** Envolva-se com causas que considera importantes, como reciclagem ou campanhas por direitos dos animais. Ainda que pequenas, ações cotidianas como sorrir para o vendedor da loja, segurar a porta para um estranho, desculpar uma indiscrição ou recolher lixo do chão pode lhe ajudar a reconhecer que está contribuindo para o tipo de mundo que quer viver.
- » **Gerencie seus recursos.** Essa tarefa envolve fazer um orçamento, contratar um contador, desenvolver um sistema para lidar com suas contas domésticas de maneira eficaz, renegociar suas horas de trabalho ou contratar uma faxineira ou babá.

Idealmente, você pode criar um bom equilíbrio entre os diferentes aspectos de sua vida, de modo que nenhum seja negligenciado.

Todo mundo precisa reservar um tempo para renovação da energias psicológicas e físicas, assim como de tempo para as tarefas diárias. Preste atenção em ambos — porque você não consegue ter um sem o outro.

Observe as coisas que você faz diária ou semanalmente, e decida o que está fazendo *demais*, como beber no bar, trabalhar até tarde ou comer *fast-food*. Tente substituir algumas dessas atividades por outras que está fazendo pouco, como exercitar-se, passar um tempo com sua família ou estudar.

Movimentando-se

Planos, por melhores que sejam, sempre podem ir por água abaixo. E como!

Você realmente está falando sério sobre fazer mudanças positivas em seu estilo de vida; contudo, só pensar nisso e fazer planos não é o suficiente — embora *seja* um grande primeiro passo. Então, o passo seguinte é *concretizar!* As ações falam mais alto que palavras, então coloque suas intenções em prática logo, sem demora.

Mexendo seu corpo

Não podemos enfatizar o suficiente os múltiplos benefícios dos exercícios regulares. Eles são muito bons para você de diversas maneiras. Se não acredita em nós, experimente! Exercite-se algumas vezes por semana e veja se não vai se sentir melhor — desafiamos você a nos contradizer.

Você pode se exercitar de um modo que não envolva uma ida à academia. Jardinagem, caminhada, ciclismo, dança e trabalho doméstico, tudo isso ajuda seu corpo a se exercitar.

CUIDADO

Tenha certeza de se exercitar pelos motivos certos, como para se divertir, desestressar e manter sua saúde física e mental. Veja se não está se exercitando obsessivamente. Veja a seguir as seguintes motivações negativas para se exercitar:

- » **Para manter seu peso abaixo da recomendação médica.** Pessoas que sofrem de transtornos alimentares podem, com frequência, se exercitar de maneira obsessiva.
- » **Para melhorar sua aparência.** Pessoas com Transtorno Dismórfico Corporal (TDC) algumas vezes usam os exercícios para compensar os defeitos imaginários em suas aparências físicas (o Capítulo 13 tem mais informações sobre esse problema psicológico). Se você tem baixa autoestima e um transtorno alimentar (veja o Capítulo 11), pode se exercitar na tentativa de se tornar fisicamente mais aceitável para si mesmo e para os outros.
- » **Como punição.** Pessoas com sentimento de vergonha e baixa autoestima podem se exercitar em excesso como forma de punição.

DICA

Peça ao seu treinador para calcular seu *Índice de Massa Corporal (IMC)*, que lhe confere uma faixa de peso normal para sua idade e altura.

Usando a cabeça

Talvez seus problemas emocionais interfiram na maneira como você trabalha ou estuda. Talvez suas dificuldades interfiram com o seu progresso na carreira ou na mudança de emprego — afinal, muitas pessoas com problemas psicológicos também experimentam dificuldades no trabalho e nos estudos.

Comece a definir objetivos sobre como gostaria que sua vida acadêmica e profissional se desenvolvesse. Construa um plano de ação realista para seus objetivos profissionais e educacionais seguindo os seguintes passos:

1. **Comece seu plano levando em consideração o que você quer ser ou o que precisa fazer em termos de estudo e prática para chegar lá.**
2. **Divida seu grande objetivo em porções menores.** Você pode precisar reunir referências, construir um portfólio, escrever um currículo, ou tentar um empréstimo ou ajuda financeira para custear seus estudos.

3. **Investigue locais de aprendizado.** Use a internet para buscar cursos específicos, contate universidades e colégios para verificar os programas de ensino, consulte um orientador vocacional ou visite uma agência de empregos.

4. **Crie um plano de estudo ou de treinamento em sua vida com o cuidado de equilibrar o estudo, o trabalho, os relacionamentos sociais e as atividades de lazer.**

5. **Estipule um tempo realista para atingir seus objetivos.** Exigir-se demais para atingi-los com muita rapidez provavelmente lhe causará estresse, impedirá que aproveite a jornada até seu objetivo, ou até mesmo o levará a abandonar todos os seus planos.

Estude só pelo prazer que há nisso. Desenvolver uma nova habilidade ou explorar uma nova área de interesse pode ser muito recompensador, seja ou não esse estudo aplicável diretamente em seu trabalho. As turmas de educação para adultos e as oficinas intensivas podem ser uma ótima maneira de explorar novos tópicos — e para encontrar novas pessoas, que podem ser benéficas se sua vida social sofreu durante sua doença.

Envolvendo-se

Pense sobre o tipo de mundo em que você quer viver e sobre como pode contribuir para criá-lo. Envolva-se em campanhas contra jogar lixo no chão, projetos de restauração de edifícios locais, caridade ou qualquer atividade que ache importante. Normalmente, é possível escolher quanto tempo dedicar a essas práticas.

Espiritualizando-se

Às vezes, as pessoas com desordens específicas, como o Transtorno Obsessivo Compulsivo (TOC) ou a culpa extrema, podem achar que suas religiões ou crenças espirituais se misturam com seus problemas. Restabelecer uma compreensão saudável de sua fé pode ser um aspecto importante de sua recuperação. Retomar suas formas antigas de fé — seja através da meditação, missas ou frequentar uma sinagoga — pode ajudá-lo a se reintegrar às suas crenças religiosas ou em sua comunidade. Você também pode descobrir que discutir seus problemas recentes com um líder religioso ou um membro de sua congregação pode ajudar.

Conversando

Os problemas emocionais podem ter um efeito negativo em suas relações pessoais. Às vezes, seus sintomas lhe consumem a ponto de lhe deixar com pouco espaço para mostrar interesse naquilo em que os outros ao seu redor estão sentindo ou fazendo. Portanto, você pode precisar fazer algum esforço para reconstruir suas relações existentes quando se sentir melhor.

Quando seus sintomas diminuem, você pode desejar dar mais atenção para as outras pessoas em sua vida. Isso envolve brincar com seus filhos, conversar com sua parceira sobre como seus problemas afetaram sua relação (sem se culpar, é claro) ou renovar o contato com amigos e outros familiares.

SEIS PASSOS PARA FALAR E ESCUTAR

Bons relacionamentos são sustentados por consideração, esforço e tempo. Muitas mudanças em suas relações podem ocorrer de naturalmente, pois conforme você se preocupa menos com seus problemas, é mais capaz de se concentrar no mundo ao seu redor.

A comunicação eficiente é a pedra angular dos bons relacionamentos. Entenda que é possível se comunicar não só pelo que diz, mas também pela forma como *escuta*. Sua linguagem corporal também pode transmitir uma mensagem para os outros. Coisas como contato visual e contato físico também são meios de passar uma mensagem. Um simples abraço pode significar muito.

Experimente os seis passos a seguir para melhorar suas habilidades de comunicação.

1. Quando você tem algo importante a discutir com alguém, encontre um momento que seja adequado para ambos. Tenha certeza de que ambos tenham um bom tempo para falar e ouvir um ao outro.

2. Use declarações "eu sinto", como em "Sinto-me desapontado por você ter chegado tarde", em vez de usar linguagem de culpa, como em "Você me deixou irritado".

3. Se você der um feedback negativo para alguém por causa de seu comportamento, seja claro, breve e específico. Lembre-se também de dar uma resposta positiva para o comportamento que você quer reforçar. Por exemplo, agradeça sua parceira por avisar que se atrasaria.

4. Depois de dar um feedback positivo ou negativo, pergunte à pessoa como ela se sente e o que pensa sobre o que você disse.

5. Não caia na armadilha de pensar que existe uma maneira certa ou verdadeira de fazer as coisas. Aceite que pessoas diferentes valorizam coisas diferentes. Busque compromissos quando for apropriado. Escute o ponto de vista dos outros.

6. Esteja preparado para aceitar um feedback negativo e a crítica dos outros. Busque pontos com que você concorda naquilo que o outro está dizendo. Dê à outra pessoa uma chance de informar suas opiniões antes de ficar defensivo ou contra-atacar. Dê tempo a si mesmo de avaliar a resposta que recebeu.

As pessoas em sua vida provavelmente estão conscientes do quanto você esteve atormentado e podem perceber as suas mudanças positivas. Deixe-as falarem sobre as mudanças que perceberam em você. Escutar as experiências das outras pessoas com seus problemas pode ajudar a reforçar a ideia de que as pessoas em sua vida se preocupam com você. Melhorar suas relações, e passar mais tempo na companhia dos outros pode ajudá-lo a manter seus sintomas sob controle. Você também pode envolver os outros em seu plano de prevenção de sintomas, se for apropriado.

Uma relação compreensiva com uma parceira ou parceiro pode ajudá-lo a se manter saudável. Essa relação não precisa ser romântica — relações platônicas também são importantes. Pesquisas indicam que ter uma rede de contatos sociais, assim como ter alguém em quem possa confiar, ajuda a reduzir seus problemas, de maneira geral.

DICA Nunca é tarde demais para fazer amigos. Mesmo se seus problemas o levaram a se isolar, agora é a hora de sair e conhecer pessoas. Seja paciente e se dê o tempo e a oportunidade para começar a formar bons relacionamentos. Vá para onde as pessoas estão! Junte-se a alguns clubes ou aulas.

Ficando íntimo

Seus problemas específicos podem ter levado você a evitar relacionamentos íntimos com outras pessoas. Você pode ter ficado preocupado demais com seus problemas para ser capaz de criar e manter uma relação íntima. Se deseja se aproximar dos outros, tem de se convencer a deixar que entrem em sua vida. Permitir-se confiar nos outros o suficiente para compartilhar pelo menos alguma história pessoal pode fazê-lo sentir-se mais próximo de seus ouvintes. A intimidade é uma questão de dar e receber — idealmente, o equilíbrio deve ser igual.

Se você pensa que é incapaz de realmente se aproximar de alguém, provavelmente está errado. Dê às outras pessoas — e a si mesmo — uma chance de serem honestas. Relações mutuamente enriquecedoras normalmente evoluem naturalmente, mas você precisa estar aberto para as possibilidades de relações íntimas para que esta evolução aconteça.

Sexo e afins

Seu interesse em sexo, independentemente da idade ou gênero, pode diminuir como resultado de um transtorno psicológico. Muitas pessoas que lidam com problemas podem perder o interesse em sexo. Quando você começa a se sentir melhor, ter sua vida sexual de volta aos trilhos pode levar algum tempo.

PENSE SOBRE ISTO

O desejo sexual é um pouco como o apetite: você nem sempre percebe que está com fome até começar a comer.

Algumas vezes, os casais param de ter relações sexuais regularmente, mas nunca discutem a mudança. Com frequência, ambos os parceiros entram na rotina de não ter intimidade sexual e tentam ignorar o problema. Algumas pessoas são envergonhadas demais para falar sobre sexo ou se sentem culpadas por ter perdido o interesse. Além disso, muitas pessoas têm vergonha demais para discutir a perda do apetite sexual com seus médicos, ou até mesmo com um amigo.

Tomar a iniciativa e falar sobre as mudanças no seu desejo sexual com seu terapeuta ou médico pode valer a pena. Eles podem oferecer sugestões úteis e até mesmo lhe contar que certos medicamentos que você tem tomado podem contribuir para a diminuição do interesse em sexo.

LEMBRE-SE

A perda do interesse em atividades sexuais é um efeito colateral normal de certas experiências. Muitos transtornos psicológicos, como a depressão, o estresse pós-traumático, problemas obsessivos, hipocondria, depressão pós-parto e baixa autoestima, podem ter impacto em sua libido. Luto, males físicos e estresse também podem diminuir seu desejo sexual. Felizmente, a perda do interesse sexual frequentemente é temporária.

Falando sobre sexo

"Os rouxinóis nos saraus fazem, picantes pica-paus fazem", mas algumas vezes o assunto sexo é um tabu. Tanto você quanto sua parceira podem acabar ignorando persistentemente sua presença, mesmo que o assunto esteja bem ali, pedindo sua atenção.

Se você não consegue abordar o tópico do sexo com sua parceira conforme vai se recuperando, pode fazer algumas coisas para ajudar a reacender a chama do desejo. Tente os passos a seguir:

» **Retome o contato físico não sexual.** Fique de mãos dadas, acaricie o braço ou as costas de sua parceira enquanto conversam, sentem-se próximos um do outro no sofá, reintroduza o carinho. O contato não sexual pode ajudá-lo a sentir-se confortável com o toque do outro novamente, e preparar o ambiente para reviver um contato mais íntimo.

» **Beije.** Se você caiu no hábito dos beijos rápidos nas bochechas quando sai de casa, troque sua mira para a boca. Beijar é uma maneira poderosa de comunicação. Também pode ser altamente sensual e agradável.

» **Crie oportunidades.** Ir para a cama ao mesmo tempo, antes de estarem cansados, e então se aconchegar, pode criar uma retomada mais natural das relações sexuais.

- » **Alivie a pressão.** Se você se impõe que *precisa* sentir desejo ou que *tem que* fazer sexo esta noite, pode se colocar em um estado em que toda a espontaneidade vai por água abaixo. Tente assumir uma atitude de que, se acontecer, aconteceu.
- » **Dê-se a chance de entrar no clima.** Não é necessário que você se sinta muito excitado para começar as intimidades. Algumas vezes, você pode precisar de muito contato em um nível não sexual, como carícias, carinhos e beijos, antes de estar pronto para ir além. Seja paciente consigo mesmo e tente falar com sua parceira sobre como está se sentindo. Às vezes, só falar sobre sexo é o suficiente para relaxar e deixar a natureza seguir seu curso.
- » **Exonerando-se do ônus do orgasmo.** Qualquer contato físico sexual ou íntimo pode ser satisfatório. Você pode não ser capaz de atingir o orgasmo por algum tempo, então, em vez disso, aproveite as preliminares, como deve ter feito nos estágios iniciais de seu relacionamento. Você realmente pode colocar sua vida sexual de volta aos trilhos, e pode até mesmo ser capaz de melhorá-la em relação ao que era antes, se der bastante atenção às preliminares.

Qualquer coisa que o excite vale a pena ser explorada. Fale com sua parceira: você será mais capaz de descobrir coisas que podem ajudá-lo a entrar mais no clima para fazer amor. Tente estar de mente aberta em relação à sua vida sexual. Mas seja cuidadoso para determinar seus limites pessoais sobre o que o excita e o que tem o efeito contrário.

Alinhando-se com Seus Valores

A maioria das pessoas desfruta mais a vida quando age de acordo com seus valores pessoais. Normalmente, pessoas que se tratam com TCC relatam melhora no humor, melhora na opinião sobre si mesmo, senso geral de bem-estar e de "ser verdadeiro consigo mesmo" — depois de identificarem e começarem a agir de acordo com seus sistemas de valores individuais.

Por "valores" queremos dizer as coisas mais importantes na vida para você: sua ética pessoal, moral, filosofias, ideais, padrões e princípios. Às vezes, porém, sua depressão, ansiedade, baixa autoestima e outros tipos de problemas emocionais podem relegar seus interesses e valores para escanteio. Agora é hora de redescobri-los e honrá-los, para o bem de sua contínua saúde mental e felicidade.

Como todas as pessoas são indivíduos únicos, nem sempre compartilham dos mesmos valores. No entanto, pessoas com valores semelhantes geralmente se atraem e acabam frequentando os mesmos lugares. Você pode encontrar pessoas parecidas em cursos, reuniões, eventos de caridade, e assim por diante. Assim, analisar seus valores pessoais pode ter potencialmente o benefício extra de enriquecer sua vida social.

DICA Retomar seus valores essenciais pode ser difícil se sua mente ultimamente andava perdida em ansiedade e pensamentos pessimistas. Seja paciente consigo mesmo e permita-se redescobrir sua essência.

Use os itens nesta lista para ajudar a identificar seus princípios pessoais:

» Trabalho e carreira.
» Estudo e treinamento de habilidades.
» Projetos de vigilância de seu bairro.
» Interesses e identidade cultural.
» Religião e espiritualidade.
» Esportes e outros hobbies ativos.
» Natureza, bem-estar animal, vida selvagem e meio ambiente.
» Amizades e grupos de amigos (clubes do livro, clubes sociais e outros).
» Família e vida doméstica.
» Causas e caridade.
» Políticas.
» Viagem.
» Responsabilidade social.
» Arte, música e teatro (observando ou participando).
» Leitura.
» Cozinhar.
» Artesanatos em madeira, tricô, crochê ou cerâmica.
» Incentivar padrões para conduta social, como ser educado, amigável e ajudar aos outros.

A lista simplesmente sugere algumas áreas mais comuns de atividades baseadas em valores. Não se restrinja a ela! Seja criativo — pense tanto nas grandes quanto nas pequenas causas. Qualquer coisa que você fizer para honrar seus valores, pequenos ou grandes, é igualmente válido e benéfico (para você e para aqueles a sua volta).

Por exemplo, um dos seus colegas tem uma regra rígida de conduta de deixar um banheiro público no estado em que gostaria de encontrar (uma tarefa normalmente cruel!). Outro amigo valoriza os serviços dos coletores de lixo locais. Ele costuma agradecê-los calorosamente e sempre dá gorjetas quando apropriado.

EXPERIMENTE

Você pode achar valores pessoais mais fáceis de serem definidos se refletir os valores de uma pessoa que respeita e admira. Tente seguir os seguintes passos:

1. Pense em alguém que conheça bem (como um amigo ou familiar) ou que saiba muito a respeito (talvez uma celebridade ou figura histórica). Escreva os nomes deles em uma folha de papel.

2. Faça uma lista dos valores que eles aparentam ter, tenham falado abertamente a respeito ou demonstrado por meio de ações. É provável que você perceba que compartilha de alguns valores básicos com essas pessoas.

3. Faça observações específicas sobre as coisas que essa pessoa faz que apoiem e reflitam os valores pessoais dela (e os seus).

4. Elabore planos definidos para seguir o exemplo desta pessoa! Escreva as coisas que pode fazer e quando pode realizá-las de modo realista. Use o formulário em branco da Tabela 18-2, mais adiante neste capítulo, para ajudá-lo a organizar seus pensamentos. Não esqueça das pequenas coisas do cotidiano, que podem realmente ter um impacto positivo em sua vida e na dos outros.

CUIDADO

A finalidade disso é ajudar você a se lembrar e reconhecer o que é mais importante para *você*. Ninguém tem o monopólio sobre os valores, sendo assim, compartilhá-los é uma parte natural e normal da vida. Apenas tome cuidado para não adotar inconscientemente os valores de outras pessoas, pois a falta de confiança leva você a acreditar que suas visões e opiniões não são confiáveis. Permita que os outros o inspirem, mas identifique seus próprios valores.

Refletindo seus valores em suas ações

Identificar seus valores não é tão simples. Mas você pode se ajudar a ser mais consciente dos seus valores, fazendo algumas perguntas a si mesmo. Pense no exemplo a seguir:

Callum luta com a ansiedade social há cinco anos (para saber mais sobre isso, veja o Capítulo 9). Embora tenha sido uma criança tímida e sensível, a ansiedade de Callum sobre o que os outros podem pensar dele surgiu na adolescência. Esta é uma época comum para as pessoas desenvolverem a ansiedade social. Callum passou tantos anos se preocupando, lutando para impressionar os outros, adivinhando e tentando influenciar a opinião dos outros sobre ele que não se lembra mais do que *realmente* pensa sobre *si mesmo*.

Como muitas que pessoas lutam contra a baixa autoestima e o medo extremo de ser julgado de modo negativo pelas outras pessoas, Callum consistentemente acredita que "os outros sabem mais do que eu" e "minhas opiniões não têm muito valor". Como resultado deste modo de pensar, os valores, interesses e opiniões de Callum têm sido seriamente negligenciados. Felizmente, ele conseguiu usar a TCC para sair da armadilha da ansiedade social.

Veja algumas perguntas que Callum se fez para se ajudar a reconhecer seus valores, opiniões e interesses esquecidos:

» Quais eram meus interesses antes que a ansiedade social assumisse o controle dos meus pensamentos?

Eu costumava gostar de mecânica e de carros antigos. Também gostava muito de filmes de ficção científica e romances. Eu ainda tenho interesse nestas áreas hoje.

» Se eu deixar as opiniões dos outros de lado, quais podem ser alguns dos meus principais lemas pessoais?

Eu acredito em viver de maneira socialmente responsável, que acrescente algo na comunidade em que vivo.

Eu acredito em "trabalhar para viver" em vez de "viver para trabalhar".

Eu acredito em defender os direitos dos menos privilegiados, grupos vulneráveis como idosos, pessoas com deficiência, aqueles que vivem na pobreza e os animais.

» Quais atividades e causas me apaixonam?

Apoiar ações de caridade que buscam melhorar as condições de vida das crianças e dos idosos.

Ser um tutor de animais responsável.

Apoiar o cultivo sustentável e reduzir as emissões de CO_2.

Viajar e curtir a natureza. Ler e aprender por prazer.

Ser sempre educado e amigável com os outros.

DICA Seja ansiedade social, baixa autoestima geral, depressão ou outro problema a causa do "esquecimento" dos seus valores, você pode se fazer as mesmas perguntas de Callum para si mesmo.

Uma vez que estiver familiarizado com seus valores essenciais, honrá-los por meio de ações deliberadas e persistentes passa a fazer sentido. E isso provavelmente melhorará sua alegria geral e proporcionará uma sensação de viver sua vida plenamente. Para transformar suas boas intenções em ações, faça um planejamento.

Callum fez alguns planos para viver em mais consonância com seus valores. Ele identificou diversas ações que refletem seus princípios e interesses e programou horários claros para colocá-los em prática, como mostrado na Tabela 18-1.

TABELA 18-1 Formulário de Comportamentos Fundamentados em Valores de Callum

Valor	Atividade Relacionada	Frequência
Trabalhar para viver	Tirar tempo de folga regularmente	Sair de férias no começo de cada ano
Ser um tutor de animais	Levar meu cão para longas caminhadas	Três vezes por semana
Ajudar grupos vulneráveis	Doar para obras de caridade	Mensalmente
Reduzir as emissões de CO_2	Caminhar para o trabalho	Diariamente
Ser educado com os outros	Dizer "obrigado" e sorrir para quem eu encontrar	Diariamente
Ler e aprender por prazer	Ler romances	Duas vezes por semana

EXPERIMENTE Use o formulário em branco apresentado na Tabela 18-2 para programar suas atividades fundamentadas em valores.

TABELA 18-2 Meu Formulário Fundamentado em Valores

Valor	Atividade Relacionada	Frequência

LEMBRE-SE Querer ser aceito e se sentir parte de um amplo grupo social é da natureza humana. Entretanto, lembre-se que, apesar de os pensamentos e visões das pessoas ao seu redor serem importantes, eles não são mais importantes que você. Do mesmo modo, não é necessário basear sua autoimagem exclusivamente no que os outros pensam sobre você.

Você pode rejeitar os julgamentos das outras pessoas, total ou parcialmente, ou aceitá-los se achar que estão corretos. No fim das contas, é você quem melhor se conhece.

Mantendo o foco no que é mais importante

Desencavar seus valores básicos pode ajudar a lhe lembrar o que em sua vida é mais importante para você no dia a dia. Às vezes, as pressões da vida moderna podem distorcer sua ideia sobre o que importa. Por exemplo, comparecer a uma reunião de trabalho pode parecer mais importante do que ir à peça da escola do seu sobrinho. Entretanto, mais tarde, quando ele lhe contar todo empolgado como conseguiu lembrar de todas as falas, você pode se arrepender de ter colocado seu trabalho em primeiro lugar.

Nem sempre é possível fazer aquilo que fundamentalmente é mais importante para você sem sofrer consequências indesejadas, é claro. Entretanto, se analisar as coisas mais atentamente, provavelmente encontrará diversas oportunidades de honrar as coisas importantes na sua vida, em vez de reagir cegamente às pressões externas do trabalho, e assim por diante.

Reorganizando prioridades

Conhecer bem seus valores pessoais também ajuda a priorizar suas obrigações diárias de modo mais eficaz. Em geral, suas prioridades serão compatíveis e espelharão seu sistema de valores intrínsecos.

DICA — Reveja seu trabalho nas seções anteriores deste capítulo e crie uma lista numerada de suas prioridades pessoais. Mantenha a lista sempre à mão, para se lembrar qual é o seu ideal de vida.

LEMBRE-SE — As prioridades mudam e se reorganizam de acordo com aquilo que está acontecendo em sua vida. Por exemplo, colocar o trabalho em primeiro lugar (por um tempo) se precisa de dinheiro extra para pagar suas dívidas é normal e construtivo. Ou você pode se esforçar para conseguir um tempinho extra para acompanhar um parente de mais idade durante sua convalescença após uma operação. Lembre-se, porém, que as mudanças de suas prioridades são normalmente temporárias; reorganize-as depois que a crise passar.

> **NESTE CAPÍTULO**
> » Conhecendo os sentimentos que afetam você
> » Tomando uma atitude mais saudável
> » Evitando encurralar-se no caminho da recuperação

Capítulo **19**

Superando os Obstáculos ao Progresso

Os seres humanos têm um modo sofisticado de bloquear seu progresso e sabotar seus objetivos. Talvez você impeça seu progresso sem perceber. Ou talvez você tenha consciência de que está se sabotando com o pensamento negativo. Qualquer que seja o caso, este capítulo explora obstáculos comuns que ficam no caminho da mudança e sugere algumas dicas para superar os bloqueios para o progresso.

Lidando com as Emoções que Dificultam o Caminho da Mudança

Como se não bastasse ter um problema, você pode estar dando uma ajuda extra ao desconforto e ao sofrimento como resultado de alguns significados que atribui aos seus problemas originais. Alguns dos sentimentos que pode experimentar sobre suas emoções primárias, como a vergonha, a culpa ou até mesmo o orgulho, podem resultar na *paralisia do progresso*.

Vergonha mutante

Quando as pessoas sentem vergonha de seus problemas, elas normalmente pensam que seus sintomas são sinais de fraqueza, imperfeição ou defeitos. Se você se sente envergonhado, tem menor probabilidade de buscar ajuda, pois se preocupa que as outras pessoas possam julgá-lo duramente por ter um problema psicológico, como a depressão ou um comportamento aditivo (veja os Capítulos 12 e 10, respectivamente), ou talvez que elas possam pensar que é tolo por ter outros tipos de problemas, como ansiedade ou fobia social. Você pode se preocupar que qualquer pessoa para quem contar seu problema ficará horrorizada com alguns de seus pensamentos ou ações, e rejeitá-lo. Se sofre de Transtorno Obsessivo Compulsivo (TOC), um transtorno que se caracteriza por pensamentos ou ideias desagradáveis e inconvenientes, pode se preocupar que as outras pessoas não o entenderão. Na verdade, todo mundo têm pensamentos intrusivos e desanimadores de vez em quando. No Capítulo 13, falamos sobre alguns pensamentos intrusivos comuns no TOC.

Você pode estar envergonhado demais até mesmo para admitir para si mesmo que tem um problema. Responsabilizar eventos externos ou outras pessoas pelo problema, com frequência é resultado da vergonha. A vergonha é realmente corrosiva à mudança, pois pode ter os seguintes efeitos:

- » Fazer com que você se isole, o que pode piorar ainda mais seu humor.
- » Levá-lo a negar o problema. E você não pode trabalhar na resolução do problema se não estiver disposto a reconhecer que o problema existe.
- » Fazer com que você culpe outras pessoas e eventos por suas dificuldades, roubando sua força pessoal para a mudança.
- » Fazer com que você superestime seus sintomas como "anormais", "esquisitos" ou "inaceitáveis".
- » Levá-lo a superestimar o grau de rigidez com o qual os outros o julgam por ter um problema.

> » Impedir você de buscar mais informações que possam ajudá-lo a perceber que seu problema não é tão incomum.
> » Impedir você de buscar a ajuda psicológica apropriada ou a medicação correta.

DICA

Lute contra a vergonha recusando-se a esconder seus problemas de si mesmo. Busque informações para fazer com que algumas de suas experiências pareçam um pouco mais normais. Pratique as crenças de autoaceitação como aquelas que destacamos no Capítulo 12. Assuma a responsabilidade pela superação de seus problemas — mas resista a culpar-se por seus sintomas.

Livrando-se da culpa

A *culpa* é uma emoção negativa e nociva, conhecida pelo poder de bloquear a mudança positiva. Você pode pensar certas coisas que provocam culpa, como as seguintes:

» "Estou causando muitas preocupações para a minha família com meus problemas."
» "Outras pessoas no mundo estão muito piores do que eu. Não tenho direito de estar deprimido."
» "Eu deveria ser mais produtivo. Em vez disso, sou apenas um desperdício de espaço."

A culpa sabota suas chances de tomar atitudes produtivas. Pensamentos de culpa, como os dos exemplos acima, podem levá-lo a colocar-se ainda mais para baixo, fazendo, assim, que você se deprima mais. Sua depressão o leva a ver o futuro como perdido e suga sua motivação. (Veja o Capítulo 6 para mais informações sobre emoções negativas nocivas e como elas agem contra você.)

Mesmo que os pensamentos que estejam fazendo você se sentir culpado por sua depressão, ansiedade ou outro problema tenham alguma verdade, tente aceitar-se como alguém que *não está bem*. Por exemplo, a diminuição de sua capacidade de ser produtivo é um efeito colateral de sua depressão, não um indicativo de que você é ruim ou uma pessoa egoísta.

PENSE SOBRE ISTO

A vergonha e a culpa crescem na calada da noite. Esconder dos outros seus problemas, e seus sentimentos *sobre* seus problemas, tende a piorar as coisas com o tempo. Falar sobre suas obsessões, depressão, comportamento aditivo ou outro problema lhe dá a chance de compartilhar seus medos e desconfortos com alguém, que pode ser bem mais compreensivo do que você imagina.

Abandonando o orgulho

Ter orgulho demais pode atrapalhar seu progresso. Algumas vezes, o orgulho é um tipo de estratégia compensatória para os sentimentos de vergonha. Seu orgulho pode protegê-lo da vergonha que você pensa que experimentaria se aceitasse que os métodos de superação que usou até agora não foram ideais. Abaixo estão algumas atitudes comuns baseadas no orgulho que podem estar lhe impedindo de realizar mudanças.

» **"É um absurdo dizer que posso me ajudar — se eu pudesse melhorar por conta própria, teria feito isso há muito tempo!"** Na verdade, as pessoas muito raramente conhecem a melhor maneira de se ajudar a sair de problemas. Com frequência, você precisa ler alguns livros de autoajuda ou aprender sobre algumas técnicas, antes que realmente compreenda como implementar técnicas específicas e porque esses métodos funcionam.

» **"Eu sou uma pessoa inteligente e deveria ser capaz de dar conta dessas coisas sozinho!"** Talvez você *possa* dar conta de se ajudar a superar problemas sem qualquer tipo de ajuda. Mas lembre-se: até mesmo a mais inteligente das pessoas precisa ver especialistas para receber conselhos de tempos em tempos. Por exemplo, você pode ser muito inteligente, mas ainda assim precisa levar seu carro ao mecânico para conserto.

» **"Gostaria de pensar na minha personalidade como forte. Admitir a presença desses problemas passa uma imagem de fraqueza."** Tratar de uma gripe não torna uma pessoa fraca — o mesmo é verdade para depressão ou ansiedade. Por exemplo, recusar-se a procurar tratamento médico para uma ferida infectada é insensatez, não um exemplo de força.

> **DICA** Engula seu orgulho e esteja pronto para buscar conselho e ajuda. Reconhecer e aceitar que você tem um problema e que precisa de aconselhamento para lidar com ele requer força, não fraqueza.

Buscando apoio

Depois de começar a superar sua vergonha, culpa e orgulho, você pode procurar ajuda com seriedade. A ajuda que procura talvez seja por meio da leitura de um livro de autoajuda, como este, procurar um terapeuta, conversar com um amigo (que pode até mesmo ajudá-lo a utilizar este livro) ou procurar algum recurso *online*. Algumas pessoas acham que as técnicas de autoajuda são suficientes. Mas, se você achar que precisa de mais suporte, busque ajuda o quanto antes. Adiar a procura por ajuda profissional quando precisa apenas prolonga seu desconforto. Não espere seu problema avançar até o estágio em que suas relações, situação no trabalho e funcionamento cotidiano começarem a sofrer para então tomar uma ação positiva. (No Capítulo 21, explicamos como buscar ajuda profissional.)

Experimentando um pouco de ternura

A vergonha e a culpa são o mesmo que chutar a si mesmo — chutar para valer — quando já está se sentindo no chão. Chutar alguém na tentativa de reerguer essa pessoa simplesmente não faz sentido.

Você não *escolheu* seus problemas, embora possa aceitar que está preso em um padrão que piora seus problemas. Leve em consideração outros fatores que podem estar contribuindo, ao analisar como seus problemas podem ter começado.

Você pode assumir a responsabilidade pela superação de seus problemas e ser paciente consigo mesmo no processo. Ser atencioso consigo mesmo quando estiver trabalhando duro para melhorar faz sentido, particularmente se considerar que grande parte do esforço envolve fazer você se sentir desconfortável a curto prazo. Certamente você merece dar a si mesmo um pouco de encorajamento durante as experiências comportamentais e de exposição, em vez de acumular autocrítica.

DICA Tente ser seu melhor amigo, em vez de ser seu pior crítico, durante um tempo e veja se isso o ajuda a fazer algum progresso. (Dê uma olhada no Capítulo 14 para ver mais dicas sobre como tratar-se com compaixão.)

COMECE AGORA A EVITAR AS DECEPÇÕES

Muitas pessoas com problemas emocionais esperam meses ou até anos antes de compartilhar seus problemas com alguém. Por exemplo, pessoas com TOC aguentam seus sintomas durante dez anos, em média, antes de procurar ajuda profissional — elas podem até mesmo manter seus problemas escondidos dos amigos e familiares. Pessoas com depressão e outros problemas de ansiedade também podem levar meses ou anos antes de conversar sobre seus problemas com outra pessoa.

A razão mais comum para manter os problemas em segredo é a vergonha. Pensar que você precisa manter as dificuldades como um segredo é algo trágico, pois você acaba sofrendo em silêncio desnecessariamente. Veja a lista de recursos profissionais no Apêndice A. Explorar suas opções *agora* pode fazer com que você entenda que seus sintomas são comuns e que não é preciso ter vergonha. Entre no caminho da recuperação agora para evitar o arrependimento por não ter buscado ajuda antes e para começar a redescobrir a alegria de viver.

Adotando Princípios Positivos que Promovam o Progresso

Algumas das atitudes que você adota provavelmente não lhe farão nenhum bem durante o processo de superação de seus problemas. Felizmente, você pode trocar suas atitudes negativas por crenças alternativas que lhe darão uma mãozinha para subir a escada da recuperação da saúde emocional.

Compreendendo que simples não significa fácil

A maioria dos passos para superar problemas usando a TCC é relativamente simples. A TCC não é física quântica — na verdade, muitos dos princípios e recomendações podem parecer senso comum. Embora a TCC faça sentido, ela não é assim tão comum — se fosse, poucas pessoas estariam sofrendo de problemas emocionais.

Ainda que a TCC seja muito simples, a verdadeira aplicação dos princípios da TCC está longe de ser fácil. Utilizar a TCC para ajudar-se requer muito *esforço* pessoal, *diligência, repetição* e *determinação*.

Como a TCC parece tão simples, algumas pessoas se frustram quando descobrem que não estão melhorando de modo rápido ou fácil, como gostariam. Se quer fazer a TCC funcionar para *você*, assuma a atitude de que melhorar não tem de ser fácil. Vale a pena lutar por sua saúde.

Sendo otimista em relação a melhorar

Um dos grandes obstáculos que o impedem de melhorar é se recusar a acreditar que a mudança é possível. Esteja atento para previsões negativas que você pode estar fazendo em relação à sua habilidade de melhorar. Desafie qualquer pensamento que se assemelhe aos seguintes:

>> "Outras pessoas melhoram, mas elas não são tão problemáticas como eu."

>> "Nunca mudarei — sou assim há muito tempo."

>> "Essa tal de TCC nunca funcionará para alguém inútil como eu."

Se esses pensamentos soarem familiares, veja a seção "Experimentando um pouco de ternura" anteriormente neste capítulo, que trata sobre como ser um pouco mais gentil consigo mesmo. Você encorajaria um amigo a acreditar em tais pensamentos, ou incentivaria ele a contestar esse pensamento? Tente dar a si mesmo o tipo de bom conselho que daria a outra pessoa com seu tipo de problema.

Busque evidências de que você *consegue* realizar mudanças. Lembre-se das outras coisas que fez no passado e que eram difíceis e requeriam grandes esforços para superar. Se você não der uma chance a um novo método de tratamento, poderá *saber* que ele não funciona?

Não caia na armadilha de decidir que seus problemas são tão especiais e incomuns que você não pode ser ajudado por métodos convencionais como a TCC. Às vezes, as pessoas ficam muito defensivas sobre seus problemas emocionais, pois acreditam que eles são parte do que as torna únicas. Você ainda será uma pessoa única depois de se recuperar de seus problemas — será apenas mais feliz. Agarrar-se à ideia de que ninguém pode entender ou lhe ajudar pode ser uma profecia autorealizável. Você talvez se agarre à ideia de que não há nada a ser feito, como modo de se proteger de uma decepção. Assuma o risco de uma eventual decepção para dar chance ao sucesso.

Focando seus objetivos

Se deseja continuar progredindo na recuperação de sua saúde emocional, ocasionalmente precisará renovar seu compromisso com seus objetivos. Se esquecer qual o motivo para tudo isso, pode acabar estagnado no meio do caminho, ou com sentimentos ambivalentes em relação a superar seus problemas. Afinal, estar ansioso, deprimido ou com raiva pode parecer mais fácil que mudar.

Tente sempre estabelecer objetivos dentro de seu alcance, e determine metas a curto prazo ao longo do caminho. Por exemplo, se seu objetivo é deixar de ser recluso e passar a viajar livremente, estabeleça uma meta de ser capaz de ir a uma determinada loja para comprar algo. Você pode então se concentrar nos passos necessários para atingir um objetivo menor específico, antes de passar para os maiores.

Perseverando e repetindo

Com frequência, escutamos as pessoas dizendo que tentaram uma técnica ou experimento uma vez, mas que isso não as fez se sentir melhor. A razão para essa falta de sucesso é que uma única vez raramente é suficiente. Quando você trabalha pela mudança de padrões já arraigados de pensamento e comportamento, provavelmente terá de tentar novas alternativas muitas vezes antes de experimentar alguma mudança benéfica. É necessário se permitir muitas oportunidades para se acostumar com o novo pensamento ou comportamento. Espere também que, no início, as novas maneiras de pensar e se comportar pareçam muito artificiais.

PENSE SOBRE ISTO

Pense em suas crenças centrais e seus velhos comportamentos como respostas automáticas, do mesmo modo que você usa a mão direita para passar batom. Se quebrar seu braço direito, e ficar impossibilitado de usá-lo por um tempo, terá de usar a mão esquerda. Imagine que suas novas crenças e comportamentos saudáveis são representados pela sua mão esquerda. Cada vez que você utiliza suas novas crenças, elas parecem estranhas e não funcionam muito bem. Toda manhã, ao tentar pegar o batom com seu braço direito quebrado, terá que se lembrar de tentar usar a mão esquerda em seu lugar. No início, é difícil conseguir contornar os lábios e em algumas ocasiões acabará com boca de palhaço. Entretanto, com o tempo você vai aprendendo a usar a mão esquerda para se maquiar, até que um belo dia sua reação automática é pegar o batom com a mão esquerda.

As pessoas podem se treinar para usar novos padrões de comportamento o tempo todo. Pense sobre as pessoas que abandonam o fumo ou mudam suas dietas. Mesmo mudar de casa e alterar sua rota para o trabalho são exemplos de treinamento comportamental. Você pode treinar sua maneira de pensar assim como seu comportamento — perseverança e repetição se aplicam a ambos.

Lidando com Pensamentos que Interferem em Suas Tarefas

A técnica "Tic-Toc" é um modo simples, porém eficaz, de desbloquear os caminhos para a mudança. A técnica dá uma mãozinha para que você atinja seus objetivos.

TICs são as *Tarefas Interferidas pelas Cognições*: pensamentos, atitudes e crenças que interferem na maneira com que você progride. Você precisa responder com TOCs — *Tarefas Orientadas por Cognições*, que são alternativas construtivas às TICs. A lista de atitudes negativas (armadilhas) abaixo ajuda a extrair algumas ideias sobre tarefas interferidas por cognições.

Preencha o Formulário Tic-Toc pelos seguintes passos:

1. **Identifique o objetivo ou tarefa em que quer se concentrar.**

2. **Na coluna da esquerda (TICs), liste seus pensamentos, atitudes e crenças que atrapalham seu objetivo.**

3. **Na coluna da direita (TOCs), coloque respostas para cada um dos seus TICs, que irão ajudá-lo a atingir seu objetivo ou tarefa.**

Você pode encontrar um Formulário Tic-Toc em branco no Apêndice B. Utilize-o sempre que perceber que não está perseguindo um objetivo ou realizando uma tarefa. A Tabela 19-1 exibe um exemplo de Formulário Tic-Toc.

TABELA 19-1 **Exemplo de Formulário Tic-Toc**

Objetivo ou tarefa: Arranjar tempo e preencher os formulários de inscrição para a minha universidade.	
Tarefas Interferidas por Cognições (TICs)	Tarefas Orientadas por Cognições (TOCs)
1. Se eu começar, ficarei muito estressado.	1. Fazer isso é uma luta, mas, se eu de um passo por vez, conseguirei.
2. É muito complicado; provavelmente farei errado.	2. Se eu ler o manual cuidadosamente, é provável farei um bom trabalho.
3. Provavelmente serei rejeitado.	3. Eu tenho uma boa chance e realmente me arrependerei se perder o prazo.
4. Não há razão para tentar, eu sempre acabo desistindo.	4. Eu já desisti, mas vou continuar tentando e vou começar já!

DESVIE DAS ARMADILHAS

Ao longo do caminho para melhorar a saúde mental, você certamente encontrará obstáculos. Abaixo estão as razões mais comuns para abandonar os objetivos ou nem começar a persegui-los.

- **Medo da mudança.** Além de sentir-se miserável, você pode ter medo do que acontecerá se tomar medidas para a mudança. Pode ter ficado deprimido ou ansioso por tanto tempo que nem consegue realmente imaginar estar diferente. Talvez algumas das pessoas em sua vida o estejam ajudando a conviver com seus problemas e você tema que, se melhorar, perderá essas pessoas. Contudo, ficar bem lhe dará a chance de construir uma relação mais completa e de criar sua independência.

- **Ter baixa tolerância à frustração.** Quando as coisas esquentam é melhor se afastar, não é? Não! Você pode se sentir tentado a se enfiar na cama, mas acordará todos os dias com os mesmos velhos problemas. A única maneira de aumentar sua tolerância à frustração em todas suas formas é cerrar os dentes e suportá-la. Não importa o quão desconfortável você possa estar enquanto luta para transformar-se, o esforço é quase certamente muito menos doloroso do que continuar mal para o resto da vida.

- **Ser passivo.** Talvez, se esperar o suficiente, alguém fará você ficar melhor! Talvez um milagre aconteça e mude sua vida, ou um botão mágico aparecerá para você apertar! Abracadabra! — e você está melhor. Talvez, mas espere sentado. Assuma a responsabilidade por fazer o trabalho necessário para sentir-se melhor.

(continua)

(continuação)

- **Ter medo de ser controlado.** Algumas pessoas têm um senso muito forte de autonomia e podem ser sensíveis às tentativas dos outros em influenciá-las. Se é uma dessas pessoas, você pode pensar que seu terapeuta, ou alguém próximo a você, esteja tentando tomar o controle ao sugerirem que tente novas estratégias. Tente manter a mente aberta quanto às sugestões dos profissionais e das pessoas que se importam com você. Decidir dar uma chance para as ideias dos outros cabe a você. Ninguém mais realmente pode controlar você ou suas decisões.

- **Ser fatalista.** Talvez seu lema seja: "Esse é meu jeito e como estou destinado a ser para sempre". Convencer-se de que seu humor é governado por forças fora de seu controle, como os elementos químicos, os hormônios, os elementos biológicos, o passado, a fé, ou Deus, significa que você é suscetível a render-se aos seus sintomas. Por que não colocar suas teorias à prova fazendo um esforço verdadeiro para reescrever seu destino supostamente preestabelecido? Você nunca sabe: suas presunções originais podem estar erradas!

- **O amor é o remédio para meus problemas...** Você pode estar convencido de que o amor é o único caminho verdadeiro para a felicidade. Talvez seja incapaz de imaginar que possa ter uma vida satisfatória aprendendo a lidar com seus problemas sozinho. Você pode pensar que continuará infeliz e emocionalmente perturbado até que uma pessoa especial surja em uma carruagem para resgatá-lo deste mundo maluco. O amor é um verdadeiro bônus da existência humana, não há dúvida. Contudo, as relações mais saudáveis são aquelas em que ambos os parceiros são autossuficientes e apreciam a companhia um do outro sem ser excessivamente dependentes.

- **Esperar para sentir-se motivado.** Muitas pessoas cometem o erro de esperar sentirem-se motivadas antes de começar a fazer alguma coisa. O problema em esperar a inspiração, ou motivação, é que você pode esperar tempo demais. Frequentemente, a ação vem antes da motivação. Ao superar um problema, com frequência você precisa fazer um experimento (verifique o Capítulo 4) ou pode manter uma agenda de atividades (veja o Capítulo 12), mesmo que fazer isso seja a última coisa que tenha vontade de fazer. A ação positiva é o melhor remédio para superar os sentimentos de letargia e desânimo.

NESTE CAPÍTULO

» **Cuidando dos frutos de seu trabalho suado**

» **Evitando potenciais recaídas e superando recaídas real**

» **Semeando as sementes de amor (e compaixão)**

Capítulo **20**

Jardinagem Psicológica: Mantendo o que Conquistou com a TCC

Cuidar das mudanças positivas que conseguiu é uma grande parte da ajuda para se manter emocionalmente saudável. Você pode alimentar suas crenças e mudanças comportamentais diariamente. O processo é um pouco semelhante à aguar as plantas para mantê-las vistosas. Quanto maior o cuidado que dedicar a si mesmo, tanto de modo geral quanto específico — por exemplo, praticando novas formas de pensar e agir —, mais você reduz as chances de voltar aos seus antigos modos problemáticos.

Este capítulo fornece dicas e conselhos que podem ajudá-lo a evitar recaídas e lidar com as pequenas derrotas, caso ocorram.

Separando Suas Ervas Daninhas de Suas Flores

Pense na vida como se fosse um jardim. As formas de pensamento e os comportamentos correspondentes nocivos e rígidos, como fuga, rituais, estratégias de segurança, perfeccionismo e necessidade de agradar o tempo todo (só para citar alguns), são as ervas daninhas em seu jardim. As flores consistem em seu pensamento flexível e saudável, como aceitar a si mesmo e aos outros, aceitar as incertezas e permitir-se ser falível; e seus comportamentos saudáveis, como assertividade, comunicação, resolução de problemas e enfrentamento das situações. (Veja os Capítulos 4 e 13 para saber mais sobre exposição e prevenção de reações.)

Nenhum jardim está livre de ervas daninhas o tempo todo. Plantar o que deseja não é suficiente. É necessário aguá-las e alimentá-las continuamente e cortar pela raiz as ervas daninhas, para manter seu jardim saudável. Se você cuidar de seu jardim regularmente, as ervas daninhas não terão chance de se consolidarem, pois lá está você com sua pá de jardineiro, arrancando-as pela raiz ao primeiro sinal de crescimento. Dependendo da força de suas ervas daninhas, você talvez precise utilizar um pouco de herbicida de vez em quando, na forma de medicamentos adequadamente prescritos. Então, *conheça seu jardim*.

Depois de identificar seus comportamentos e tendências inadequadas de pensamento, e de plantar algumas alternativas saudáveis, você pode prestar mais atenção às ervas daninhas que surgirem e ficar de olho na saúde de suas flores.

Pergunte-se as seguintes questões, que podem ajudá-lo a separar suas ervas daninhas de suas flores:

» **Quais são as áreas que eu mais preciso manter ativas para preservar meus ganhos na TCC?** As áreas que você identificar são aquelas em que as ervas daninhas são mais prováveis de enraizar-se primeiro.

» **Quais estratégias da TCC mais me ajudam a superar meus problemas emocionais?** Pense a respeito das novas atitudes que você adotou em relação a si mesmo, ao mundo e às outras pessoas. Essas áreas são as suas flores mais novas e tenras — são os ramos mais delicados, que precisam mais de sua atenção.

» **Quais são as técnicas mais úteis que eu apliquei para superar meus problemas emocionais?** Pense sobre as novas formas de comportamento que adotou (narcisos) e as velhas formas de se comportar que você abandonou (espinhos). Mantenha seus novos comportamentos saudáveis e esteja alerta para não voltar aos seus antigos padrões nocivos de comportamento. Utilize um calendário de atividades para ajudá-lo a realizar rotinas e comportamentos benéficos (pule para o Capítulo 12 para saber mais sobre programação de atividades).

DICA: Anote as respostas às questões anteriores de modo que possa revê-las com frequência para se lembrar onde precisa capinar.

Lidando com as Ervas Daninhas

Esta seção aborda tópicos relacionados às ervas daninhas e oferece algumas sugestões para que você as impeça de tomar conta de seu jardim, prevendo onde é mais provável que elas cresçam e como lidar com aquelas que teimam em voltar.

Arrancando as ervas daninhas pela raiz

Pelo canto do olho você enxerga uma erva daninha surgindo traiçoeira. Você pode ficar tentado a ignorá-la. Talvez ela suma ou enfraqueça e morra sozinha. Infelizmente, as ervas daninhas raramente desaparecem por conta própria. Em vez disso, tendem a se espalhar e sufocar seus brotos de margaridas. Presuma que qualquer erva que você identificar precisa ser destruída imediatamente.

Um motivo comum para ignorar um problema recorrente é a vergonha (sobre a qual falamos no Capítulo 19). Se você sente vergonha por ter problemas recorrentes, pode tentar negá-los, e evitar buscar a ajuda de profissionais ou o apoio de amigos ou da família. Pode ainda ficar menos propenso a realizar um esforço pessoal para rebater o problema da mesma maneira que fez da primeira vez.

LEMBRE-SE: Os obstáculos são uma parte normal do desenvolvimento. Os seres humanos estão sujeitos a problemas emocionais e psicológicos tanto quanto a problemas físicos. Você não precisa sentir mais vergonha de seus problemas psicológicos do que de uma alergia ou uma cardiopatia.

Outra razão comum para as pessoas ignorarem o ressurgimento dos problemas psicológicos é a *catastrofização* ou presumir sempre o pior. (Veja o Capítulo 2 para saber mais sobre erros de pensamento.) Muitas pessoas concluem equivocadamente que as recaídas equivalem a retornar à estaca zero — mas com certeza não precisa ser assim. Pense que um problema resolvido anteriormente tem uma desvantagem fundamental ao retornar. Isso porque dessa vez você conhece seu inimigo. Use o que já sabe sobre reconhecer e reprimir seu antigo jeito de pensar e de se comportar para ajudá-lo a arrancar aquela erva daninha antes que cresça demais.

PENSE SOBRE ISTO: Alguns problemas emocionais e psicológicos são mais teimosos que outros: o transtorno bipolar, por exemplo, e também o Transtorno Obsessivo Compulsivo (TOC) e os transtornos alimentares. Só porque um problema é persistente, não significa que ele tem que tomar o controle ou provocar muita interferência em sua vida. Entretanto, certamente você encontrará novos problemas deste tipo.

Continue com as estratégias de tratamento, mesmo quando seus problemas originais não estiverem mais em evidência: isso ajuda a prevenir as recaídas.

Por exemplo, se você tem um histórico de depressão, pode perceber que as ervas daninhas começam a aparecer quando faz algumas das coisas a seguir:

- Começa a pensar de maneira pessimista em relação ao seu futuro e sua capacidade de lidar com os problemas diários.
- Rumina sobre os erros do passado e sobre o quanto seu humor está ruim.
- Perde o interesse em ver sua família e amigos.
- Tem dificuldade em sair da cama de manhã e quer dormir mais durante o dia, em vez de realizar as tarefas diárias ou fazer exercícios.

Se perceber esses espinhos venenosos surgindo em sua vida florida, tente algumas destas técnicas:

- Conteste sua tendência a pensamentos negativos e lembre-se de que seus pensamentos não são descrições precisas da realidade, mas sim sintomas de sua depressão. (Veja o Capítulo 2 para saber mais sobre erros de pensamento.)
- Interrompa o processo de ruminação utilizando técnicas de tarefas de concentração e de mindfulness. (Explicamos essas técnicas no Capítulo 5.)
- Continue a encontrar sua família e seus amigos, apesar da diminuição no interesse, considerando que isso o faz se sentir melhor e não pior.
- Force-se a sair da cama de manhã e manter sua agenda de atividades. (Dê uma lida no Capítulo 12 para saber mais sobre agenda de atividades.)

Sejam quais forem seus problemas específicos, siga o exemplo anterior: anote suas descrições sobre ervas daninhas previsíveis e algumas soluções herbicidas para ter em mãos.

CUIDADO Não ignore os sinais de que seus problemas estão tentando criar raízes novamente. Fique atento. Mas também confie em sua habilidade de usar as estratégias que funcionaram antes e em sua capacidade de utilizá-las repetidamente sempre que forem necessárias.

Descobrindo onde as ervas daninhas podem aparecer

Para prevenir as recaídas, atente para onde é mais provável que suas ervas daninhas criem raízes.

A maioria das pessoas, independentemente de seus problemas específicos, percebe ser mais vulnerável a recaídas quando está sob estresse. Se você está excessivamente cansado ou em um ambiente altamente estressante, como quando há prazos finais no trabalho, preocupações financeiras, privações ou dificuldades familiares ou de relacionamentos, pode ficar mais suscetível às doenças físicas, como resfriados, gripes e episódios de eczemas. Problemas psicológicos não são diferentes dos físicos neste aspecto: eles chegam quando estamos esgotados e para baixo.

Você pode perceber que alguns problemas, como o TOC, a ansiedade e a depressão, são mais evidentes quando está se recuperando de uma doença física. Reconhecer essas experiências humanas comuns pode ajudá-lo a combater qualquer vergonha que possa sentir e a não tratar a volta de seus sintomas como o fim do mundo.

Compile uma lista de situações e fatores ambientais mais prováveis de criar espaço para suas ervas daninhas se tornarem plantas carnívoras. Por exemplo, você pode ser capaz de identificar os *gatilhos ambientais* para sua depressão, como os seguintes:

- Mudanças sazonais, especialmente durante o outono, quando os dias ficam mais curtos e o clima mais frio.
- Privações de sono por causa de compromissos de trabalho, filhos, doença ou outra razão.
- Falta de exercício ou atividade física.
- Acúmulo dos aborrecimentos do dia a dia, como o aquecedor quebrar na mesma semana em que a máquina de lavar explodiu e umas contas extras chegaram.
- Redução das oportunidades de interação social positiva com amigos e familiares.

Você também pode identificar *gatilhos interpessoais* para sua depressão, como estes a seguir:

- Parceiro cansado e irritadiço.
- Atritos com seu parceiro, filhos, pais ou outros familiares.
- No trabalho, um chefe crítico e exigente demais.
- Desentendimentos com seus colegas de trabalho.

Faça uma lista de situações de alto risco para você, incluindo aquelas que são mais suscetíveis de acender suas crenças negativas centrais (explicamos as crenças centrais no Capítulo 16), e as situações que o colocam sob tensão. Criar essa lista ajuda a ter uma ideia clara de quando você está mais vulnerável a recair e a identificar que solo psicológico é mais fértil para o crescimento das ervas daninhas.

Lidando com as ervas daninhas recorrentes

Algumas ervas parecem estar sempre voltando. Você pode pensar que se livrou delas, mas, quando abre a porta do jardim, vê uma cena igual à de *A pequena loja dos horrores* ("Alimente-me, Seymour!").

Algumas crenças nocivas são mais difíceis de derrotar do que outras. *Crenças centrais* (veja o Capítulo 16) são, tipicamente, aquelas que você considerou como verdadeiras durante muito tempo — até mesmo durante a maior parte da vida. Essas crenças continuarão tentando fincar raízes e podem ser particularmente resistentes às suas tentativas de erradicá-las. Determinados comportamentos nocivos, como as adições e os rituais associados aos transtornos alimentares ou TOC, por exemplo, podem ser bastante teimosos.

A melhor maneira de lidar com essas ervas daninhas recorrentes é não se tornar complacente. Continue reforçando suas crenças alternativas. Mantenha suas atividades que preenchem as lacunas deixadas por suas adições ou preocupações. Continue suas atividades de exposição e de prevenção de reações (veja o Capítulo 13) para combater seu TOC. Acredite que, com o tempo e com persistência, suas novas maneiras de pensar e agir se fortalecerão.

Você está inconscientemente alimentando suas ervas daninhas? A fuga é um dos principais fertilizantes para ervas daninhas. Você pode ter desenvolvido uma crença positiva, como a de que: "Eu quero ser apreciado pelas pessoas, mas eu não preciso ser. Não ser apreciado por algumas pessoas não significa que eu não sou apreciável". E, ainda assim, se você evita situações sociais, a autoexpressão e o enfrentamento, estará dando à sua antiga crença de que "Eu devo ser apreciado por todos ou isso significa que não sou uma pessoa apreciável!" a chance para germinar.

DICA

Verifique suas razões de evitar certas situações e experiências. Você deixa de ir a uma festa porque não quer ou porque deseja evitar a possibilidade de outros o julgarem negativamente de alguma forma? Está deixando de visitar uma fazenda por que ela não lhe interessa ou porque quer evitar ser contaminado por pesticidas?

Quando encontrar uma erva daninha recorrente e teimosa em seu jardim, arranque-a pela raiz. Você pode erradicá-las tirando por completo a raiz, *e* os ramos do solo. Tente não fazer meios esforços ao confrontar seu pensamento danoso.

Oponha-se aos seus erros de pensamento (Capítulo 2) e force-se a enfrentar situações desafiadoras usando suas estratégias de enfrentamento saudáveis (abordamos os erros de pensamento no Capítulo 2, e falamos sobre estratégias de enfrentamento nos Capítulos 4, 13 e 16).

Cuidando de Suas Flores

Saber em que momento você está mais suscetível ao ressurgimento dos sintomas de seus problemas originais é uma coisa. Mas saber como descobrir os problemas e prevenir que as ervas daninhas cresçam novamente, é outra.

LEMBRE-SE

As técnicas, os exercícios comportamentais e os experimentos que o ajudaram a superar seus problemas da primeira vez provavelmente funcionarão de novo. Então, volte ao princípio. Continue enfrentando seu pensamento negativo e seus erros de pensamento. Continue se expondo às situações temidas. Se sua vida está conturbada por causa de situações inevitáveis, como uma mudança, dificuldades no trabalho ou problema de saúde, tente manter sua rotina o mais normal possível.

Acima de tudo, mesmo quando as coisas estiverem indo bem, regue suas plantas! A *irrigação psicológica* envolve prosseguir com seus novos modos de pensar e de se comportar, ao se permitir muitas oportunidades para praticar e testar consistentemente suas novas formas de vida. Conforme mencionamos no Capítulo 16, crenças alternativas saudáveis levam tempo para se tornarem habituais. Seja paciente consigo mesmo e continue fazendo coisas saudáveis, mesmo quando você estiver livre dos sintomas.

Desenvolver um plano para os tempos de crise também é uma boa ideia. Eis alguns exemplos do que você pode desejar incluir em seu plano, no caso de uma eventual recaída:

» Pense em ver seu clínico geral ou psiquiatra para determinar se você precisa fazer uso de medicação por algum tempo.

» Fale sobre seus sentimentos com alguém em quem você confie. Escolha uma pessoa em quem possa confiar ser solidária. Busque a ajuda de um profissional se conversar com um amigo ou familiar não for suficiente.

» Reveja seus esforços de práticas em TCC e reutilize os exercícios que foram mais eficientes.

» Mantenha seu estilo de vida saudável e ativo.

Plantando novas variedades

Extrair uma erva daninha (crenças e comportamentos nocivos) é importante, mas você também precisa plantar uma flor (crenças e pensamentos saudáveis) em seu lugar. Por exemplo, se perceber que uma antiga crença como "eu tenho de obter a aprovação de meu chefe, do contrário provarei que não tenho valor" está voltando, confronte essa crença com argumentos sobre a lógica, a utilidade e a verdade presentes nela. (O Capítulo 16 fala mais sobre confrontar crenças negativas).

Você também precisa plantar um pensamento saudável, como "eu quero a aprovação de meu chefe, mas não tenho de obtê-la para provar que tenho valor". Fortaleça as novas crenças reunindo argumentos relativos à lógica, utilidade e verdade dessa crença saudável alternativa.

Para fortalecer ainda mais novos pensamentos e comportamentos, você pode prevenir situações que sabe que tendem a disparar seus antigos pensamentos nocivos, e trabalhar para endossar e agir de acordo com suas novas crenças. Por exemplo, procurar deliberadamente o retorno de seu chefe sobre uma tarefa que sabe que não deu o seu melhor. Resista aos seus antigos comportamentos que surgem das crenças nocivas de que "você deve obter a aprovação de seu chefe", como desculpar-se demais ou arranjar justificativas. Em vez disso, aceite o fato de ter produzido um trabalho não tão bom e preste atenção nas críticas construtivas. (Veja o Capítulo 14 para saber mais sobre a autoaceitação, e verifique o Capítulo 16 para ver mais técnicas de fortalecimento das crenças.)

Você pode extrair as ervas de comportamentos e plantar flores comportamentais em seu lugar. Por exemplo, pode notar que bebe mais álcool nas noites em que seu humor piora, por causa dos dias mais curtos. Você sabe que o começo do inverno o desanima, pois passa mais tempo dentro de casa. Faça a escolha de parar de beber mais do que uma taça de vinho à noite e comece a frequentar aulas de dança ou outra atividade. Você também pode criar uma lista de atividades para serem feitas em locais fechados, as quais o manterão ocupado durante as noites de inverno.

LEMBRE-SE

Plante flores no lugar de ervas daninhas, e cuide dessas flores para mantê-las vistosas. Suas ervas daninhas terão maiores dificuldades para crescer de novo enquanto as flores saudáveis estiverem florescendo.

AS TAREFAS DO JARDINEIRO FELIZ

Eis alguns pontos para ajudá-lo a prevenir e superar recaídas. Utilize esta lista de atividades para impedir que suas flores sejam sufocadas por pragas.

- **Fique calmo.** Lembre-se de que as recaídas são normais. Todos têm seus altos e baixos.
- **Faça uso das recaídas.** Elas podem mostrar a você as coisas que o fazem se sentir pior e também aquilo que pode fazer para dar um jeito nessa situação. Procure medidas preventivas que tenha utilizado para melhorar, mas que deixou de lado quando seus sintomas reduziram.
- **Identifique os gatilhos.** Uma recaída pode fornecer informações extras sobre suas áreas vulneráveis. Use essa informação para planejar como lidar com as recaídas previsíveis no futuro.
- **Use o que você aprendeu com a TCC.** Algumas vezes você pensa que uma recaída significa que nunca se recuperará completamente, ou que a TCC não funcionou. Mas, se suas atitudes funcionaram uma vez, as chances são de que funcionem de novo. Continue com elas; você não tem nada a perder se continuar.
- **Coloque as coisas em perspectiva.** Infelizmente, quanto mais você melhora sua saúde emocional, pior parecerão os problemas em contraste. Reveja seu progresso e tente ver esse contraste de forma positiva — como evidência do quão longe você já chegou.
- **Seja paciente consigo mesmo.** As pessoas frequentemente se desanimam consigo mesmas quando enfrentam um obstáculo. Não é culpa de ninguém. Você pode se ajudar a voltar aos trilhos ao encarar isso como um problema a ser superado, em vez de uma chibata para se autoflagelar.
- **Lembre-se de seus ganhos.** Nada pode tirar aquilo que você ganhou. Mesmo se seus ganhos parecerem ter desaparecido, eles podem voltar. Você pode agir para que isso aconteça mais rapidamente.
- **Encare seus medos.** Não se permita evitar nada que dispare sua recaída. Você pode preparar exercícios futuros de exposição (veja os Capítulos 13 e 17), para auxiliá-lo a lidar com os gatilhos de maneira mais efetiva na próxima vez que acontecer.
- **Defina objetivos realistas.** Ocasionalmente, você pode experimentar uma recaída por dar um passo maior do que a perna. Mantenha seus exercícios desafiadores, mas não exagerados. Divida grandes objetivos em objetivos menores.
- **Aguente!** Mesmo que você não seja capaz de superar uma recaída imediatamente, não desista. Com tempo e esforço, você pode sair dela. Não hesite em obter a ajuda necessária com amigos e profissionais, se entender necessário. Lembre-se de tempos passados, quando se sentiu desesperado e desanimado como agora. Lembre-se de como saiu do fundo do poço — e use a mesma estratégia novamente.

Boa jardinagem!

Sendo um jardineiro dedicado

O que fazer se suas preciosas plantas não estão tão bem? Se perceber que sua roseira premiada murchou, você a priva de água e alimento ou tenta tratar do problema? É melhor não abusar ou negligenciar as plantas de seu jardim quando não estiverem florescendo, pois, se fizer isso, elas podem murchar ainda mais. Você provavelmente não culpa a planta por sua enfermidade, então por que se culparia pela recaída?

Sim, assuma a responsabilidade por qualquer coisa que possa estar fazendo para se sabotar. E sim, aceite a responsabilidade por assumir o comando daquilo que pensa e, ao fim, por realizar sua própria recuperação. Porém, também tenha uma visão compreensiva de si mesmo e de seus problemas. Algumas de suas tendências nocivas podem se enraizar em parte por causa de experiências da infância e da vida adulta. Outras podem ter algum fundo biológico. Algumas de suas dificuldades podem ter nascido de um trauma. Você não é o único a ter problemas. Você é parte da raça humana e não há razão para exigir mais de si mesmo do que dos outros, no que diz respeito a manter a saúde emocional.

Se você empregar uma visão compreensiva e responsável das recaídas, será muito mais capaz de se ajudar a ficar bem de novo.

DICA

Você sabia que dizem que falar com as plantas as faz crescer? Bem, pode soar um pouco estranho, mas talvez tenha um fundo de verdade. Tente imaginar-se como um pequeno vaso de planta no beiral da janela da cozinha. Converse consigo mesmo de maneira encorajadora e amável, quando se der conta que suas folhas estão murchando. Forneça a si mesmo os tipos de mensagens que o alimentam, em vez daquelas que o destroem.

COMO ESTÁ O CRESCIMENTO DE SEU JARDIM?

Pesquisas indicam que a TCC tem uma taxa de prevenção de recaídas maior do que a da medicação sozinha ou combinada com outros tipos de terapia. Essa diferença pode ser porque a TCC o encoraja a tornar-se seu próprio terapeuta. Realizar exercícios comportamentais ou escritos parece ajudar as pessoas a continuar bem por mais tempo. Tente continuar a ser um jardineiro ativo por toda a vida. Deixados por conta, a maioria dos jardins é tomada por ervas daninhas. Pense na manutenção da saúde de seu jardim psicológico como um projeto permanente.

> **NESTE CAPÍTULO**
>
> » Decidindo trabalhar com um terapeuta cognitivo-comportamental
>
> » Extraindo o máximo de seu terapeuta cognitivo-comportamental
>
> » Identificando as características de um bom terapeuta cognitivo-comportamental

Capítulo **21**

Trabalhando com Profissionais

A TCC ganhou popularidade nos últimos anos, em parte devido às pesquisas que demonstram que ela é um tratamento eficaz para muitos problemas psicológicos. Este tipo de terapia está se tornando cada vez mais o tratamento escolhido para problemas de saúde mental. Médicos e psiquiatras nunca recomendaram tanto a TCC para seus pacientes. No Reino Unido, mais verbas governamentais têm sido alocadas para a formação de terapeutas cognitivo-comportamentais, para atender à crescente demanda. Atualmente, você pode ter acesso ao tratamento TCC por meio de livros, da internet, em sessões em grupo ou individuais (o Apêndice A lista páginas da web e organizações que você pode contatar). Este capítulo lhe ajuda a determinar como buscar ajuda adicional, como selecionar um terapeuta cognitivo-comportamental e como extrair o máximo de seu tratamento.

Procurando Ajuda Profissional

As informações neste livro podem ser tudo o que precisa para superar seus problemas emocionais. Ou você pode considerar verificar alguns outros livros que recomendamos no Capítulo 25, os quais podem lhe dar muito mais aconselhamento em problemas específicos.

Além da autoajuda, você pode decidir que quer ou precisa de ajuda adicional de um terapeuta qualificado para lidar com suas dificuldades. Se você tem problemas graves ou difíceis de superar, seu médico pode também prescrever medicação ou encaminhá-lo a um psiquiatra para uma avaliação mais específica de seus problemas. Os psiquiatras normalmente o encaminham a um psicoterapeuta qualificado, para tratar seus problemas específicos. Seu clínico geral pode também sugerir um terapeuta, mesmo que você tenha ou não sido encaminhado a um psiquiatra.

LEMBRE-SE

Os métodos de autoajuda, como livros iguais a este, têm as vantagens de custar pouco e serem de fácil acesso — até mesmo no meio da noite e durante os feriados — e fornecerem conselhos por um longo período. Talvez o mais importante, quando utiliza um livro de autoajuda, é saber que a pessoa que está realizando mudanças em sua vida é *você*. Um bom livro de autoajuda pode ser inestimável até mesmo se você também está procurando ajuda profissional. Na verdade, a maioria dos terapeutas cognitivo-comportamentais recomenda um livro ou dois durante o tratamento. O seu terapeuta pode colaborar com você utilizando um livro de sua escolha — como este — como recurso. Alternativamente, pergunte ao seu terapeuta se ele tem alguma sugestão de material que você possa ler para ajudá-lo a obter o máximo de seu tratamento.

Pergunte-se as seguintes questões para determinar se *agora* é a hora certa para buscar ajuda profissional:

» **Quão sérios são seus problemas atuais?** Por exemplo, se você tem uma grave depressão ou sente que não aguenta mais, buscar a ajuda de um especialista é altamente recomendável, pois você pode estar doente demais para conseguir extrair todo o benefício das técnicas de autoajuda. Por "sérios" queremos dizer que seu problema está interferindo de maneira significativa em suas relações, em sua capacidade de trabalhar ou de levar um dia normal de atividades. Se experimentou sintomas ininterruptos durante mais de dois meses, ou percebeu que seus sintomas voltam com mais frequência, você deve procurar ajuda profissional.

» **Você tentou métodos de autoajuda de maneira contínua e sistemática durante pelo menos duas (e preferencialmente seis) semanas?** Se você sente que está fazendo algum progresso em seus problemas, pode não precisar trabalhar com um profissional agora. Contudo, se não está satisfeito com a velocidade de seu progresso e continua se sentindo mal a maior parte do tempo, então sessões estruturadas de terapia podem ajudá-lo.

DICA

Verifique por quanto tempo você precisa esperar pelo atendimento público em seu país. Colocar seu nome na lista de espera o mais rápido possível, em vez de esperar muito, é um bom plano quando não há muitos locais de atendimento em sua região.

» **Seus problemas interferem em sua habilidade de se concentrar e utilizar o material de autoajuda?** Se sim, um terapeuta poderá ser capaz de ajudá-lo a digerir as informações e as técnicas em um ritmo que você possa acompanhar.

» **Você vê sentido nos princípios de autoajuda, mas tem problemas para aplicá-los em sua vida?** A maioria dos terapeutas é muito mais experiente do que você em aplicar os princípios psicológicos aos tipos específicos de problemas. Eles podem sugerir outras maneiras para ajudá-lo a progredir e guiá-lo no melhor uso das técnicas terapêuticas descritas nos livros de autoajuda.

» **Você atingiu um obstáculo ou um ponto de estagnação em seu programa de autoajuda, de modo que não consegue superar sozinho?** Ao trabalhar com um terapeuta treinado e experiente, você pode desenvolver a habilidade de transpor as barreiras e retomar o progresso no seu tratamento. Um terapeuta pode, com frequência, dar sugestões que você não tenha tentado, o que serve como um motivador para colocar em andamento seu tratamento novamente.

» **Você está pronto para compartilhar seus problemas com outros e se unir a essa pessoa para atingir os objetivos compartilhados da terapia?** A terapia é um esforço em grupo. Os terapeutas não o "consertam". Seu tratamento ainda precisa de muitas atitudes suas.

Pensando sobre a terapia certa para você

LEMBRE-SE

Médicos e psicólogos frequentemente recomendam a TCC porque pesquisas evidenciam sua eficácia (veja o Capítulo 1). Especialmente:

» A TCC é uma abordagem ativa de resolução de problemas, que pode ajudá-lo a desenvolver habilidades e capacitá-lo a ser seu próprio terapeuta.

» A TCC concentra-se no presente, enquanto muitos terapeutas focam sua história pessoal. Na TCC, você utiliza suas experiências da infância para ajudar a si mesmo e a seu terapeuta a compreender como você desenvolveu as crenças e formas específicas de comportamento. Contudo, o foco está em seus problemas *atuais* e nas maneiras como seu pensamento e ação perpetuam seus problemas.

» A TCC enfatiza uma relação colaborativa na terapia. Os terapeutas cognitivo-comportamentais podem ajudá-lo a construir suas habilidades e eles provavelmente esperam que você realize suas tarefas entre as sessões.

Diversos novos ramos de tratamento da TCC estão se desenvolvendo nos princípios essenciais descritos anteriormente, mas incorporando também algumas novas ideias. Alguns deles incluem:

» **Terapia Focada em Esquemas:** Frequentemente usada para ajudar as pessoas a lidarem com problemas de personalidade que as impedem de construírem relacionamentos saudáveis.

» **TCC baseada em mindfulness:** Esta terapia combina princípios da TCC com ideias originadas no Budismo. Foi provada eficaz no tratamento da depressão e problemas de ansiedade.

» **Terapia de Aceitação e Compromisso (ACT):** Este tratamento tem se mostrado eficaz para a depressão. Ele se concentra na autoaceitação e na compaixão na superação de seus problemas. (Para mais sobre ACT, veja o Capítulo 12).

» **Hipnoterapia com TCC:** Esta terapia intensifica a TCC com a hipnose. A auto-hipnose pode ser aprendida e pode ser particularmente útil para pessoas que sofrem de traumas, fobias ou transtornos gerais de ansiedade.

CUIDADO

Assim como com qualquer outro tipo de terapia, pesquise sobre o tratamento antes de se submeter a ele. Certifique-se de encontrar um profissional certificado e qualificado.

Além da TCC, você pode se deparar com dezenas de outras abordagens terapêuticas ao investigar suas opções de tratamento. Algumas das psicoterapias mais comuns praticadas atualmente incluem as seguintes:

» **Análise transacional:** Foca relações internas entre os aspectos parentais, adultos e infantis da personalidade humana.

» **Abordagem centrada na pessoa:** Enfatiza o terapeuta demonstrando confiança, empatia e honestidade em relação ao cliente, mas sem direcioná-lo.

» **Terapia psicodinâmica:** O foco está no cliente expressar sentimentos originados de experiências anteriores, conforme esses sentimentos surjam durante as sessões.

» **Terapia sistêmica:** Comumente utilizada com famílias e casais, ela enfatiza a ideia de que os problemas são produtos de um sistema defeituoso, por exemplo, uma família ou um relacionamento.

» **Terapia Interpessoal (TIP):** Foca mudanças em papéis da vida, tristeza e conflitos entre os parceiros amorosos. A TIP é outro tratamento comprovado contra a depressão e alguns transtornos alimentares.

Conhecendo os especialistas

Muitos profissionais da saúde mental são capazes de oferecer conselhos genéricos e suporte. Se você quer especificamente a TCC, não hesite em dizer. Muitos psiquiatras, psicólogos e enfermeiros têm algum treinamento em TCC, mas verifique a extensão de seu conhecimento e experiência. Idealmente, escolha alguém que possua treinamento especializado em TCC. Por *treinamento especializado* entenda que o terapeuta tenha obtido uma graduação, diploma ou título de mestre em TCC, em uma universidade ou instituto de treinamento reconhecido.

Pergunte ao seu terapeuta se ele é autorizado pelo Conselho Regional de Psicologia (os detalhes dos contatos com as organizações oficiais estão listados no Apêndice A). Você também pode pedir para seu terapeuta contar onde e quando ele estudou, e se você ainda estiver cético, pode conferir essas informações nos registros oficiais dos estabelecimentos educacionais. Alguns terapeutas têm seus certificados, que delimitam suas qualificações, bem à mostra. Se você recebeu, de um psiquiatra, referências para um terapeuta, o psiquiatra pode ser capaz de fornecer mais detalhes sobre as credenciais do profissional indicado, ou de verificar as informações que o terapeuta lhe forneceu.

No caso de sentir-se um pouco desorientado com a quantidade de diferentes profissionais oferecendo ajuda, eis uma pequena classificação deles:

- » *Psiquiatras* são médicos que se especializam em problemas psicológicos. Eles podem prescrever medicação e são normalmente mais conhecedores das drogas utilizadas para tratar doenças psiquiátricas do que os médicos em geral. Nem todos os psiquiatras são treinados em TCC, embora muitos possam encaminhá-lo a um terapeuta cognitivo-comportamental que conheçam.
- » *Psicólogos Clínicos* normalmente estudam uma ampla variedade de terapias e têm treinamento básico na aplicação de princípios terapêuticos para problemas específicos. Muitos podem oferecer TCC, mas podem não ter treinamento especializado.
- » *Psicólogos de Aconselhamento* foram treinados em aconselhamento básico e diferentes tipos de psicoterapia. Assim como o psicólogo clínico, a maior parte dos psicólogos de aconselhamento não possui treinamento especializado em TCC, mas eles podem oferecê-lo como parte das técnicas que usam.
- » *Enfermeiros terapeutas* são originalmente treinados em enfermagem psiquiátrica. Eles têm uma compreensão mais profunda dos processos e desordens psicológicas do que os enfermeiros comuns. Os enfermeiros psiquiátricos no Reino Unido podem ter passado por maiores treinamentos para se especializar em TCC.

» *Conselheiros* são tipicamente treinados nas técnicas de ouvir e ajudar. Podem ter um diploma em aconselhamento básico, ou serem mais especializados em certos problemas, como a dependência química. Eles nem sempre têm graduação em psicologia, ou um profundo conhecimento dos problemas psicológicos. Frequentemente, os conselheiros não são especializados em uma orientação psicoterapêutica específica, como a TCC.

» Os *psicoterapeutas* normalmente se especializaram em uma escola específica de terapia, a TCC, por exemplo, ou terapia centrada na pessoa. O nível de treinamento e de experiência, contudo, pode variar muito.

LEMBRE-SE

Você tem o direito de perguntar ao seu terapeuta ou outro profissional de saúde mental (como terapeutas ocupacionais) quanta experiência ele possui na utilização da TCC, e qual o nível de seu treinamento. Você também pode perguntar quanta experiência ele detém em lidar com o seu problema específico, como a depressão, síndrome do pânico ou Transtorno Obsessivo Compulsivo (TOC). Se você não estiver satisfeito com as respostas que recebeu, pense mais a respeito. Na maioria dos casos, você pode pedir para ser encaminhado para outro terapeuta, seja por meio de seu clínico geral ou psiquiatra.

Buscando o Terapeuta em TCC Certo para Você

Depois de decidir buscar especificamente um terapeuta com treinamento em TCC, você deve ter um desconcertante número de perguntas a fazer para si mesmo e aos seus potenciais terapeutas. Esta seção se presta a ajudá-lo a começar a responder essas questões.

Fazendo as perguntas certas para si mesmo

Encontrar o profissional adequado dentro de uma vasta gama de terapeutas cognitivo-comportamentais pode ser uma visão desanimadora. Você pode sentir que ainda precisa descobrir muita coisa sobre o assunto, mas não sabe como conseguir a informação que deseja.

Para ajudar a localizar e selecionar o melhor terapeuta cognitivo-comportamental para você, considere as seguintes questões:

» **Onde posso encontrar um terapeuta treinado em TCC?** Comece pedindo recomendações de seu médico, psiquiatra ou de seus amigos. Muitos profissionais estão listados no guia telefônico, embora você precise ligar para eles para descobrir mais sobre suas experiências. Além disso, pode pesquisar na internet (veja o Apêndice A) para encontrar terapeutas credenciados. Os *terapeutas licenciados*, normalmente, alcançam um nível reconhecido de treinamento e experiência. No Brasil, temos a ATC (Associação de Terapias Cognitivas) e a ABPMC (Associação Brasileira de Psicoterapia e Medicina Comportamental).

» **Quanto eu posso pagar?** Os valores das sessões particulares de TCC variam de profissional para profissional, dependendo do local, treinamento e experiência. Em geral, quanto mais experiente e altamente treinado é o terapeuta, mais cara é a sessão. Mas pesquisar pode te ajudar a economizar dinheiro. Alguns profissionais têm um número limitado de sessões a preços baixos, para os que têm dificuldades orçamentárias. No Brasil, as universidades que oferecem cursos de graduação em Psicologia são obrigadas a manter os SPAs (Serviços de Psicologia Aplicada), que estão voltados para atendimentos de baixo custo feitos por estudantes dos últimos períodos dos cursos de Psicologia.

» **Devo preferir um profissional masculino ou feminino?** Quando você estiver selecionando um terapeuta, tente estar de mente aberta em relação ao gênero. Contudo, algumas pessoas, talvez porque tenham problemas de abuso sexual ou de relacionamentos, podem preferir um terapeuta ou uma terapeuta. Se você achar que o gênero de seu terapeuta pode prejudicar sua capacidade de discutir seus problemas abertamente, divida suas preocupações com eles ou com seu médico, que então devem lhe encaminhar para outro profissional.

Você pode também desejar fazer terapia com alguém que tenha o mesmo padrão cultural que você. Pergunte ao seu médico se ele pode recomendar um serviço local que seja capaz de lhe fornecer algum aconselhamento cultural específico.

» **O terapeuta tem a experiência e o treinamento adequados?** Se você tem um problema específico, como ataques de pânico, compulsões ou TOC, deveria procurar um terapeuta com experiência no tratamento de seu transtorno específico. Se encontrar um profissional de que gosta, mas que não possui a experiência em seu problema, pergunte se ele está preparado para descobrir mais sobre seu problema. Se não, busque outro terapeuta.

» **Quantas sessões são necessárias?** Estimar o número de sessões de terapia necessárias é difícil. Em geral, a TCC é mais breve do que a psicanálise ou a terapia psicodinâmica, que tipicamente envolve sessões regulares durante um número de anos. Em geral, a menos que seu problema seja muito específico, como fobia de cobras, sugerimos inicialmente experimentar seis sessões e, então, reavaliar o progresso do tratamento com seu terapeuta.

Uma estimativa comum para a TCC está entre 8 e 20 sessões. Você normalmente começará com sessões semanais e aumentará os intervalos conforme progride. Contudo, para problemas complexos e duradouros, a TCC pode durar dois anos ou mais, com sessões múltiplas por semana. Peça ao seu terapeuta para lhe dar uma vaga noção de quantas sessões ele acredita que sejam necessárias para você após a avaliação inicial de seus problemas.

O terapeuta também pode reavaliar regularmente seu tratamento com você, o que pode ajudá-lo a ter uma noção mais clara de quantas sessões ainda precisa.

No final das contas, só você — e não seu terapeuta — pode determinar quanto tempo permanecerá no tratamento com a TCC.

LEMBRE-SE

» **Posso levar este livro ou outro livro de autoajuda?** Como mencionamos antes, os terapeutas cognitivo-comportamentais frequentemente sugerem material de autoajuda e normalmente podem auxiliá-lo a trabalhar com um livro de autoajuda. Se tem utilizado um livro que considera útil, leve-o consigo em sua primeira sessão. Seu terapeuta talvez já esteja familiarizado com o material; se não, ele talvez esteja preparado para lê-lo.

COMBATENDO SEUS MEDOS DE PROCURAR A AJUDA DE UM ESPECIALISTA

Nós frequentemente comentamos com os outros sobre o quanto nosso trabalho é estranho. Gostamos muito do que fazemos, mas a realidade é que, para a maioria das pessoas, a terapia não é uma experiência familiar. A maioria das pessoas não senta na frente de um estranho e conta tudo a respeito de seus problemas pessoais. Sentir-se apreensivo em relação ao início de uma terapia é algo completamente natural, e você pode ter algumas preocupações comuns sobre buscar auxílio, como os exemplos a seguir:

- **E se trabalhar com um profissional não me ajudar?** O tratamento pode não ter um efeito imediato. Contudo, se você se comprometer a melhorar, o tratamento provavelmente terá pelo menos algum benefício. Ir em busca de ajuda profissional parece um tanto arriscado, mas é provável que você se sinta satisfeito por ter buscado.

- **E se falar sobre meus problemas o tornarem piores?** A boa terapia, e/ou a medicação correta, raramente piora os problemas. Às vezes, você pode sentir um aumento temporário do desconforto enquanto estiver no caminho da recuperação. Discutimos mais sobre isso nos Capítulos 7 e 9.

- **E se eu tiver vergonha demais em contar ao meu terapeuta o que realmente está acontecendo?** Fale ao seu terapeuta caso esteja embaraçado ou com vergonha. Ele poderá ser capaz de tranquilizá-lo, explicando que muitos de seus sentimentos são normais. Você não tem que revelar tudo ao seu terapeuta imediatamente (embora fazer isso seja a maneira mais eficiente), pode levar algum tempo para haver confiança entre vocês.

- **E se o terapeuta pensar que sou louco e desejar me internar no hospital?** Seu terapeuta ou psiquiatra não pensará que você é louco nem irá julgá-lo negativamente por estar perturbado. Ele frequentemente vê pacientes com os seus tipos de problemas. As pessoas são enviadas ao hospital contra sua vontade apenas em circunstâncias extremas... Se você representa algum perigo para si mesmo ou para os outros, se é um suicida ativo ou está se negligenciando intensamente, você pode ser internado em um hospital — mas isso seria para a sua própria segurança, não para puni-lo.

- **E se meu terapeuta passar minhas informações privadas ao serviço social ou ao meu empregador?** A informação que você compartilha com qualquer profissional da área de saúde mental é confidencial e não será repassada aos membros da família, ou patrões, sem seu expresso (normalmente escrito) consentimento. Uma exceção é quando são identificados claros riscos contra você ou outros — incluindo crianças.

  Apenas em circunstâncias extremas, e relativamente raras, os terapeutas pedem que o serviço social avalie o impacto de um problema de saúde mental em relação à família ou filhos do paciente. Em todas as outras circunstâncias que não forem extremas, seu terapeuta pode falar sobre sua intenção de envolver alguma interferência externa.

Se você tem alguma das preocupações acima, conte-as ao seu médico ou terapeuta. Preocupar-se é normal, e qualquer profissional da área de saúde mental com a menor experiência em terapia pode ser atencioso com suas preocupações e desconfortos. Se ele não for atencioso com suas necessidades, considere buscar ajuda de outra pessoa.

Conversando com os especialistas

Procure extrair o máximo de informações em seu contato telefônico inicial com os possíveis terapeutas, perguntando qualquer questão que pensar. Uma vez que tenha marcado um encontro de avaliação com seu terapeuta, talvez você deseje listar algumas coisas que queira discutir durante seu primeiro encontro. Adiante, apresentamos sugestões de questões para perguntar ao seu terapeuta.

DICA

Embora os terapeutas cognitivo-comportamentais possam variar no nível de disposição de discutir pelo telefone antes de sua primeira consulta, as seguintes questões são razoáveis depois de identificar seu terapeuta em potencial:

» Quanto é a consulta (se o terapeuta for um profissional particular)?
» Quanto dura suas sessões?
» Você cobra taxa de cancelamento?

- » Você tem alguma experiência no tratamento de meus tipos específicos de problema?
- » As sessões são fixas em um determinado horário cada semana, ou elas podem variar?
- » Onde você atua? Você tem sala de espera?
- » Posso gravar nossas sessões?

Se você está satisfeito com as respostas que recebeu de seu terapeuta ao telefone, busque respostas para as seguintes questões mais detalhadas durante sua primeira consulta:

- » Você pode explicar sua teoria sobre o que está alimentando meus problemas?
- » Que tipo de coisas você pensa que preciso fazer para superar meus problemas?
- » Quantas sessões você estima que serão necessárias?
- » O que você espera de mim na terapia — e o que eu posso esperar de você?
- » Você pode recomendar alguma leitura ou material de autoajuda para mim?

Extraindo o Máximo da TCC

Então, o que você pode esperar de seu terapeuta cognitivo-comportamental? Como regra geral, muito! Provavelmente, você sentirá que está dando duro tanto durante quanto entre as sessões.

Discutindo assuntos durante as sessões

Quando você visita seu terapeuta, espere extensas discussões bilaterais, bem como alguns questionamentos desafiadores. Os tópicos para colaboração podem incluir os seguintes:

- » **Objetivos do tratamento:** A TCC é focada em objetivos. Seu terapeuta provavelmente perguntará sobre seus objetivos terapêuticos no começo do tratamento. Se suas metas não forem realistas, seu terapeuta pode discuti-las com você

> **Problemas específicos, causas e soluções:** Um terapeuta com habilidade em TCC pode compartilhar suas ideias sobre o que está perpetuando seus problemas, e convidá-lo a trabalhar com ele naquilo que pode ajudá-lo a longo prazo. Você também pode esperar que seu terapeuta converse com você para decidir a estratégia de tratamento, o que provavelmente inclui tarefas para casa.

LEMBRE-SE

Embora você possa, em algumas ocasiões, sentir vergonha ou estranheza diante de seu terapeuta, suas orientações são provenientes de experiência clínica sólida, e ele sabe que alguns exercícios comportamentais, embora desconfortáveis para você a curto prazo, podem lhe beneficiar a longo prazo.

Espere que suas sessões sejam objetivas. Seu terapeuta pode interromper e mudar seu foco, caso você divague e não aborde os verdadeiros problemas que o levaram ao tratamento. Além disso, um bom terapeuta cognitivo-comportamental pode chamar sua atenção, caso comece a evitar trabalhar suas áreas problemáticas.

Acima de tudo, seu terapeuta é um ser humano. Ele não deveria passar a impressão de que se coloca acima de você, ou de ser essencialmente diferente de você simplesmente pelo fato de ele ser o profissional e você o paciente. Os terapeutas mais capacitados reconhecem que são especialistas e possivelmente em problemas psicológicos específicos, mas *você* conhece melhor a *si mesmo*. Portanto, eles podem fazer muitas perguntas sobre suas experiências, pensamentos e sentimentos, em vez de dizer o que você viveu, pensou e sentiu.

Da mesma maneira que espera que seu terapeuta seja aberto e honesto durante as sessões, você pode extrair ainda mais dele sendo sincero sobre suas próprias dúvidas e reservas. Embora a dúvida seja completamente natural, esteja preparado a reconsiderar seus sentimentos relutantes em relação às mudanças.

Mesmo que você saiba intelectualmente que uma nova maneira de pensar ou agir é melhor, ainda pode sentir alguma reserva. Por exemplo, frequentemente vemos clientes que percebem que seu perfeccionismo é altamente tóxico, mas ainda assim temem ter um mau desempenho caso abandonem esse comportamento. Nesses casos, com frequência temos de ajudar essas pessoas a perceberem que ser mais flexível não significa abandonar seus padrões ideais. Você pode lutar pela excelência sem exigir perfeição.

CARACTERÍSTICAS DE UM BOM TERAPEUTA EM TCC

Os profissionais em TCC exibem alguns comportamentos bem previsíveis nas sessões. Você pode utilizar a seguinte lista de atitudes, ações e interações para ajudá-lo a determinar se realmente está recebendo um tratamento em TCC e a avaliar os padrões de seu terapeuta. No geral, bons terapeutas em TCC:

- Ajudam a definir seus problemas e perguntam sobre seus objetivos e expectativas na terapia.
- Explicam um pouco sobre a TCC em sua primeira consulta e o convidam a fazer perguntas.
- Usam escalas e medidas, como um *inventário de depressão* (veja o Capítulo 12), para monitorar seu progresso.
- Avaliam seus problemas tendo como base o modelo da TCC, e explicam esse processo de modo que você possa fazê-lo sozinho no futuro.
- Fazem perguntas para esclarecer seus pensamentos e ajudar você a avaliá-los.
- São ativos nas sessões, instruindo-o sobre a TCC e sua perspectiva sobre seus problemas, levantando questões, anotando dados e fazendo sugestões, de modo a tentar remediar seus problemas.
- Desenvolvem com você exercícios terapêuticos para fazer em casa, entre uma sessão e outra.
- Revisam seus exercícios caseiros. Se você não os realizou, o terapeuta pode discutir os obstáculos que lhe impediram de fazê-los.
- Reveem regularmente seu progresso e reavaliam seus objetivos com você.
- Incentivam o feedback em relação à terapia de modo geral, e ouvem abertamente qualquer crítica construtiva que você fizer.
- Incentivam a verbalizar quaisquer dúvidas, reservas e medos que tenha sobre aspectos de sua terapia.
- Desafiam suas crenças e comportamentos e ajudam a fazer o mesmo por conta própria.
- Encorajam você a ser independente e a ter responsabilidade pessoal pela sua saúde mental.
- Respondem à maioria de suas questões e, caso não possam ou não queiram responder outras, lhe explicam o porquê.
- Encaminham você para outro profissional se for necessária ajuda adicional ou alternativa.
- Recebem supervisão clínica regular (na qual eles têm seu trabalho avaliado ou discutem sobre ele com outros terapeutas) para melhorar sua prática. Não tema perguntar sobre isso: é importante!

Certo, a lista é um pouco longa, mas nós recomendamos consultá-la se você tem alguma dúvida sobre terapeutas cognitivo-comportamentais. Não hesite em levar esta lista ao seu terapeuta e pedir para que ele identifique sua posição em relação a um ou mais desses pontos. Mesmo que você esteja se consultando com um profissional experiente ou qualificado, atitudes e estilos de prática terapêutica podem variar drasticamente. Assim como muitos terapeutas, sempre apreciamos quando os clientes sugerem maneiras com as quais possamos tornar as sessões mais úteis.

Sendo ativo entre as sessões

A TCC é, em parte, educativa, então seu terapeuta pode usar um quadro, caneta e papel e várias formas impressas em seu tratamento. Em algum estágio, seu terapeuta pode lhe passar um Formulário ABC ou uma folha, para registrar pensamentos (o que explicamos no Capítulo 3).

Parte de seu trabalho de casa será escrito e outra parte será comportamental — seja como for, contudo, você pode esperar que seu terapeuta lhe dê uma forte razão para qualquer intervenção que venha a fazer, ou qualquer trabalho caseiro que sugira. Seu terapeuta provavelmente lhe entregará notas e materiais de leitura.

Estar pronto para se dedicar inteiramente à terapia é um ponto-chave para seu sucesso, por isso, se o terapeuta lhe pedir que realize uma tarefa de exposição ou uma experiência comportamental que você não se sinta preparado para realizar, diga e sugira uma alternativa. Você pode desejar abordar qualquer dúvida sobre a terapia utilizando uma análise de custo/benefício: pesando os custos e os benefícios de continuar como é, comparado com tentar novas formas de pensar e se comportar.

Para tornar sua experiência com TCC um sucesso, faça seus exercícios de casa! Descobrimos que a melhor maneira de prever o sucesso é observar se o cliente faz as tarefas da terapia ou não. A TCC envolve o retreinamento de sua atenção, a mudança de padrões de comportamento e a adoção de novos modos de pensar. Isso requer prática e repetição, de forma a quebrar os velhos padrões e substituí-los por novos.

Considere a terapia uma experiência temporária. Dê uma chance aos conselhos de seu terapeuta e veja o que acontece. Você sempre pode voltar às suas velhas maneiras ou tentar uma nova estratégia, caso pense que a terapia não está funcionando.

5
A Parte dos Dez

NESTA PARTE...

Encontre indicadores fundamentais em direção a uma vida otimista e satisfatória e livros para enriquecer sua biblioteca.

Descubra maneiras de aumentar sua autoestima que não funcionam e as alternativas que dão certo.

> **NESTE CAPÍTULO**
>
> » Filosofando racionalmente
> » Assumindo a responsabilidade pelos seus sentimentos
> » Melhorando sua saúde psicológica
> » Permanecendo interessado

Capítulo **22**

Dez Atitudes Saudáveis para Viver

Como já discutimos muitas vezes neste livro, as atitudes que você mantém em relação a si mesmo, às outras pessoas e ao mundo afetam imensamente sua capacidade de responder com sucesso aos eventos negativos da vida. Até mesmo na ausência de circunstâncias incomuns ou difíceis, suas filosofias íntimas influenciam sua experiência geral de vida. Pessoas que mantêm filosofias racionais geralmente são menos propensas a transtornos psicológicos, como a ansiedade e a depressão, e são mais preparadas para resolver problemas.

Este capítulo oferece dez pontos de vista filosóficos racionais que fazem bem para sua saúde psicológica. Leia-os, releia-os, pense a respeito e tente agir de acordo com eles para ver por si mesmo.

Assumindo Responsabilidade Emocional: Você Sente da Forma que Pensa

Coisas ruins ou infelizes, como se separar de um parceiro, ser demitido ou se envolver em um acidente de trânsito, podem acontecer a qualquer um. Você pode, com razão, vivenciar sentimentos negativos em resposta a esses eventos. Sentir tristeza e perturbação extremas diante de infortúnios é completamente compreensível.

Em alguns casos, eventos ruins acontecem sem que você tenha culpa alguma. Em outros, você pode ter alguma responsabilidade pessoal. Não sugerimos que se culpe por cada coisa ruim que atravessa seu caminho. Contudo, tente avaliar cada situação e determinar se realmente tem alguma *responsabilidade legítima* pelo acontecimento, e busque uma solução.

Mesmo que você não seja pessoalmente responsável por um evento negativo, pode ainda assumir a responsabilidade por suas *respostas* emocionais e comportamentais a esse evento. Pessoas que negam sua participação na criação de seus próprios problemas emocionais frente aos eventos negativos não percebem como seus pensamentos e ações podem piorar ainda mais a situação. Elas abdicam de seu poder pessoal para melhorar as coisas ao esperar passivamente para que surja alguém ou algo para fazer isso por elas.

PENSE SOBRE ISTO — Quando você mantém uma atitude de responsabilidade pessoal pelos seus sentimentos e ações, se torna mais capaz de encontrar soluções criativas, e sua crença na habilidade de lidar com a adversidade é fortalecida. Você ganha força ao se concentrar em sua habilidade de influenciar a maneira como se sente, até mesmo quando não consegue controlar os eventos.

Do lado positivo, quando coisas boas acontecem, você também pode avaliar a extensão em que elas são resultado de seus próprios esforços — e receber o crédito devido. Pode apreciar a boa sorte sem sabotar seus sentimentos positivos com preocupações de que sua sorte pode acabar.

Pensamento Flexível

Fazer exigências e emitir comandos — pensar em termos de "tenho de", "devo" e "preciso" — de si mesmo, do mundo a seu redor e das outras pessoas traz um problema fundamental: esses pensamentos limitam sua flexibilidade em se adaptar à realidade. A capacidade humana de se adaptar criativamente àquilo que acontece é uma das marcas do sucesso de nossa espécie. Contudo, humanos são falíveis, e o mundo continua a ser um lugar imperfeito. Insistir que "as coisas deveriam ser deste jeito!" pode deixá-lo irritado, deprimido ou ansioso e muito menos capaz de se focar em como lidar e se adaptar à realidade.

LEMBRE-SE

Embora as circunstâncias pudessem ser *desejáveis, preferíveis*, e até mesmo *melhores* se a situação fosse diferente, elas não *têm* de ser de uma maneira específica. Aceitar a realidade e se esforçar para melhorá-la em aspectos apropriados e possíveis pode ajudá-lo a economizar sua energia para o pensamento e a ação criativa. Veja o Capítulo 2 para saber mais sobre exigências, e o Capítulo 14 para saber mais sobre o desenvolvimento de atitudes realistas em relação a si mesmo.

Dando Valor à Sua Individualidade

Você pode expressar sua individualidade de muitas maneiras, como no modo de se vestir, gostos musicais, opiniões políticas ou escolha de carreira. Ainda assim, talvez você hesite em expressar sua individualidade abertamente devido ao medo da reação dos outros. As pessoas que desenvolvem a habilidade de avaliar suas idiossincrasias e expressá-las de maneira *respeitosa* tendem a ser bem adequadas e satisfeitas. Aceitar que você é um indivíduo e tem direito de viver sua vida, assim como as outras pessoas têm direito de viver a delas, é uma boa receita para a felicidade.

Como animais sociais, as pessoas gostam de se sentir parte de um grupo ou estrutura social, e tendem a ser mais felizes quando interagem significativamente com outros humanos. Contudo, a capacidade de ir contra a mentalidade de grupo quando ela vai contra suas visões ou valores pessoais é um talento. Você pode ao mesmo tempo ser socialmente integrado e leal a seus valores ao aceitar-se como um indivíduo e ao ser um não conformista seletivo. Veja o Capítulo 14 para mais sobre autoaceitação.

Aceitando que a Vida Pode Ser Injusta

Algumas vezes, a vida é completamente injusta. Outras, as pessoas o tratam com injustiça e nada é feito para restaurar o equilíbrio. Coisas ruins acontecem para as melhores pessoas, e existem pessoas que não parecem ter feito nada em suas vidas para merecer receber um bilhete premiado. Além de ser injusta, a vida é imprevisível e incerta na maior parte do tempo. E, na verdade, é assim que a vida é.

O que podemos fazer? Você pode lamentar e choramingar e se tornar extremamente infeliz sobre o estado lamentável do mundo. Ou você pode aceitar as coisas e começar a viver. Não importa o quanto você insista que o mundo deveria ser justo e que você deveria ter a certeza de como as coisas serão, isso não acontecerá.

PENSE SOBRE ISTO

A vida é injusta para praticamente *todo mundo* de tempos em tempos — nesse caso, talvez as coisas não sejam tão desesperadoramente injustas como você pensa. Se conseguir aceitar a dura realidade da injustiça e da incerteza, se tornará mais capaz de se reerguer quando a vida lhe der uma rasteira. É provável que fique menos ansioso a respeito de tomar decisões e assumir riscos. Você ainda pode lutar para ser justo; mas, se aceitar que a injustiça existe, pode se sentir menos ultrajado e aterrorizado quando e se a justiça simplesmente não prevalecer.

Compreendendo que a Aprovação dos Outros Não É Necessária

Receber a aprovação de alguém importante para você é muito bom. Receber elogios de um chefe ou amigo pode fazer bem. Se acha que *precisa* da aprovação de pessoas importantes ou, na verdade, de todos que conhece, então você provavelmente passa muito tempo sentindo-se infeliz e inseguro sobre si mesmo. Muitas pessoas entram em depressão porque acham que o que são depende completamente da opinião que os outros têm delas. Essas pessoas não conseguem sentir-se bem consigo mesmas a menos que obtenham uma resposta positiva ou sejam reconhecidas pelos outros.

DICA

Aceite-se, independente da aprovação pública de outras pessoas em sua vida. *Preferir* ser apreciado, querido e aprovado pelos outros — mas não acreditar que *precisa* da aprovação deles — significa que sua opinião sobre si mesmo pode ser estável e que você pode se expor à desaprovação. Você pode até se comportar de modo mais provável de gerar aprovação do que desaprovação, mas também pode se afirmar sem medo. Pode considerar o elogio e os cumprimentos mais como um bônus do que algo a que deve se ater e trabalhar duro demais para manter.

Se mantiver a crença de que *precisa* e não *deseja* a aprovação, você poderá pagar emocionalmente por isso em algum momento da vida. É provável que se sinta ansioso quanto a receber ou não aprovação — quando recebê-la, poderá se preocupar em perdê-la. Se não consegue obter uma aprovação óbvia ou — o pior dos horrores — alguém o critica, é provável que se deixe desanimar e se deprima. Veja o Capítulo 9 para saber mais sobre combater a ansiedade, e o Capítulo 12 sobre como enfrentar a depressão.

Você não pode agradar a todos o tempo todo — e se é isso que tenta fazer, quase certamente assumirá uma postura exageradamente passiva. Se perceber que a desaprovação não é o fim do mundo, não é intolerável e não é uma indicação de que você não tem valor, poderá desfrutar da aprovação quando a conseguir e se aceitará quando não.

Percebendo que o Amor É Desejável, Não Essencial

Algumas pessoas preferem estar em um relacionamento — não importando se é insatisfatório ou abusivo — do que não estar em relacionamento algum. Essa necessidade pode se originar da crença de que não sabem lidar com os sentimentos de solidão ou enfrentar a vida, de modo geral, sozinhas. Outras pessoas se consideram valiosas ou amadas apenas quando estão em um relacionamento.

Os relacionamentos românticos *podem* melhorar seu prazer pela vida, mas eles não são essenciais para que você desfrute a vida. Manter essa atitude pode ajudá-lo a se sentir bem consigo mesmo quando não for parte de um casal, e pode levá-lo a fazer melhores escolhas de parceiros no futuro, pois você efetivamente escolherá em vez de "ser escolhido". Acreditar que sua capacidade de ser amado é relativamente constante, independentemente de a pessoa amada amar você, pode ajudá-lo a sentir-se seguro dentro de um relacionamento e seguro de si *fora* de um relacionamento.

Pessoas que *preferem* intensamente ter um parceiro e ainda assim acreditam que o companheiro pode superar um rompimento tendem a experimentar um pouco de ciúme. O ciúme pode ser um grande obstáculo para a satisfação em um relacionamento — pessoas ciumentas tendem a acreditar que *devem* manter seu parceiro e acabam concentrando-se nos sinais (reais ou imaginários) de infidelidade ou na diminuição do interesse, em vez de focar o prazer da relação. O ciúme estraga muitas relações. Um parceiro ciumento pode acabar alienando as outras pessoas por meio da constante busca de afirmação ou constante vigilância, deixando ambos os membros do casal com a sensação de que a confiança mútua não existe entre eles.

Preferir em vez de *exigir* ter uma relação ajuda você a manter sua independência e individualidade. Então, quando *está* em uma relação, fica menos propenso a cair na armadilha de tentar ser o parceiro perfeito — o que significa que você continua a atender a seus interesses pessoais ao mesmo tempo em que é capaz de lidar com compromissos quando for apropriado.

Tolerando o Desconforto de Curta Duração

Pessoas saudáveis, fortes e bem-sucedidas frequentemente são capazes de tolerar o desconforto temporário na busca por objetivos de longo prazo. Elas adiam a satisfação quando fazer isso se adéqua aos seus interesses de longo prazo. Essas pessoas são aquelas que são capazes de comer de maneira saudável, exercitar-se regularmente, guardar dinheiro, estudar de modo eficiente, e assim por diante.

LEMBRE-SE Você *pode* experimentar prazer intenso no presente e no futuro, mas com frequência algum grau de dor e esforço é necessário *hoje* para se obter um prazer maior *amanhã*. Isso será verdadeiro para muitas das realizações que você já teve na vida. Aguentar o desconforto temporário também será crucial na *diminuição* dos sentimentos dolorosos de ansiedade e depressão. Veja os Capítulos 9, 12 e 13 para saber mais sobre a superação desses problemas.

Ativando o Interesse Próprio

Priorizar o próprio interesse de modo sensato diz respeito a se colocar em primeiro lugar na maior parte do tempo e uma, duas ou meia dúzia de outras situações em um segundo lugar bem próximo. Priorizar o próprio interesse tem a ver com se preocupar com suas próprias necessidades e interesses ao mesmo tempo em que se é cuidadoso com as necessidades de seus entes queridos e com as outras pessoas vivendo no planeta.

Então, por que se colocar em primeiro lugar? Quando você chega em uma determinada idade, é necessário cuidar de si mesmo porque ninguém mais fará isso por você. Se conseguir se manter saudável e satisfeito, você será mais capaz de voltar sua atenção para cuidar das pessoas que ama.

Muitas pessoas cometem o erro de sempre suprimir suas próprias necessidades e acabam cansadas, infelizes ou doentes. As pessoas podem pensar que estão fazendo o certo ao colocar os outros em primeiro lugar o tempo todo, mas na verdade elas acabam ficando com muito pouco para oferecer.

É claro que *haverá* momentos em que colocar as necessidades de alguém antes das suas e realizar sacrifícios pessoais é uma boa escolha. Por exemplo, os pais frequentemente colocam o bem-estar de seus filhos antes do seu. Mas ainda assim você precisa encontrar espaço para seus próprios objetivos.

Se você está começando a se preocupar que "interesse próprio" se traduza para "monstro egoísta", pare por aí! Para esclarecer: o interesse próprio envolve assumir a responsabilidade por cuidar de si mesmo porque você entende que é digno de ser cuidado. O interesse próprio significa ser capaz de se preocupar profundamente com os outros. Quando você tem interesse por si mesmo, é capaz de satisfazer suas próprias necessidades e manter um cuidadoso interesse no bem-estar das outras pessoas no mundo ao seu redor. Você também pode escolher quando se colocará em *segundo lugar* por um tempo porque a necessidade de alguém é maior que a sua — é aqui que entra a parte do "sensato".

O egoísmo não é — enfatizamos, NÃO *é* — a mesma coisa que interesse próprio. Em última análise, pessoas egoístas colocam suas próprias vontades e necessidades em primeiro lugar, *excluindo ou em detrimento das outras pessoas*. O egoísmo é muito menos sobre assumir a responsabilidade por cuidar de si e muito mais sobre exigir que obtenha aquilo que quer, quando quer e as outras pessoas que se virem. Os dois conceitos são muito diferentes — então não se assuste. Veja o Capítulo 18 para saber mais sobre como construir um estilo de vida que propicie cuidar de si mesmo.

Perseguindo Interesses e Agindo de Forma Consistente com Seus Valores

Toneladas de evidências indicam que as pessoas são mais felizes e saudáveis se buscam interesses e hobbies. Você deixou sua vida ser dominada pelo trabalho ou pelas tarefas domésticas, e passa suas noites sentado em frente à tevê como meio de recarregar suas energias? Se sua resposta a essa questão é "sim!", está bem acompanhado, embora esta não seja a companhia ideal.

Uma das artes de maximizar sua felicidade é buscar objetivos pessoalmente significativos, como aprimorar seus estudos, participar de esportes e atividades físicas, desenvolver alguma habilidade, melhorar suas relações, ou agir de modo que contribua para o tipo de mundo em que você gostaria de viver, fazendo algum trabalho voluntário, por exemplo. Tente estruturar sua vida de modo a assegurar que tenha algum tempo para perseguir seus objetivos pessoais significativos. Verifique se as coisas que faz refletem aquilo que você acredita ser importante.

Até onde sabemos, a vida não é um ensaio de teatro. Você de fato olhará para trás e se arrependerá de deixar a TV um pouco de lado e sair para passar um tempo praticando atividades físicas, um hobby, curtindo uma noite com amigos ou participando de algum trabalho de caridade?

Tolerando a Incerteza

Pessoas saudáveis e produtivas tendem a estar preparadas para tolerar um grau de risco e incerteza. Exigir certezas e garantias em um mundo incerto é uma receita garantida para a preocupação e a inatividade. A segurança (ou, mais precisamente, a *ilusão* de segurança completa) tem um custo — menos recompensas, menos empolgação e menos experiências novas.

O fato de que não saber o que o futuro lhe reserva é motivo para *calcular riscos* e fazer *experimentos* não para a fuga, busca por afirmação ou precauções de segurança. Você pode tomar decisões bem pensadas e assumir riscos calculados, mas se aceitar que 100% é algo excepcionalmente raro (e, na verdade, desnecessário), pode reduzir a ansiedade e a preocupação indevidas. O risco é inerente à existência. Você sabe que é mortal e, portanto, destinado a morrer um dia, mas, para manter a sanidade, ignora esse fato na sua consciência diária. Você vive em um mundo incerto todos os dias de sua vida. Aceite e usufrua a vida relegando a incerteza para o segundo plano.

> **NESTE CAPÍTULO**
>
> » Identificando as técnicas contraproducentes para sua autoestima
>
> » Estratégias substitutas de autoestima mais saudáveis

Capítulo **23**

Dez Intensificadores de Autoestima que Não Funcionam

Você pode estar tentando lidar com sua baixa autoestima de modo contraproducente, principalmente a longo prazo. Este capítulo destaca dez técnicas que não aumentam efetivamente sua autoestima.

"Para que focar no que estou fazendo de errado?", você pode estar se perguntando. Bem, utilizar as estratégias descritas neste capítulo para estimular sua autoestima é como tentar sair de um buraco cavando. Seu primeiro passo é perceber que está apenas se afundando mais — então largue logo essa pá! Apenas quando você parar de cavar é que poderá começar a procurar outras formas de sair do buraco. Felizmente, incluímos vários elevadores de autoestima neste livro para ajudá-lo a encontrar sua saída.

Os dez pontos a seguir descrevem estratégias contraproducentes para aumentar sua autoestima. Explicamos porque elas não funcionam e sugerimos maneiras mais construtivas de aumentar seu senso de valor próprio.

Colocar os Outros para Baixo

Se você mede sua autoestima ao se comparar com outras pessoas e tende a se considerar inferior, pode tentar elevar seu valor colocando outras pessoas para baixo, seja em sua mente, falando mal delas para os outros ou criticando-as diretamente.

Ao aumentar sua percepção dos outros como inferiores, você pode se convencer, temporariamente, de que é menos inferior. Mas não mudará o problema subjacente — sua atitude em relação a si mesmo. Rebaixar os outros é cansativo não apenas para você, mas também para as outras pessoas — e fazer isso não incita reações calorosas dos outros.

Em vez disso, tente respeitar sua singularidade — e a dos outros. Somos uma espécie, não estamos em uma competição. Concentre-se em seguir seus próprios valores e perseguir seus próprios objetivos. Preste mais atenção em sua força, e não na fraqueza dos outros.

LEMBRE-SE Se você se sente inferior, reavaliar suas atitudes em relação a si mesmo é mais efetivo do que tentar empurrar para baixo a autoestima de outra pessoa.

Pensar que Você é Especial

Tentar substituir a sensação de insignificância com um sentimento de que você é "especial" é outra técnica autodestrutiva comum que você pode adotar para superar a baixa autoestima. Preste atenção naquelas vezes em que diz para si mesmo: "Se eu não sou diferente, não sou nada", ou "Ser comum ou normal é como não existir".

O problema aqui é que, no que tange à percepção do universo, você não é especial. Ninguém é. Você pode ser único, assim como todo mundo. Na verdade, pode muito bem se esforçar tanto para evitar o "horror" da mediocridade a ponto de acabar levando uma vida infeliz e incompleta. Essa tendência em muito se deve a uma maneira extrema de *pensamento tudo ou nada* (o qual explicamos no Capítulo 2), e à ideia equivocada de que você precisa corrigir sua baixa autoestima com excesso de compensação.

Em vez de tentar se reafirmar como alguém especial, concentre sua atenção em uma direção mais construtiva. Conteste a ideia de que você precisa ser "especial" para se sentir bem sobre si mesmo. Aceite-se como um indivíduo normal, comum e valoroso, assim como todo mundo.

Tentar Fazer com que Todos Gostem de Você

Substituir seu dessabor consigo mesmo pela tentativa de ganhar a aprovação de outras pessoas é receita para a ansiedade. Você pode acabar se sentindo ansioso por não atingir seu objetivo de ser apreciado por alguém ou por um grupo. Se você atinge sua meta e ganha a aprovação, está propenso a ficar ansioso em relação à perda de seu valor.

A verdadeira armadilha é que sua suposta "necessidade" de aprovação pode não lhe ajudar a passar a impressão atraente e de segurança que você tanto gostaria de passar. Pensar que precisa ser apreciado para poder gostar de si mesmo pode levá-lo a uma situação de desespero. Permitir que as pessoas passem por cima de você para que consiga o apreço delas tem um impacto muito negativo em sua autoestima por motivos bem óbvios.

DICA Em vez de tentar receber aprovação, lute por respeito. Se você se respeita, passa uma impressão de estar confortável sendo você mesmo. Pessoas com verdadeiro respeito próprio são frequentemente mais respeitadas pelos outros. Você não tem de ser um escravo deste princípio, mas buscar respeito pode ajudá-lo a se afirmar mais rapidamente.

Colocar-se Acima das Críticas

Colocar-se acima das críticas é uma tática clássica para acreditar que ser criticado revela que você é inadequado, inútil ou um fracasso. Ser perfeccionista, acobertar suas fraquezas e ficar em posição defensiva são o resultado inevitável. Você tenta ser perfeito para que as outras pessoas não o critiquem. Contudo, acaba sendo duro demais consigo mesmo por causa de seus desfeitos e erros. Você pode até mesmo acreditar que está se aprimorando com a autocrítica, mas está rebaixando inconscientemente ainda mais sua autoestima.

Em vez disso, tente aceitar sua falibilidade sem se condenar. Erros e falhas são aspectos inevitáveis do ser humano, não importa o quanto você tente mudar as coisas. Não se envergonhe por seus defeitos — todo mundo tem falhas também. Você pensa que as pessoas realmente perdem o respeito por você quando descobrem que é apenas humano? Provavelmente não. A probabilidade é que elas se sintam aliviadas e mais capazes de relaxar em sua companhia. O respeito delas por você pode até crescer, pois podem aceitá-lo, com suas imperfeições e tudo mais.

Revele uma imperfeição e verifique as respostas que obterá. Tente se aceitar de modo não defensivo frente à crítica. Se alguém o criticar, tente pedir mais informações. A maioria das pessoas entende que aceitar a falibilidade humana é uma estratégia muito mais produtiva do que tentar ser perfeito.

LEMBRE-SE Escolher a perfeição como objetivo é se colocar em posição de propensão a falhar, pois *ninguém* é capaz de ser perfeito. Quanto mais você falha na tentativa de atingir seu objetivo irreal, mais se coloca para baixo. Não fique tentado a se esforçar ainda mais para ser perfeito. Em vez disso, se esforce para aceitar sua imperfeição.

Evitar Falhas, Desaprovação, Rejeição e Outros Bichos

Você pode perceber que evita situações, lugares ou pessoas que acionam seus gatilhos para se sentir para baixo. Essa prática é um modo de tapar o sol com a peneira. Sua atitude em relação a si mesmo continua a ser um problema. Ao evitar o fracasso potencial, você não muda sua atitude: simplesmente adia o desencadeamento de sua insegurança por um tempo.

DICA Uma solução mais duradoura e elegante para superar a baixa autoestima é a de descobrir, examinar e mudar qualquer atitude não sadia que possa ter desenvolvido em relação a si. Então, pode deliberadamente procurar as coisas que tem evitado enquanto pratica sua nova atitude de autoafirmação (veja o Capítulo 14 para mais informações).

Evitar Suas Emoções

Você pode tentar bloquear certas emoções porque as considera um sinal de fraqueza. Embora você possa tentar se convencer de que é forte, pois consegue controlar as emoções, seus relacionamentos e sua saúde psicológica provavelmente sofrerão.

Ter uma ampla gama de emoções é parte daquilo que o torna humano. Tentar evitar essas emoções é difícil — e não é saudável. Você pode acabar se sentindo isolado, frio e distante em suas relações, o que pode lhe furtar de experiências muito mais ricas e satisfatórias. Comece a aceitar seus sentimentos e a reconhecer que essa aceitação demonstra coragem, e não fraqueza.

LEMBRE-SE Algumas vezes, experimentar fortes emoções negativas é uma resposta natural às adversidades, uma parte do processo de cura e um sinal de força ao encarar as dificuldades.

Tentar se Sentir Mais Importante Controlando os Outros

Se tentar controlar os outros, a presunção subjacente é que você necessita *provar* sua importância ao exercer influência sobre os outros. O problema é que, sem essa *prova*, você (aos seus olhos) é insignificante.

Talvez você constantemente ofereça conselhos sem ser consultado, ou tente converter os outros para uma causa que acolheu, para provar que é uma pessoa de influência? Infelizmente, sua falta de respeito pelo pensamento e pelo comportamentos dos outros pode, na verdade, surtir o efeito contrário nessas pessoas.

Tentar influenciar ou afetar as pessoas compulsivamente, na realidade, demonstra que você não tem controle. Você também reforça uma autoimagem negativa ao agir como se tivesse que provar algo para ser valoroso ou significativo.

> **DICA:** Imagine como você interagiria com as pessoas se não tivesse a necessidade de provar seu poder ou influência. Use esse exercício de imaginação como um guia para um comportamento mais sadio.

Defesa Excessiva de Seu Valor Próprio

Nós não queremos que você seja um capacho, mas a alternativa mais saudável a ser passivo é permanecer calmo diante dos menores deslizes. Defender constantemente seu valor pode levá-lo à agressão verbal ou física (veja o Capítulo 15). Além disso, se está seguro em relação ao seu valor, realmente precisa protegê-lo tão cuidadosamente? Insistir que os outros devem lhe mostrar respeito o tempo todo leva a uma raiva não sadia. Sua repulsa compulsiva a ser desrespeitado pode simplesmente levá-lo a criticar as pessoas pelo menor dos ataques à sua frágil autoestima.

> **DICA:** Respeite-se independentemente de as pessoas o tratarem com respeito ou não. O respeito próprio garante a você a habilidade de se afirmar de maneira adequada quando *vale a pena* fazer isso.

Sentir-se Superior

Você pode ter características superiores, iguais ou inferiores se comparado com outras pessoas, mas a ideia de que é uma *pessoa* inferior ou superior é um excesso de generalização. Ninguém é superior *ou* inferior a alguém de maneira alguma. Todos temos diferentes forças e fraquezas.

Algumas pessoas só conseguem se sentir bem consigo mesmas quando estão convencidas de que são as "melhores". Muitas pessoas com essa tendência tentam demonstrar sua superioridade mostrando capacidade física ou psicológica. Por exemplo, você pode se sentir tentado a impressionar as pessoas com sua inteligência, intelecto ou outro talento. Infelizmente, essas soluções são apenas temporárias para seus sentimentos de inferioridade, os quais devem ser seu verdadeiro objetivo de mudança. Na pior das hipóteses, suas tentativas de superioridade servem apenas para alienar as outras pessoas e ocultar suas verdadeiras capacidades.

DICA: Embora a noção do seu "verdadeiro eu" seja simples demais, tente deixar de lado a superioridade. Seja tão autêntico quanto puder e perceba como as pessoas respondem a isso.

Culpar a Natureza ou a Educação Recebida em Casa por Seus Problemas

Culpar o passado, a genética, os hormônios, a química do cérebro ou outras pessoas pelos seus problemas tem o poder de aliviar temporariamente qualquer noção de que você seja estúpido, patético ou sem valor. Esse sistema de condenação deriva da ideia equivocada de que, se você assumir um determinado grau de responsabilidade pelos seus problemas emocionais, isso significará que você é o culpado por esses problemas. Proteger sua autoestima culpando algo ou alguém pode ser um tiro pela culatra, o que dificulta muito a mudança verdadeira, pois você atribui os seus problemas a fatores fora de seu controle.

Metade das pessoas no mundo ocidental experimenta algum tipo de problema emocional significativo durante o curso de suas vidas. Então, ter um problema simplesmente significa que você é humano.

DICA: Use sua compreensão acerca do próprio passado e seu "conteúdo" para desenvolver uma perspectiva mais suave e simpática em relação às suas dificuldades. Assuma alguma responsabilidade pessoal por não conseguir lidar com suas dificuldades. Reconhecer como você pode estar contribuindo para piorar seus problemas lhe dá o poder de operar mudanças para melhor.

PENSE SOBRE ISTO: Ideias desagradáveis sobre como se sentir bem consigo mesmo podem se originar de mensagens da infância. Professores ou pais podem ter lhe dito para "ser o melhor", "nunca admitir que está errado", "nossa família é melhor que as outras famílias", "o fracasso não é uma opção" ou "homens não choram". Tais mensagens podem ter sido dirigidas a você na forma de palavras de sabedoria, mas como adulto você deve reavaliar sua verdade e utilidade. Você pode decidir abandoná-las em favor de uma autoaceitação e assimilação de novas crenças.

> **NESTE CAPÍTULO**
>
> » Descobrindo os benefícios de não levar as coisas tão a sério
>
> » Rindo de si mesmo
>
> » Aproveitando mais a vida
>
> » Abandonando a cautela

Capítulo 24
Dez Formas de Relaxar

Algumas vezes, você pode dificultar a vida mais do que o necessário levando-se a sério demais. Se você se leva muito a sério, pode acabar magoado, com raiva e deprimido com muito mais frequência do que gostaria. Ser severo demais pode impedir você de ver o lado divertido da vida, pode levá-lo a interpretar de modo equivocado comentários inocentes como crítica e pode fazer com que transforme pequenos infortúnios em desastres enormes. Este capítulo lista dez modos de relaxar um pouco, aprender a conviver com os altos e baixos da vida e aumentar seu divertimento geral com as coisas. Percorra a lista e escolha os itens que mais se aplicam a você.

Aceite Que Você Pode — e Irá — Cometer Erros

Considere as seguintes atitudes em relação a cometer erros:

Sou apenas humano/De carne e osso sou feito/Sou apenas humano/Nascido para errar

— The Human League, banda inglesa

O sucesso não é permanente, e o fracasso não é fatal

— Mike Ditka, técnico de futebol americano

O sucesso é a capacidade de ir de um fracasso para outro sem perder o entusiasmo.

— Sir Winston Churchill, primeiro-ministro e estadista inglês

Oitenta por cento do sucesso é comparecer.

— Woody Allen, comediante e diretor de cinema americano

Se você se levar a sério demais, provavelmente considerará seus erros inaceitáveis. Poderá acreditar também que as outras pessoas lhe rejeitarão por causa de seus defeitos. Além do mais, provavelmente julgará a si mesmo de modo severo ao cometer uma gafe social ou tomar uma má decisão.

Todo mundo comete erros e faz besteiras de tempos em tempos. Se tentar esconder ou ignorar suas falhas, você pode se negar a oportunidade de aprender com eles. Ao reconhecer seus erros, e aceitar que pode cometê-los, você tem a chance de fazer as coisas de modo diferente na próxima vez. Vai passar a se sentir mais confortável em cometer erros e tenderá a passar menos tempo se preocupando em fazer tudo "certo". Dar permissão a si mesmo de cometer equívocos pode lhe encorajar a se arriscar a experimentar coisas — mesmo diante do risco de errar ou fracassar. Tente se lembrar de que seus próprios erros são, geralmente, mais importantes para você mesmo do que para os *outros*. A maioria das pessoas respeita alguém que aceita e assume responsabilidade por suas falhas, decisões ruins, má conduta e comportamentos inapropriados. Lembre-se que a maior parte do tempo erros são um preço pequeno a se pagar por experiências enriquecedoras.

Tente Algo Novo

Talvez você esteja relutante para tentar um novo esporte, mudar seu destino habitual de férias ou aprender uma nova língua ou habilidade. Talvez esteja até mesmo relutante em tentar uma rota nova para o trabalho, com medo de se perder e parecer bobo. O medo de parecer bobo relega muitos à inércia. Se você consegue lidar com o fato de que, de vez em quando, pode parecer idiota, achará muito mais fácil descobrir novos interesses, viver novas experiências e adquirir novas habilidades. Até mesmo fazer pequenas coisas, como experimentar comidas diferentes ou participar de um curso de meditação de um dia (ou um curso sobre qualquer coisa que lhe interesse), pode ampliar seus horizontes.

LEMBRE-SE

Fazer algo tolo não significa que você é idiota. É praticamente impossível aprender uma nova língua ou tocar piano sem cometer muitas gafes gramaticais ou tocar notas erradas. Ao se dar a oportunidade de tentar coisas novas, você poderá se divertir muito no processo, ainda que não se torne um poliglota ou um pianista da Orquestra Filarmônica Real. Muitas coisas na vida valem a pena pelo simples prazer de fazê-las!

Preso na Vergonha

Levar-se a sério demais pode fazer com que você experimente frustrações desnecessárias. Por exemplo, se precisa parecer que está no absoluto controle e composto o tempo todo, você é um grande candidato a sofrer recorrentes crises de vergonha.

Sentimentos de vergonha e humilhação são frequentemente relacionados à percepção de que suas fraquezas, erros e falhas foram expostos. Por exemplo, se cair ao subir no trem, poderá sentir emoções intensas e desagradáveis de vergonha, em vez de apenas um pouco envergonhado. A vergonha que você experimenta por alguém vê-lo tropeçar provavelmente durará mais tempo do que o simples embaraço, e possivelmente causarão muito mais agonia do que qualquer dano físico que você possa ter sofrido.

Como um de seus objetivos, você pode decidir superar sua propensão de sentir vergonha. Tente se expor deliberadamente ao olhar alheio utilizando a seguinte técnica de quatro passos:

1. **Chame a atenção.** Vista uma roupa ridícula, faça barulhos de animais, cante sozinho, vista sua cueca do lado de fora da roupa normal, faça uma pergunta realmente idiota ou faça qualquer outra coisa tola que conseguir imaginar. Seja o que for, faça *de propósito* e em um lugar *público*. Um excelente local para realizar esses exercícios é no transporte público.

2. **Permaneça na situação tempo suficiente para que seu sentimento de vergonha e desconforto geral desapareçam sozinhos.** Não se esconda no canto, não fuja do local público e não remova seu chapéu de palhaço, por exemplo. Continue naquela situação até que perceba que sua sensação de desconforto está começando a diminuir (algumas vezes isso pode levar

dez minutos, em outras pode levar uma hora). O que importa é manter o exercício, qualquer que seja o tempo que leva para que você se sinta *menos* embaraçado, envergonhado ou ansioso.

LEMBRE-SE

Não espere se sentir totalmente calmo e tranquilo quando estiver deliberadamente fazendo algo ridículo em público. A ideia é que você perceba que nada terrível acontece quando outras pessoas olham como se você fosse um maluco.

3. **Mantenha uma atitude de autoafirmação durante toda a experiência.** Isso significa que deve agir como se realmente acreditasse que estar sendo considerado estranho ou esquisito não é o fim do mundo. (Este simplesmente não é o caso, ou o mundo teria acabado há muito tempo.) Convença-se de que pode tolerar as sensações desconfortáveis, as quais você associa a uma avaliação negativa pelos outros. (Você pode: sensações de vergonha e embaraço não matam.)

4. **Repita variações do exercício frequentemente e sem muito tempo entre eles.** Fazer o exercício apenas uma vez não é suficiente. A repetição é a chave para perder sua sensibilidade ao olhar dos outros, de modo que você não se sinta envergonhado como resultado. Você pode fazer o exercício acima diariamente por uma semana; é uma excelente maneira de diminuir seu desconforto.

Ria de Si Mesmo

Muitas pessoas alegam que rir é o melhor remédio. Este ditado pode muito bem carregar um grande fundo de verdade. Encontrar o lado engraçado de uma situação desagradável pode ajudar a remover o tormento. Algumas vezes, você consegue evitar o pavor de seus erros e falhas ao considerá-los divertidos.

Se é capaz de se considerar uma pessoa valorosa *e* reconhecer sua imperfeição humana, não cairá na armadilha de se levar tão a sério a ponto de ser incapaz de rir. Pense nas pessoas que você conhece que não podem aceitar uma piada: são pessoas que provavelmente consideram a si mesmas e tudo que fazem excessivamente sério. Ser sério demais é um pouco trágico: qualquer coisa que aconteça ou qualquer coisa que você faça que seja, em sua mente, menos aceitável, tem um profundo impacto em sua opinião geral sobre você. É possível colher muito mais satisfação na vida e em suas relações pessoais se você conseguir rir de si mesmo.

Não se Ofenda Tão Facilmente

Se pensa que todos devem lhe respeitar e que seu valor está no que os outros pensam sobre você, ficará ofendido se alguém não demonstrar apreço. Você provavelmente está destinado a se ofender a maior parte do tempo, a menos que viva sozinho em uma bolha com ar-condicionado. No mundo real, algumas vezes as pessoas são rudes umas com as outras e não se comportam de maneira gentil e respeitosa.

Não estamos sugerindo que você assuma uma posição de vítima passiva quando outros o tratarem de modo inaceitável. Você pode se respeitar e ter limites claros sobre o tipo de pessoa com quem escolhe se associar e sobre que tipo de comportamento está preparado para tolerar.

Infelizmente, você (assim como todos nós) não é impermeável ao mau comportamento das outras pessoas. Entretanto, não precisa se ofender sem motivo. É possível facilitar sua vida distinguindo entre quando deve ou não se preocupar em reagir. Por exemplo, se um amigo zombar de uma bobagem recente que cometeu, isso é mesmo tão terrível? Ou se alguém esbarrar em você na rua sem pedir desculpa, não considere isso um ataque ao seu valor pessoal e respeitabilidade — você pode achar isso rude e irritante, mas realmente precisa encarar isso como uma grande ofensa?

Sentir-se ofendido é parecido com se sentir irritado. A raiva é cansativa e desagradável. A probabilidade é que, se você mantiver uma visão muito séria de si mesmo, experimentará raiva com mais frequência do que realmente precisa (veja o Capítulo 15).

Faça Bom Uso da Crítica

A crítica construtiva é um elemento vital do aprendizado. É claro, nem toda crítica que recebe pode ter sido feita de maneira hábil ou construtiva. Mesmo assim, se você consegue se distanciar de um feedback negativo tempo suficiente para avaliar sua validade, poderá usá-lo a seu favor. Com frequência, outras pessoas podem ver mais claramente aquilo que você está fazendo de "errado" — os outros podem se beneficiar de um ponto de vista objetivo.

Se você acha que *deve* fazer *tudo* certo ou perfeito, e que qualquer indicação de falha em uma tarefa é uma prova de sua inadequação, então você pode ficar muito perturbado pela crítica. Em vez de utilizar o feedback para avaliar sua abordagem em uma tarefa específica, você tende a utilizá-las como forma de ataque ao seu senso de valor. Pode se tornar defensivo no primeiro nariz torcido ou comentário que não seja positivo sobre sua performance.

> **DICA**
>
> Em vez de reagir aos comentários críticos com extrema sensibilidade, desenvolva mais tolerância em relação a esses comentários, de modo que possa achá-los úteis. Experimente as técnicas a seguir:
>
> » Livre-se de sua postura defensiva. Escute abertamente aquilo que as pessoas dizem sobre você (veja o Capítulo 18).
>
> » Entenda que você não *precisa* estar certo o tempo todo. Comportar-se de modo menos perfeito de vez em quando é uma opção. Aceitar que pode estar errado às vezes significa que poderá considerar a crítica mais fácil de aceitar.
>
> » Leve um tempo para pesar a validade dos comentários feitos e então utilize qualquer informação legítima oferecida para ajudá-lo em seu desenvolvimento.

Acostume-se com Situações Sociais

Quando você assume uma atitude exageradamente séria em relação a si, está propenso a se sentir desconfortável em situações sociais. O medo de que possa dizer algo errado, ofender alguém ou se expor como alguém idiota ou entediante pode levá-lo a se fechar e falar pouco. Você pode descobrir que censura muito do que diz e ensaia tudo em sua cabeça antes de falar. Alternativamente, pode se esforçar demais para ser inteligente e divertido. Em ambas as alternativas, você não está relaxado e não desfruta da interação. Provavelmente está muito mais preocupado com a impressão que está causando do que com aquilo que as outras pessoas presentes realmente estão falando.

Se você se enquadrou nesta hipótese, as situações sociais para você são algo mais a ser superado do que para aproveitar. Provavelmente, está assumindo mais do que sua parcela justa de responsabilidade pelo bom andamento da interação. Lembre-se: você sempre é *parte* de um grupo social, mesmo quando existem apenas dois — a outra pessoa ou as pessoas presentes também têm uma parcela de responsabilidade pelo bom andamento da conversa.

Para ajudá-lo a relaxar e ser mais "você mesmo" em ocasiões sociais, experimente estas dicas:

» **Concentre-se menos em si e mais nas outras pessoas presentes.** Realmente escute a conversa e observe os outros.

» **Fale de maneira espontânea**. Resista à necessidade de ensaiar respostas inteligentes em sua cabeça antes de falar. Assuma o risco de tecer comentários durante a conversa.

» **Abandone seus comportamentos de segurança.** (Veja o Capítulo 7 para saber mais sobre comportamentos de segurança.) Evite ficar de fora de um grupo ou distrair-se com sua bebida, bolsa ou telefone quando a conversa esfriar. Esses tipos de comportamentos podem fazê-lo desviar a atenção de seus sentimentos ou da inadequação social, mas eles também o impedem de se acostumar com a interação social natural.

» **Expresse-se até sentir que foi ouvido.** Se você começar a dizer algo e for interrompido, tente novamente um tempo depois, talvez um pouco mais alto.

» **Controle-se.** Se você tende a compensar seu desconforto social falando muito ou se exibindo demais, dê aos outros a chance de preencher os silêncios e os vazios.

» **Divirta-se.** Acima de tudo, lembre-se que as reuniões sociais deveriam ser divertidas. Faça com que aproveitar a companhia e a conversa com outras pessoas seja sua principal razão de se socializar.

Você não tem que oferecer contribuições inteligentes, criativas ou profundas em todos os tópicos da conversa. Inevitavelmente, haverá assuntos que você achará mais interessantes e conheça mais do que outros. Reconhecer que tem pouco ou nada a dizer sobre alguns assuntos é aceitável. Não decida que isso significa que você é burro ou desinformado!

Encoraje Sua Criatividade a Fluir

Para agir criativamente, seja no trabalho ou em sua vida pessoal, você tem de aceitar a possibilidade de que algumas de suas ideias não serão consideradas tão extraordinárias. Se recebe uma sugestão para uma campanha publicitária no trabalho ou de uma nova maneira de apimentar sua vida sexual, estará menos inclinado a pôr em prática as suas ideias se você se preocupa demais com o fato de elas serem rejeitadas ou murcharem como um balão furado.

A criatividade é autogeradora: se você testa suas ideias, elas tendem a originar outras novas. Se suprimir constantemente suas ideias, poderá descobrir que o fluxo acaba diminuindo com o tempo.

Aja de Forma Aventureira

Quebrar a rotina pode ajudá-lo a relaxar. Mudar um padrão regular pode aliviar o tédio e melhorar seu humor de modo geral. Até mesmo a menor das coisas, como escolher uma receita diferente em um livro de culinária ou caminhar até um lugar para onde normalmente vai de carro, pode fazer uma diferença significativa no seu humor.

Seguir uma rotina para evitar os resultados imprevisíveis é muito fácil. Infelizmente, ficar preso em um hábito significa que está perdendo experiências novas e excitantes. Obrigar-se a fazer as coisas de modo diferente ou arriscar-se a se aventurar em territórios desconhecidos pode contestar a sua cobrança de ter que controlar tudo o tempo todo. A maioria das pessoas gosta de ter algum grau de controle e certeza sobre a própria vida e o que podem esperar dela. Entretanto, na realidade, a vida é imprevisível e nosso senso de certeza é, em grande parte, uma ilusão.

Aceitar suas limitações de controlar os eventos e de estar certo sobre os resultados dos acontecimentos pode ajudá-lo a agir de maneira mais aventureira e a viver a vida de forma mais completa. Aumentar sua tolerância às incertezas e ao controle limitado provavelmente irá ajudá-lo a se tornar mais adaptável quando a vida atirar problemas inesperados em seu caminho. (Veja o Capítulo 9 para saber mais sobre como lidar com a ansiedade.)

Divirta-se: É mais Tarde do que Você Imagina

Não há tempo melhor como o agora para relaxar e se divertir. Se você nunca consegue arranjar tempo para atividades novas e prazerosas, acabará descobrindo que nunca fará nada disso. Programe algum tempo para experimentar coisas novas e conhecer pessoas novas. Saia de sua zona de conforto e veja o que a experiência lhe proporciona. As pessoas que conseguem manter uma atitude leve e mesmo assim responsável sobre si mesmos, e sobre a vida em geral, são frequentemente mais agradáveis de se conviver. Essas pessoas passam um ar de "curtir o momento". Tirar o máximo do presente pode mantê-lo jovem de coração, mesmo com o passar dos anos.

> **NESTE CAPÍTULO**
> » Livros de autoajuda e manuais de terapeutas
> » Livros para aprender mais sobre a TCC
> » Livros recomendados para lidar com problemas específicos usando a TCC

Capítulo 25
Dez Livros para Ter em Sua Biblioteca

Inúmeros manuais profissionais e de autoajuda em TCC estão disponíveis. Tentamos escolher livros que refletem a diversidade da TCC como método de abordagem, e que podem se somar ao seu arsenal de conhecimento e habilidades para lidar com emoções e comportamentos perturbadores. Os livros incluídos neste capítulo são todos aqueles que conhecemos muito bem e temos usado com sucesso com nossos clientes ao longo dos anos (alguns deles são escritos por nós!). A lista não é exaustiva, mas estas dez sugestões podem lhe colocar na direção certa no que tange a pesquisar livros úteis e confiáveis sobre TCC.

Exercícios de Terapia Cognitivo-comportamental Para Leigos

Este livro é um excelente acompanhamento para este que você está lendo. Ele inclui uma porção de exercícios práticos adicionais para lhe ajudar a colocar as habilidades essenciais da TCC em ação. Ele pode ser usado como autoajuda independente ou em conjunto com um terapeuta de TCC. Escrito por Rhena Branch e Rob Willson (Alta Books, 2018), este livro é um recurso valioso para quem busca ajuda para superar seus problemas e para terapeutas de TCC iniciantes.

Boosting Self-Esteem For Dummies

Este é nosso livro mais recente da série For Dummies (versão original da série Para Leigos, publicado pela Wiley em 2009) e estamos muito orgulhosos dele. Ele enfoca em ajudar o leitor a entender as bases que sustentam a baixa autoestima e as maneiras como ela se mantém. Oferecemos estratégias claras, baseadas em TCC, para melhorar sua relação consigo mesmo (e com os outros). É um livro muito útil e informativo para aqueles que lutam diariamente com sentimentos de baixa autoestima.

Cognitive Therapy and Emotional Disorders

Escrito por Aaron T. Beck (Penguin Psychology, 1991), este livro é o texto original do fundador da Terapia Cognitivo-comportamental, fundamentado em sua pesquisa sobre problemas emocionais. A contribuição de Beck no campo da TCC foi fenomenal, não apenas por causa da ênfase dada na avaliação científica dos tratamentos da TCC. Este é um livro histórico, e uma boa introdução aos fundamentos da terapia cognitiva (conteúdo em inglês).

Mindfulness Contra a Depressão — Como Libertar-se da Infelicidade Crônica

Mark Williams, John Teasdale, Zindel Segal e Jon Kabat-Zinn (Paperback, 2016) são autores muito influentes no campo da TCC e psicologia em geral. Juntos, eles criaram um excelente manual para tratar a depressão, com estratégias de TCC baseadas em mindfulness. Mindfulness é parte da nova corrente de tratamento psicológico que enfoca o que fazemos com nossa mente, em vez do conteúdo de nossos pensamentos. Escrito de modo envolvente e acessível, este livro oferece diversas técnicas para ajudar o leitor a embarcar nas práticas de meditação para aliviar a depressão e a ansiedade. Ele ainda contém um CD de meditação orientada (conteúdo em inglês).

A Descoberta do Fluxo

Chamado de "o trabalho clássico sobre como atingir a felicidade", A Descoberta do Fluxo, de Mihaly Csikszentmihalyi (2002, Rider Press), discute os princípios que auxiliam pessoas comuns a viverem de modo significativo e divertido. O livro lida com o fenômeno do "fluxo", um estado em que um indivíduo se torna totalmente envolvido em determinada atividade e experimenta a verdadeira satisfação. Há diversos conceitos interessantes neste livro, que homenageiam os princípios da TCC. Pode ser um pouco denso, às vezes, já que é bastante acadêmico, mas vale a leitura.

Overcoming...

Os livros Overcoming... [*Superando...*] (publicados pela Robinson Press) são uma excelente série, que aborda tipos específicos de problemas. Esses livros são normalmente escritos por especialistas em seus campos e, com frequência, são recomendados por terapeutas profissionais. A série inclui: *Overcoming Childhood Trauma [Superando Traumas de Infância]*, de Helen Kennerly; *Overcoming Depression [Superando a Depressão]*, de Paul Gilbert; *Overcoming Obsessive Compulsive Disorder [Superando o Transtorno Obsessivo Compulsivo]*, de David Veale e Rob Willson; *Overcoming Health Anxiety [Superando a Ansiedade de Saúde]*, de David Veale e Rob Willson; *Overcoming Body Image Problems and BDD [Superando Problemas de Imagem Corporal e TDC]*, de David Veale e Rob Willson; *Overcoming Social Anxiety and Shyness [Superando a Ansiedade Social e a Timidez]*, de Gillian Butler; *Overcoming Traumatic Stress [Superando o Stress Traumático]*, de Claudia Herbert e Ann Wetmore; e *Overcoming Mood Swings [Superando o Trantorno Afetivo Bipolar]*, de Jan Scott (conteúdo em inglês).

Overcoming Anger

Windy Dryden, autor do livro *Overcoming Anger* [Superando a Raiva] (Sheldon Press), escreveu ou editou mais de 150 livros nas áreas de consultoria e psicoterapia. Em um estilo claro e poderoso, Windy demonstra como criamos nossa raiva com nossas atitudes e crenças. Ele prossegue demonstrando como o pensamento racional ajuda a superar a raiva não sadia e a se comunicar com os outros. Esta série da Sheldon ainda inclui diversos outros livros de autoajuda escritos por Windy Dryden, que focam a superação de distúrbios emocionais comuns como mágoa, inveja e vergonha (conteúdo em inglês).

Oxford Guide to Behavioural Experiments in Cognitive Therapy

Editado por James Bennett-Levy, Gillian Butler, Melanie Fennell, Ann Hackman, Martina Mueller e David Westbrook (Oxford University Press), é como uma essência destilada da TCC. Muitos teraupeutas comportamentais cognitivos gostariam que esse livro tivesse sido escrito muitos anos antes! Concentrando-se no elemento "vamos explorar isso" da TCC, o livro cobre uma ampla gama de problemas psicológicos e como testar os pensamentos negativos relacionados a eles (conteúdo em inglês).

Reason and Emotion in Psychotherapy

O Dr. Albert Ellis, autor de *Reason and Emotion in Psychoteraphy: A Comprehensive Method for Treating Human Disturbances, Revised and Updated* (Birch Lane Press) [Razão e Emoção na Psicoterapia: Um Método Abrangente para tratar Distúrbios, Revisado e Atualizado], é o verdadeiro fundador da Terapia Cognitivo-comportamental. O método de terapia racional emotiva comportamental descrito nesse grande volume foi a primeira teoria e tratamento cognitivo-comportamental totalmente desenvolvido, datando de meados dos anos 1950. Esta versão do prolífico texto de Ellis oferece uma visualização da base filosófica subjacente à abordagem da mente fenomenal de Ellis. Qualquer um que se interesse em saber como a razão e a filosofia podem ser aplicadas para reduzir o sofrimento humano faria bem em ler este livro (conteúdo em inglês).

The Cognitive Behaviour Counselling Primer

Este é uma introdução concisa e de fácil leitura aos fundamentos da TCC (Rhena Branch e Windy Dryden, PCCS books, 2008). Ele inclui uma visão geral de como a TCC se desenvolveu ao longo dos anos e descreve claramente as bases filosóficas da TCC. Este livro é particularmente valioso para estudantes de psicologia, terapeutas de TCC em formação e qualquer pessoa interessada em conhecer um pouco mais sobre a TCC.

Apêndice A
Fontes

Este apêndice lista as organizações no Brasil, nos Estados Unidos e no mundo em que você pode buscar apoio, ajuda e informações adicionais.

Organizações no Brasil

Ambulatório de Bulimia e Transtornos Alimentares do Instituto de Psiquiatria do Hospital das Clínicas da Faculdade de Medicina da Universidade de São Paulo (AMBULIM), Tel.: (11) 2661-6975. Site: http://www.ambulim.org.br E-mail: ambulim.ipq@hc.fm.usp.br

Associação de Terapias Cognitivas do Estado de Santa Catarina (ATC/SC), E-mail: atcscbr@gmail.com Site: www.atc-sc.com

Associação de Terapias Cognitivas do Paraná, Rua Almirante Gonçalves, 2740 – Rebouças, Curitiba - PR - CEP: 80250-150 Tel.: (41) 3018-0572. E-mail: contato@atcpr.com.br Site: www.atcpr.com.br

Associação de Terapias Cognitivas do Estado de Pernambuco, Site: www.atcpe.org.br

Associação de Terapias Cognitivas do Estado do Rio de Janeiro (ATC/RJ), E-mail: contato@atc-rio.org.br Site: www.atc-rio.org.br

Centro de Neuropsicologia Aplicada (CNA), Rua Diniz Cordeiro, 30 – 2° andar Botafogo, Rio de Janeiro - RJ - CEP 22281-100 Tel.: (21)2295-3796. Site: http://www.neuropsicologia.net

Centro de Psicologia Aplicada e Formação (CPAF-RJ), Rua Visconde de Pirajá 303, sala 404, Ipanema - Rio de Janeiro - RJ - CEP 22410-001 Tel.: (21) 3813-4037 / (21) 9667-6905 Site: www.cpafrj.com E-mail: atendimento@cpafrj.com

Centro Psicológico de Controle do Stress, Matriz: Tel.: (19)3234-0288 E-mail: cpcs.matriz@estresse.com.br Filial: Tel.: (21)3288-0782 E-mail: cpcs.sp@estresse.com.br Site: www.estresse.com.br

Instituto Brasileiro de Hipnose Aplicada (IBH), Rua Barata Ribeiro, 399 Sala 202 - Copacabana, Rio de Janeiro - RJ - CEP 22011-002 Tel.: (21)2549-4413 e (21) 3435-0000 Site: www.ibha.com.br E-mail: contato@ibh.com.br

Instituto de Terapia Cognitiva (ITC), Av. das Nações Unidas, 8501 - 17° andar CEP: 05425-070 - São Paulo, SP Tel: (11)3434-6612 Site: www.itcbr.com

Organizações no Reino Unido

Action on Smoking and Health (ASH), 109 Gloucester Place, London, W1H

Alcoólicos Anônimos (Alcoholics Anonymous), PO Box 1, Stonebow House, Stonebow, York, YO1 2NJ.

Association of Post-Natal Depression, 25 Jerdan Place, Fulham, London, SW6.

British Association for Behavioural and Cognitive Psychotherapies (BABCP), BABCP General Office, The Globe Centre, PO Box 9, Accrington, BB5 0XB. E-mail: babcp@babcp.com. Site: www.babcp.org.uk/

First Steps to Freedom, 1 Taylor Close, Kenilworth, CV8 2LW. E-mail: info@first-steps.org. Site: www.first-steps.org/

National Phobics Society, Zion Community Resource Centre, 339 Stretford Road, Hulme, Manchester, M15 4ZY. E-mail: nationalphobic@btinternet.com. Site: http://www. phobics-society.org.uk/contact.php

No Panic, 93 Brands Farm Way, Telford, TF3 2JQ. E-mail: ceo@nopanic.org.Uk Site: www.nopanic.org.uk/

Organizações nos Estados Unidos

Albert Ellis Institute, 45 East 65th Street, New York, NY 10021-6593. Site: www.rebt.org

American Foundation for Suicide Prevention, 120 Wall Street, 22nd Floor New York, NY 1005. Site: http://www.afsp.org

Anorexia Nervosa and Related Eating Disorders, Inc, PO Box 5102, Eugene OR 97405. Site: www.anred.com

Anxiety Disorders Association of America, 8730 Georgia Avenue, Suite 600 Silver Spring, MD 20910. Site: www.adaa.org

Association for the Advancement of Behavior Therapy, 305 Seventh Ave, New York, NY 10001-6008, USA. Site: http://server.psyc.vt.edu/aabt/

Children and Adults with Attention Deficit Disorders, 499 Northwest 70th Avenue, Suite 308, Plantation, FL 33317. Site: www.chadd.org

National Anxiety Foundation, 3135 Custer Drive, Lexington, KY 40517-4001. Site: http://lexington-on-line.com/naf.ocd.2.html

National Association of Anorexia Nervosa and Associated Disorders, Box 7 Highland Park, IL 60035. Site: www.healthtouch.com

National Attention Deficit Disorder Association, PO Box 972, Mentor, OH Site: www.add.org

Obsessive Compulsive Anonymous, Inc. (OCA), PO Box 215, New Hyde Park, New York 11040. Site: http://members.aol.com/west24th/index.html

Obsessive Compulsive Foundation, 676 State Street, New Haven, CT 06511. E-mail: info@ocfoundation.org. Site: www.ocfounadtion.org/

Trichotillomania Learning Center, 303 Potrero, Suite 51, Santa Cruz, CA Site: www.trich.org/

Outras Organizações

The Mood Gym: Developing CBT for treatment of depression. www.moodgym.anu.edu.au

The Organisation for Bi-Polar Affective Disorders: www.obad.ca

Apêndice B
Modelos de Formulários

Neste apêndice, você pode fazer cópias dos formulários em branco para preenchê-los, usando as instruções oferecidas aqui e nos capítulos específicos.

Formulário "Significado Antigo/ Significado Novo"

O formulário tem três cabeçalhos. Preencha cada um deles da seguinte maneira:

1. **Na primeira coluna, "Evento", registre o que aconteceu realmente.**

2. **Embaixo de "Significado Antigo", na segunda coluna, registre o que você acredita que o evento significa para você.**

   Esta é a sua crença central nociva.

3. **Em "Significado Novo", na terceira coluna, registre um significado mais saudável e preciso para o evento.**

   Este é o novo significado, o qual você pode fortalecer.

Siga para o Capítulo 16 para visualizar um exemplo e para saber mais sobre como rever eventos passados.

Evento	Significado Antigo	Significado Novo

Formulário da Análise de Custo/Benefício

Aplique a *análise de custo/benefício* (ACB) para examinar os prós e os contras de alguma coisa que fortalece seu comprometimento com a mudança. Você pode usar a ACB para examinar as vantagens e as desvantagens de diversas questões, como:

» **Comportamentos:** O quanto esta ação é útil para você? Isso traz benefícios a curto ou longo prazo?

» **Emoções:** O quanto este sentimento é útil? Por exemplo, sentir-se culpado ou enfurecido o ajuda?

» **Pensamentos, atitudes e crenças:** Pensar desta maneira o levará aonde? Como esta crença o ajuda?

» **Opções para resolver um problema prático:** Como funciona esta solução? Esta é a melhor resposta possível para o problema?

Avalie os prós e os contras:

» Em curto prazo.
» Em longo prazo.
» Para você.
» Para as outras pessoas.

Tente escrever as afirmações no Formulário da ACB aos pares, particularmente quando você está considerando mudar seu jeito de sentir, agir ou pensar. Quais são as *vantagens* de sentir ansiedade? E as *desvantagens*? Escreva as afirmações aos pares para o que você sente, faz ou pensa *habitualmente*, e para a outra, alternativas saudáveis. Vá para o Capítulo 8 para verificar os exemplos dados.

Custos e benefícios de:	
Custos (desvantagens)	Benefícios (vantagens)

Formulário Tic-Toc

TICs são *tarefas interferidas por cognições*, os pensamentos, atitudes e crenças que interferem no seu progresso. Você precisa responder com *TOCs — Tarefas Orientadas por Cognições*, que são alternativas construtivas às TICs. A lista de atitudes inadequadas (armadilhas) no box ajuda a extrair algumas ideias sobre tarefas interferidas por cognições.

Preencha seu formulário Tic-Toc seguindo estes passos

1. Identifique a meta ou a tarefa na qual você quer se concentrar.

2. Na coluna da esquerda (TICs), liste seus pensamentos, atitudes e crenças que atrapalham o caminho para seu objetivo.

3. Na coluna da direita (TOCs), coloque as respostas para cada uma de suas TICs que irão ajudá-lo a atingir seu objetivo ou tarefa.

Siga para o Capítulo 19 para mais informação sobre o Formulário Tic-Toc.

Meta ou tarefa	
Tarefas Interferidas por Cognições (TICs)	*Tarefas Orientadas por Cognições* (TOCs)

Formulário Ziguezague

1. No quadro superior esquerdo do formulário, anote uma crença que você deseja fortalecer.

2. No quadro abaixo, anote suas dúvidas, reservas ou dificuldades em relação à nova crença saudável.

3. No quadro seguinte, refute seu ataque e volte a defender a crença saudável.

4. Repita os passos 2 e 3 até exaurir todos os seus ataques contra a crença saudável.

5. Reavalie, de 0% a 100%, o quão forte você endossa a crença saudável, depois de analisar todas as suas dúvidas.

Confira o Capítulo 17 para mais informações sobre o Formulário Ziguezague.

CRENÇA SAUDÁVEL

FORMULÁRIO
ZIGUEZAGUE

Percentagem de convicção na
nova crença ___ %

ATAQUE

DEFESA

ATAQUE

DEFESA

Percentagem de convicção na nova
crença saudável: ___ %

APÊNDICE B **Modelos de Formulários**

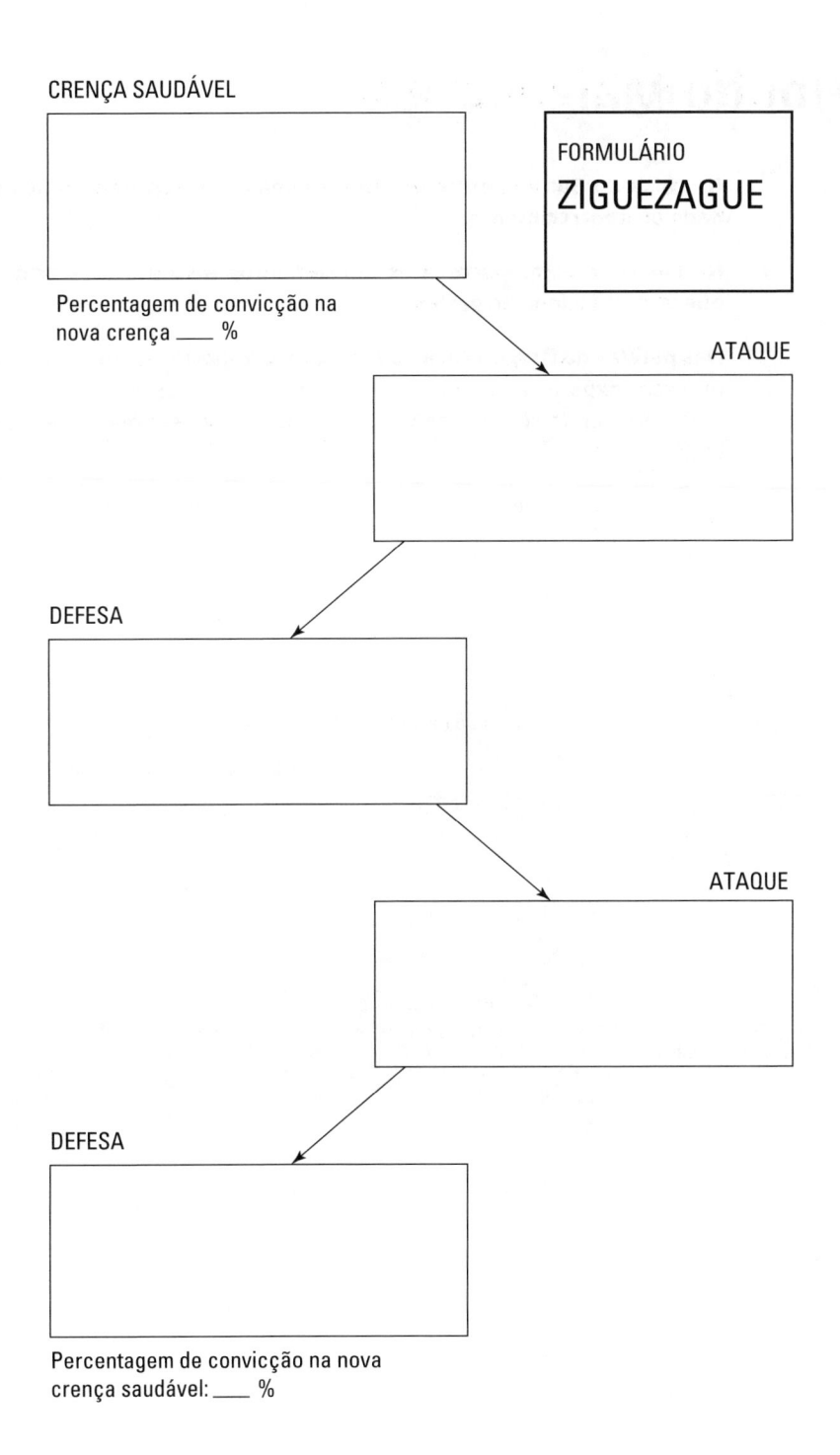

A Flor do Mal

1. Na caixa do Gatilho, escreva o que aciona o seu sentimento de ansiedade ou aborrecimento.

2. No círculo central, escreva os pensamentos e significados principais que você relaciona ao gatilho.

3. Nas pétalas da flor, escreva as emoções, comportamentos e sensações que você experimenta quando o seu sentimento desconfortável é acionado. Na pétala situada no topo da flor, escreva em que você tende a focar.

No Capítulo 7 você pode encontrar muito mais informação sobre o exercício com a flor do mal.

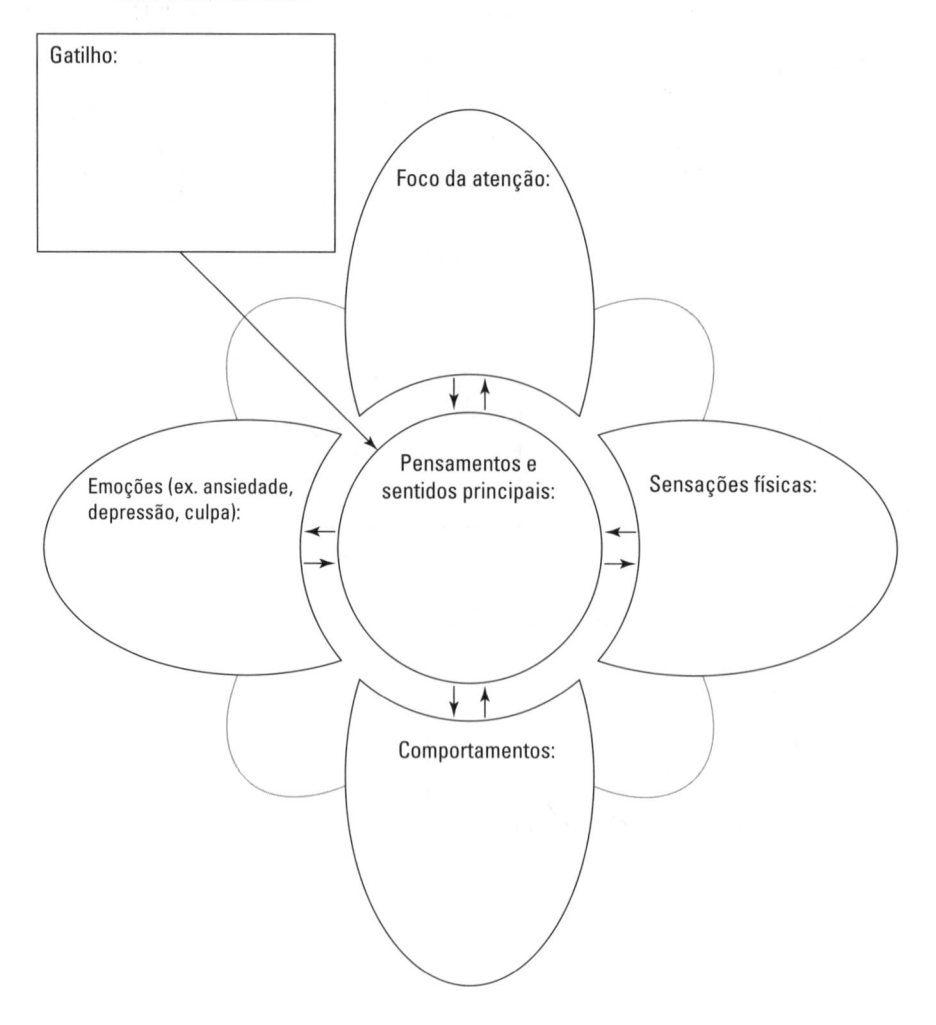

Gatilho:

Foco da atenção:

Emoções (ex. ansiedade, depressão, culpa):

Pensamentos e sentidos principais:

Sensações físicas:

Comportamentos:

Folha de Registro da Prática de Concentração

Veja o Capítulo 5 para mais informações sobre tarefa de concentração e um exemplo preenchido.

Situação	Atenção	Exercício	Sentimento	Resultados
Com quem você estava? Onde você estava? O que você estava fazendo?	Grave o foco da sua atenção. Observe em que você está mais focado. 1. Você mesmo % 2. A prática % 3. O ambiente e as outras pessoas % (Total= 100%)	Use a prática de concentração para direcionar sua atenção para fora. Lembre de focalizar sua prática ou seu ambiente. Observe o que você fez.	Grave o que você sentiu.	Grave qualquer coisa que tenha aprendido com este exercício. Observe como a situação ocorreu, as mudanças em seu nível de ansiedade e sua habilidade de completar sua tarefa.

Formulário ABC I

1. Na caixa "Consequências", ponto 1, escreva a emoção que você está sentindo.
2. Na caixa "Consequências", ponto 2, escreva como você agiu.
3. Na caixa "Ativar Evento", escreva o que ativou os seus sentimentos.
4. Na caixa das "Crenças", escreva seus pensamentos e crenças.
5. Na caixa "Erro de Pensamento", considere quais podem ser seus erros de pensamento.

Confira o Capítulo 3 para mais instruções detalhadas sobre como preencher o Modelo ABC I.

Modelo ABC I

Data _____

Evento de Ativação	Crenças	Erro de pensamento
3. Escreva o que ativou seus sentimentos:	4. Escreva os pensamentos e as crenças que passaram pela sua cabeça:	5. Identifique o erro de pensamento para cada uma das coisas que você pensou.

Consequências
1. Escreva o que está sentindo:
2. Escreva suas ações:

Formulário ABC II

Siga as instruções no final da página e siga para o Capítulo 3 para mais detalhes sobre como preencher o segundo formulário ABC.

Data _____

Modelo ABC II

Evento de Ativação (gatilho) 2. Escreva resumidamente o que ativou as suas emoções (ex. evento, situação, sensação, lembranças, imagem)	**C**renças, pensamentos e atitudes sobre A 3. Escreva o que passou pela sua cabeça ou o que A significou para você. As crenças (B) podem ser sobre você, os outros, o mundo, o passado ou o futuro.	**C**onsequências de A + B sobre as suas emoções e comportamento. 1. Escreva qual emoção você sentiu e como você agiu após sentir essa emoção.	**D**iscussão (questione e examine) sobre as crenças e criação de alternativas. As perguntas na parte inferior do formulário servirão para auxiliá-lo. 4. Escreva uma alternativa para cada crença, use argumentos de suporte e evidências.	Efeito dos pensamentos e crenças alternativos (D). 5. Escreva como você deseja sentir e agir como consequência das suas alternativas em D.
		Emoções. Ex. depressão, culpa, mágoa, raiva, vergonha, ciúme, inveja, ansiedade. Classifique a intensidade de 0% a 100%		**Emoções** Classifique novamente de 0% a 100%. Liste qualquer alternativa de emoção saudável. Ex. tristeza, arrependimento, preocupação.
		Comportamento. Ex. afastamento, isolamento, fuga, uso de álcool e drogas, procura por autoafirmação, procrastinação.		**Comportamento Alternativo ou experimento**. Ex. Enfrentamento da situação, aumento de atividade.

Discussão (questionar e examinar) e criar pensamentos, atitudes e crenças alternativas: 1. Identifique seus "erros de pensamento" – em **B** (ex. Leitura Mental, catastrofização, rotular, cobranças etc.). Escreva cada um deles próximo ao B correspondente. 2. Examine se a evidência dá 100% de suporte ao seu pensamento em **B**. Considere se as opiniões de pessoas a quem você respeita estariam de acordo com as suas conclusões. 3. Avalie a utilidade de cada **B**. Escreva quais você acha que seriam as formas de encarar isso de modo mais equilibrado, produtivo e flexível ao olhar para A. Considere o que você aconselharia um amigo a pensar, o que um modelo a ser seguido pensaria ou como você deveria olhar para o **A** se você estivesse se sentindo bem. 4. Adicione evidências e argumentos que deem suporte aos seus pensamentos, atitudes e crenças alternativas. Escreva como se você estivesse tentando persuadir alguém com quem você se preocupa.

O Formulário de Custos do Comportamento Aditivo

Vá ao Capítulo 10 para a explicação sobre como preencher o formulário.

Custos aos relacionamentos	
Custos ao trabalho/carreira/estudo	
Custos à saúde física e emocional	
Custos financeiros	
Custos sobre os interesses pessoais	

O Formulário de Análise "O que meu comportamento aditivo faz por mim?"

Veja o Capítulo 10 para ver as instruções de como usar o formulário de análise "O que meu comportamento aditivo faz por mim?".

Benefícios de usar "minha droga de escolha"	
Alternativas saudáveis para "minha droga de escolha"	

Índice

SÍMBOLOS

(BABCP) British Association for Behavioural and Cognitive Psychotherapies 370-384

A

Aaron Beck 52-64
    fundador da terapia cognitiva 52-63
abordagem direcionada 13-20
ABPMC 331-338
    Associação Brasileira de Psicoterapia e Medicina Comportamental 331-338
abstração seletiva 34-40
abuso 231
abuso físico 260-274
Acrofobia 138-140
Action on Smoking and Health (ASH) 370-384
adição 141
Adivinhação 25-40, 45-50
agenda de atividades 318-324
agorafobia 58-64
agressão passiva 236-254
Aiquimofobia 138-140
ajuda profissional
    sessões 334
Albert Ellis 370
    Terapia Racional Emotiva 32
Albert Ellis Institute 370-384
Alcoólicos Anônimos 146-158, 370-384
    AA 146-158
Alimentação 292
Alta Tolerância à Frustração 227-234
    ATF 227-234
ambiente 12-20

AMBULIM 369-394
ameaçadoras 16-20
American Foundation for Suicide Prevention 370-384
análise científica 18-20
Análise de Custo/Benefício 121-126
    ACB 121-126
Análise transacional 328-338
ansiedade 4, 10-20
ansiedade crônica 56-64
ansiedade social 54-64
antidepressivos 85-102, 182-198
Anxiety Disorders Association of America 370-384
aparência atraente 159-180
aparências físicas 294-304
aprovação 33-40, 179-180
Aracnofobia 138-140
Araquibutirofobia 138-140
Aspecto científico 12-19
Aspecto filosófico 12-19
aspectos educativos 10-20
assertividade 244-254
Associação Americana de Psiquiatria 201-216
Association for the Advancement of Behavior Therapy 371-384
ataques de pânico 57-63
ATC 331-338
    Associação de Terapias Cognitivas 331-338
atenção tendenciosa 201-216
atitudes positivas
    Desqualificação do positivo 35-40
Atividades de lazer 293-304
atividades recreativas 291-304
atratividade física 167-180

Aumento dos batimentos
   cardíacos 237-253
autoaceitação 218-234
Autoaceitação incondicional 219-234
autoaprimoramento 220-234
autoavaliação 218-234
autocondenação 229-234
autoconfiança 57-64
autoconfortar 182-198
autodepreciação 218-234
autoestima 218-234
Automatonofobia 138-140

B

Baixa autoestima
   aberto a mudanças 228-233
   linguagem autoabusiva 230
Baixa Tolerância à Frustração 227-234
   BTF 227-234
Barofobia 138-140
Belanofobia 138
benefícios de mudar 123-126
Bibliofobia 138-140
bipolar 100-101, 183
Blennofobia 138-140

C

Catastrofização 22-40
cenários de sonhos 263-274
científicos 12-20
Claustrofobia 138-140
cobranças 33-40
cochilos diurnos 191-198
código moral 228-234
cognitivo 11-20
complexidade 32-40
comportamentais 12-20
comportamento aditivo 141-158
comportamento de evitação 201-216
comportamento de segurança 53-64
Comportamento esquivo 16
comportamento mal humorado
   raiva 237

comportamento obsessivo 199-216
comportamentos de segurança 110-116
Comportamentos evasivos 16-20
Comportamentos flexíveis
   autoaceitação 222
   mudanças positivas 315
   pensamento flexível 342
comportamentos funcionais 225-234
comportamentos observáveis 200-216
comportamentos repetitivos 200-216
compulsões 200-216
comunicação gentil 248-254
conclusões generalizadas 30-40
conclusões precipitadas 22-40
condição irregular 11-20
condições temporárias 217-233
confiança 206-215
confrontar 16-20
consciência 39
conselheiros 230-233, 330-338
Conselho Regional de Psicologia 329-338
consequência emocional 13-20
Consequências 43-50
consequências cognitivas 73-78
constante mudança 32-40
Constrangimento 83-102
consumo de cafeína e
   estimulantes 191-197
consumo do álcool 228
   comportamento problemático 16
contaminação, (TOC) 201-215
Contar (TOC) 201-215
Contato social 293-304
controlar 353
convívio social 57-64
crença 238
   aceitar os outros 240
   análise de custo/benefício 244
   características comportamentais 238
   dificuldades de superar 251
   habilidades de comunicação 244
   preferências flexíveis 240
   técnica do desarme 247
crença geral 276-288

crenças centrais 259-274
crenças de incerteza 282
    autoaceitação 232
    dúvidas e reservas 282
    tolerância 206-215
crenças flexíveis 12-20
crítica 246
crítica abusiva 229-234
culpa 93, 184

D

dados escritos 270-274
decepções 309
    resposta emocional 84
declaração do problema 119-126
Dennis Greenberger 104-116
dependência 141-158
depressão 28-40
depressão unipolar 101-102, 183-198
derrota 25-40
desânimo 314
desastres antecipados 110-116
desconfirmação 53-63
desconfirmação não ambígua 53-64
desenvolvimento 12-20
Desesperança 184-198
desqualificação do positivo 35-40
dessensibilização 132-140
determinação 310-314
Dificuldade de concentração 182-197
diligência 310-314
dissonância cognitiva 276-288
distorção de pensamento 34-40
distorções cognitivas 45-50
distrair 67-78
distúrbio do sono 191-198
distúrbio emocional 229-234
Divórcio 258-274
documentação
    experimentos comportamentais 60
    registros de concentração 71-77
doença 11-20
doença fatal 258-274

dormir
    boa noite de sono 191-197
droga de escolha 142-158
    DDE 142-158

E

Emetofobia 138-140
emoção negativa saudável 94-102
emoções ciumentas
    experimentos comportamentais 60
    pensamentos intrusos 48
emoções de culpa
    depressão 100-102
    progresso 308
    tendência de ação 93-102
emoções de mágoa
    sinônimos 83
emoções do amor
    sensações físicas 98
emoções negativas 201-216
emoções saudáveis 98-102
empolgação 14-20
encorajamento 309-314
endorfina 191-198
enfermagem psiquiátrica 329-338
Enfermeiros terapeutas 329-338
engajamento 293-304
entrevista de emprego 17-19
erro de pensamento 45-50
específico 31-40
estado emocional 73-78
estados de hipomania 100-101
estratégia-chave 51-64
estratégia contraproducente 104-116
estratégias 18-20
Estresse pós-traumático 111-116
estupro 258-274
etapas de ensaio 66-78
euforia 101-102
evento de ativação 13-20
evento externo 17-20
evento interno 17-20
eventos negativos 14-20

Eventos positivos 14-20
excesso de exercício 161-180
exercício
   alimentação regular e saudável 292
exercício da flor do mal 113-116
exercício de concentração
   ansiedade 69
   aprenda a ouvir 67
   comunicação 68
   registros de concentração de tarefas 71
   ruminações 186
   situações desafiadoras 67
   Situações não ameaçadoras 66
exercícios físicos 186-198
exigências 94-102
expectativa realista 33-40
expectativas flexíveis 33-40
experiências 21-40
experiências passadas 258-274
experimento comportamental 54
   experimentos comportamentais de sucesso 60
   perspectiva otimista no seu experimento 62
   predições 53
   registros 52
   teoria alternativa 55
   teorias concorrentes 55
   tratamento 52
experimentos 52-64
exposição 132-140
exposição manejável 133-140
extremos 33-40

F

falar em público 16-19
fatores perpetuadores 187-198
felicidade 14-20
ficha de crença central 270-274
filosóficos 12-20
filtro mental 34-40
flexibilidade 208-216

foco da atenção 82-102
folhas de registro
   concentração de tarefa 71
   crenças centrais 267
   experimentos comportamentais 60
Fomulário Ziguezague 285-288
fontes de inspiração 117-126
fórmula ABC 17-20
Formulário Significado Antigo/Significado Novo 373-384
fortes preferências 238-253
fracasso
   combater o filtro mental 34
   evitar 86
frequência 124-126
frustração 37-40
   Alta Tolerância à Frustração (ATF) 227
   Baixa Tolerância à Frustração (BTF) 227
   Desenvolva alta tolerância 242
fuga 218-234

G

gatilho 17-20
gatilhos ambientais 319-324
gatilhos interpessoais 319-324
geradores de ansiedade 72-78
gerenciar pensamentos 65-78
Gerencie seus recursos 293-304
gráfico de responsabilidade 212-216
Grau de Convicção 277-288
   GDC 277-288
graus de intensidade 32-40
Grupos de apoio 146-158

H

habituação 132-140
Hematofobia 138-140
Hierarquia de ansiedade 134-139
hierarquia gradativa 134-140
hipergeneralização 220-234, 241-254
hipnose 328-338
Hipnoterapia com TCC 328-338

hipocondríacas 203-216
hipomania 101-102, 183-198
hipóteses 12-20
Histórias inspiradoras 121-125
horário 191-197

I

ícones 121-125
ideais 34-40
imagem corporal 159-180
imagens catastróficas 45-50
    comportamentos de segurança 110
    estratégias 23
imagens mentais repulsivas 75-78
inadequadas 31-40
inatividade 187-198
inatividade contínua 84-102
incapacitantes 200-216
individualidade 343-348
Inércia 185-198
inferiores 31-40
inflexibilidade das exigências 33-40
influenciar os outros 109-116
informações positivas 36-40
intensidade 124-126
interação social 188-198
interesse próprio 347-348
interesses 347-348
internalizar 276-288
interpretação equivocada 207-216
interpretação imparcial 270-274
interpretar o mundo 21-40
intolerável 37-40
ira 252-253
irrigação psicológica 321-324
irritabilidade
    raiva 236
isolamento 218-234
Isolamento social 184-198
ISRS 182-198
    inibidores seletivos de recaptação de serotonina 182-198

J

julgamento 231-233

L

laxantes 161-180
Leitura mental 45-50
letargia 314
Limpar e lavar (TOC) 201-215
linguagem autoabusiva 230-234
Lissofobia 138-140
Locquiofobia 138-140
Lutrafobia 138-140

M

mau humor 13-20
mecanismo mental 35-40
meditação consciente
    consequências 73
    observe 73
    pensamentos 72
    presente no momento 72
medo de altura 111-116, 139-140
medo de rejeição 54-64
medos 16-20
    Comportamento de evitação 16
    de altura 111-116
    exposição desafiadora 133
    fracasso 34
    viajar 37
metaemoções 99-102
metáforas 121-125
método da seta descendente 262-274
mindfulness 65-78
minimização 35-40
modelo ABC 43-50
modelo de preconceito 266-274
modelo problema-e-meta 124-126
monólogo interior 230-234
mudanças positivas
    armadilhas 313
    determinação 310

diligência 310
encorajamento 309
esforço 310
motivação 314
orgulho 308-314
otimista 310
Perseverança 311
repetição 310-314
multifacetados 32-40

N

Narcóticos Anônimos 146-158
   NA 146-158
National Anxiety Foundation 371-384
National Attention Deficit Disorder
   Association 371-384
National Phobics Society 370-384
Navalha de Occam 55-64
Necrofobia 138, 138-140
Negligência 182-197
Nictofobia 138-140
No Panic 370-384

O

objetivos realistas 323-324
Observável 118-126
Obsessive Compulsive Anonymous, Inc.
   (OCA) 371-384
Obsessive Compulsive Foundation 371-384
Obsessões religiosas 201-215
ódio 236-253
Ombrofobia 138-140
Organização Mundial de Saúde 199-216
   OMS 199-216
Organizações no Reino Unido 370-384
Organizações nos Estados Unidos 370-384
otimista 310-314

P

paciente 323-324
padrões 34-40
pais críticos 258-274

paralisia do progresso 306-314
passatempos 290-304
passivo-agressivo 237-253
Pensamento Automático
   Disfuncional 262-274
      PAD 262-274
pensamento catastrófico 201-216
pensamento de tudo ou nada
   baixa autoestima 350-354
Pensamento flexível 342-348
pensamento radical 130-139
pensamentos alheios 27-40
pensamentos alternativos 42-50
pensamentos disfuncionais 21-40
pensamentos negativos 183-198
pensamentos nocivos 42-50
pensamentos perturbadores 74-78
pensamentos rígidos 94-102
pensamentos suicidas
   assistência médica 196
Perda do interesse sexual 182-197
perfeccionismo 218-234
Perseverança e repetição 311-314
personalização 39-40
perspectiva 31-40
perturbada 14-20
pesquisa
   estudos científicos 12
   psicoterapia 11
plano de prevenção de recaídas 292-304
PNAs (Pensamentos Negativos
   Automáticos)
   crenças centrais 261
Positivo 118-126
prazer
   aproveitando o momento 362
   crítica 359
   erros 356
   novas habilidades 357
   ria de si mesmo 358
   sociais 360
predições 52-63
preferência flexível 101-102, 276-288
preferências 34-40
preocupação excessiva 136-140

preocupação extrema com a saúde 200–216
presente no momento 72–78
Prevenção de resposta 210–215
previsões 25–40
problema da cabeça ao coração 276–288
problema psicológico 73–78
problemas com preocupação
    pensamentos intrusos 48
    soluções que causam seus problemas 103
problemas emocionais 13–20
    psicoterapia 11
problemas obsessivos 200–216
    acumular 202
    ansiedade em relação à saúde 202
    compulsões 200–215
    contar 201
    limpar e lavar 201
    Preocupação 200
    repetir ações 201
    rituais 200
    subclínico 199
processar informações 34–40
procrastinação 218–234
programa de atividade 106–116
Psicólogos Clínicos 329–338
psicólogos de aconselhamento 329–338
psicoterapeutas 330–338
psicoterapia 10–20
psiquiatras 10–20, 329–338

Q

quebra do código moral 94–102
questionar 41–50

R

Raciocínio emocional 28–40, 45–50
raiva 236–254
razões alternativas 28–40
realismo
    forma positiva 323
recaídas 10–20

recursos
    Organizações no Reino Unido 370–384
    Organizações nos Estados Unidos 370–384
registro de dados positivos 287–288
registros de concentração de tarefas 71
registros de pensamentos 41–50
    diário de pensamentos 41–50
    registros de pensamentos disfuncionais (RPD) 41–50
    registros diários de pensamentos disfuncionais 41–50
regras rígidas 33–40
rejeição 13–20
relações nocivas 141–158
relações platônicas 297–304
relaxamento 192–198
repetição 310–314
    problemas obsessivos 201
resignação 227–234
responsabilidade 342–348
responsabilidade da interpretação equivocada 207–215
responsabilidade excessiva 214–216
responsabilidade legítima 342–348
resposta emocional saudável 81–102
respostas emocionais 14–20
restrições alimentares 161–180
resultados positivos 10–20
rígidos 33–40
rituais 200–216
Rituais supersticiosos 108–116
rotulação 218–234
ruminação 183–198
    estratégias mais eficientes 186
    processo 184

S

sabotar 25–40
saudável 11–20
saúde 202–215
saúde psicológica 341–348
sensações físicas 18–20, 57–64, 98–102

senso de valor 179-180
sentimento de desesperança
    abordagem centrada 12
    aprendizagem do ABC 17-19
    aspecto ativo 12
    emoções saudáveis e prejudiciais 84
    mal-humorado 13
sentimentos depressivos 14-20
Seres Humanos Imperfeitos 241-254
    SHI 241-254
seta descendente 262-274
sexo 298-304
significados pessoais 18-20
sintomas 73-78
sistema de condenação 354
situação aflitiva 14-20
situações sociais 360-362
Socerafobia 138-140
social 136-139
solidão 187-198
soluções que causam problema
    álcool ou das drogas 105
    busca excessiva pela segurança 110-116
    contraproducentes 104-116
    depressão 105-116
    Evitar 104
    exemplos 104
    exercício da flor do mal 113-116
    necessidade de aprovação 107
    perder a motivação 105
    Rituais supersticiosos 108
    supressão de pensamento 113-116
SPAs 331-338
    Serviços de Psicologia Aplicada 331-338
SPORT 118-126
subclínico 199-216
sucesso 25-40
superar 16-20
suposição alternativa 276-288
    crenças alternativas 276
    experimentos 55
supressão de pensamento 113-116

T

tarefa de concentração 66-78
TCC 10-20
TCC baseada em mindfulness 328-338
técnica central da TCC 17-20
técnica do desarme 247-253
técnicas-chave 41-50
técnica Tic-Toc 292-304
técnica ziguezague 283-288
tendências de ação 94
teoria adicional 56-64
teoria alternativa 55-64
terapeutas 10-20
terapeutas licenciados 331-338
Terapia Cognitivo-comportamental 11-20
Terapia Comportamental Racional Emotiva 219-234
terapia de aceitação e compromisso 193-198
    TAC 193-198
Terapia Focada em Esquemas 328-338
Terapia Interpessoal 328-338
    TIP 328-338
Terapia psicodinâmica 328-338
Terapia sistêmica 328-338
terminologia emotiva 83-102
TICs 312-314
    Tarefas Interferidas pelas Cognições 312-314
TOC (Transtorno Obsessivo Compulsivo)
    compulsões frequentemente associadas 201
    controle 106
    medo de contaminação 201
    obsessões comuns 201
tolerância
    Alta Tolerância à Frustração (ATF) 227
    Baixa Tolerância à Frustração (BTF) 227
    frustração 242-253
    incerteza 348
Transtorno Afetivo Bipolar 101-102
transtorno alimentar 204
transtorno bipolar 100, 101

Transtorno de Estresse Pós-Traumático (TEPT) 106–116
Transtorno Dismórfico Corporal 48–50
    TDC 48–50
treinamento comportamental 312–314
treinamento da concentração 187–198
Tripanofobia 138–140
tristeza 14–20
    emoções 83
tudo ou nada 24–40
    Adivinhação 25
    Baixa tolerância à frustração 37
    branco ou preto 24–40
    Catastrofização 22
    Desqualificação do positivo 35
    Filtro mental 34
    Generalização 30
    inflexibilidade das exigências 33
    personalização 38
    Raciocínio emocional 28
    rotular 31
    tendência pensamentos alheios 27

V

valor próprio 353–354
Variação no apetite 182–197
vergonha 184–198
    Constrangimento 83
verificação excessiva 108–116
vício 141–158
vida social 26–40
vingança 237–253
violento 258–274
vômitos provocados 161–180

W

Windy Dryden 104–116

Este livro foi impresso nas oficinas gráficas da Editora Vozes Ltda.,
Rua Frei Luís, 100 – Petrópolis, RJ.